# 技术董事、R&D效率与企业价值

## ——探寻中国转型时期的企业发展之谜

胡元木 纪 端 徐 实◎著

TECHNICAL DIRECTOR, R&D EFFICIENCY AND ENTERPRISE VALUE

EXPLORE THE MYSTERY OF ENTERPRISE DEVELOPMENT IN CHINA'S TRANSITION PERIOD

中国经济出版社
CHINA ECONOMIC PUBLISHING HOUSE
北京

**图书在版编目（CIP）数据**

技术董事、R&D效率与企业价值：探寻中国转型时期的企业发展之谜 / 胡元木，纪端，徐实著．-- 北京：中国经济出版社，2021.9

ISBN 978-7-5136-6401-1

Ⅰ．①技… Ⅱ．①胡… ②纪… ③徐… Ⅲ．①企业发展－研究－中国 Ⅳ．① F279.23

**中国版本图书馆 CIP 数据核字（2020）第 240704 号**

责任编辑 王西琨 孙喆浩
责任印刷 马小宾
封面设计 华子图文工作室

**出版发行** 中国经济出版社
**印 刷 者** 北京建宏印刷有限公司
**经 销 者** 各地新华书店
**开 本** 710mm × 1000mm 1/16
**印 张** 24.75
**字 数** 328 千字
**版 次** 2021 年 9 月第 1 版
**印 次** 2021 年 9 月第 1 次
**定 价** 98.00 元
**广告经营许可证** 京西工商广字第 8179 号

**中国经济出版社** **网址** www.economyph.com **社址** 北京市东城区安定门外大街 58 号 **邮编** 100011
本版图书如存在印装质量问题，请与本社销售中心联系调换（联系电话：010-57512564）

# Preface 前言

**关键句**：技术董事的合理配置是完善公司治理结构的重要内容，完善的公司治理结构有利于R&D费用的有效配置以及R&D效率的提升，R&D效率的提升能够显著增强企业价值。

## 一、本书研究的学术价值

（1）与先前文献专注于R&D投资的影响因素与内在机理不同的是，本书将其拓展到了研发投资效率层面，认为企业自主创新能力的提升虽然与R&D投资有着密切联系，但更关键的应该取决于研发投资效率，如果效率较低，即使投入的绝对额再多也难以发挥预期的效果。

（2）本书首先探讨了技术董事影响研发投资效率的具体途径，是通过发挥董事的监督作用还是咨询作用，并在此基础上分析了在不同的环境下，技术董事影响研发投资效率的作用是否有所不同，即是否存在“状态依存性”的关系；其次考察了技术董事在提高研发效率后是否进一步提升了公司业绩，增加了公司价值。

（3）先前的大量文献研究的是不同的董事会特征，如规模、独立性、薪酬、任期等因素对公司行为的影响，鲜有研究董事会技术特征与公司创新行为之间的关系，本书则在这方面有所突破。通过理论分析与大样本的实证检验发现，董事会的技术特征越强，投资研发效率越高，企业的自主创新能力越强，企业业绩和公司价值越高。

## 二、本书研究的实践意义

（1）本书的研究成果可以为政府部门制定相关政策提供理论依据。随着我国经济进入新常态，包括研发投入在内的粗放式、外延式的增长方式已经不能适合当前的经济发展需要。习近平总书记在论述新常态时指出了“三个特点、四个机遇和一个挑战”，其中特别强调要“从要素驱动、投资驱动转向创新驱动”“在新常态下，中国经济结构要优化升级”。为了落实习近平总书记的指示精神，国务院出台了相关鼓励创新的政策。本书的研究成果可以为政府部门针对不同类型的企业出台提高企业研发效率的激励政策提供理论支持。

（2）本研究成果可为完善公司治理结构提供理论支持。20 世纪 90 年代以来，政府出台了一系列政策，推动我国上市公司治理结构的改革，如《公司法》的制定与修改、独立董事制度、股权分置改革等。如何使董事会的结构与运作机制更加适应新常态的中国经济模式，这应该是未来公司治理改革的一个重要方面，本书的研究可以在这个方面，特别是在董事会制度建设方面提供理论支持。

（3）本书的研究有助于提高公司管理者和投资者的决策水平。一方面，可以帮助不同类型的公司通过优化公司治理结构提升自主创新能力；另一方面，可以帮助管理者、投资者准确预测公司未来发展趋势和提高公司价值，从而作出更加准确的投资决策。

## 三、本书研究的主要内容

第一章是绪论。首先阐述了本书的选题背景和依据，其次设计了研究框架和技术路线图，最后阐明了本书的研究价值。

第二章是文献述评。对国内外有关研发投资和研发效率方面的文献进行了回顾和梳理，并做了简要述评。

第三章、第四章、第五章及第六章是本书的主题内容。在这些章节中主要分析和验证了如下问题：

（1）董事会中设置技术董事包括技术独立董事和技术非独立董事是否可以显著提高公司的研发投资效率。

（2）技术董事是通过何种机制提高研发投资效率的，是委托—代理或是资源依赖还是二者兼有，是通过监督还是咨询的内在渠道影响研发效率。

（3）技术董事的两种重要类型：技术独立董事和技术非独立董事之间存在替代效应还是互补效应。

（4）技术董事与公司研发投资效率之间的关系是否具有“状态依存性”，即技术董事对研发投资效率的影响是否会随着公司所面临的内外环境不同而发生相应的变化。

第七章是技术董事与企业价值关系研究。在前述第三章、第四章、第五章、第六章研究的基础之上，进一步探讨了技术董事是否可以通过提高研发投资效率进而增加企业业绩、提升公司价值。

第八章是研究结论与政策建议。归纳说明了研究报告中通过大样本实证检验的结果以及发现的问题，并据此提出了相应的政策和建议。

第九章是本书研究中的阶段性成果。这些阶段性成果分别发表在《会计研究》《南开管理评论》《山东社会科学》《南京审计大学学报》《山东财经大学学报》等学术期刊上，考虑到本著作学术研究成果的完整性和系统性，进行了摘录。

## 四、本书研究的主要观点

（1）技术独立董事和技术非独立董事都有发挥提高公司研发投资效率的作用。

（2）技术董事影响研发效率的路径包括两条：一是依据委托—代理理论，具备专业知识的技术董事更有能力发挥监督作用；二是依据资源依赖理论，技术董事可以为董事会提供稀缺的技术资源，使研发决策更加科学化。研究发现，技术董事尤其是技术独立董事具有显著的监督作用。具体表现为：技术独立董事可以显著降低代理成本、提高盈余质量，尤其可以抑制公司通过操纵研发费用所进行的真实盈余管理降低大股东的私有收益。同时发现，技术非独立董事在降低代理成本和大股东私有收益方面的作用虽然一般，但同样可以提高盈余质量。中介效应检验结果表明，技术董事提高研发效率的路径既包括监督作用，也包括咨询作用，即委托—代理理论与资源依赖理论都可以诠释技术董事发挥作用的机理。

（3）本书研究了技术独立董事和技术非独立董事之间的交互作用。实证结果表明，二者之间既不存在替代效用也不存在互补作用，而是互相独立地发挥作用。

（4）本书对技术董事提高研发投资效率的"状态依存性"进行了实证检验。检验结果表明，产权性质对技术董事与 R&D 效率具有正向调节作用，股权制衡对技术董事与 R&D 效率具有反向调节作用，然而薪酬以及外部治理的调节作用并不显著。

（5）本书发现了技术董事可以显著提高公司价值，并且研发投资效率在其中起到了中介作用。也就是说，上述研究成果说明技术董事通过提高研发投资效率会进一步提升公司价值。

## 五、本书研究的主要过程

本书的研究得到了 2013 年国家社科基金的资助（课题编号：13BGL026），于 2017 年延期半年结项，鉴定等级为优秀（证书编号：20170534）。2018 年本书课题组负责人申请在课题研究报告的基础上，由课题主要研究人员通过整理、完善形成著作，计划于2021年出版，这项计划获得国家社科基金后期经费资助。

课题组负责人胡元木（山东财经大学教授、博士、博士生导师），课题组主要成员纪端（山东财经大学会计学院讲师、博士）、徐实（香港中文大学会计学博士生），对课题进行了补充撰写、修改和完善，构成了本著作的基本架构和主要内容。

## 六、研究的下一步打算

习近平总书记在2014年强调："科技是国家强盛之基，创新是民族进步之魂。我国科技发展的方向就是创新、创新、再创新。实施创新驱动发展战略，最根本的是要增强自主创新能力。"而影响企业自主创新能力的关键因素，不应该仅局限于创新投资，更应该探讨何种制度设计能够提升企业R&D投入产出效率，推动企业创新进入良性循环。

课题组成员将遵循习近平总书记的指示，在此基础上对企业R&D投入产出效率机理、企业价值增值路径作进一步深入研究。

Contents

# 目录

## 第七章　技术董事与企业价值关系研究



## 第八章　研究结论与政策建议

## 第九章　课题研究中的阶段性成果

# 第一章 绪论

## 第一节 选题背景和依据

在当今科技日新月异、市场竞争日趋激烈的环境下，创新的作用日益重要，正逐渐成为促进经济增长、推动社会进步、保障国家安全的原动力。党的十八大报告提出了建设创新型国家这一重大战略，明确指出："建设创新型国家核心是把增强自主创新能力作为发展科学技术的战略基点，推动科学技术的跨越式发展；把增强自主创新能力作为转变经济发展方式、调整产业结构的中心环节，建设资源节约型、环境友好型社会，推动国民经济又好又快发展。"虽然我国改革开放40多年来，经济发展取得了举世瞩目的成就，并在2014年GDP首次超过10万亿美元，2018年达到13.7万亿美元，稳居世界第二位，但与经济总量不相对称的是，我国企业的整体自主创新能力与美国、日本等发达国家相比还有较大的差距，除了华为等少数企业外，至今尚缺乏一批具有国际影响力的创新型知名企业。

应该如何提升企业自主创新能力，对此不同学者分别从不同的角度进行了阐述。其中一个普遍观点认为，加强自主创新能力的关键在于提高研发投资，即 R&D 投资绝对额。基于此，大量学者深入探讨了 R&D 投资的影响因素和作用机理。主要集中于以下几个方面：

（1）政府补助（Wallsten，2000；Bloom et al.，2002；Hussinger，2003；朱平芳和徐伟民，2003；唐清泉和陆姗姗，2008；张东红等，2009；赵付民等，2010；王俊，2010；姜宁等，2010；Klette 和 Moen，2011；Stephen 和 Irem，2012；Kasahara et al.，2013）。

（2）外部制度环境，包括知识产权保护、政府干预水平、金融发展水平三个维度（Stiglitz，2000；Hall，2002；Johnson et al.，2002；Bond et al.，2003；Khwaja 和 Mian，2005；Claessens et al.，2008；张杰等，2011；廖开容等，2011；蔡地和万迪昉，2012；张杰和芦哲，2012）。

（3）市场竞争强度（Kraft，1989；Blundellet et al.，1999；Aghion et al.，2005；Asher Tishler 和 Irena Milstein，2009；Tishler 和 Milstein，2009；平新乔和周艺艺，2007；吴延兵，2007；沈坤荣等，2009；柯东昌，2012）。

（4）财务特征，包括公司规模、负债水平、盈利能力等（Kamein Schwarts，1987；Sapienza，1989；Lichtenberg，1991；王任飞，2005；张长征等，2006；朱平芳等，2007；刘运国和刘雯，2007；戴跃强和达庆利，2007；聂辉华等，2008；高良谋和李宇，2009；任海云等，2010；白俊红，2011；廖中举，2011；金星，2011；Revilla 和 Fernàndez，2012；张西征等，2012）。

（5）公司治理，包括股权特征、董事会构成、高管特征与薪酬激励等（Hambrick 和 Fukutomi，1991；Balkin 等，2000；Barker 和 Mueller，2002；Lee 和 O'neill，2003；Hosono et al.，2004；Wu 和 Tu，2007；李华晶和张玉利，2006；杨建君等，2007；毕克新和高岩，2007；刘运国和刘雯，2007；冯根福和温军，2008；Aghion et al.，2008；文芳和胡玉明，2009；刘渐和等，

2010；任海云，2010；刘胜强和刘星，2010；唐清泉等，2011；胡德朝，2011；Dilek 和 Dianne，2012；陈闯和刘天宇，2012；黄蕾，2012；刘小元等，2012；Brossard et al.，2013；张明和童伟伟，2013；罗正英，2013；周建等，2013；顾远等，2013）。

上述文献有助于我们深刻了解研发投资的影响因素与内在机理，但是不同文献之间所得到的结论并不一致，甚至相互矛盾。如政府补助与 R&D 投入之间的关系，既有文献发现二者之间存在正相关关系（刺激效应），也有文献发现二者之间存在负相关关系（挤出效应），还有文献得到了二者之间并不是简单线性关系，而是倒“U”形关系。相互矛盾的结论严重影响了其在实践中的应用价值，从而为相关政策制定部门和企业制定自主创新战略带来了困惑与困难。造成这一结果的原因：一方面可能与样本的选择有关，既有学者采用上市公司，也有文献采用非上市公司；既有选择大型企业为研究对象，也有专门针对中小型企业的研究。对样本的不同选择会在两个方面导致实证结果出现差异：一是统计性差异，抽样的误差会产生差异；二是理论性差异，由于不同类型企业研发投入的影响因素可能在理论上就存在差异，因此，不同类型的企业应该有自己适用的理论，而以往文献大多把相同理论作用于不同样本之上，得出异议的结论也就不足为奇了。另一方面，以往文献大多把研发投入等同于创新水平，并以此为基础进行理论分析，从而推导出相应假设和结论。固然二者之间存在非常紧密的联系，但是否增加研发投入就一定会提高创新水平却是存在疑问的，研发投入只是影响创新水平的一个重要因素，绝非充要条件。提高创新能力还会受到人力资本、管理制度等其他因素的影响。因此，以往探讨研发投入影响因素的文献中直接在理论上将二者等同是存在一定缺陷的，而这种理论上的不足必然又会进一步导致实证结果的分歧，甚至是相互矛盾的。例如，一般认为良好的公司治理有助于提高创新能力，但其对创新能力的影响可能并非完全是通过增加研发投入的途径而实现的，甚至研发投入没有增加反而有所降低。由于决策更加科学或降低了管理者的道德风险、提高了资金使用效率等其他内在机制促进了创新能力，由此只能得出公司治理对于创新能力具有促进作用的结论，但很难延伸出其对研发投入也必然具有积极的影响。

综上所述，影响企业自主创新能力的关键因素应该不仅局限于分析 R&D 投资，而是应该拓展至研发投资效率，进一步探讨何种制度设计能够显著增强研发投入的产出比，从而为我国正在实施的建设创新型国家这一战略提供强有力的理论支撑。目前国内外学术界对研发效率的影响主要集中于资金来源（Huang 和 Xu，1998；Kortum 和 Lerner，2000；Pender，2007；梁莱歆等，2009；唐清泉等，2009；白俊红和李婧，2011；李洪伟等，2012）、资金管理（Kurt 等，2003；S. K. Ethiraj，2005；肖广岭，2005；梁莱歆和马如飞，2009；Liu 等，2011）。除此之外，也有其他学者研究了研发投资效率的影响因素（朱有为和徐康宁，2006；冯根福等，2006；岳书敬，2008；陈修德和梁彤缨，2010），但上述文献更多关注宏观的行业层面，较少专门研究微观企业层次的研发效率。更为关键的是，从公司治理尤其是董事会制度建设视角探讨研发投资效率的文献比较少见。而近年来公司治理的作用越来越受到企业界以及学术界的重视，我国相关政府部门为增强公司治理有效性也不断出台了各种法律法规，从而积极推进公司治理改革。公司治理的显著作用一方面表现在提高监督能力，保护中小股东等相关利益者的权利；另一方面则在于提高公司整体的科学决策能力（李维安，2003）。董事会作为公司的决策中枢，在公司治理中起到了至关重要的核心作用。那么，如何合理架构董事会组织结构以及选择合适的运作机制，才能发挥其增强研发投资效率，进而提高企业自主创新能力的作用？先前文献对此尚缺乏全面、系统的理论研究和大样本的实证检验，本书拟在这方面有所突破，以期为我国的政策制定和企业的创新行为提供一定的理论借鉴价值。

## 第二节 研究框架和技术路线

### 一、研究框架

本书共分为九章，具体的章节安排如下：

第一章是绪论。首先阐述了背景和依据，其次说明了本书的研究框架和技术路线图，最后阐明了本书的研究价值。

第二章是文献述评，对国内外有关研发投资以及研发投资效率的文献进行了回顾，并做了简单述评。

第三章、第四章、第五章及第六章是本书的主题章节。在这些章节中主要分析并验证了如下问题：

（1）董事会中设置技术董事包括技术独立董事和技术非独立董事可以显著提高公司的研发投资效率吗？

（2）如果有影响，技术董事是通过何种机制提高研发投资效率的？是委托—代理理论抑或是资源依赖理论还是二者兼而有之？即通过监督还是咨询的内在渠道影响研发效率。

（3）技术董事的两种重要类型：技术独立董事和技术非独立董事之间存在替代效应还是互补效应。

（4）技术董事与公司研发投资效率之间的关系是否具有“状态依存性”，即技术董事对研发投资效率的影响是否会随着公司所面临的内外部环境不同而发生相应的变化。

第七章是技术董事价值相关性研究。在前面四章研究的基础上，本书进一步探讨了技术董事是否会通过提高研发投资效率进而增加企业业绩、提升公司价值。

第八章是研究结论与政策建议。本书最后简要说明了研究报告中通过大样本实证检验所发现问题的结论，并据此提出了相应的政策和建议。

第九章是本书研究中的阶段性成果。这些阶段性成果分别发表在《会计研究》《南开管理评论》《山东社会科学》《南京审计大学学报》《山东财经大学学报》《会计之友》等学术期刊上，考虑到本著作学术研究成果的完整性和系统性，进行了摘录。

本书的逻辑框架如图 1–1 所示。

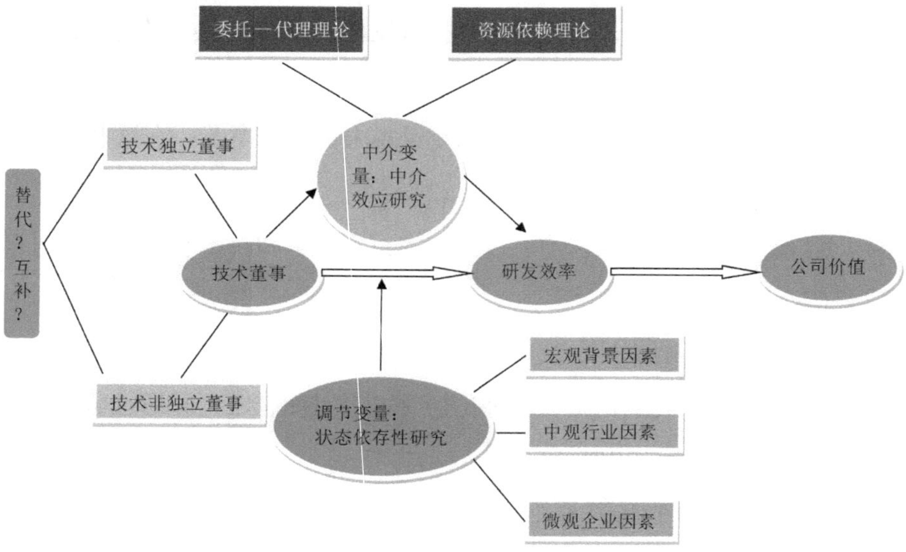


图 1–1　逻辑框架

## 二、技术路线

本书的技术路线如图 1–2 所示。

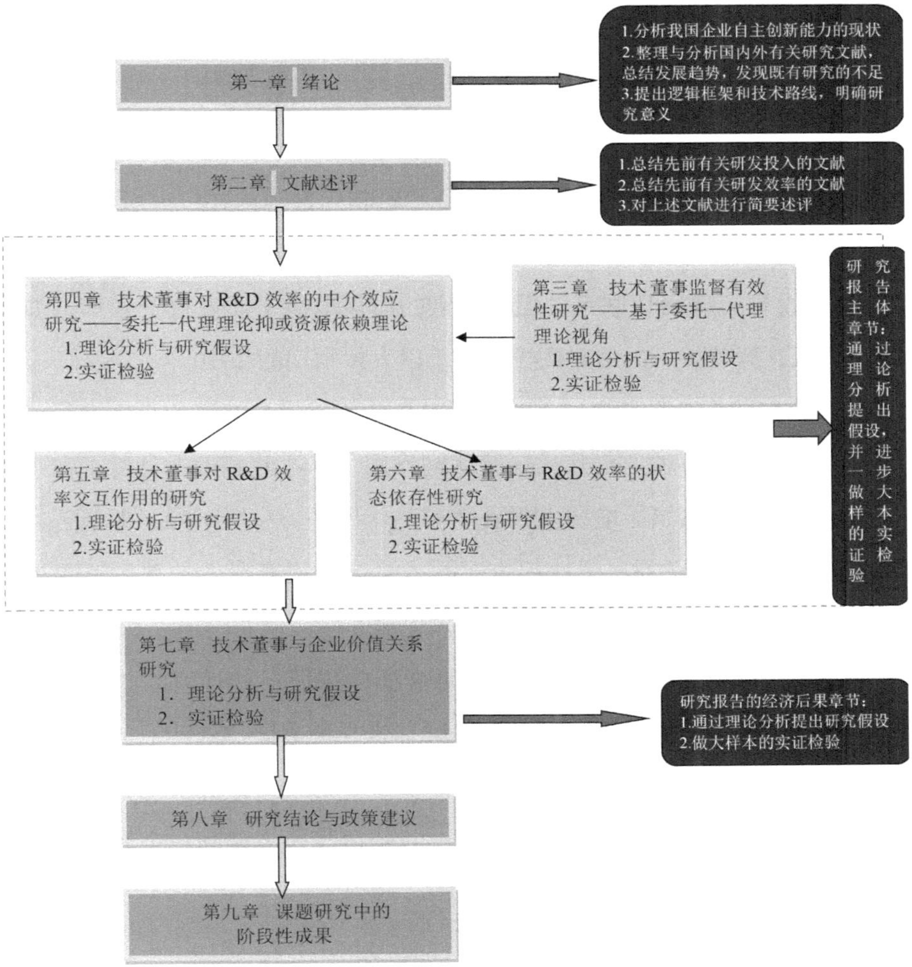


图 1–2 技术路线

# 第三节 创新点与研究意义

## 一、创新点

（1）与先前文献专注于 R&D 投资的影响因素与内在机理所不同的是，本书将其拓展到了研发投资效率层面，认为企业自主创新能力的提升虽然与 R&D 投资有着密切联系，但更关键的应该取决于研发投资效率，如果效率较低，即使投入的绝对额再多也难以发挥预期的作用。

（2）本书首先深入探讨了技术董事影响研发投资效率的具体途径，是通过发挥技术董事的监督作用还是咨询作用，并在此基础上分析了在不同的环境下，技术董事影响研发投资效率的作用是否有所不同，即是否存在“状态依存性”的关系；其次研究了技术董事在提高研发效率后是否进一步提升了公司业绩，增加了公司价值。

（3）先前大量文献研究了不同的董事会特征，如规模、独立性、薪酬、任期等因素对公司行为的影响，鲜有研究董事会技术特征与公司创新行为之间的关系，本书则在这方面有所突破。通过理论分析与大样本的实证检验发现，董事会的技术特征越强，投资研发效率越高，企业的自主创新能力越强，企业绩效和公司价值越高。

## 二、研究意义

### （一）有助于相关政府部门制定相关的政策

随着我国经济进入新常态，以往粗放、外延式的增长已经不能适应当前的经济发展模式。习近平总书记在谈到新常态时提出了“三个特点、四个机遇、一个挑战”，其中特别强调“从要素驱动、投资驱动转向创新驱动”“新常态下，中国经济结构要优化升级”。在这种情况下，国务院也出台了有关鼓励创新的政策。本书的研究成果可以为政府部门针对不同类型的企业制定有效提高研发投资效率的政策提供理论支持。

### （二）有助于我国上市公司董事会制度的建设

20 世纪末 21 世纪初以来，国家和政府不断推动上市公司制度的改革，如《公司法》的制定与修改、独立董事制度、股权分置改革等。如何使董事会的结构与运作机制更加适应新常态的中国经济发展，这应该是未来公司治理改革的一个重点方向，本书的研究成果可以在这个方面提供一定的理论支持。

### （三）有助于公司管理者和投资者作出正确的决策

一方面，可以帮助不同类型的公司通过优化公司治理结构，提升自主创新能力；另一方面，可以帮助投资者准确预测公司未来发展趋势和公司价值，从而作出更加准确的投资决策。

# 第二章 文献述评

## 第一节 研究投入的影响因素

### 一、研究背景

当今时代，人类社会已经步入了科技创新不断涌现的重要历史阶段。特别是进入 21 世纪后，随着经济全球化发展，国际竞争日益加剧，科技创新能力已经成为各国竞争力的核心要素，是企业赖以生存和发展的动力，是推动科技进步、经济增长，促进社会发展以及保障国家安全必不可少的条件之一。因此，提升本国企业研发创新能力已经成为各国政府亟待解决的问题。我国政府尤为重视创新能力的提升，曾在《国家自主创新基础能力建设“十一五”规划》中明确提出，自主创新能力是提高国家竞争力、促进经济和社会发展的重要保障。

怎样提升企业的创新能力？企业创新能力以及创新积极性的影响因素有哪些？学术界对此展开了多方面的研究，整理以往的文献发现，大体上可以分为政府补贴、外部制度环境、市场竞争、财务特征及公司治理五个方面。本节将从这五个视角对国内外的研究成果进行简要的梳理和评述。

## 二、政府补贴视角的文献述评

### （一）国外文献

政府补贴是如何影响企业研发支出的？近年来，学术界主要从直接政府补贴和间接政府补贴（即税收优惠）两个方面来展开研究。到目前为止，学术界对政府补贴与企业研发投入的关系还没有达成一致意见，主要集中在两个方面：一是互补关系，即政府补贴对企业的研发投入具有正向的作用，因此能够产生激励效应。二是替代关系，即政府补贴对企业的研发投入不具有正向的作用，因此产生挤出效应。另外，也有一些学者认为二者之间不存在显著关系，或存在倒“U”形关系。下面从直接政府补贴和间接政府补贴两个角度分别介绍。

#### 1．直接政府补贴

多数学者认为直接政府补贴能够激励企业增加研发创新投入，二者之间存在互补关系。如 Hussinger（2003）通过参数和半参数模型，实证分析了德国政府研发补助对制造业创新研发支出的影响。研究结果显示，政府研发补贴对企业研发投资产生积极的激励效应。Klette 和 Moen（2011）发现，在政府资助中既没有挤出私人研发投资，也不会促进私人研发投资，但暂时性研发补贴有可能增加公司的研发投资。在进一步的研究中发现，政府补贴对大型及小型企业的研发投资刺激效果相对中型企业更为显著。由于小型企业受到资本流动性的限制，大型企业则受到政府机构的监管，因而研发投资产生一定的局限性，只有批准的项目，才能获得政府的补助。

为了考察政府补贴与企业研发之间的关系，Wallsten（2000）通过多元方程模型，实证检验了小企业创新研究（SBIR）计划的数据，发现政府资助在一定程度上挤出企业研发投入。而 Holger Gorg、Eric Strobl（2007）选用爱尔兰共和国的制造业企业为样本来研究政府的研发补贴与企业研发投资的关系时发现，不同的企业受到政府补贴的影响不同，即政府补贴会促使爱尔兰共和国内工厂增加私人研发投资，而抑制外资企业进行研发投资。

2．间接政府补贴

有些国家的政府除了给予企业直接补贴，还在一定程度上给予税收减免等优惠政策。政府税收优惠政策又会对企业研发投入产生怎样的影响呢？学者们纷纷对此展开了研究。

为了考察税收优惠对企业研发强度的影响，Bloom 等（2002）运用 OECD 国家 19 年间（1979—1997 年）企业研发投入数据进行了实证检验。研究结果发现，税收优惠对企业研发投入水平和研发强度均存在显著的激励效应。Stephen 和 Irem（2012）发现，研发税收抵免对英国制造业研发支出产生显著的激励效应。

Kasahara、Shimotsu、Suzuki（2013）对日本制造业的面板数据进行实证检验，发现税收减免能对资产负债率较高的企业研发支出产生积极影响。

（二）国内文献

政府 R&D 补贴对企业 R&D 支出是产生激励效应还是挤出效应，是我国政府进行研发补贴与否的重要判断依据。因此，近年来，很多学者也开始研究中国政府 R&D 补贴与企业研发投入的关系。学术界的研究主要集中在三个方面：一是激励效应（即互补关系），即政府对企业的 R&D 补贴能够促使企业增加自身的研发支出。二是挤出效应（即替代关系），即政府的 R&D 补贴挤出了企业自筹的研发投入。三是政府研发补贴对企业研发支出的效应呈现倒“U”形，即当政府研发补贴低于某个数值$r$时，表现为激励效应；当研发补贴超过该数值时，表现为挤出效应。下面将从政府补贴与企业研发支出的关系角度具体分析。

张东红等（2009）通过构建两段博弈模型，研究了政府与企业在研发投入上的相互作用，认为政府在企业研发活动前进行补贴不会激励企业增加研发支出，而如果政府在企业研发活动后进行补贴，则会产生显著的激励效应。赵付民等（2010）认为，虽然政府直接资助产生的杠杆效应会随着政府资助率的变化而变化，但二者并不是正相关关系。当政府直接资助率处于很低（低于6%）或中等偏高（12%~18%）的阶段时，杠杆效应不明显；而当政府直接资助率处于中等偏低（6%~12%）或较高（18%以上）的阶段时，杠杆效应非常显著。与赵付民等（2010）的研究结论不同的是，姜宁等（2010）通过实证研究和经验分析发现，当政府研发补贴低于某一$r$值时，政府研发补贴对企业研发投入具有替代效应；当政府补贴率高于$r$时，政府研发补贴对企业研发支出具有互补效应。刘虹等（2012）的研究结论与姜宁等（2010）的研究结论截然相反。他们选择2007—2009年沪、深两市的上市公司为研究样本，发现政府的R&D补贴对企业的研发支出产生激励效应及挤出效应，二者呈倒“U”形分布。在激励效应和挤出效应的共同作用下，存在政府研发补贴的最优点$r$。在初始阶段，政府研发补贴对企业研发支出的激励效应较为显著，但随着补贴力度的加大，激励效应逐渐减弱，当到达最优点$r$时，激励效应呈现最大化，超过最优点$r$后，政府给予的补贴会替代企业的研发投入。

除了受政府的研发资助率、资助程度及资助方式等的影响外，政府研发补贴的稳定性和持久性对企业的研发投入也是很重要的因素。

## 三、外部制度环境视角的文献述评

### （一）国外文献

迄今为止，从外部制度环境角度考察企业研发投入的国外文献并不多，总体来讲是从以下三个维度展开的：知识产权保护、金融发展水平和政府干预水平。研究发现，知识产权保护、金融发展水平以及政府干预水平对企业研发投入的影响均存在两面性。

1．知识产权保护

近年来，随着经济全球化的深度发展，知识产权保护问题备受国外学者的关注。之所以如此，是因为知识产权保护的状况直接影响到企业的投资收益。不仅如此，经济学家还发现知识产权保护会影响企业家的投资意愿和投资倾向，甚至影响企业家的活动配置。如 Johnson 等（2002）调查了后共产主义国家的新公司以后，发现即使在银行贷款可用的情况下，薄弱的产权也会降低企业将收益进行再投资的积极性，而在产权相对较强时，企业会乐于将收益进行再投资。然而，也有一些学者强调知识产权保护会负向调节企业的研发创新，甚至是抑制创新。如 Arrow（1962）认为知识产权保护会增加企业边际成本，不利于企业研发创新。Stiglitz（2000）认为小型企业更愿意从事研发创新活动，而知识产权保护制度会阻碍小型企业进入某一行业，从而减缓研发创新进度。

2．金融发展水平

很多发展中国家往往采取知识产权保护或政府干预等措施激励企业进行研发投资，然而多数政策决策者却忽略通过发展金融来解决企业研发投资过程中遇到的资金约束问题。事实上，金融发展滞后或金融压抑体制会对企业的投资产生一定程度的影响，其中就包括研发投资。一些学者在研究过程中发现，融资约束确实影响企业的研发投资。Bond 等（2003）以英国公司和德国公司为研究样本，研究了固定资本投资和研发投资的现金流敏感性。经测试，发现尽管两国的金融体制存在很大差异，但是金融约束在企业投资方面均有着巨大影响。事实上，融资约束导致英国公司的投资支出少于德国公司。为了解决融资约束问题，学者们做了进一步研究，发现一般情况下，创新项目投资的风险高于实体项目投资。因此，在对创新活动进行融资时，外部投资者会要求风险溢价。正是由于内部资本和外部资本存在差异，企业更倾向于使用内部资金满足自身的研发活动需要。然而对一些新兴产业来说，研发活动离不开资金，企业内部资金并不能完全满足资金需求，因而依赖内部资金将导致企业研发投入不足。因此，即使外部融资会产生代理问题和道德风险，企业仍将其作为重要的融资渠道（Hall，2002）。

3．政府干预水平

政府干预水平是否影响企业的研发创新投入？ Boldrin 和 Levine（2004）的研究结果表明，从事研发活动的企业企图通过寻租活动谋求自身 R&D 活动的过度保护。对于处于转型经济中的企业来说，既可以通过研发创新获得超额利润，也可以通过向政府官员寻租获得垄断地位，进而获得超额利润或寻租收益。Khwaja 和 Mian（2005）利用巴基斯坦 9 万多家企业 1996—2002 年的数据，调查了政治关联企业的银行贷款数额，发现政治关联企业的贷款数额占贷款总额的 45% 以上，并且其违约率超过 50%。这样的情形只能发生在政府银行，这表明发展中国家的企业寻租行为的目的是获得某种要素资源。Claessens 等（2008）指出，竞选贡献数据构建的新政治关系表明，1998—2002 年对联邦政府代表竞选有贡献的巴西企业获得了相对较高的股票市场收益。每次竞选之后，有贡献企业的银行融资额会大幅增加，事实表明，政治关系操作是银行融资的重要渠道。

### （二）国内文献

国内学者主要从知识产权保护、金融发展水平、政府干预水平等方面分析了外部制度环境与企业研发投入之间的关系。很多学者在衡量制度环境时，利用了樊纲等建立的中国各地区市场化进程指标体系，以相对指数衡量知识产权保护、金融发展水平、政府干预水平等变量对企业研发投入的影响，比较符合我国处于经济转型期的状况。另外，他们在选取样本时对不同所有制性质的企业综合考虑，样本比较有代表性，通常认为良好的制度环境对研发投入的增加具有积极作用，因此我国可以考虑对制度环境进行完善。目前，我国正处于经济转型期，政府对要素市场的干预与控制导致了要素市场发生扭曲。张杰等（2011）以 2001—2007 年 30 个 2 分位代码行业的所有制造业企业为研究样本，实证分析了要素市场扭曲对企业研发支出的影响。研究发现，较高的要素市场化程度促使企业加大研发投入力度，而要素市场扭曲（政府干预造成的）却抑制企业增加研发投入，并且其对企业研发投入的抑制效应与企业所有制性质有关，即要素市场扭曲对民营企业和国有企业的抑制效应强于对外商和港澳台企业的抑制效应。与上述学者不同的是，谢维敏等（2011）从金融发展水平这一视角出发，研究地区金融发展水平对企业研发投入的影响，开创了企业研发投入研究的新视角。他们通过实证分析，认为地区金融发展水平的提升可以刺激上市企业增加研发投入，并且这种激励效应对缺乏资金的小企业和私有制性质的企业更加显著。

理论上，政府干预水平和金融发展水平都属于外部制度环境。既然如此，外部制度环境整体上又是从哪些方面影响企业研发投入的呢？很多学者对此展开了研究。其中，廖开容等（2011）的研究结果表明，知识产权保护和政府干预均与中国民营企业 R&D 投入呈显著正相关，即知识产权制度越完善，政府服务活动越多，民营企业则更有意愿进行研发投入。政府的管制抑制了民营企业的研发投入，政府管制力度越强，民营企业研发投入强度越小；反之，民营企业研发投入强度越大。

蔡地和万迪昉（2012）研究发现，知识产权保护、金融发展水平与企业研发投入具有正向关系，政府干预水平与企业研发投入则具有负向关系，即某一地区知识产权保护和金融发展水平的提高能够促使该地区企业增加研发投入，而加大政府干预力度只会抑制企业的研发投入。通过进一步分析还发现，对于不同所有制性质的企业而言，制度环境的影响存在较为显著的差异。总体而言，制度环境对民营企业研发投入的影响显著强于对国有企业研发投入的影响。而张杰和芦哲（2012）通过对知识产权保护、研发投入与企业利润的研究发现，知识产权保护与企业研发投入之间呈现倒“U”形关系。他们通过进一步分析还发现，在同一知识产权保护水平下，民营企业倾向于减少研发支出，而国有企业则更倾向于增加研发支出。之所以有这样的差异，是由企业所有制性质不同造成的。另外，他们在构建模型时加入了滞后的知识产权保护变量，这是因为滞后的知识产权保护变量能够有效地缓解解释变量与被解释变量之间可能存在的内生变量问题。研究结果表明，滞后期的知识产权保护对企业研发投入的激励或抑制效应比当期的知识产权保护显著。

## 四、市场竞争视角的文献述评

### （一）国外文献

熊彼特提出创新理论后，学术界关于市场结构和研发创新的文献层出不穷，这些文献大多集中在20世纪60—90年代。21世纪之后，相关的文献有所减少。学者大多使用四厂商集中度或赫芬达尔指数衡量市场力量。近年来，学者们对市场竞争与研发创新之间关系的研究重点已经从行业层面转向了公司层面。尽管已经改变了观察单位，但是学术界还没有在市场竞争与研发创新关系方面达成共识。针对市场力量和研发创新的关系，学者们的观点大致分为两类：线性关系论和非线性关系论。

1．线性关系论

熊彼特提出市场力量对研发创新具有正向影响。他认为市场垄断是研发创新的先决条件。只有处在垄断环境下，企业进行研发创新才有利可图。究其原因，主要表现在两个方面：一是企业拥有垄断势力可以减少市场不确定性；二是进行研发创新可以获得巨额垄断利润。因此，垄断性企业比竞争性企业更愿意进行研发创新。21 世纪之前，很多学者的研究结论都支持了熊彼特的观点。Kraft（1989）将市场竞争者的数量和资本强度表示进入壁垒或潜在竞争，利用德国重金属行业的数据进行实证检验，实证结果支持市场竞争阻碍创新的观点。Blundellet 等（1999）指出，即使控制了固定效应，主导公司同样更倾向于研发创新，并且行业集中度抑制企业的研发创新。总体来讲，主导产业集中度日益增加，往往会导致企业创新水平下降。Howitt 和 Aghion（1992）基于熊彼特提出的内生增长框架，为我们展示了如何建立竞争和研发之间的负相关关系。Howitt 和 Aghion（1999）进一步说明了 Howitt 和 Aghion（1992）模型中的变化是如何改变市场竞争对研发创新的负面影响的。如管理者没有实现利润最大化，但是又想以最小的付出保持现在的业务水平，那么市场竞争的增加会迫使管理者增加研发支出。虽然熊彼特的观点得到了许多经济学家的支持，但是有一些学者的研究结论却与其截然不同。Philips（1966）对 1958 年美国 11 个产业的企业数据进行了实证分析，发现在控制了企业增加值、技术机会等变量后，市场集中度与 R&D 支出呈正相关关系，但是并不显著。

2．非线性关系论

经济学家的研究结果截然不同，甚至相互矛盾，使得有人开始怀疑市场竞争和创新之间可能存在非线性关系。

Asher Tishler 和 Irena Milstein（2009）发现，处于寡头垄断市场的企业在产品市场竞争激励时会进行“研发战争”——增加研发方面的支出，而当市场竞争程度达到某一水平时，研发支出开始下降。根据 Aghion 等（2005）的模型，可以预测出创新与竞争之间为倒“U”形关系。该模型是建立在产品市场假设的基础上，并未考察服务型企业创新与竞争的关系。而 Tishler 和 Milstein（2009）根据实证结果预测市场竞争和创新之间呈“U”形关系，竞争对企业研发创新产生两种对立的观点。

（二）国内文献

真实世界的创新活动与市场竞争之间的关系需要通过实证检验来研究，然而迄今为止，国内只有少量文献对此展开研究。他们利用中国数据对“熊彼特假说”进行了检验，研究发现市场竞争与企业研发投入之间存在四种关系，即无关论、正相关论、负相关论、非线性关系论。吴延兵（2007）发现市场集中不会影响企业研发投入，二者之间没有显著关系。沈坤荣等（2009）借鉴了 Grossman 和 Helpman 构建的产品创新模型，发现外资企业的进入会刺激内资企业增加研发投入。与前面几位学者不同，柯东昌（2012）运用中国 2007—2010 年深市中小板和创业板上市公司披露的企业研发投入数据，借鉴 Levin 等（1985）的模型，实证检验了产品市场竞争对企业研发投入的影响。研究发现，产品市场竞争抑制企业增加研发投入，事实上，二者呈负相关关系。为了克服可能存在的内生性问题，柯东昌分别将滞后一期、两期的市场竞争程度代入模型中，得出市场竞争对企业研发具有抑制作用的结论。当进一步按照产品市场竞争程度分组分析时，发现市场竞争程度与企业研发投入存在非线性关系。在柯东昌（2012）之前已经有很多学者发现了市场竞争与企业研发投入之间存在非线性关系。例如，朱恒鹏（2006）对中国 10 个省市 822 家民营企业进行问卷调查，研究发现，市场力量与民营企业研发投入之间呈倒“U”形关系。平新乔和周艺艺（2007）从微观层面研究了产品市场竞争对222家中国制造类企业研发创新的影响。通过实证分析发现，用民营企业比重和行业平均利润率衡量的产品市场竞争与企业研发之间呈倒“U”形关系，而用行业集中度衡量的产品市场竞争与企业研发之间却呈“U”形关系。

## 五、财务特征视角的文献述评

### （一）国外文献

1942年“熊彼特假说”提出后，国外学者纷纷着力于研究公司规模与技术创新之间的关系。按照文献研究成果，大致可以将公司规模与创新投入之间的关系分为以下三种：线性关系论、非线性关系论、无关论。

#### 1．线性关系论

熊彼特提出“公司规模越大，越有利于研发技术创新”的假说，受到很多经济学家的支持。如Hamberg（1964）以员工人数和总资产衡量公司规模，以研发人员数衡量企业研发投入强度。研究结果表明，公司规模与研发人员呈显著正相关，而与研发人员强度之间有微弱的关联。Revilla和Fernàndez（2012）则认为，公司规模与研发创新之间的关系不能确定，但是公司规模能够促进企业研发创新是可以肯定的，因为大公司更有可能支付高昂的研发费用。另外，相对于大企业而言，小企业在研发创新上更加灵活。也有一些学者得出了截然相反的结论，如Comanor（1967）指出公司规模与研发强度之间存在一种弱递减关系。Kamein Schwarts（1987）发现小型企业更愿意从事研发创新活动，而大型企业的研发效率相对较低。这主要是由于大型企业的内部层级结构较多，沟通困难，再加上对研发人员的激励不足所致。

2．非线性关系论

Scherer（1965）发现，在公司规模达到 $r$ 值之前，企业研发强度随之增加；超过 $r$ 值以后，除了化学和石油工业企业外，其余企业研发强度均随公司规模递减。Scherer（1965）认为，早期的研究多使用对数线性回归模型，无法完整地体现出公司规模与研发投入之间的拐点或线性关系。为了解决这一问题，Scherer（1965）以 1955 年全球 500 强企业中的 448 家企业为研究样本，实证检验了公司规模与研发创新之间的关系。研究发现，公司规模与企业研发创新行为呈倒“U”形关系。Sapienza（1989）对生物技术和制药行业进行实证分析时，同样发现了公司规模与研发创新二者之间的倒“U”形函数关系，只是该“U”形结构却呈现为拥有两个“临界点”的非标准抛物线形状。虽然在早期研究中，倒“U”形关系论受到很多学者的支持，但是也有一些学者对倒“U”形关系的假设前提和解释提出质疑，在研究中得出相反的结论。例如，Bound 等（1984）考察了美国 1976 年研发支出为正值的 1479 个公司的研发投入与公司规模的关系，实证结果虽然显示二者之间具有显著的非线性相关关系，但是该线性关系却呈“U”形。

3．无关论

在学者们对公司规模与研发创新投入之间的关系争论不休时，一些经济学家却发现公司规模对企业研发创新根本没有影响。Rosenberg（1976）以市场份额表示公司规模时发现，公司规模对研发人员强度无显著影响，而企业市场份额则负向调节研发人员强度。Lichtenberg（1991）使用 1972—1985 年可信度较高的纵向普查微观数据检验了企业研发创新与生产力之间的关系。研究发现，虽然研发回报是公司规模的增函数，但公司规模与企业研发创新之间无显著关系。

（二）国内文献

熊彼特曾经提出了两个著名的假设：一是创新与垄断之间存在正相

关关系；二是大公司比小公司具有更强的创新动机。随后，国内学者就公司规模与研发活动之间的关系进行了研究。研究发现，公司规模与研发投入之间存在多种关系，大体上有线性关系论、非线性关系论和其他关系论（倾斜“V”形结构关系、“S”形关系及其他关系）三类。虽然学者们对公司规模与研发投入之间的关系已经做了不少研究，但是至今还没有定论。

1．线性关系论

早期，我国学者普遍运用定性研究，缺乏更有说服力的定量实证研究的支持。即使有极少数国内学者已经利用实证方法进行研究，但是还没有学者采用企业层面的数据进行实证研究。因此，王任飞（2005）运用中国电子信息行业百强企业 2000—2003 年的统计数据，实证检验了公司规模、盈利能力、出口导向与企业研发支出的关系。研究发现，它们均与企业研发支出呈正相关关系。任海云等（2010）运用研发费用强度、研发人员强度和研发费用绝对额对研发投入进行预测，发现研发费用强度、研发人员强度均与公司规模具有负相关关系，而研发费用绝对额则与公司规模具有显著正相关关系。

众所周知，选择合理的数学模型是实证研究的关键，因此，一些学者尝试运用比较新颖的数学模型考察公司规模与企业研发投入之间的关系。白俊红（2011）以中国高科技产业为样本，运用超越对数形式的随机前沿模型进行实证研究，结果表明超越对数生产函数比柯布—道格拉斯生产函数更适合表达企业的创新生产过程，并且公司规模增加能够有效地提高企业的创新效率。而张长征等（2006）认为不能确定公司规模是影响企业研发支出的直接因素，因此，他们引入经理自主权作为影响公司规模与企业研发支出关系的中间变量。研究发现，在经理自主权的影响下，公司规模一方面促进了研发经费投入，另一方面在一定程度上抑制了研发人员投入。而刘运国和刘雯（2007）在对 2001—2004 年披露企业 R&D 费用的

522 家上市公司进行实证研究发现，虽然不同规模的企业在技术创新方面有各自的优势，但是小规模企业更愿意进行研发投资。

2. 非线性关系论

公司规模与企业研发投入之间除了存在正向和负向关系，还存在非线性关系。聂辉华等（2008）运用随机效应 Tobit 模型对中国规模以上工业企业 2001—2005 年的平衡面板数据进行了分析。研究发现，公司规模与研发投入之间呈倒“U”形关系；国有企业比其他所有制性质的企业投入更多的研发支出，并且随着公司规模的增大，这种优势更加显著；私有企业比国有企业的创新效率高。而廖中举（2011）研究发现，公司规模与研发投入存在倒“U”形关系，股权集中度与 R&D 人员投入存在“单侧 U”形曲线关系。另外，还有一些学者试图从比较新颖的视角进行研究。例如，李宇等（2008）持有公司规模与技术创新相互作用的观点。因此，他们运用方差分解法和广义脉冲函数研究了公司规模与技术创新之间的双向互动关系。研究发现，公司规模与技术创新呈倒“U”形关系，而技术创新对公司规模的影响不仅较为复杂，二者呈“N”形关系，而且具有明显的滞后性。随后，金星（2011）首先从理论上剖析出公司规模与研发投入之间的“U”形关系，再以我国高技术产业为样本进行实证检验，实证结果验证了理论。

3. 其他关系论

张西征等（2012）运用 Lowess 修匀的非参数回归方法进行实证检验，研究发现，研发投入与公司规模之间为正相关关系；在存在研发投资的企业中，研发投入与公司规模具有“V”形结构关系，这主要是由于小型企业和大型企业的研发投入都高于中型企业。金玲娣和陈国宏（2001）对上海市不同规模、不同所有制性质的 673 家企业的技术创新数据进行了实证检验，发现公司规模与企业研发投入之间具有“S”形关系，即随着公司规模不断扩张，研发投入具有先递减、后递增、而后再递减的趋势，企业临界规模不同，研发投入也会产生差异。朱平芳等（2007）以1998—2003年上海市11个行业共504个企业为研究样本，以企业从业人员平均总额来衡量公司规模，以从事R&D活动人员总额来度量企业研发活动人力投入强度，试图探寻企业科技创新人力投入强度与企业人员规模之间的关系机制。研究发现，上海市大中型工业企业研发活动的人力投入强度与企业人员规模之间的关系具有多样性，即非标准倒“U”形、水平直线型和多峰曲线型。

## 六、公司治理视角的文献述评

### （一）国外文献

回顾以往的文献，发现学术界对公司治理如何影响企业研发创新投入的研究大体上是从股权结构、高管特征及股权激励三个角度展开的。本部分对此进行归纳介绍。

1．股权结构

（1）股权集中度。

大量研究表明，企业研发投入股权集中度与企业研发投资呈现正相关关系。Hosono等（2004）使用日本机器制造公司1987—1998年的数据，发现大股东持股比例与企业研发强度呈现正相关关系，而债务比例与研发强度呈现负相关关系。适度的股权集中度不仅可以为企业选择更好的管理者，还能提高大股东的监控效率，降低代理成本。与Hosono等（2004）不同，Lee和O’neill（2003）认为股权集中度与企业研发投资之间的关系较为复杂，他们分别运用管家理论和委托—代理理论考察了股权集中度对企业研发投资的影响。研究发现，由于日本企业和美国企业处于两种截然不同的环境，股权集中度与企业研发投资的关系存在显著差异，即日本企业的股权集中度会抑制企业研发创新投资，而美国企业的股权集中度则有利于企业研发创新投资。

（2）股权性质。

股权结构是企业基础性的治理机制，股权结构主要包括股权集中度和股权性质两部分。前面已经介绍了国外学者关于股权集中度与企业研发支出关系的相关研究，下面将具体介绍股权性质与企业研发投入的关系。一般来说，相对于政府所有权而言，私人所有权有利于企业研发创新。Aghion 等（2008）对上市公司机构投资者持股比例与企业研发创新之间的关系进行了考察，发现二者呈正相关关系，考虑了内生性问题后，二者的正相关关系仍然成立。Brossard 等（2013）以 324 个大型创新型企业为研究样本，考察了欧洲大型企业股权结构与研发投入之间的关系，发现机构投资者对企业研发创新投资具有积极的正向影响，而“不耐烦”的机构投资者对企业研发创新投资存在消极的负向影响。

2．高管特征

（1）高管任期。

到目前为止，高管特征是否影响企业研发投入一直是国外学术界关注的焦点之一。学者们在研究过程中对二者的关系做了不同的判断，到底哪种观点才是真正符合实际情况的呢？目前学术界还没有达成一致意见。例如，Hambrick 和 Fukutomi（1991）从高管任期角度入手，考察了高管任期与企业研发创新投资的关系。他们认为随着任期的延长，CEO 会丧失创新的动力，较少做出战略转换。因此，CEO 任期太长不利于企业研发创新。Dilek 和 Dianne（2012）利用高层阶梯理论和权变理论，从 CEO 特征角度研究了经济衰退与企业研发强度之间的关系。研究结果表明，经济衰退促使企业减少研发投入，而 CEO 任期较短的企业在减少研发投入强度上比 CEO 任期较长的企业更加明显。

（2）高管年龄和学历。

除了高管任期对企业研发投入有影响外，大量研究表明，企业高管年龄和学历同样影响企业研发创新投资。Barker 和 Mueller（2002）发现，若企业的 CEO 比较年轻并具有重要的职业经验，那么企业会倾向于研发创新。不仅如此，他们在研究中还发现，获得科学学位的 CEO 在企业研发投入方面比取得其他学位或无学位的 CEO 更激进。前面我们提到过 Barker 和 Mueller（2002）对高管任期与企业研发投资之间关系的结论与多数学者不同，他们认为年轻 CEO 任期与企业研发支出呈显著正相关。

3. 股权激励

政府补贴、市场竞争及外部制度环境等是从企业外部激励企业研发创新的手段。那么怎样从企业内部激励研发创新呢？多数企业选择高管股权激励和薪酬激励等手段来激励企业研发创新。高管股权激励和薪酬激励是否真的影响企业研发创新，一些学者对此做了相关研究，得出了不同的结论。Bizjak 等（1993）认为对高管进行股权激励不利于企业研发投资，二者之间呈负相关关系。Balkin 等（2000）则认为高管股权激励与企业研发投资之间无显著相关性。而 Barker 和 Mueller（2002）却发现对高管进行股权激励有利于企业研发创新，二者呈现正相关关系。前面的几篇文献均表明高管的持股比例越高，越有利于研发投入。但是在以往的研究中，这种关系一直没有得到认证。Balkin 等（2000）发现高科技企业的长期 CEO 薪酬激励与企业研发创新存在不一致的时间关系，短期 CEO 薪酬激励与研发创新的关系根据专利数量和研发支出测定，结果发现高科技企业薪酬激励与研发投入存在显著相关性，而低科技企业薪酬激励与研发创新无显著关系。之所以存在如此大的分歧，甚至是矛盾的实证结果，一些学者认为这可能是内生性问题引起的。

（二）国内文献

目前，国内学术界对公司治理的研究较多，大体上说，主要从以下三个方面开展：一是高管团队特征；二是股权结构；三是股权激励。

1．高管团队特征

大量研究结果表明，高管团队特征显著影响企业的研发投入。目前国内学者主要从高管任期、年龄、受教育水平，团队规模以及董事会机构等角度考察了这些因素对企业研发投入的影响。刘运国和刘雯（2007）研究发现，高管任期与企业研发投入呈显著正相关，而高管离任与研发投入呈显著负相关；不同年龄阶段的高管对企业研发创新的态度不同，年轻的高管更愿意进行研发创新。张明和童伟伟（2013）利用 Probit 模型和 Tobit 模型实证检验了总经理任期与研发投入的关系，结果发现，两者之间存在正相关；国有企业和外资企业的总经理任期对企业研发创新投入无显著影响；而民营企业总经理任期越长，越有利于企业研发创新。与前几位学者的观点不同，罗正英（2013）认为高管任期与企业研发投入呈显著负相关。高管任期只是高管团队特征的一部分，高管团队特征其他组成部分对企业研发支出有什么样的影响呢？一些学者对此进行了研究。李华晶和张玉利（2006）在天津市科技型中小企业的实证分析中发现，企业高管的团队规模、受教育水平同研发投入没有显著关系。罗正英（2013）发现高管团队平均年龄与企业研发投入无关。与其他学者不同，陈闯、刘天宇（2012）从创始经理人和高管持股分散度入手，对二者与研发投入的关系进行了探讨。结果发现，创始经理人比例与企业研发投入呈显著负相关，并且若创始经理人担任 CEO 会进一步降低企业的研发投入。

董事会在企业研发决策和对管理层的监督方面发挥重要作用，因而学者关注董事会与研发投入之间的关系。刘小元等（2012）考察了创业企业董事会特征对研发支出的影响。研究发现，董事平均年龄、董事长兼任总经理、战略委员会、独立董事比例对创业企业研发投入并没有显著影响，而董事会持股比例及规模有助于创业企业研发投入。与刘小元等（2012）

不同，胡德朝（2011）发现国有控股企业董事会规模与企业研发投入存在倒“U”形关系，独立董事比例与研发投入呈显著负相关，而非国有控股企业在这两方面均不显著。周建等（2013）指出，董事会人力资本广度与企业研发支出无显著关系，而董事会人力资本深度与企业研发支出呈显著正相关，并且较大的CEO权力对这种正相关关系会产生消极影响。

2．股权结构

对于股权结构与企业研发投入之间的关系，国内学者主要从三个方面展开研究：股权集中度、股权性质、股权制衡。

（1）股权集中度。

从经济学角度来看，股东对公司提供必要的创新资源条件，因此股权结构影响企业的创新投入。杨建君等（2007）发现，股权集中度越高，大股东的风险规避倾向越强，因此没有意向投资技术创新活动，并且随着技术创新风险的增加，股东的投资意愿降低，股权集中度与企业研发投入之间的负相关关系更加显著。陈爽英等（2012）考察了民营企业社会资本、公司治理与研发创新投资的关系，发现当民营企业有政治关联时，股权集中度对企业研发创新具有抑制作用。毕克新和高岩等（2007）认为，企业研发创新与股权集中度存在“U”形结构关系。与毕克新和高岩（2007）截然相反，冯根福和温军（2008）考察了343家上市公司，认为股权集中度与研发创新活动具有倒“U”形曲线关系，得出一定的股权集中度可以对技术创新起到激励的作用。任海云（2010）对A股制造业上市公司考察后发现，股权集中度与企业研发投入呈显著正相关。而赵立韦（2012）以制造业和信息技术业上市公司为研究样本，实证分析了股权结构与研发投入之间的关系，发现二者具有“N”形关系。

（2）股权性质。

我国企业的股权性质与其他国家有着显著的区别，因此，企业股权性质对企业研发投入的影响也成了学者研究的焦点。李丹蒙等（2008）实证检验了股权性质对上市公司研发投入的影响。实证结果表明，与国有控股上市公司相比，非国有控股上市公司更愿意进行研发创新。随后，黄蕾（2012）基于市场竞争程度检验了国有股比例与企业研发创新的关系。实证结果表明，在高度竞争的行业中，国有股比例与企业研发创新呈正相关；而在低度竞争行业中，国有股比例与企业研发创新呈负相关。刘胜强等（2010）则认为股权性质对企业研发投入无显著影响。

（3）股权制衡。

企业存在多个大股东，股东之间必然存在股权制衡。因此，一些学者研究了股权制衡对企业研发创新的影响。刘渐和等（2010）指出股权制衡与企业技术创新呈负相关关系，而赵立韦（2012）的实证结果表明股权制衡有利于企业研发创新。徐洁菲等（2013）则认为股权制衡与研发投入存在不显著的正相关关系。文芳（2008）通过对1999—2006年上市公司的研发活动数据进行实证分析，得出研发强度与大股东持股比例之间具有“N”形关系的结论。任海云（2010）发现机构企业法人大股东均与企业研发投入呈显著正相关；而个人大股东与研发投入不存在显著的相关关系。与任海云（2010）不同，刘胜强、刘星（2010）分别利用OLS的混合数据回归、面板数据的固定效应和随机效应模型检验了股权结构及股权性质对企业R&D投入的影响，研究结果表明，第一大股东持股比例与企业研发投入呈“U”形关系，而第二至第五大股东能够制衡第一大股东。

3．股权激励

研发投入是一种高风险、高回报的投资，风险厌恶型管理者由于其周期长、见效慢，往往不愿意进行投资，因而学者关注高管股权激励和企业研发投入之间的关系，但是学术界对于股权激励与研发投入之间的关系还没有达成一致意见。唐清泉等（2011）发现，股权改革之前，高管股权激励与研发投入呈倒“U”形关系；而股权改革之后，二者之间存在显著的正相关关系。王燕妮和李爽（2013）发现，对高管进行股权激励有利于企业研发创新投入；长期股权激励促使企业高管使用自由现金流来提高企业的研发投入，而短期薪酬激励促使管理层使用自由现金流以外的其他资金来提高企业研发投入；自由现金流、高管激励、研发投入三者之间存在传导关系。顾远等（2013）认为高管持股比例与企业研发投入显著负相关。孙维峰（2013）利用联立方程模型解决了企业研发投入与高管激励之间的内生性问题，实证结果表明，高管薪酬激励与研发投入之间无因果关系，而高管股权激励与研发投入呈双向因果关系。大量研究表明，企业所有制性质会影响股权激励与研发投入之间的关系。王燕妮（2011）指出，非高新技术企业和非国有企业高管激励对研发投入的影响要比高新技术企业和国有企业稍弱一些。杨德伟（2011）发现，与国有企业相比，民营企业不愿意进行研发创新，并且民营产权在一定程度上会弱化对董事长和总经理进行股权激励的正效应。胡德朝（2011）则认为，国有企业的高管持股比例与研发投入存在不显著正相关关系，而非国有控股企业高管持股比例与研发投入存在不显著负相关关系。

## 第二节　R&D 效率的影响因素述评

### 一、研究背景

在知识经济时代高速发展的今天，科技水平和创新能力成为一个国家经济发展水平及经济增长潜力的重要标志，科技进步也成为世界经济发展的重要推动力量。提高技术创新水平迫在眉睫，科技是第一生产力，也是促进经济增长的动力，因此 R&D 活动日益受到世界各国的特别关注。

近年来，尽管我国一直在增加科学研究方面的资源投入，但我国企业的自主创新能力仍没有得到很大改善，具体体现为我国企业并未掌握大量的知识产权及前沿的核心技术。我国距离创新型国家还有较长的路要走，R&D 效率的高低直接关系着我国企业自主创新能力的整体水平。如果 R&D 效率较低，那么即使投入大量研发资金也只能起到事倍功半的作用。因此，如何科学地开展 R&D 活动，合理、有效地利用 R&D 资源，提高企业的 R&D 效率，增强企业的市场竞争能力，是我们应该重点关注的问题。并且 R&D 效率对自主创新能力具有重要影响，尤其是在当前我国企业的 R&D 投入飞速增长，但自主创新能力却未得到显著提升的现实情况下，考察 R&D 效率的影响因素具备较强的理论价值和现实意义。

## 二、研究层面视角的文献述评

### （一）国外文献

国外现有文献多着眼于从国家层面探究 R&D 效率，以对比相同发展水平国家间的 R&D 效率差异，而在产业、企业等层面的研究较为欠缺。

Martin G. Kocher（2005）使用数据包络分析（DEA）方法对 21 个经合组织（OECD）中国家经济学领域的研究效率进行了分析。研究发现，在不可变规模报酬模型里，只有美国是有效的；而在可变规模报酬模型里，新西兰、爱尔兰以及美国这三个国家有效，并提出可通过扩大 R&D 活动来提高 R&D 效率。Eric C. Wang（2007）则结合 Tobit 回归与数据包络分析方法衡量了 30 个国家的 R&D 效率，研究表明，有近一半国家的 R&D 活动属于有效状态，超过 2/3 国家的 R&D 规模收益处于递增阶段。Hak-

Yeon Lee 等（2006）使用随机前沿分析（SFA）方法，对不同的投入及产出指标进行组合，以此建立了 5 个测度 R&D 效率的模型，分别使用这 5 个模型对 27 个国家的 R&D 效率进行了测定，根据测定结果将研发效率分成了 4 种类型，并按照 R&D 效率的类型及评价分数对亚洲国家的研发特点进行了分析。Eric C. Wang（2007）选取劳动投入（研发人员、支持人员及技术师）及研发支出作为衡量投入的指标，以专利及学术论文作为衡量产出的指标，使用随机前沿分析方法对 30 个国家的 R&D 效率进行了评价。

从国家层面探究研发效率，既可以比较相同发展水平国家间的研发效率差异，又可以比较不同发展水平国家间的研发效率差异。通过分析研发效率差异来探寻各国的研发活动特点不失为一个良策。

（二）国内文献

随着研发创新的价值逐渐为企业认可，我国研发活动的主体及相关资源也随之向企业转移。因此，国内研究者多着眼于从区域层面（包括国家和省域）、企业层面以及行业或产业层面探究研发效率。

1. 区域层面

考虑到企业研发年度投入波动性较大，导致企业年度研发评价结果差异较大。因此，一些学者根据区域汇总或累加的统计数据，从宏观上对 R&D 效率进行探讨。杨勇松、吴和成（2008）使用改进的 DEA- $C^2R$ 模型，考虑了滞后期因素，评析了我国 30 个地区的大中型工业企业的 R&D 效率。岳书敬（2008）采用随机前沿函数模型，对比分析了 1998—2005 年我国省级区域 R&D 效率的不同以及影响 R&D 效率的因素。梁彤缨、陈修德、卢春源（2009）使用基于面板数据的随机前沿分析方法，测算了 2001—2006 年广东省 21 个地级市的中型工业企业的科技活动效率及其差异。朱承亮、师萍、岳宏志（2011）使用随机前沿分析模型测度了我国 1998—

2008 年省级区域的 R&D 效率。

2. 企业层面

由于企业层面的数据较难获取，目前真正从企业视角研究 R&D 效率的文献并不多。陈修德、梁彤缨（2012）利用动态面板数据随机前沿模型对广东省地级以上市（包括地级市）的大中型工业企业的动态 R&D 效率及其影响因素进行了分析。

3. 行业或产业层面

闫冰、冯根福（2005）使用随机前沿生产函数模型研究了 1998—2002 年我国 37 个工业行业的 R&D 效率；陈修德等（2010）构建随机前沿生产函数（SFPF）模型，测算了 2000—2007 年我国高新技术产业 R&D 活动的中间及最终产出效率；李向东、李南、白俊红、谢忠秋（2011）使用随机前沿分析及数据包络分析两种方法对 1995—2006 年我国高新技术产业中 17 个细分行业的 R&D 效率进行了测算；郑山水（2012）从技术效率、纯技术效率与规模效率三个方面评估了 1995—2009 年我国高新技术产业中的 21 个行业的 R&D 效率。不难看出，高新技术产业是学者们研究的重点领域。

## 三、影响因素视角的文献述评

### （一）国外文献

著名的经济学家熊彼特（Schumpter）与加尔布雷思（Galbraith）提出了两个重要的假设：一是创新和垄断之间存在正向关系；二是大公司比小公司更有创新的积极性。R&D 效率可看作 R&D 投入和 R&D 产出之间的转化关系，可以将 R&D 效率视为一种技术效率（Technical Efficiency）。通过对文献的总结可知，技术创新效率的影响因素主要包括：①市场结构。学者们对这一影响因素所持的观点不同，如 Schumpeter 认为由于垄断与研发行为联系密切，产业的市场集中度越高，越有利于企业研发活动。Arrow 则认为竞争的市场结构能够更好地激励企业的 R&D 活动。②公司规模。对于这一影响因素也存在一些争议，Chen、Chien 等（2004）认为技术创新效率在一定的规模经济下才能改善。Pavitt 等（1987）则认为小企业和大企业的 R&D 效率要高于中型企业，也就是 R&D 效率与公司规模间为“U”形关系。③所有权结构。大多数学者认为国有企业的技术创新效率低于非国有企业。此外，政府的各种政策工具、对知识产权的保护度、产业的绩效、消化吸收国外技术的能力等因素都能够影响 R&D 效率。④资金。资金的来源与配置同样影响企业的 R&D 效率。下面将从市场结构、公司规模、所有权结构和资金四个方面进行梳理。

1. 市场结构

有关市场结构和企业技术创新之间的关系，从“熊彼特假说”提出后就一直被学者们重点关注，焦点问题是哪种市场结构更有利于企业创新。从现有文献来看，主要有垄断有利观、竞争有利观及折中观三种观点。

（1）垄断有利观。

垄断有利观认为追求垄断的利润是企业不断创新的动力，企业为开展具有风险的研发创新活动，必须处于行业垄断的地位，从创新中获益；相较于竞争性企业，垄断企业所使用的全部生产要素（也包含创新所用的）数量都较少，R&D 效率较高。如 Schumpeter（1943）提出垄断和研发间的联系紧密，市场集中程度大的企业更能够激励企业的研究开发活动。他认为竞争使企业不能得到创新的全部租金，从而减少了企业对创新的激励。Demsetz（1969）也认为，垄断不会抑制创新，垄断对创新具有促进作用。

（2）竞争有利观。

在竞争产业中，创新者可以全额获得低成本曲线带来的潜在利益，而垄断环境中的创新人员并不能获得低成本带来的全部利益。从现有文献来看，多数学者并不支持垄断的市场结构有助于提高 R&D 效率的观点。Arrow（1962）首先对熊彼特的观点提出了异议，他在垄断与竞争两种环境下比较了使用新工艺可能会带来的利益，发现在竞争激烈的环境中，企业会不断加大研发投资来保持其市场份额，即竞争性的市场结构能够更好地激励企业的 R&D 活动。Broadberry、Crafts（2000）对产业的规模以及技术机会等变量进行控制后，选择产业价格的卡特尔数据以及五大厂商集中度来衡量市场的垄断程度，根据 1945—1960 年 101 个英国产业的相关数据，利用 Tobit 模型进行研究，发现价格的卡特尔变量对创新数量产生的作用并不显著，而五大厂商的集中度与创新的数量间呈显著负相关。这是因为垄断市场的代理成本对创新所产生的负向影响大于预期垄断的租金对创新所产生的正向影响，市场力量对创新所产生的净效应为负。Driffield（2001）认为外资企业的竞争会对内资企业的研发活动产生激励作用，外资的潜在溢出效应也会提高研发的生产效率。

（3）折中观。

许多学者在研究中发现，市场结构对 R&D 效率的影响并非线性的，而是呈倒“U”形关系。Kaimien、Schwarts（1982）指出，中等程度的寡头垄断对企业研发积极性的激励作用最显著。Levin、Cohen、Mowery（1985）根据相关的调研数据进行研究，发现四厂商集中度达到 54% 时，创新的数量是最多的，四厂商集中度和创新的数量之间呈倒“U”形关系。Scherer（1991）根据美国 1960 年的 58 个制造业相关数据研究市场结构和研发投入强度二者的关系时发现，市场集中度在一定程度上促进研发投入强度，当市场集中度超过临界值时，又会对研发投入起到抑制作用。也就是说，市场的集中度和研发人员的强度之间为倒“U”形关系。

2. 公司规模

根据“熊彼特假说”，企业创新和公司规模之间呈正相关关系。研发投入增加的速度会随着公司规模的扩大而加快，由于大型的企业具有规模经济和融资优势，研发投入能力较强，也就是说大企业在每单位规模中所开展的研发活动更多。Worley（1961）认为研发投入增加的速度会随着公司规模的扩大而加快。Fisher、Temin（1973）研究发现，大企业的创新效率比小企业的要高。

但也有研究指出，公司规模与 R&D 效率之间呈负相关关系。由于小企业的机制灵活，竞争压力大，其 R&D 效率高于大企业（Gelliman，1962）。Schwarts（1983）认为，大企业的内部难以沟通且没有足够的动力鼓励 R&D 人员开展研发活动，在研发活动中的优势不足使大企业的 R&D 效率低于小企业。Toivanen、Niinine（1998）认为小公司补贴是有效的，并增加 5% 的私人研发投资，而大企业的研发补贴则无效。

垄断者缺少创新的激励，而处于激烈竞争环境中的竞争者则具有更多的创新激励。因此，有学者发现企业研发和公司规模之间并不是简单的线性关系，而是一种倒“U”形关系，如 Pavitt 等（1987）认为 R&D 效率与公司规模之间呈“U”形关系，中等企业的 R&D 效率低于小企业及大企业的 R&D 效率。Scherer、Ross（1990）认为，规模较大的制造企业因在成本分摊上具有一定的优势，从而可以在 R&D 活动中获得更多的收益，但由于管理控制能力的降低或过度的官僚控制，不断扩大企业的规模会损害 R&D 效率。Chen、Chien 等（2004）认为，一定的规模经济性可以提高企业的 R&D 效率。Kuen-Hung Tsai（2005）对台湾的电子产业的公司规模与 R&D 效率之间的关系进行了研究，结论表明，公司规模与 R&D 效率之间呈倒“U”形关系。

与以上几种观点不同，Rosenberg（1976）和 Jefferson 等（2001）则认为，企业的规模和研发投资并不存在相关关系。

3. 所有权结构

所有权结构主要是在企业内部激励机制的作用下影响企业的 R&D 效率。也就是说，企业的所有权结构不一样，则企业的治理模式（包括企业的激励机制）就会存在差异，具体表现在研发过程中对相关研发主体的激励程度及方式上的不同，进而影响研发主体的研发积极性，最终导致 R&D 效率不同，所有权结构因素对企业的 R&D 效率产生影响。

Hansen（2003）通过研究发现，管理层格局是技术创新效率的影响因素，主要体现为股权集中度高的企业技术效率比其他企业高。Anming Zhang、Yimin Zhang、Ronald Zhao（2003）对我国大中型企业的研究发现，所有权对研发及生产效率的横截面方差均起到了促进作用，国有部门的研发和生产效率明显低于非国有部门。Eric W.K. Tsang、Paul S.L. Yip、Mun Heng Toh（2008）则发现，国外公司的研发投资相较于国内的公司会产生更高的附加值。

4. 资金

（1）资金来源。

国外学术界认为，企业研发融资的途径有内部融资和外部融资两种。熊彼特在《经济发展理论》一书中提出了创新和金融之间存在相关关系，企业家只有从外界取得购买力之后才可以进行创新。缺乏金融资金的支持会使企业难以进行创新与发展，从而降低了企业的创新效率。Huang、Xu（1998）也认为，不同来源的 R&D 资金会对企业的 R&D 产生不同的监督及激励作用，进而影响企业的 R&D 效率。

（2）政府资助。

政府对企业的研发资助，是为了矫正研发活动中的市场失灵现象。许多学者专门就政府的研发资助对企业创新产出的影响进行了探索。Arrow（1962）认为，研发创新活动具有一定的公共物品属性，致使独立的投资者不可能占有所有创新活动带来的利润。如果仅仅依赖企业的积极性并由市场操控研发活动，那么最终的投入就会低于社会预期。因此，政府会对企业的研发进行资助来提高研发的投入 / 产出效率。当前多数研究均表明政府的研发资助会显著促进企业技术创新产出。

（3）风险投资。

企业是否存在风险资本的投入会对企业创新的成功产生重大影响。风险资本是一种创新的投资方式，能够对现行的融资体系的缺陷进行弥补，并为有市场前景的技术项目及科研产出提供一定的方式进行选择及转化，可以提高企业的 R&D 效率（Casamatta，2003）。Kortum、Lerner（2000）发现风险资本的投入能够促进专利数量的增加。Guellec、Potteri（2001）同样也发现风险投资的资本能够促进企业的技术创新。Brown（2006）发现有风险投资投入的企业成长更快，R&D 资金投入的力度更大，对美国高技术产业的累加效应也更大。但 Pender（2007）通过实证研究，却发现风险投资倾向于投资那些创新水平较高的企业，而不是使企业变得更具创新水平。

（4）FDI（外商直接投资）。

研发投资的一个优势就是存在溢出效应。行业不仅受益于自己的研发成果，还能够从其他国家的成果中获益。哈佛大学的 Caves 教授在 1974 年最早对 FDI 的溢出效应进行了实证研究，他选取澳大利亚制造业的 FDI 作为研究样本，第一个提出了检验外商直接投资溢出效应模型。采用此模型进行分析，发现 FDI 能够促进澳大利亚相关产业的劳动生产率。之后有关 FDI 的溢出效应的经验研究大多使用 Caves 教授的模型，但不同研究对象的结论却存在很大差异（Nonaka、Takeuchi，1995）。Rogers 等（2006）

通过研究发现，FDI 对创新的作用具有不确定性，有时甚至会抑制创新。Dolores Anon Higon（2007）指出，研发投入会对英国工业的生产率以及这些“研发溢出效应”的本质产生一种长期的影响，来自行业本身和其他的民族工业的研发成果对工业生产率具有正向的影响，但国外直接投资对工业生产率却并没有显著的影响。

（5）资金管理。

Francesca 等通过研究发现，绩效的变动不仅受到研发活动本身的不确定性影响，还会受到未来管理过程中的不确定性影响。他认为对研发项目有效的管理可以减小风险，从而提高效率。因此，企业研发资金的投入具有不确定和不可逆的特点，学者对有关研发资金管理的重要性进行了大量研究。Clifford C. Petersen（1967）第一个对研发资金在独立研发项目间的分配问题进行了研究，他认为分配的过程实际上就是一个 0~1 的整数规划模型，此模型旨在一定预期资金规模的约束下得到最大期望投资收益。Dutta（1997）在无竞争环境下通过对企业不同研发阶段间的研发资金进行优化配置，实现了研发资金的动态配置。研究发现，当研发项目的各阶段均能够获得利益时，研发资金的最佳投入时期是项目初期；如果研发项目只在最后全部完成后才能产生利益，则要按照不同研发阶段的实际情况对研发资金进行合理的配置。S. K. Ethiraj（2005）有关能力养成的结论认为，持续的研发投入可以提高企业的创新水平和创新能力。Quan Le Liu、Li-Hong Han、Wei Wei Zhuang（2011）利用数据包络分析模型评价研发投资的效率，分析发现，表现为先上升、后下降倾向的研发资源的配置效率是比较低的。只有提高研发资源的分配效率，中国才能够进入创新型国家。

（二）国内文献

目前，国内学者研究的着手点与国外学者相似，主要从以下四个方面展开：市场结构、公司规模、所有权结构和资金。

1. 市场结构

企业通过研发创新能够获得超额收益，而这些收益是通过市场竞争实现的。另外，市场垄断可以影响研发创新的持久性，垄断的力量越大，对市场的支配程度就越大，创新就越难以被模仿。目前，国内学术界关于市场结构与 R&D 效率的观点主要有垄断有利观、竞争有利观及折中观。

（1）垄断有利观。

闫冰、冯根福（2005）通过实证研究发现，我国工业企业的 R&D 效率与行业的竞争强度之间呈反比例关系。冯根福、刘军虎、徐志霖（2006）对 35 个工业部门运用随机前沿生产函数进行 R&D 效率及其影响因素的分析，发现企业 R&D 效率与市场竞争程度是负相关的，即适当的市场垄断结构更有利于提高企业的 R&D 效率。

（2）竞争有利观。

企业的研发投资动力来自竞争对手的研发竞争威胁及利润的激励。张化尧、万迪昉、袁安府、史小坤（2005）认为，如果企业的竞争对手通过开展创新活动所获得的利润越多，企业对自身研发的资金投入就越多。余泳泽（2009）根据 1995—2007 年我国 19 个省的省级高新技术产业的面板数据，采用松弛变量的 DEA 模型实证研究了技术创新过程的两个阶段（技术开发阶段及成果转化阶段）的效率及其影响因素，发现市场化程度会对各地区高新技术产业的技术创新效率产生正向影响。

（3）折中观。

毋庸置疑，影响中国高新技术产业 R&D 效率的一个主要因素就是市场结构，并且在不同的阶段，研发产出效率所对应的最优市场结构也不同。陈修德、梁彤缨（2010）将 R&D 产出分为中间产出与最终产出，分析了市场结构对 R&D 的中间及最终产出效率的影响，却发现市场竞争程度和 R&D 最终产出效率呈显著负相关，但对 R&D 中间产出效率的影响则不够明显。

2. 公司规模

研究一般是用各行业平均产值或平均员工数来表示公司规模，有关公司规模对 R&D 效率所产生的影响，国内学术界观点不一。

冯根福、刘军虎、徐志霖（2006）通过分析得出的结论与熊彼特的观点完全相反，他们发现工业部门资产规模与企业的 R&D 效率呈现负相关关系，资产规模每增长 1%，R&D 效率则降低 0.345%。

但多数学者认为，公司规模和研发投入 / 产出效率之间呈正相关关系。公司规模越大，企业研发活动就越具有规模经济性，研发的投入产出效率相应也就越高。与此同时，企业数量越少，市场竞争程度越弱，就越有利于提高研发投入产出效率。如朱有为、徐康宁（2006）通过研究发现，公司规模与研发效率具有显著的正相关关系，这一结果可能与研发投资规模、投资风险和融资约束等问题有关。余泳泽（2009）也得出了与之相同的结论。规模较大的企业在技术的开发阶段容易获得风险投资，从而有着高于中小企业的抗风险能力，而且大规模企业在成果转化阶段所展现出来的规模经济效应及雄厚的资本实力使其在技术创新的全过程中都处于优势地位。郑山水（2012）从技术效率、纯技术效率与规模效率三个方面评估了各行业的 R&D 效率，发现公司规模与这三个方面均呈显著正相关关系。

有些学者提出，用企业产值或人员数量代表公司规模并不能很好地衡量企业的创新能力，而应该从研发规模角度来度量企业的规模，从而能够更好地研究公司规模对 R&D 效率所产生的影响。多数学者对研发投入产出效率的研究，是通过分析研发经费支出和专利产出二者之间的关系进行的。谢伟、胡玮、夏绍模（2008）认为研发投入强度与研发效率呈负相关关系，这说明即使企业和政府机构对技术创新的研发活动投入了很多的资金，但由于组织管理、人力资本及金融市场等因素的制约，研发投入并没有对研发活动起到良好的指引作用。但更多学者认为企业的 R&D 投入与专利产出之间存在正相关关系（逄淑媛、陈德智，2009；王庆元、张杰军和张赤东，2010）。白俊红、李婧（2011）基于柯布—道格拉斯（C—D）生产函数形式的随机前沿分析模型进行研究，发现我国大中型工业企业的研发资本存量和各行业从事科技活动的人员数量这两个研发投入指标对企业技术创新的产出都具有正向影响。

3. 所有权结构

对于企业的所有权结构，研究一般使用国有及国有控股企业当年总产值占行业当年总产值的比重（冯根福、刘军虎、徐志霖，2006）和三资企业当年总产值占行业当年总产值的比重（朱有为、徐康宁，2006）两项指标来分别衡量国有企业和三资企业这两种产权类型。于君博、舒志彪（2007）发现，企业总资产中国有资本的份额对企业的创新意愿有显著的负相关关系。魏楚、沈满洪（2008）对浙江省 31 个规模以上的工业行业运用数据包络分析法分析技术效率及其影响因素，发现国有资本比重越高，越会阻碍技术效率与工业绩效。俞立平（2007）研究发现，内资企业、股份合作企业及集体企业的规模效率较高，港澳台地区及外商投资企业、有限责任公司、股份有限公司及联营企业的规模效率较低。周立群、邓路（2009）采用随机前沿生产函数实证检验了 1995—2006 年我国高技术产业的 R&D 效率在国有企业、三资企业间的差异，发现我国高技术产业整体 R&D 效率偏低，但近年来国有企业整体的 R&D 效率呈逐步上升趋势，三资企业中电子及通信设备制造业的 R&D 效率则呈现出下降的趋势。郭研、刘一博（2011）选取了 92 家高科技公司作为研究样本，利用 Tobit 随机效应模型和无常数线性 OLS 回归模型考察了企业的控股权对 R&D 绩效所产生的影响，结果表明，私人控股企业对 R&D 绩效的促进作用要高于国有控股企业。高艳慧、万迪昉（2011）研究了国有企业和三资企业中不同来源的资金及其比重对 R&D 投入 / 产出效率影响的差异，发现国有企业使用自有资金进行研发所获得的产出并不多，而三资企业使用自有资金进行研发时，企业的新产品的销售收入这一研发产出变量则会显著增加。

4. 资金

（1）资金来源。

我国企业的研发经费主要有外源融资和内源融资两种融资方式，具体来说则有政府资金、金融机构资金、企业自有资金及其他资金四种筹资渠道。不同的研发资金筹集渠道影响研发投入 / 产出效率，但是对于这种相关关系的具体表现是正向的还是反向的却没有进行深入的分析。同时，考虑到不同来源的研发资金相互之间也会产生一定的影响，更多的学者对研发资金的不同来源以及比重对于研发投入 / 产出效率所产生的影响进行了实证研究。

唐清泉、卢博科、袁莹翔（2009）选取我国 33 个工业行业中不同阶段的技术效率值为研究样本，采用 Tobit 模型分析了影响 R&D 效率的各个因素，提出从行业层面考虑，充分的金融机构贷款以及政府资金能够促进 R&D 投入 / 产出效率的提高。

白俊红、李婧（2011），李洪伟、任娜、陶敏、姜秀娟（2012）发现政府的研发资助能显著提高企业的技术创新效率，二者之间为线性关系。

岳书敬（2008）采用随机前沿函数模型对比分析了我国 R&D 效率的区域差异以及影响因素，发现外商直接投资、对外贸易都能显著促进 R&D 效率。朱承亮、师萍、岳宏志（2011）使用随机前沿分析模型的方法测度了中国的区域研发创新的效率，并以此为基础对外商直接投资与 R&D 创新效率之间的关系进行了研究。研究表明，外商直接投资对我国 R&D 创新效率的提高具有显著的促进作用，外商直接投资每增长 1 个百分点，以新产品的产值为研发产出指标的 R&D 创新效率会增长 3.8%，而以发明专利的授权数量为产出指标的 R&D 创新效率会增长 2%。由此可知，要想增强 R&D 创新能力就要加大对外开放的力度，不断吸引更多外资。张海洋、史晋川（2011）也发现，外商直接投资在新产品技术效率（NPTE）和技术效率（TE）回归中都显著为正，外商直接投资的溢出效应对自主创新效率水平和中国工业生产效率的提高都起到了显著的促进作用。

（2）资金管理。

研发配置指的是研发的资源特别是研发资金的使用方式及途径。研发配置主要指的是研发经费的配置，因此，我们一般把研发经费配置简称为研发配置（即研发配置是研发经费配置的同义词）。研发配置通常是指研发经费的使用及支出行为和过程，即研发经费在不同研发主体及不同研发阶段间的配置情况，包括研发经费的使用模式（计划模式、市场模式）、研发经费在三大研发主体及三大研发阶段之间的分布状况等（即研发经费在应用研究、基础研究及试验发展这三大研发阶段及高校、企业、科研院所这三大研发主体间的分配状况），以及不同研发主体的研发经费在不同研发阶段间的分配状况。

我们应对研发经费和基础研究经费的投入问题给予充分的关注。这是因为，虽然我国基础研究经费的绝对值以及基础研究经费占研发经费的比例整体呈现增长态势，但不同学者对基础研究支出占研发经费的最优比例问题有不同的见解，且不管是持哪种观点的学者都没有得出确定的结论（肖广岭、何晋秋，2005）。例如，肖广岭（2005）根据各个国家，特别是美国 50 年来的经验数据对有关基础研究支出占研发经费的比例的三个假说进行了验证，并对我国在 2002—2020 年的基础研究支出占研发经费的比例及资金资助以及执行结构进行了预测：全国的基础研究支出占研发经费的比例，2010 年达到 7.5%，2020 年达到 10.5%。肖广岭（2008）通过对我国政府的研发经费占整个社会研发经费比重的历史及现状进行分析，提出了 2006—2020 年我国政府研发资金的最优比重为 26% 左右或在 24%~30%。

企业自主创新水平和研发资金管理之间的关系密切；企业的研发资金在不同项目间分布的紧密性与否也会对企业创新产生显著作用，表现为集中的投资方式有助于资金的使用效率；企业持续的研发投入可以提高企业的创新水平和创新能力；对研发资金计划的严格执行更加有助于加强企业的自主创新水平；企业要根据研发项目的实际情况科学分配研发资源，构建合理的研发资金管理机制，使研发资源能够得到高效的使用，从而加强企业的自主创新水平（梁莱歆、马如飞，2009）。如李燕萍、许颖、吴绍棠（2011）根据 2003—2008 年我国 30 个省份（按东北老工业基地、东部沿海地区、西部大开发战略地区以及中部崛起战略地区对其进行了划分）的相关面板数据，构建测度科研投入 / 产出效率模型并运用数据包络分析方法，考察了影响科研投入 / 产出效率的因素，发现科研活动市场化的程度、产学研的结合程度、基础研究的投入强度以及科技人员的投入对科研投入 / 产出效率产生的正向影响效果都很明显，表现为前述各指标每上升 1 个百分点，效率会分别增加 0.39%、0.31% 、1.01% 及 16%，但科技经费投入的影响却并不明显。同样地，刘和东（2011）应用随机前沿分析方法同时测度了无时间滞后、滞后一期、滞后二期和滞后三期这四种情况下我国 30 个省市 1998—2008 年的 R&D 投入产出效率及其影响因素，提出企业主体在短期内会对 R&D 投入 / 产出效率产生负向影响，但长此以往，在企业确立其主体地位后，则会显著促进研发的投入 / 产出效率。无论是从短期还是从长期影响来看，产学研合作对 R&D 效率的影响均显著为负，而从中期来看，这种影响虽然为正，但却并不明显。

# 第三节　企业创新能力的定义、评价指标与方法

## 一、研究背景

创新能力按主体可以分为国家创新能力、区域创新能力及企业创新能力。由于课题的研究主体是企业，下面的论述主要以企业为核心来探讨创新能力。提起企业创新能力，人们往往联想到技术创新能力和产品创新能力，其实企业创新能力的形态远远不止这些。一般来说，企业创新能力主要有产品（或服务）创新能力、技术创新能力、发展战略创新能力、管理创新能力、组织与制度创新能力、文化创新能力以及营销创新能力等。

对企业而言，要想变得具有创新力与创造力，并将新的、改进的、具有附加值的产品和服务引入市场，从而实现更多的利润，并利用这些利润进行再投资，是一项富有挑战性的事情。随着科技的日益进步和国际竞争的日益激烈，创新能力对企业的成功与生存是至关重要的，它将日益成为一个企业乃至国家赢得竞争力的核心因素。近年来，企业创新能力越来越受到社会各界的关注。然而，伴随企业的发展，有一些制约因素不断凸显，如资金瓶颈、管理壁垒、信息不对称等，为了降低和化解风险，许多银行和风险投资部门不断提高准入门槛。因此，政府出台了许多政策来帮助企业走出这一困境，清除企业创新发展中的障碍。一般认为，了解企业创新能力的定义能帮助人们认识企业创新活动的本质与规律，进而总结创新活动的经验，为企业今后制定创新战略提供有意义的借鉴。根据研究目

标，本书从企业创新能力的含义和企业创新能力的评价指标两个方面对国内外的研究成果进行梳理，并进行简要的评述。

## 二、创新能力的定义

### （一）国外文献

“创新理论”（Innovation Theory）首先是由经济学家约瑟夫·阿洛伊斯·熊彼特于1912年在他的成名之作《经济发展理论》中提出的。“创新理论”是《经济发展理论》的核心，熊彼特在著作中指出，创新是指“企业家对生产要素所做的新组合”，“创新”具体包括下列五种情况：引入新技术、发现原材料的新来源、引入新产品、开辟新市场以及实现工业企业的新组织。熊彼特对于创新概念的提出具有理论奠基意义，他认为资本主义正是由于创新而得到了发展。没有创新，也就没有企业；没有企业，也就没有资本主义。《经济发展理论》发表至今已经有100多年，学术界至今对创新能力的定义还没有统一认识，主要分为三类。

第一类是“从能力本身来定义创新能力”。这种观点认为创新能力是组织本身所具有的，并且能帮助组织创造新思维、新想法的一种能力。Burns和Stalker（1961）最先从能力本身定义了“创新能力”一词，他们将创新能力定义为“组织成功地采用或实施新观念、新工艺或新产品的能力”。该定义与Rogers（1983）提出的创新扩散理论形成了鲜明的对比，从伯恩和斯托克对创新能力的定义中我们可以看出，早期的创新是由组织主动采用的，而非由媒介采用之后说服组织接受新观念、新事物、新产品的一种能力。

Barton（1992）则从创新能力的核心认识了创新能力，他认为：“企业创新能力的核心是掌握专业知识的人、技术能力、管理能力及企业的价值观。"

Burgelman（1993）认为："企业创新能力由一系列支持企业创新战略的综合特征组成，包含了所有促进与支持创新战略的组织特性。企业的创新能力不但和技术层面的能力有关联，还同制造能力、营销能力以及人力资源管理能力密不可分。这样公司创新能力就包括企业可利用的资源及其配置、公司对技术环境的理解、战略管理能力、组织结构和文化环境、对竞争对手的创新战略和多产业演化的理解能力。"我们可以看出，伯格曼对创新能力的构成要素进行了详细的分解，这是一种从创新能力构成上进行定义的方式。

O' Connor 等（2007）则将创新能力定义为，"资源（人力和关系）投入和中间变革资产"，该资源或资产是企业从事创新活动所必需的。

OECD（经济合作与发展组织）也对创新能力进行了定义："创新能力是一个由一系列活动组成的交互过程，它起源于人们意识到一个发明技术能带来的新市场或者新服务的机会，为了利用这一机会获得商业成功，从而进行开发、生产以及营销等一系列活动的一种能力。"因此，在 OECD 的定义中，创新要符合三个要点：第一，创新是由某项技术给予的机会；第二，创新最终的目标是获得成功，特别是商业上的成功，能否被市场中的用户接受并获得收益；第三，要将获得商业上的成功作为目的，企业必须完成一系列与之相关的开发、生产以及经营活动。

第二类是"从过程的层面来认识创新能力"。这种观点认为创新能力就是生产某种革新的、有意义的客体的过程。

首先，Mumford 和 Gustafson（1988）认为创新能力就是生产新颖的、具有社会价值的产品的能力。而 Woodman、Sawyer 和 Griffin 等（1993）则指出：创新能力是指多个人共同协作，从而创造有价值的新产品、新服务、新想法、新程序、新过程。该定义的创新之处在于将参与创新的主体引入创新概念之中，强调了人的主观能动性。

Trott（1998）以“企业创造产出的潜力”来定义创新。Robbins（1996）则认为创新能力是公司通过实施重组或节约成本、改进通信、提升用于生产过程的新技术、采用新的组织结构、新的人事计划和方案等一系列措施，将新思维引进公司，从而提升公司的经营业绩的一种能力。Fores 和 Camison（2011）提出，创新能力是企业创造经营业绩的前提条件，他们使用了西班牙 952 家工业企业的数据，证实了企业内部学习、吸收以及创新能力的相互作用，并将创新能力阐释为“学习能力对企业经营绩效产生效果的催化剂”。

West 和 Farr（1990）将创新能力视为在个人、群体或者组织中有目的地引进和应用新思维、新过程、新产品或新步骤的一种能力，这种能力对于个人、群体、组织或者更为宽泛的社会都具有显著的正向作用。公司通过创新能力对原始的、相关的以及有价值的新产品、新过程或新服务知识进行组合或者整合（Luecke 和 Katz，2003），使组织能够将一些思维转化为新的、先进的产品、服务或者流程，并且在激烈的市场竞争中脱颖而出（Baregheh 等，2009）。从这一点我们可以看出，创新能力强调的是将具体的、新颖的和有用的想法引入一般的组织流程和步骤中的一种能力，组织通过运用这种想法，能够产生显著的进步——开发出新的业务产品、服务或者内部流程（Palacios 等，2008）。

第三类则是“从结果层面来认识创新能力”。这种观点认为创新能力是生产出某种革新的、有意义的客体，更侧重创新的结果产出。

首先，Andrews、Smith（1996）指出，创新能力是指一些与以往相比具有新颖性和意义性的产出。

艾米顿在《知识经济的创新战略：智慧的觉醒》一书中认为，创新能力就是“企业创造并使用好思想的能力，好思想最终成为市场化的产品或服务，并能够为企业带来利润”。

总体而言，国外学者对企业创新能力的定义，无论从能力本身、过程和结果层面还是从具体到抽象，虽然学者们的定义角度不同，但企业创新能力的定义都与新思维和新技术有关，并且这种思维与技术均会给企业带来长期的利益产出。

（二）国内文献

国内文献对创新能力定义的认识还处于一种探索阶段，大多数国内研究者只对技术创新能力、自主创新能力、文化创新能力等概念进行了定义，但是这些概念都属于企业创新能力的概念分支，国内研究者很少能对“创新能力”这个总体进行定义。从国内文献来看，对创新能力概念的认识，主要“从过程的层面来认识创新能力”。

我国学者魏江、许庆瑞最早在企业研究层面对创新能力的概念进行了研究。魏江、许庆瑞（1995）认为，“企业创新能力是支持企业创新战略实现、由产品创新能力和工艺创新能力两者耦合并由此决定的系统整体功能”。王立新、高长春和任荣明（2006）基于企业创新能力的研究现状，认为企业创新能力是一种系统能力，其体现于企业创新全过程中，并且这种能力应与企业的创新战略密切相关。因此，他们将企业创新能力定义为体现于企业创新全过程中的支持企业创新战略实现的一种系统整体能力。

另外，张国良和陈宏民（2007）在文章《关于组织创新性与创新能力的定义、度量及概念框架》中指出，因为创新产出具有多维属性，因此需要通过综合衡量组织在多个维度上的表现来评价组织创新能力，从而真实、客观、全面地反映组织创新能力水平，提高概念度量的有效性。他们将创新能力的概念重新定义为一种“多、快、好、省”地形成商业化创新产出的潜力。在新的概念框架中，创新能力被同时赋予了数量、速度、效果、效率四个维度的含义，这一点与以往研究有所不同。

综上所述，国内外学者从不同角度对创新能力的概念进行了定义，但并没有形成统一的观点。同时，这些定义无论是抽象还是具体，都说明了创新对国家、区域以及企业发展发挥着重要作用。

## 三、创新能力评价指标与方法

学者们对企业创新能力定义的多样性，使创新能力的评价指标体系及评价方法也不尽相同。归纳起来可以从企业创新能力评价的要素观、过程观和系统观三个方面对其进行综述。

### （一）国外文献

1．要素观

企业创新能力评价的要素观主张，在实现创新过程中，从所需的支持要素的数量和质量两个方面来共同评价企业创新能力。它的基本假设是所评价的支持要素数量和质量与企业创新能力呈正相关。

评价企业的创新能力涉及多个方面，企业的创新能力是一种综合功能，从不同的角度来分析企业的创新能力，其构成要素也随之不同。从国外研究来看，在评价的要素观中比较有代表性的观点有：赛恩穆勒认为创新能力是产品开发能力、改进生产技术能力、储备能力、生产能力和组织能力的综合体现。相似地，拉里·E.威斯特法利认为，创新能力是组织能力、适应能力、技术创新能力和技术与信息的获得能力的综合体现。上述两种观点虽然支持要素的数量不同，但是支持要素的性质相类似，他们都从企业创新所需的技术和组织能力方面来阐述支持要素。

伯格曼、基耶萨等则从另一种角度来阐述，伯格曼认为企业创新能力由可利用的资源、对竞争对手的理解、对环境的了解能力、公司的组织结构和文化、开拓性战略等构成。基耶萨在结合企业具体背景的基础上，提出了高标准定位审计框架，将影响企业创新成功的关键因素分为战略因素、开发过程因素、市场环境因素和组织因素四类。由此我们可以看出，伯格曼、基耶萨等从一种更为宏观的角度来理解企业的创新能力，他们将公司创新与外部环境挂钩，而不仅仅局限在企业这个微观环境中。

2. 过程观

企业创新能力评价的过程观是指从创新过程分析的角度评价企业创新能力的观点。它假设创新是一个包括多个环节并且这些环节彼此联系、影响的完整过程，在分析时分别评价各个过程环节的能力就可获知企业整体的创新能力。

Chiesa 等开发了基于过程的创新能力审计体系，从概念生成、产品开发、生产、技术获取、领导、资源供给以及系统和工具的供给七个过程评价了企业的创新能力。

Daniel 和 Pervaiz（2006）在研究创新激励、创新能力和创新绩效三者的关系时，通过构建创新激励—创新能力的关系决定企业创新绩效的模型，探讨了整合的人力和技术方面的创新管理。

创新是一种综合而复杂的过程，基于创新能力评价的过程观，在评价企业的创新能力时，我们不能单单从影响创新能力的要素着手，应将创新看作一种动态的过程，既要考虑环境对创新的影响，也要考虑创新各环节之间的联系。

3. 系统观

企业创新能力评价的系统观涵盖了要素观和过程观的观点。该观点在引入系统概念的基础上将环境要素考虑在内，从而形成比较全面的评价指标体系。它假设创新本身不仅包含着一定的流程，同时受到各流程影响因素的制约，是一个系统的过程。创新只有通过尽量把系统各要素考虑在内来构建指标体系，才能形成合理的指标体系。国内外的研究者在对企业创新能力进行评价时，绝大多数采用了这一方法。

（二）国内文献

1. 遵循的原则

建立企业创新能力评价指标体系时，必须以企业创新能力评价原则为指导思想，只有在科学合理的原则指导下才能设计出合理的评价指标体系。从国内研究的情况来看，大部分学者以国际标准的科学性、可操作性、可比性和多目标性四个基本原则作为参照。董岗、傅铅生（2004）在前人研究的基础上提出了构建指标体系应遵循的更为全面的六项原则，具体包括目的性原则、科学性原则、系统性原则、定性和定量相结合原则、可比性原则、可操作性原则。

2. 评价体系模型

（1）要素观。

从国内研究情况来看，对于创新能力的支持要素，可以划分为两类。第一类是从企业内部能力（如营销能力、生产能力）来入手分解创新能力的构成要素，较典型的有：关士续认为，创新能力可以由 R&D 能力、生产能力、市场营销能力、管理能力等综合体现；王立新等基于要素观提出，创新能力可以分解为以创新决策为核心的创新管理能力、创新投入能力、研究开发能力、生产能力和市场营销能力。第二类则从外部能力角度来构建支持企业创新的要素。顾国详、李元旭（1993）在分析国有企业技术创新能力时指出，创新能力包括企业的创新决策能力、R&D 能力、技术引进与消化吸收能力、市场开拓与市场竞争能力、资金筹集与调度能力、对外协作与公关能力、人才开发与继续教育能力、整个企业的组织管理能力等。

除了这些常规的影响因素，还有一些新型因素也在影响着企业创新能力，如企业文化、网络关系（李随成，2009）、公司内部业务单元的结构重组（于开乐，2008）、CEO 与控股股东之间的亲缘关系（李婧，2010）、外商投资（张伟、高霞，2012）等也会对技术创新产生影响。

从国内研究情况来看，企业创新能力评价的要素同国外一样，一些更为复杂的因素在影响着企业的创新能力，我们在分析企业创新能力的影响因素时，应该多方面思考，将一些外部环境因素的相互作用也考虑在内。

（2）过程观。

国内主张过程观的研究成果比较少，其中比较有代表性的有：远德玉等（1994）依据企业技术创新过程的阶段性特征和不同阶段对创新资源的配置和利用状况，提出了“技术与市场机会选择—技术开发—样品制造—批量生产—市场开拓与销售”五阶段模型。

在前人研究的基础上，郑春东等（2000）发现，将企业创新能力分解为创新资源投入、创新管理、创新倾向、研究开发、生产制造和市场营销六个要素的观点，割裂了企业技术创新能力所包含的各要素之间的相互关系，从而使评价过于静态化。他们提出了一种“市场技术需求分析—创新构思与规划—研究开发—生产—价值实现”的五阶段过程模型，其中五个环节之间是一种串联而非并列的关系，各个环节之间相互影响，前一个环节能力的高低会影响后一个环节的实现。

然而，技术创新能力是企业创新能力的一种。王立新等通过研究企业的整体创新能力，指出企业创新能力是一种系统整体能力，这种系统整体能力体现在企业创新的全过程中。创新的全过程分为六个阶段，即发现机会—提出构想—研究开发—试生产—批量生产—营销出售。

（3）系统观。

在国内检索到的文献中，采用体系指标来评价企业技术创新能力的文章占绝大多数，其核心指标包括“创新投入能力、研究开发能力、创新管理能力、制造能力、营销能力和创新产出能力”。一些典型的以系统观来评价技术创新能力的文献及主要指标如表 2–1 所示。

表 2–1 创新能力评价系统观文献及主要指标

| 主要指标 | 主要观点 | 主要文献来源 |
| --- | --- | --- |
| 创新决策能力、R&D 能力、生产能力、市场营销能力和组织能力 | 企业创新能力可从企业技术创新的过程来探讨 | 魏江和许庆瑞（1995） |
| 外部环境、内部环境、研发能力、信息化水平、制造能力、营销能力、协同能力、经济社会效益 | 根据企业创新能力活动的一般规律和特征，考虑到企业创新活动的重要方面和关键环节，构建出企业创新能力评价指标体系 | 董岗、傅铅生（2004） |
| 企业发展战略、创新成果的扩散、企业创新的信息源和创新障碍、企业创新的投入、政府在创新中的作用、企业创新的产出 | 企业创新能力评价是一项复杂的系统工程，涉及创新能力各要素的诸多方面，可以说与企业生产经营活动的全过程都相关 | 察志敏、杜希双、关晓静（2004） |
| 企业投入能力、研究开发能力、生产能力、市场营销能力和创新管理能力 | 要对企业的创新能力进行评价，就必须全面考虑影响企业创新能力的特征因素，并结合我国企业的实际情况，建立一套完整、科学、全面的评价体系 | 王立新、高长春和任荣明（2006） |
| 创新意识水平、创新投入能力、创新活动能力、创新产出能力、创新风险控制能力、组织管理创新能力 | 不同的创新主体针对自身发展战略的目标，所选择的评测内容的出发点不同，因而指标评测因子体系设计中选择的侧重点各异 | 孙立媛、邓三鸿（2012） |

从表 2–1 中可以看出，学者对于创新能力认识的侧重点不同，相应地对企业创新能力指标的分解也不同。在将创新能力分解成具体指标之后，就需要采用不同的方法对指标进行量化，从而评价企业的创新能力。在我国，利用创新能力评价体系来评价企业的创新能力时，不同的学者采用了不同的方法。具体的创新能力评价体系方法如表 2–2 所示。

表 2–2 创新能力评价体系方法一览

| 方法 | 求解方法具体步骤 | 特点 | 代表文献 |
|---|---|---|---|
| 线性加权和法 | (1) 统计指标的标准化，把指标统计值变为标准化值；<br>(2) 确定权重值，通常采用主客观结合的赋权法；<br>(3) 计算各项和各类指标值；<br>(4) 计算技术创新能力评价值；<br>(5) 综合评价 | 优点是该方法既考虑了人们主观上对各项指标的重视程度，又考虑了各项指标原始数据之间的相互联系及其对总体评价指标的影响，其评价结果基本反映出创新企业的实际状况。实践证明，该指标体系及其评价方法具有较强的可行性和可操作性。<br>缺点是计算量大 | 曲国禹，刘学铭，1999<br>胡树华，杨洁，2010 |
| 层次分析法 | (1) 应用 T. L. Saaty 的 1~9 标度法反映指标间的相对重要性，得到单一指标相对于其他指标的比较得分，从而得到判断矩阵；<br>(2) 计算比较矩阵的最大特征根及其对应的特征向量，并进行一致性检验（如满意进入下一步，不满意则进行检验和修正）；<br>(3) 计算最后评价值 | 优点是该方法能用于层次较多、指标较多的评价指标体系权系数计算，简单明了。<br>缺点为它是一个线性模型，要求各个指标之间的相关性尽可能小，求解方法繁杂，计算量大，甚至要反复计算 | 常玉，刘显东，2002<br>刘鸿渊，曾艳琳，2007 |
| 模糊综合评价法 | (1) 建立评价样本矩阵，该矩阵由专家根据一定原则打分后获得；<br>(2) 计算模糊关系矩阵；<br>(3) 综合模糊评价 | 可以构造三级以及多级模糊评价，能对不同企业的创新能力进行评价 | 刘鸿渊，曾艳琳，2007 |
| 多层次灰色评价法 | (1) 建立企业技术创新能力评价指标体系；<br>(2) 确定各个评价指标的权重；<br>(3) 制定评价指标的评分等级标准；<br>(4) 求出评价样本矩阵；<br>(5) 确定评价灰类；<br>(6) 计算灰色评价系数；<br>(7) 计算灰色评价权向量及权矩阵；<br>(8) 一级灰色综合评价；<br>(9) 二级灰色综合评价 | 运用逐一比较法求出指标权重，计算简便，精确度高；运用灰色评估理论，先将评价者的各种分散信息加工成描述不同灰类程度的权向量，再对其进行单值化处理，从而得到综合评价值，然后进行受评者间的排序选优。它是一种直接方法，可克服模糊综合评判中的弱点 | 唐炎钊，邹珊刚，1999 |

续表

| 方法 | 求解方法具体步骤 | 特点 | 代表文献 |
| --- | --- | --- | --- |
| 综合指数法 | 综合指数法的基本思路是利用层次分析法计算的权重和模糊评判法取得的数值进行累乘，然后相加，最后计算出经济效益指标的综合评价指数 | 该方法能将一组相同或不同的指数值经过统计处理，使不同计量单位、性质的指标值标准化，最后转化成一个综合指数，进而可以准确地评价工作的综合水平。综合指数值越大，工作质量越好，对指标的多少没有限制 | 郑春东，和金生，2000 |
| 数据包络分析法 | DEA 是使用数学规划模型比较决策单元之间的相对效率，并对决策单元作出评价。一个决策单元（Decision Making Unit，DMU）在某种程度上可以是专利申请量、专利授权量等，在某种视角下，每个 DMU 有同样的输入和输出。DEA 通过对输入和输出数据的综合分析，得出每个 DMU 综合效率的数量指标，再将各 DMU 定级排队，确定有效的 DMU，并指出其他 DMU 非有效的原因和程度，给主管部门提供管理信息 | DEA 方法直观性好、可比性强，且每一指标权重是根据决策单元的实际数据求得，而不是根据评价者的主观认定获得，运用 DEA 评价方法对创新能力进行评价，既能够科学评价创新能力，同时也便于制定高效的创新策略 | 李守伟，2010<br>张琳，黄艳艳，2012 |
| BP 神经网络法 | 神经网络具有自学习、概括能力、自适应能力以及强大的容错性等特征，BP 网络具有三层结构：输入层、隐含层和输出层。其算法描述如下：<br>（1）用随机数初始化神经元的连接权重与阈值；<br>（2）预处理训练样本集和相应的期望输出集；<br>（3）计算各层的输出；<br>（4）计算输出层和隐含层误差信号；<br>（5）反向传播，修正权重；<br>（6）计算误差 | 将神经网络模型引入企业技术创新能力评价中，其优点是：基于参评样本的学习确定人工神经网络模型的结构，按照最优算法准则反复迭代，不断调整神经网络结构，直至达到一个相对稳态；对参评样本的不断学习，能使系统误差达到任何精度要求，且有收敛性；随着参评样本的增加和时间的演进，能进行进一步的时间学习和实现动态跟踪评价 | 李文博，郑文哲，2005<br>朱霞，朱永跃，2012 |

续表

| 方法 | 求解方法具体步骤 | 特点 | 代表文献 |
|---|---|---|---|
| 二次相对评价法 | （1）利用层次分析法测算综合指数状态；<br>（2）再利用数据包络分析方法中的 BCC 模型测算二次相对评价值 | 把层次分析法和数据包络分析法相结合的二次相对评价法作为对企业技术创新能力的评价方法是合适的。这样的评价方法能够消除由于受客观基础条件优劣影响而导致的对企业创新能力评价的不客观性和不公正性，从而真正反映了人的有效主观努力在加强企业技术创新能力的作用，有利于让管理者和科技工作者把握自己在动态中的相对位置，对各企业切实起到督促和激励作用 | 曲世友，2004<br>薛风平，徐世欣，2007 |

通过上述分析可知，建立企业技术创新能力评价指标体系模型要依赖于对企业技术创新本质的理解。目前，更多的学者接受系统的观点，但这一观点也会导致指标仅仅流于表面，反而使技术创新能力本身失去特色。综上所述，目前的评价模型还不够完善，在对创新本质理解基础上应寻求更大突破。

因此，从我国对企业创新能力的研究文献中可以看出，学术界对企业创新能力的实质在看法上具有一致性，根据不同侧重点的分析方法具有合理性，由于对创新能力的研究以企业为研究背景，因此研究结果比较贴近企业的现实。但在评价体系的研究中，对于评价的系统观而言，学者们虽然考虑的因素比较全面，但是却把各基本要素放在了同一个层次来考虑，割裂了各层次基本要素之间的关系。而创新评价的过程观则将创新活动简单化，忽视了创新活动的复杂性。在对创新能力方法论的文献研究中，创新活动的评价具有一定的不确定性，因而评价结果的可信度有所减小。综上所述，以往测量创新能力的指标或多或少存在技术方面的缺陷，指标和概念具有较低的一致性。因此，目前很难获得既简单又不具争议的指标对创新能力进行测量，企业创新能力评价体系和方法需要进一步修正。

# 本章小结

本书研究的主要内容是探究技术董事、R&D效率与企业自主创新能力的关系，并在此基础上，探讨技术董事与企业价值的关系。R&D效率是研发活动投入和产出的比值，R&D效率的高低代表了研发部门研发能力的强弱及科技水平的高低。其中研发投入主要包括人员投入和物质投入，研发产出主要包括人员产出和专利数。自主创新能力主要由创新环境、创新投入和创新产出构成。其中，创新环境主要是指专业技术人员；创新投入主要是指资源投入，包括人力、物力和财力；创新产出主要是指专利和市场占有率。通过对比R&D效率和自主创新能力，不难发现，无论是R&D效率还是自主创新能力，它们的主要考察形式均为投入与产出的比值。投入主要包括人员投入和物质投入，其中人员是指技术人员，物质主要指资金；产出主要以专利衡量，专利包括发明类型的专利、实用新型的专利和外观设计类型的专利三种。因此，R&D效率可以作为衡量自主创新能力的指标。至于技术董事与企业价值之间的关系，可以考察二者的直接关系和间接关系。

通过梳理文献发现，第一节主要从政府补贴、制度环境、市场竞争、财务特征和公司治理探讨了企业研发创新投入的影响因素，较为全面。不仅为信息使用者制定相关政策提供了理论依据，而且为学者进行更加深入细致的研究奠定了基础。第二节主要从R&D效率的影响因素这一角度出发，从市场结构、公司规模、所有权结构及资金四个方面梳理了有关R&D效率影响因素的相关文献，从而为本书的实证研究奠定了理论基础。第三节主要从企业创新能力的定义、评价指标与方法三个方面对企业创新能力进行了述评，为下文实证研究中的指标界定提供了指引。技术董事与企业价值的关系研究，文献较少。

可以看出，国内外学者在以往的研究中能够从多角度、多方面探讨研发效率以及创新能力的问题，为本研究提供了理论基础，但仍旧存在一些不足：①多数文献没有考虑实证模型中各影响因素的交互作用。如果模型中的变量（特别是主要变量）之间存在交互作用，那么很可能影响最后的研究结论，以至于研究结果不能真实反映问题所在。②较多文献没有考虑各个影响因素的滞后性效应。研发创新是一个漫长的过程，企业投入大量的人力、物力和财力后，无法及时获得回报。研究者如果不考虑滞后效应，那么研究结果同样不能反映事实情况。③通过整理文献，不难发现，多数国内文献存在样本过少、预测期过短等问题。我国处于经济转型期，各种制度相对不健全，市场经济尚不成熟，这些因素都可能成为我国研发创新进程中的阻碍。研究样本过少、周期较短很可能导致实证结果不能反映事实情况，这样的研究结果是没有任何意义的。④随着国内外学者对企业创新能力研究的不断深入，我们发现一些新的指标会对创新能力产生影响，然而现有文献在构建评价指标时多采用常规指标。另外，在创建评价体系时，大多数学者把各基本要素放在了同一个层次来考虑，割裂了各层次基本要素之间的关系。从独立的、静止的、分散的角度来研究企业创新能力，其结果很难反映企业创新的实际状况。⑤不同方法评价结论的非一致性很可能导致学者们的结论产生较大差异。另外，理论方法与实际应用相脱节也是当前急需解决的问题。随着技术创新理论研究的不断深入，评价方法也越来越复杂，而这些复杂的评价方法对实际工作者而言，掌握起来相对困难，这就使得评价方法只能为专家所用。

通过梳理相关文献，了解了现有文献的优势与不足。因此，在下面的研究中要取其精华，同时也要注意以下问题：①在实证部分注意变量（特别是主要变量）之间的交互作用，在模型中建立相应的交互项，并选取合适的控制变量，以期解决模型中存在的交互问题。如探究技术独立董事和技术非独立董事与 R&D 效率的关系时，要考虑技术独立董事和技术非独立董事之间是否存在交互作用，共同影响着企业的 R&D 效率。②在后续研究中，R&D 效率贯穿整个实证部分，而 R&D 效率的测度主要是研发投入和研发产出的比值。通常来说，研发产出具有一定的滞后性。因此，在下面的研究中，要注意研发产出的滞后性问题，如构建模型时加入滞后一期或两期的政府干预和金融发展水平变量，这样能够有效地缓解解释变量和被解释变量之间可能存在的内生变量，使研究结果更加真实可靠。③实证的结果真实可靠性与否，很大程度上取决于研究样本的大小以及预测期的长短。因此，在下面的研究中，选择合适的研究样本和预测期是重中之重。④评价指标的选择尤为重要，它关系着评价结果的真实可靠性。如在构建创新能力的评价体系时，要将系统理论和企业创新理论有机结合，将新型指标引入评价体系中，建立各层次指标之间的联系，并使用定性与定量相结合的方式来评价企业技术创新能力，这也是今后评价指标体系研究的一种新思维。提高企业研发效率的主要目的是创造企业价值，因此本书还将研究技术董事与企业价值的关系。

# 第三章

## 技术董事监督有效性研究

### ——基于委托—代理理论视角

本章在界定技术董事等相关概念的基础上，结合国内外学者的研究成果，依据公司治理理论等相关基础理论，通过探讨技术董事与代理成本、盈余信息质量、大股东私有收益之间的关系，来判定技术董事是否发挥监督作用。

本章的研究框架如图 3–1 所示。

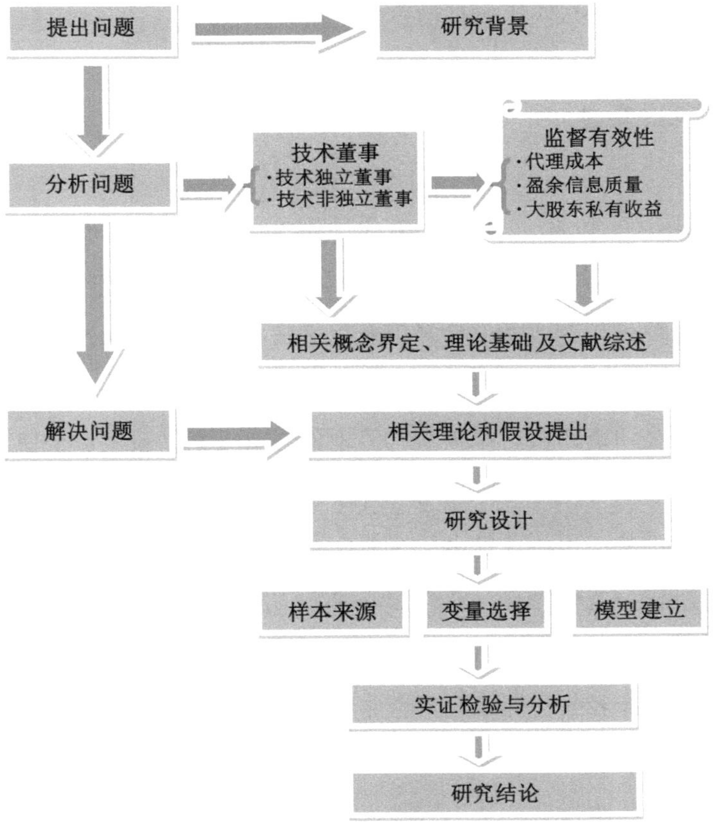


图 3–1　本章研究框架

## 第一节　技术董事监督有效性与代理成本

本节在界定技术董事、代理成本概念以及进行相关理论分析的基础上，梳理了关于代理成本影响因素的研究文献。借鉴国内外现有研究成果，用管理费用率衡量代理成本，通过实证分析，研究技术董事是否可以通过降低公司代理成本来发挥监督作用。

## 一、研究背景

自从 Jensen 和 Meckling（1976）提出公司代理成本问题，代理成本一直是众多学者研究的热点。学者们围绕如何衡量代理成本、代理成本的影响因素、降低代理成本的途径以及代理成本与有关公司治理环境、内部控制机制的关系等方面进行了大量研究。近年来，上市公司高管在职消费过高、侵占公司资产甚至携款潜逃等现象时有发生，股东资金使用效率低下，这导致股东与经理层间的代理问题越来越突出。

代理成本的产生主要是由于企业所有权和经营权两权分离，导致管理者可以利用权力之便为自己获得额外收入，从而损害所有者利益，导致股东承担“代理成本”。然而两权分离的经营模式是必不可免的，如何保证经营者按照所有者的目标来经营企业，降低企业的代理风险、减少代理成本，是公司治理中非常重要的问题。董事会作为公司组织结构中最高的内部决策者和内部监督者，是连接股东和管理层的重要纽带，对董事会治理模式的优化是控制代理成本的主要途径。董事会的独立性和专业性对其发挥治理作用具有重要影响。然而，至今学者们几乎都是站在董事会独立性以及董事会成员的财务专业知识背景角度来探讨其对代理成本的影响，却很少有学者从董事的技术专业背景角度来探讨其与代理成本的关系。我们通过翻阅上市公司董事简历可以看到，有越来越多的高校理工科教授、工程师、医学专家或者药物学专家等在公司中担任董事。那么对于这一类具有特殊技术背景的董事，他们对企业的代理成本又有怎样的影响？本节通过引入技术董事这一新的视角来探讨技术董事对代理成本的影响。通过借鉴 Ang（2000）与 Davidson（2006）等的研究，用管理费用率指标来衡量代理成本，基于 2007—2013 年的数据实证检验了技术董事与公司代理成本之间的关系。

## 二、概念界定及文献梳理

### （一）概念界定

美国经济学家 Adler 和 Ferdows 最早提出“技术董事”一词，他们将“技术董事”定义为在企业日常生产经营中承担管理责任并且为企业提供技术指导的 CTO。就已有文献来看，国外学者普遍将 CTO 等同于技术董事。那么 CTO 有哪些特点呢?

CTO 作为一名优秀的战略领导者，除了必须拥有一定的技术才能，还应当具有聪明的商业头脑和与公司密切相关的内外部人际关系网。CTO 主要在业务单位和企业研究之间的技术协调问题上发挥作用，通过 CTO 的协调可以加强跨业务单位的技术开发，降低产品、服务的技术开发单位成本，使技术研发实现规模经济。CTO 通常代表了高层技术管理人员，可以针对技术问题提出专家意见，推进技术项目开发工作。因此，CEO 可以从 CTO 那里获得可靠的技术信息，有利于增加企业价值。而且，F.Tietze 和 D.Probert（2007）的研究结果还表明，CTO 对公司绩效具有积极影响。此外，CTO 通常是连接公司与外部技术人员的纽带，因此 CTO 的外部参与是企业获得外部技术的重要因素。

技术董事从字面意义来看是“技术”和“董事”的组合，但不仅仅是技术和董事的简单相加，技术董事具备指导各个业务部门的技术水平和能力，同时在技术方面具有较高的识别和矫正能力。他们能够促进企业新技术的研发，对企业战略提供意见，从而增加战略对技术方面的促进作用，管理企业外部技术环境。因此，根据之前的理论分析，我们现在将技术董事定义为“拥有专业知识和技术才能，能够对企业日常生产经营以及战略规划、决策有一定影响力的董事”。同时，我国集中的股权结构决定了董事会包括独立董事、执行董事与股东非执行董事。一方面，我们为了让技术董事的划分标准更为清晰；另一方面，结合我国的实际情况，现将技术董事分为技术独立董事和技术非独立董事两类，其中技术非独立董事包括技术执行董事与技术股东非执行董事。具体分析如下：技术独立董事兼具技术董事与独立董事的特性，可以看作技术董事与独立董事的重叠部分；技术非独立董事同时兼具技术董事和非独立董事的特性，可以看作技术董事与非独立董事相重叠的部分。

代理成本概念最先是由 Michael C. Jensen 和 William H. Meckling（1976）提出的。他们主张，因为在代理过程中道德风险、不确定性、逆向选择等因素的作用而导致代理成本，企业的管理人员不是企业的完全所有者，这种所有权结构形式决定了代理成本的产生。他们将完全所有者经营时企业的价值高于管理者经营时企业价值的部分称为代理成本。按照 Jensen 和 Meckling 的定义，代理成本由三部分组成：委托人的监督成本、代理人的担保成本和剩余损失。从融资角度对代理成本进行分类，可以将代理成本分为股权代理成本和债权代理成本。股权代理成本又可以分为两种，一种是由于企业管理层与股东利益不一致而导致管理层侵占股东利益所形成的代理成本，我们将这类代理成本称为股权代理成本；另一种是大股东利用自身的地位优势侵占中小股东的利益所形成的代理成本，我们称这一类代理成本为控制权代理成本。债权代理成本主要是指由于公司进行债券融资导致财产经营权和所有权分离，股东利用自己的地位优势侵害债权人利益所形成的代理成本。考虑到技术董事在公司治理中发挥作用的局限性，本节主要研究的是技术董事对股东与管理层之间的代理成本的影响。

（二）代理成本影响因素相关文献梳理

目前国内外对技术董事的研究较少，本节主要对有关代理成本影响因素的相关文献进行综述。国内外学者围绕代理成本的影响因素已经展开了很多研究，主要从股权结构、董事会特征及其他因素等方面进行（见图3–2）。

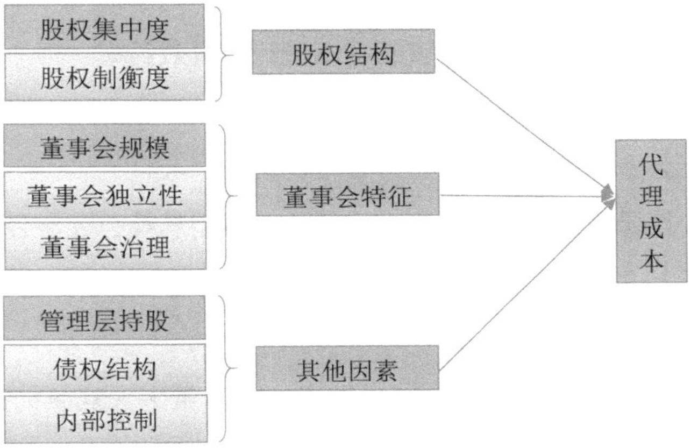


图 3–2　代理成本影响因素文献综述框架

1. 股权结构与代理成本关系的文献梳理

现有关于股权结构与代理成本关系的研究主要是从股权集中度和股权制衡度两个角度进行的。

Grossman 和 Hart（1983）认为，当公司股权过于分散时，每一个股东都不愿意履行其职责，便会出现“搭便车”现象。管理层内部人控制问题严重，导致公司治理效率低下，股东利益受损。同样地，Shleifer 和 Vishny（1986）研究发现，适当的股权集中能够加强股东对管理层的监督作用，抑制其损害股东利益的行为，公司的代理成本也会相应减少。股权制衡度方面，Connelly 等（2010）研究发现，随着大股东持股比例变高，其利用控制权监督管理层的动机也逐渐增强。Attig 等（2013）通过研究认为，股权制衡可以提高公司内部监管水平，从而降低代理成本。

我国学者张欣、宋力（2007）认为，股权集中度和股权制衡度对代理成本有很大的影响，通过协调这两个方面来改善股权结构，能够有效降低代理成本。高雷、高田（2010）研究表明，股权制衡度越高，代理成本就越高；股权集中度越高，股权代理成本就越低。与高雷、高田的结论相同，石大林（2014）认为公司股权过于分散，不利于公司对管理层进行有效监督，从而管理者的机会主义行为不能得到有效约束，再加上存在一定的监督成本，加重了公司的代理问题。

2. 董事会特征与代理成本关系的文献梳理

董事会特征对代理成本的影响主要从董事会规模、董事会独立性、董事会治理三个角度来进行分析。

（1）董事会规模。

Singh 和 Davidson（2003）研究发现，随着董事会规模的扩大，公司代理成本也随之增加。他们还发现独立董事的存在并不能减少代理成本。McKnight（2008）得出，董事会规模及其构成的变化与代理成本不相关，但是董事持股比例与代理成本存在负相关关系。我国学者肖作平、陈德胜（2006）研究发现，缩小董事会规模有助于降低代理成本，但是独立董事对代理成本的降低作用并不显著。与之前学者关于董事会规模研究结论不同，龙红珍（2010）研究表明，董事会规模与代理成本并不存在线性相关，而是存在“U”形关系，实证得出董事总人数为 10 人时，代理成本最小。

（2）董事会独立性。

Fama（1980）、Fama 和 Jensen（1983）发现，提高董事会独立性能够加强董事会对管理层的监督效果，从而降低管理层与股东之间的代理成本。但是 Bhagat 和 Black（2002）得到的结论却是随着董事会独立性的增加，企业绩效反而有所降低，公司代理成本有所增加。我国学者得出的结论也存在差异。辛金国、王琳燕（2013）等认为，董事会独立性与股权代理成本之间无明显关系。郭梦岚、李明辉（2009）得出结论，适当提高董事会独立性有助于降低股权代理成本，董事会独立性越高，公司业绩越好。

（3）董事会治理。

高明华、谭玥宁（2014）研究认为，高水平的董事会治理能有效抑制管理层侵占股东利益的行为。通过对国有和非国有公司进行实证研究后发现，在非国有公司中董事会治理对代理成本的降低作用更明显；董事会对国有上市公司的治理作用不明确。研究还发现，国有控股公司中，完善董事会结构所发生的支出在一定程度上反而增加了公司的代理成本。

3. 其他因素与代理成本关系的文献梳理

国内外有一部分学者从管理层持股角度研究其对代理成本的影响。Singh 和 Davidson（2003）用资产周转率衡量股权代理成本，采用单变量分析和多元回归分析相结合的实证方法，研究了公司治理机制、股权结构对股权代理成本的影响。研究发现，公司代理成本和管理层持股比例呈负相关关系。2006 年，Davidson 又对公开上市公司 IPO 前后的管理层持股对代理成本的影响做了进一步研究，结果发现，不管是在 IPO 之前还是在 IPO 之后，管理层持股比例均和总资产周转率呈负相关关系。然而，如果将管理费用率作为代理成本的衡量指标，只有在上市公司 IPO 之前，经理人持股比例才会与管理费用率呈负相关关系。我国学者高雷、张杰（2011）的研究表明，管理层持股比例越高，其认真履行职责优化企业内部控制结构的积极性越高，进而会提高企业绩效，减少代理成本的产生。李小荣、张瑞君（2014）也认为，增加管理层持股比例能够减少股东与管理者之间的委托—代理问题，提高公司应对风险的能力。

我国还有少数学者从债务结构和内部控制角度来研究其对代理成本的影响。张兆国、何威风（2008）实证分析了债务结构对中国国有控股上市公司和民营上市公司代理成本的影响，发现债务总体水平越高，公司代理成本越高，并且中国民营上市公司的代理成本相比国有控股上市公司较低。杨玉凤等（2010）设计了内部控制信息披露质量评价体系，研究发现，提高公司内部控制信息披露质量对代理成本具有抑制作用。董育军、黄益雄（2013）以沪深A股上市公司为样本展开研究，研究表明，提高内部控制质量有助于增加公司现金股利发放水平和发放倾向，进而有利于降低股权代理成本。

通过上述文献梳理可以看出，尽管国内外关于股东与管理之间代理成本问题的文献较多，但是目前还没有达成一致结论。因此，还需对股东与管理者之间的代理成本进行进一步研究。对上市公司而言，代理成本实际上包括三类，并且这些代理成本的具体作用方式以及影响因素是不同的，而我国一些研究对代理成本往往不做区分。考虑到现有研究大多都是围绕股权集中度、股权制衡度、董事会规模和独立董事对代理成本的影响进行的，所以技术董事对代理成本的影响仍然有很大的研究空间。

## 三、理论基础与研究假设

委托—代理理论认为，委托人通常情况下不直接参与企业的经营管理，但是委托人会采取相应的监管措施来保障自身利益。如果监管过于严格，委托人的监管成本就会增加，不利于企业的发展；如果监管过于松懈，就会给代理人为了自身利益而损害公司利益的机会。由于我国公司治理模式的缺陷，股东与公司管理层之间存在信息不对称、责任不对等、合同不完全以及激励不相容等问题，导致股东很难直接发现和判断经理人在公司运营过程中的工作努力程度和公司的实际经营状况，带来非常高的代理成本。此外，目前我国公司中的董事大多数为财务治理方面的专家，他们虽然拥有经济管理方面的知识和经验，但是对公司实际的生产经营过程以及具体的工艺操作流程却比较陌生。因此，公司中的财务型董事很难对公司的生产经营决策和技术层面的问题提出有利于公司的建议，不能有效发挥好董事会的监督作用。而技术董事具有技术方面的专业优势，正好能弥补财务型董事在这方面的缺陷。因此，可以通过技术型董事和财务型董事的协调配合，优化董事会结构，减少公司代理冲突。

技术董事包括技术独立董事和技术非独立董事。技术独立董事具备独立性和专业性的双重特点，一方面，拥有相对独立的身份，不受管理者和其他董事的控制，能够对管理者的行为进行独立客观的评价和监督；另一方面，随着社会经济的不断发展，先进的生产技术在企业中应用得越来越广泛。技术独立董事大多都是在某一技术领域担任一定职务的专家，他们大部分都曾是在公司中任职的高级管理人员。他们不但拥有专业的技术技能，同时也有多年的管理经验，其监督效率要高于一般董事。其次，技术独立董事还可以对上市公司的经营战略以及相关技术方案进行专业的监督指导，并且监督效率比一般董事更高。这样有助于股东客观公正地辨别管理者在企业经营过程中是否存在不必要的在职消费行为，防止管理层因缺乏专业知识而决策失误，促使公司在生产运营过程中借助技术创新来提高公司的产出效率，降低运营成本。此外，技术独立董事加入董事会可以为公司提供更多专业技术、管理经验和知识等稀缺资源，增强企业在制定战略时对环境变化的应对能力。这样有助于公司发现更多前景良好的发展机会，提高公司运营效率。因此提出假设：

H1：其他条件不变的情况下，设置技术独立董事的公司，代理成本较低。

技术非独立董事大多是企业内部人员，参与企业经营管理。技术非独立董事由于具有相关技术专业背景，一方面，能够更好地在工作中协助企业经营者有效利用资源，减少公司不必要的损失；另一方面，技术非独立董事直接参与企业的经营活动，他们可以运用多年的商业经验、掌握的技术以及市场方面的知识及时发现公司生产经营过程中存在的技术问题，有助于公司进行技术创新，为公司制定有效的生产经营策略，帮助企业管理层解决生产经营上的难题。技术独立董事和技术非独立董事看待公司的视角不同，他们的经验和经历也存在差别。通过技术非独立董事和技术独立董事就有关生产经营活动进行沟通协调，有利于董事会在技术创新过程中集思广益，从而更为客观、科学地对企业技术创新项目作出评价，发现并有效管理更多的创新活动。此外，通过技术非独立董事就有关生产工艺技术以及技术创新活动和独立董事进行有效沟通，一定程度上还有助于降低股东与管理者之间的信息不对称，提高技术董事对公司管理层的监督激励效率，从而防止管理层通过不正当的在职消费来为自己谋取私利，减少代理成本的发生。因此提出假设：

H2：其他条件不变的情况下，设置技术非独立董事的公司，代理成本较低。

## 四、研究设计

### （一）样本来源

先前国内外学者对技术董事的研究成果较少，仅限于研究文献中的理论描述，即使有少数实证研究文章，但由于研究数据获取较为困难和复杂，因此选择的样本数较少。在研究时间选取方面，一些文章以 1~3 年为研究期限，研究期限较短，甚至还有一些研究没有注意新会计准则的变更，文献的数据选择更是横跨新旧会计准则年度，在一定程度上影响了数据的可比性和研究结论的客观性。为了使研究更加真实准确，使数据的选取更加可靠，本书选取 2007—2013 年的上市公司作为原始样本。

由于本章旨在通过分析技术董事的监督作用来研究其对研发效率的影

响，并且研发效率主要通过数据包络分析法由研发费用计算得到，然而上市公司研发费用数据存在大量缺失。因此，考虑到研究人员整体的研究目的，在选取样本时剔除了研发费用缺失的上市公司数据、其他相关指标数据缺失或无效的上市公司数据，以及 ST 和 ST* 的上市公司数据。为了保证研究的稳健性，在此基础上选取至少连续 3 年披露研发费用的上市公司，最终得到 2855 个研究样本。

本节所用被解释变量和控制变量数据均来自 CSMAR 数据库，解释变量数据由手工整理而来。为了避免因行业和年度因素对被解释变量产生影响，本节对样本公司所处的行业以及年度分别进行了控制。使用 Excel 软件对数据进行整理后，运用 Stata 13.0 统计分析软件分别对技术独立董事和技术非独立董事与代理成本之间的关系进行了实证研究。

（二）变量选择

1．被解释变量

代理成本源于企业所有者与经营者之间信息不对称、契约不完全。在“所有权和经营权相分离”的经营模式下，经理人由于从事第一线的生产经营活动，控制了企业各项资源的配置以及货币资金的流入和流出，承担的是有限风险。由于经理人并不持有公司的股份，因此经理层辛勤劳动所取得的丰厚利润归企业所有者所有，而经理层只能得到既定的报酬，因此其所享有的收益也是有限的。相对于经理层而言，股东处于信息劣势，所承担的是无限风险。而且经理层因为具有信息优势，加上股东（委托人）与经理层（代理人）之间的契约并不完整，经理人就可以利用权力之便为自己谋取利益，从而将风险转移给股东，使自己获取除工资报酬以外的额外收益。这样无形之中就会增加许多与企业生产经营活动无关的“在职消费”，由此形成股东承担的代理成本。

如何量化股权代理成本，目前国内外都还没有统一的衡量标准。本节综合国内外现有研究结果，借鉴 Ang（2000）和 Davidson（2006）的方法，同时考虑到上述代理成本的成因，用管理费用率指标来衡量代理成本。管理费用是指企业行政管理部门等在组织和管理生产经营过程中，为生产经营提供各项支援性服务所产生的费用。管理费用主要包括公司管理人员工资和福利费、技术转让费、公司固定资产折旧费、机器设备修理费、无形资产和递延资产摊销费以及其他管理费用。从管理费用的定义可见其包含的费用范围非常广，而且内涵比较模糊。经营者们往往利用管理费用这种兼容并蓄的特点，将管理费用作为其各种在职消费的避风港。由于管理者经营过程中的各种非正常支出一般计入管理费用科目，从而增加了企业费用支出，导致利润降低。因此，管理费用在一定程度上反映了企业管理层的代理成本。为了便于实证研究，本节用管理费用和公司主营业务收入的比值，即管理费用率，作为代理成本的衡量指标。管理费用率越高，代表股东与管理者之间的代理冲突越大，管理层的代理成本就越高；反之，管理层的代理成本就越低。

2. 解释变量

首先，通过国泰安数据库（CSMAR）获得了样本上市公司董事的个人简历。其次，分析董事简历，同时结合从相关网站获取的董事信息，根据以下原则对独立董事和非独立董事是否具有技术背景分别判断。只要董事简历中至少有一条符合下列标准，我们就认为该董事具有技术背景：①董事简历中明确列示该董事为教授级工程师、工程师及技术类相关职称；②有理工科学习背景或者正在从事理工科的教学科研工作；③技术方面的高级管理者，或拥有研发和技术岗位的工作经历或者学习经历；④主要技术行业协会的负责人。为了保证数据的可信度与准确性，防止判断上的误差，同一家公司都由两名课题组成员进行判断，对于有争议的地方，由课题组负责人进行认定。进而再根据是否是独立董事，划分技术独立董事与技术非独立董事。

3. 控制变量

影响代理成本的因素有很多，为了提高实证研究结果的准确性，我们通过分析总结国内外学者的研究结果，结合本次研究目的，在实证分析过程中对其他影响代理成本的因素进行了控制。本节选取了公司规模（SIZE）、成长性（GOA）、盈利能力（ROA）、偿债能力（LEV）、股权集中度（HFD_5）、长期负债比例（LTDR）作为控制变量。

（1）公司规模。

一般来说，上市公司的规模越大，公司所拥有的资产就越多，管理人员所能够控制及支配的资源也就越多，这就在一定程度上为管理人员的在职消费提供了便利，加大了公司的代理成本水平。同时，公司规模的扩大也带来了更多的企业层级，这也会加大股东对管理人员的监督成本，从而降低了企业的价值。因此，公司规模与代理成本呈正相关。

（2）成长性。

企业的成长性越高，其内部控制和组织结构越健全，企业成长过程中管理层为自身谋取利益进行非理性投资行为的机会也会越少。另外，随着企业成长速度加快，企业的监督机制也会逐渐完善，从而提高了对管理层的监督水平。因此，企业成长性与股权代理成本存在负相关关系。

（3）盈利能力。

一般认为，企业盈利能力越高，说明经理层利用资产赚取利润的能力越高。管理者能够有效经营企业，切实履行好自己的义务，保护股东的合法权益。因此，盈利能力与代理成本呈负相关。

（4）偿债能力。

Jensen（1976）认为，负债可以使管理层与股东之间的利益更趋一致，所以增加企业的负债比例有助于降低代理成本，并且债务融资会给管理者带来压力，从而提高其有效经营企业的积极性，最终促进企业经营绩效的提高。因此，本节认为负债可以在一定程度上约束管理层的投资不当和过度消费行为，督促管理层努力提高企业经营状况，从而降低股东与管理者之间的代理成本。

（5）股权集中度。

股权集中度主要衡量企业的股权分布状态。股东作为企业所有者，对代理人的监督和控制能力与股本的分散与集中程度有直接关系。一般认为，股权越集中，股东与管理层之间的代理成本越低。

（6）长期负债比例。

由于长期债务偿还期限较长，因此短期内企业只需支付少量利息。公司的偿债负担较小，导致企业对过度投资、盲目扩张以及管理者随意支配自由现金流的约束作用相对也较小，从而增加代理成本。

综上所述，研究变量说明如表 3–1 所示。

表 3–1　研究变量说明

| 变量类型 | 变量名称 | 变量代码 | 变量含义 |
| --- | --- | --- | --- |
| 被解释变量 | 管理费用率 | *MRF* | 管理费用 / 主营业务收入 |
| 解释变量 | 技术独立董事 | *TECDR* | 虚拟变量，如果公司设置了技术独立董事则为 1，否则为 0 |
|  | 技术非独立董事 | *NTECDR* | 虚拟变量，如果公司设置了技术非独立董事则为 1，否则为 0 |
| 控制变量 | 公司规模 | *SIZE* | 公司资产总额对数 |
|  | 成长性 | *GOA* | 总资产增长率 |
|  | 盈利能力 | *ROA* | 净利润 / 总资产 |
|  | 偿债能力 | *LEV* | 资产负债率 |
|  | 股权集中度 | *HFD_5* | 前 5 名股东持股比例平方和 |
|  | 长期负债比例 | *LTDR* | 长期负债合计 / 资产总计 |

（三）模型建立

本节根据上述各变量与代理成本的关系建立两个多元线性回归模型，通过模型（3–1）探究技术独立董事对代理成本的影响，通过模型（3–2）

探究技术非独立董事与代理成本之间的关系。

$$MRF = \acute{a}_0+\acute{a}_1 TECDR+\acute{a}_2 SIZE+\acute{a}_3 GOA+\acute{a}_4 ROA+\acute{a}_5 LEV+\acute{a}_6 HFD\_5+\acute{a}_7 LTDR+\xi_1 \quad (3-1)$$

$$MRF = \beta_0+\beta_1 NTECDR+\beta_2 SIZE+\beta_3 GOA+\beta_4 ROA+\beta_5 LEV+\beta_6 HFD\_5+\beta_7 LTDR+\xi_2 \quad (3-2)$$

其中，*MRF* 为被解释变量，也就是代理成本的衡量变量，*TECDR*、*NTECDR* 为解释变量，*SIZE*、*GOA*、*ROA*、*LEV*、*HFD_5*、*LTDR* 为本模型的控制变量。$\alpha_0$、$\beta_0$ 为截距项，$\alpha_0 \sim \alpha_7$、$\beta_0 \sim \beta_7$ 为待估系数，$\xi_1$、$\xi_2$ 为随机误差项。

## 五、实证分析

### （一）描述性统计分析

运用 Stata 13.0 软件对样本数据进行描述性统计分析，包括管理费用率、技术独立董事变量、技术非独立董事变量，以及公司规模、成长性、盈利能力、偿债能力、股权集中度、长期负债比例。统计结果如表 3–2 所示。

表 3–2　统计结果

| 变量名称 | 最小值 | 最大值 | 平均值 | 中位数 | 标准差 |
|---|---|---|---|---|---|
| *MRF* | 0.004 | 0.867 | 0.091 | 0.077 | 0.070 |
| *TECDR* | 0 | 1 | 0.598 | 1 | 0.490 |
| *NTECDR* | 0 | 1 | 0.689 | 1 | 0.463 |
| *SIZE* | 19.065 | 26.528 | 21.571 | 21.406 | 1.091 |
| *GOA* | –0.693 | 6.407 | 0.302 | 0.142 | 0.525 |
| *ROA* | –0.257 | 0.636 | 0.054 | 0.048 | 0.055 |
| *LEV* | 0.008 | 2.401 | 0.389 | 0.380 | 0.202 |
| *HFD_5* | 0.008 | 0.749 | 0.185 | 0.164 | 0.118 |
| *LTDR* | 0 | 0.590 | 0.041 | 0.005 | 0.071 |

从表3-2可以看出，在进行实证分析的2855个样本中，样本上市公司管理费用率（MRF）最大值为0.867，最小值为0.004，平均值为0.091，标准差为0.070，说明不同样本公司的管理费用率之间存在较大差别，即各公司代理成本存在一定差距。在全部样本公司中，技术独立董事（TECDR）和技术非独立董事（NTECDR）虚拟变量最小值为0，最大值为1，说明仍然有一部分公司未设置技术独立董事和技术非独立董事。从样本整体来看，大约有59.8%的公司设置了技术独立董事，68.9%的上市公司设置了技术非独立董事，说明样本公司中设置技术独立董事和技术非独立董事的公司相对较多。至于各控制变量，公司规模最小值为19.065，最大值为26.528，标准差为1.091，可以看出各公司资产规模差异较大。成长性最小值为-0.693，最大值为6.407，标准差为0.525，可以看出样本公司的总资产增长率最大值和最小值之间差距较大。盈利能力最小值为-0.257，最大值为0.636，标准差仅为0.055，说明样本公司的盈利能力整体来看差距较小，分布较均匀。偿债能力最小值为0.008，最大值为2.401，标准差为0.202。股权集中度最小值为0.008，最大值为0.749，标准差为0.118。长期负债比例最小值为0，最大值为0.590，标准差为0.071。可见资产负债率、股权集中度以及长期负债比例的最大值和最小值的差距及其标准差都比较小，说明样本整体分布均匀，基本上不存在异常值的影响。

（二）Pearson相关性检验

表3-3对各变量之间的相关关系进行了检验。可以看出，技术独立董事和技术非独立董事与各个控制变量之间以及各个控制变量之间的相关系数都比较低，各相关系数绝对值最大为0.476，大部分在0.1以下，远远小于0.8，各变量之间呈弱相关关系。所以我们认为模型中各变量之间不存在多重共线性问题。

表 3-3　相关系数矩阵表

| 变量 | *MRF* | *TECDR* | *NTECDR* | *SIZE* | *GOA* | *ROA* | *LEV* | *HFD_5* | *LTDR* |
|---|---|---|---|---|---|---|---|---|---|
| *MRF* | 1 | | | | | | | | |
| *TECDR* | −0.013 | 1 | | | | | | | |
| *NTECDR* | 0.005 | 0.262*** | 1 | | | | | | |
| *SIZE* | −0.169*** | −0.053*** | 0.008 | 1 | | | | | |
| *GOA* | −0.044** | 0.062*** | 0.067*** | −0.082*** | 1 | | | | |
| *ROA* | 0.024 | 0.026 | 0.017 | −0.089*** | 0.154*** | 1 | | | |
| *LEV* | −0.234*** | −0.047** | 0.027 | 0.444*** | −0.228*** | −0.313*** | 1 | | |
| *HFD_5* | −0.085*** | 0.016 | 0.004 | 0.211*** | 0.054*** | 0.084*** | 0.009 | 1 | |
| *LTDR* | −0.126*** | 0.016 | −0.001 | 0.387*** | −0.079*** | −0.215*** | 0.476*** | 0.009 | 1 |

注：*** 、**、* 分别表示在 1%、5%、10% 的水平上显著。

（三）假设检验的回归结果分析

从表 3-4 可以看出，两个实证检验模型 *F* 值分别为 22.98、22.77；调整 $R^2$ 分别为 0.198、0.196，整个模型的拟合优度在可接受的范围之内，说明模型是有效的，能够反映出解释变量以及各控制变量与代理成本之间的关系。技术独立董事在 5% 的显著性水平上与管理费用率负相关，即与代理成本负相关，说明设置技术独立董事的公司代理成本相对较少，与假设 1 相一致。技术非独立董事虽然与管理费用率负相关，但是结果并不显著，而且二者之间相关性非常低，相关系数接近于零，与假设 2 不一致。原因可能是大部分技术非独立董事都在公司中任职，由于其在公司中担任角色的特殊性，导致其在对公司的经营活动进行监督时不能做到客观、公正；再加上公司运营过程中许多经营决策本身就是由其作出的，受到个人专业知识水平的限制，未能采取一种成本更低、效果更好的经营方式，从而对公司代理成本影响不大。

表 3-4 代理成本影响因素回归结果

| 变量 | 模型 1 | 模型 2 |
| --- | --- | --- |
| | MRF | MRF |
| *TECDR* | −0.006** <br>(−2.38) | |
| *NTECDR* | | −0.001<br>(−0.38) |
| *SIZE* | −0.005*** <br>(−3.51) | −0.004*** <br>(−3.38) |
| *GOA* | −0.010*** <br>(−3.89) | −0.010*** <br>(−3.95) |
| *ROA* | −0.041* <br>(−1.78) | −0.041* <br>(−1.79) |
| *LEV* | −0.063*** <br>(−8.17) | −0.063*** <br>(−8.09) |
| *HFD_5* | −0.007<br>(−0.66) | −0.008<br>(−0.73) |
| *LTDR* | 0.040** <br>(1.97) | 0.037* <br>(1.84) |
| *_CONS* | 0.178*** <br>(5.18) | 0.172*** <br>(5.01) |
| 年度 | 控制 | 控制 |
| *F* 值 | 22.98 | 22.77 |
| 调整 $R^2$ | 0.198 | 0.196 |
| 样本总数 | 2855 | 2855 |

注：***、**、* 分别表示在 1%、5%、10% 的水平上显著。

至于各控制变量，公司规模、企业成长性、企业偿债能力与代理成本在 1% 的水平上呈显著负相关；企业盈利能力与代理成本在 5% 水平上呈显著负相关；长期负债比例与代理成本在 5% 水平上呈显著正相关；股权集中度对股东与管理层之间的代理成本影响不显著。对于公司规模、股权集中度与代理成本之间的关系，本研究所得结论与先前部分学者不一致，原因可能是各学者进行实证研究所选取的样本不同，导致研究结果存在差异。

（四）稳健性检验

为了确保结果的可靠性，首先用技术独立董事比例（DIRE）、技术独

立董事人数 / 独立董事人数替换技术独立董事变量进行稳健性检验，然后重新对模型进行回归分析。回归结果如表 3-5 所示，技术独立董事比例对代理成本影响虽然不显著，但是二者之间存在很强的负相关关系。考虑到技术独立董事比例是技术独立董事人数与独立董事人数的比值，该比例在一定程度上还受到各公司独立董事人数以及董事会结构的影响，所以技术独立董事比例对代理成本影响不显著也是可以接受的。为了进一步证明本节前述结果是可信的，我们用 ROE 替换 ROA 来表示公司的盈利能力，构建新模型进行回归分析，所得结果基本不变。综上所述，本研究的实证结果比较稳健。

表 3-5　稳健性检验

| 变量 | 模型 1 | 模型 2 |
|---|---|---|
| | MRF | MRF |
| *TECDR* | –0.006***<br>（–2.35） | — |
| *DIRE* | — | –0.005<br>（–1.00） |
| *SIZE* | –0.004***<br>（–3.16） | –0.005**<br>（–3.43） |
| *GOA* | –0.010**<br>（–3.87） | –0.010***<br>（–3.95） |
| *ROA* | — | –0.042*<br>（–1.80） |
| *ROE* | –0.037***<br>（–3.45） | — |
| *LEV* | –0.062***<br>（–8.28） | –0.063***<br>（–8.13） |
| *HFD_5* | –0.006<br>（–0.61） | –0.007<br>（–0.69） |
| *LTDR* | 0.037*<br>（1.84） | 0.038*<br>（1.89） |
| *_CONS* | 0.171***<br>（4.95） | 0.175***<br>（5.07） |
| 年度 | 控制 | 控制 |
| *F* 值 | 23.33 | 22.80 |

续表

| 变量 | 模型 1 | 模型 2 |
|---|---|---|
| | MRF | MRF |
| 调整 $R^2$ | 0.200 | 0.196 |
| 样本总数 | 2855 | 2855 |

注：*** 、** 、* 分别表示在 1%、5%、10% 的水平上显著。

由表 3–5 可以看出，本节从技术董事的视角，研究了其对股东与管理者之间的代理成本的影响。结果发现：

（1）设置技术独立董事的上市公司，股东与管理者之间的代理成本相对较低。

（2）设置技术非独立董事在一定程度上对公司代理成本的产生具有抑制作用，但是该作用非常小。

（3）公司规模、企业成长性、企业偿债能力、企业盈利能力与代理成本呈显著负相关；长期负债比例与代理成本呈显著正相关；股权集中度对股东与管理层之间的代理成本影响不显著。

本研究对我国上市公司董事制度的构建具有重要的理论和现实意义。在公司董事会中引进技术独立董事，能够提高公司治理水平，保护上市公司全体股东权益。技术独立董事还可以从专家或行家的角度，借助其掌握的大量专业知识及社会关系，为公司提供决策建议，提高公司管理层的经营水平，减少企业的股权代理成本。

因此，基于前述理论分析以及本节的实证研究结果，课题研究人员认为：

（1）上市公司应充分利用技术独立董事对代理成本的降低作用，在选聘独立董事时，应该注重聘请有技术才能的董事，增加其在董事中所占的比重。同时，还应赋予技术独立董事一定的权力，使技术独立董事能够利用自己的专业优势，为企业的运营管理提供更好的建议，从而更好地为企业服务。

（2）适当在公司中设置技术非独立董事，通过技术非独立董事和技术独立董事就有关工作的协调配合，更好地发挥董事会的监督作用。

（3）优化董事会的工作机制，注意对公司财务型董事和技术型董事进行合理的工作分工与配合，充分发挥各董事的专业优势，最大限度地发挥董事会的作用。

（4）适当扩大公司规模，增强企业的盈利能力和偿债能力，完善公司股权结构，有效发挥好董事会应有的职责，减少股东与管理者之间的代理冲突。

## 第二节　技术董事监督有效性与盈余信息质量

上一节基于委托—代理理论，探讨了技术董事对股东与管理者之间代理成本的影响，体现了技术董事的监督有效性。本节基于公司治理理论，着重以盈余信息质量为侧重点，来探讨技术董事在董事会中是否有效发挥了预期的监督作用。同时，通过验证"由于具有技术背景优势的技术董事，监督效率较一般董事更高"这一论断，来研究技术董事是否能够抑制盈余管理，从而提高盈余信息质量。具体来说，本节从盈余信息质量这一视角展开相关研究，因为一个真实的、可验证的盈余信息，对于正确决策研发费用的投入、提高研发效率具有重要作用。

### 一、研究背景

Berle 和 Means（1932）指出，由于公司所有权高度分散，使管理者实际上已成为公司的实际控制者。Jensen 和 Meckling（1976）也发现，由于所有者和管理者追求的目标不一致，进而产生了一系列代理冲突。那么，如何更好地解决公司委托—代理问题，从而提高运作效率？这是公司治理关注的焦点。而判断一家公司治理状况的好坏，信息披露质量的高低是其关键。国外学者研究发现，不完善的公司治理机制会降低企业财务报告的质量，甚至会导致管理层进行盈余操控。盈余信息作为上市公司各类信息中最为重要的一部分，其信息质量的高低是评价公司治理机制是否完善的一个重要标志。高质量的盈余信息不仅可以吸引投资者以及其他利益相关者，还可以用来判断管理者履行职责的有效性。

关于信息披露质量的评价，国外研究者经常用盈余管理程度来衡量。而且大多数研究都是基于应计项目的盈余管理，采用可操控性应计利润的大小来度量盈余信息质量的高低。但事实上，盈余管理分为应计项目的盈余管理和真实活动盈余管理。近几年，随着相关会计准则及法律体系的不断完善，管理层更愿意选择通过另外一种更为隐蔽的途径（操控真实活动进行盈余管理）实现短期盈余目标。国外不少学者发现管理层为了规避损失、保持盈余的平稳增长、迎合分析师预测的收益预期，可能会削减或调整研发支出，这些行为会增加当期利润，导致未来经营业绩下降。但到目前为止，仅有少量文献从公司治理的角度研究了减缓机会主义操控研发费用的因素。研发活动是具有特殊目的的技术活动，其高度专业性、高度复合性以及高度不确定性的特点，要求研发过程中必须有专业化的技术人才参与以及有效的监督管理才能实现伟大的技术创新。而且，在公司治理机制中，董事会上受控于股东会、下控制管理层，作为企业最高的内部监督者，其治理机制是否合理、董事会各项职能是否得到充分发挥，都会直接影响到董事会的决策能力和股东利益。从上述条件来看，技术董事无疑是促进企业研发成功的合适人选，他们是技术研发、领导及董事三种角色的综合体。鉴于此，本节从董事会成员的专业知识背景出发，基于研发投资的角度，将技术董事与信息质量有机结合起来，考察技术董事对真实盈余管理的监督作用，进一步检验技术董事监督的有效性。希望本研究的结论可以从公司治理的角度，为完善上市公司董事会治理结构、进一步监督公司的会计行为提出建议。

## 二、概念界定及文献梳理

### （一）概念界定

盈余信息质量概念的提出最早出现在20世纪30年代，但当时并未受到人们重视。20世纪70年代末期，随着投资理论的兴起，研究者们开始关注盈余信息质量。但到目前为止，关于盈余信息质量的概念界定，学术界并没有达成一致的观点。大部分研究者认为盈余信息质量是指公司对外报告盈余信息的内在保守程度。近年来，盈余信息越来越受到我国上市公司监管部门的重视。美国财务会计准则委员会认为，相关性和可靠性是会计信息质量的主要特征。2006年我国财政部明确了对会计信息质量的八项要求，其中可靠性位于第一位。Pratt（2003）用“财务报告上的盈余与公司真实盈余之间的差额”来衡量盈余质量的高低。Dechow和Schand认为，高质量的盈余需要满足以下三个条件：第一，能够准确反映公司现在的经营状况；第二，能够预测未来经营状况；第三，公司内在价值的真实反映指标。因此，将盈余信息质量定义为：在企业盈余信息符合会计信息相关质量特征的前提下，对外报告的盈余信息能真实地反映公司的内在价值、当前的运营状况以及能为财务报告使用者进行正确决策导向的程度。

### （二）衡量方法

对盈余信息质量的衡量，国内外学术界大多从盈余管理、信息透明度及盈余信息披露质量等视角进行研究。其中，对于应计项目盈余管理程度的衡量模型主要有：Healy 模型、DeAngelo 模型、Jones 模型、修正 Jones 模型以及截面 Jones 模型等。Jones（1991）构建了琼斯模型，利用回归残差来衡量盈余管理程度，进而判断盈余信息质量的高低；后来，Dechow、Sloan 和 Sweeney（1995）在 Jones 研究的基础上，根据经济市场环境和研究对象的不同，充分考虑应收账款对收入的影响，进一步修订了琼斯模型。国内外多数研究者是利用修订的琼斯模型进行实证研究的。真实活动操控的盈余管理模型经过长时间的研究和发展，Berger（1993）最先提出了基于避税动因的正常研发费用估计模型；Perry 和 Grinaker（1994）在 Berger 的基础上拓展了研发费用期望模型，主要是为了识别通过操控研发费用支出，进而实施盈余管理行为。Roychowdhury 根据收入与资产的关系，构建了衡量真实盈余管理程度的经典模型，后来也被众多研究者所借鉴。

（三）相关文献梳理

公司股东出于各种原因不直接参与生产经营活动，而会聘请一些有能力的人才对公司日常经营活动进行管理，但由于股东和管理者双方利益的不一致性，两者之间就会产生信息不对称现象，进而引发一系列代理问题。当管理层为了自身的利益做出损害公司业绩以及企业价值的行为时，如果董事会成员不具有相应的技术职能，就很难发现管理层的某些机会主义行为。根据 Jensen 和 Meckling 提出的委托—代理理论，为了保障股东以及董事会利益，企业必须采取一定的监管措施。基于资源依赖理论，企业要想在激烈的竞争中保持长久发展，就必须要进行创新，研发活动正是提高自主创新能力的关键途径，而研发活动的成功主要依靠技术人才。基于以上理论分析，我们认识到，为了更及时地发现管理层的某些机会主义行为，从而更有效地监督管理层是否履行职责，我们必须完善公司治理结构。通过引入技术独立董事和技术非独立董事，考察两者对企业管理层的监督作用。

从公司内部治理机制的角度对国内外学术界关于盈余信息质量影响因素的相关文献进行梳理，一般认为公司内部治理机制主要包括股权结构、董事会特征、监事会以及管理层激励机制等内容，这些因素都会影响到公司盈余信息质量。Wang（2006）的研究证明了创始家族所有权与盈余信息质量呈显著正相关；武晓玲（2010）发现股权制衡有利于提高上市公司盈余信息质量；Fama（1980）验证了独立董事在公司治理中的监督角色；Davidson 等研究发现，随着独立董事比例的增加，上市公司盈余信息质量也随之发生变化；有学者通过调查发现管理层持股比例越高，公司盈余信息质量越低；王化成和佟岩（2006）用盈余反映系数来衡量盈余信息质量，研究得出，股权集中度、企业性质与盈余反映系数呈负相关，股权制衡度与盈余反映系数呈正相关。从公司外部治理机制的角度对盈余信息质量的影响进行研究，多数学者认为主要集中在控制权市场和法律制度两个方面。关于控制权市场的研究主要以并购公司为样本，Perry 和 Williams（1994）发现在并购发生之前，收购方管理层会操控盈余，使报告盈余并不能反映公司真实盈余水平；Erickson 和 Wang（1999）考察了收购方是否会为了提高公司股票价格而操控盈余，研究结果表明，为了降低并购过程中产生的成本，收购方存在提高盈余的倾向，而且盈余提高的幅度和公司规模呈正相关。法律制度差异也会影响盈余信息质量，法律制度完善的国家，会计信息可靠性、稳健性更高。

在对公司内部治理机制的研究中，研究的问题主要基于以下四个方面

（1）董事会的成员构成。

Beasley（1996）研究了董事会成员的构成（主要关注外部董事）与财务报表欺诈之间的关系。运用 Logist 回归方法进行实证研究，发现董事会

中外部董事的比重与公司发生财务报表欺诈行为的可能性呈显著负相关，即外部董事占董事会成员比例越高，发生财务报表欺诈行为的可能性就越低。后来，这一研究结论也得到广泛证实。

（2）董事会的独立性。

一般来说，董事会独立性越高，盈余信息质量越好。Peasnell（2000）等研究了独立董事在公司治理机制中的作用，发现独立董事可以有效监督管理层，当管理层为了避免报告损失提高公司业绩增加盈余时，会进行盈余管理，而独立董事的存在可以抑制管理层的机会主义行为；研究还发现，提名委员会、战略委员会、审计委员会、薪酬与考核委员会四委的设立有利于独立董事监督作用的发挥，可以更有效地监督公司盈余管理行为。李明、和辉（2013）对上市公司独立董事作用路径进行研究，发现独立董事可以间接改善公司业绩和企业价值。

（3）董事会规模。

国外学者研究发现，董事会规模会影响盈余信息含量，董事会规模越小，盈余信息管理含量越高，而且有效的董事会结构能够抑制管理层盈余管理行为，进而提高盈余信息质量。但也有学者得出不同的结论，董事会规模越大，公司盈余管理程度越小，盈余信息质量越高。

（4）董事会成员的背景。

Biao Xie（2001）研究发现，如果公司董事会成员中有法律或者财务知识背景的，在某种程度上可以有效识别管理层操控盈余的行为，公司可操控应计额比较小。向锐（2014）从不同的视角对财务独立董事与会计稳健性之间的关系进行研究，发现不同特征的财务独立董事对会计稳健性的影响不一。根据以上研究可以发现，目前缺少技术董事对盈余信息质量影响的研究。

### （四）技术董事对盈余信息质量的影响

虽然已有对董事会成员背景进行细分的研究成果，但大多都是从财务背景以及法律背景的角度出发，无论是学术界还是实务界，都很少关注技术董事在公司治理中的作用。随着科技的进步，技术在公司战略活动、新产品开发以及企业自主创新能力方面发挥着巨大作用，技术董事作为董事会成员的组成部分，其重要性也不容小觑。Yasuyuki Suzuki（2009）和Slowinski等提出技术人才是企业研发活动中的关键人物，有利于提高企业自主创新能力和社会竞争力。Hartley S（2011）研究证实设置技术董事的公司，其创新效率以及研发水平更高。胡元木教授（2012）从公司治理的角度发现，技术独立董事和技术执行董事可以相互补充，共同提高研发产出效率。那么从盈余信息质量的角度出发，技术独立董事和技术非独立董事是否有利于抑制公司盈余管理行为，提高盈余信息质量，是当前学术界的一块空白，也正是本节需要研究的内容。

## 三、理论基础与研究假设

Baysinger和Butler（1985）认为，公司董事主要分为内部董事（也称执行董事）、灰色董事和外部独立董事。其中，内部董事和灰色董事被认为是不完全独立的，而外部独立董事则是完全独立的。借鉴前人的研究结果并基于我们的研究目的，本书认为，公司董事分为独立董事和非独立董事。中国证监会于2001年8月引入了独立董事制度，明确指出独立董事应该充分发挥其监督作用。Fama（1980）通过研究也验证了独立董事对管理层决策所起的监督作用。之后也有学者认为独立董事有利于帮助董事会监督管理层的盈余管理行为。那么，如果从独立董事的知识背景出发，技术独立董事对真实盈余管理的抑制效果又是如何，正是本书拟解决的关键问题。通常来说，具有技术背景的独立董事（简称技术独立董事）大多都是科研机构中的专家和高校的教授，以及企业的技术人才，有的担任过技术职务，有着丰富的理论和实务经验。技术独立董事凭借其深厚的专业知识、独特的技术以及独到的视角能够识别管理层操控研发费用的行为，帮助公司作出正确的研发决策。因此，我们提出假设：

H1：技术独立董事可以有效监督管理层操控研发支出，抑制真实盈余管理，提高盈余信息质量。

现代创新理论的提出者约瑟夫·熊彼特指出，创新是经济发展的本质规定，创新活动有利于经济发展；同时“企业家”是创新的主体，而且创新精神应该是“企业家”具备的必要精神之一。虽然已有研究发现，公司规模、股权结构、高管特征及股权激励等会影响企业研发投入水平，但“人”才是研发创新投入的主要影响因素。基于高层阶梯理论，大部分学者把高级管理者作为研究对象。而技术非独立董事作为董事会成员的重要组成部分，他们担负着决策、执行企业活动的重要使命。同时，研发是一项耗费大、工作流程复杂而且风险高的活动，其结果存在很大的内在不确定性，它给企业创造的价值都要依附在最终的产品中。但由于市场的千变万化，生产出的产品能否紧随时代潮流，很大程度上取决于董事会的研发决策和整体创新水平。已有研究表明，平均只有 27% 的研发项目能够取得最终的市场效益，这就要求董事会成员掌握更多的专业技能。Hambrick 和 Daveni（1992）认为，技术和研发人员是企业进行研发活动的中流砥柱，是企业进行自主创新保持核心竞争优势的关键。很多案例表明，企业破产的主要原因是不能有效运用技术人才，在董事会的技术人才中，不仅包括技术独立董事，也包括技术非独立董事。由此，我们提出假设：

H2：技术非独立董事也可以有效抑制真实盈余管理，提高盈余信息质量。

## 四、研究设计

### （一）样本选择

本节选取课题组研究样本作为基准样本，并根据研究重心进行必要的数据调整，在处理过程中遵循以下原则：

（1）实证研究中使用的技术独立董事和技术非独立董事的判断原则以及相关数据资料说明参考本章第一节相关内容。

（2）为了避免异常值对实证结果的影响，对其进行了 Winsorize 处理。

（3）研发费用主要来源于 Wind 数据库，相关控制变量主要来源于国泰安数据库。同时，考虑到模型中需要用到 2006 年的数据，此时某些公司还没有上市，并不能得到相关数据，所以在课题数据库的基础上进行适当筛选，共获得 2527 个样本。

基于以上样本数据，实证分析技术董事（包括技术独立董事和技术非独立董事）与盈余信息质量之间的关系，其中 2007 年 188 个、2008 年 228 个、2009 年 265 个、2010 年 318 个、2011 年 485 个、2012 年 520 个、2013 年 523 个。同时，在衡量异常可操控 R&D 费用时，需要分年度分行业进行回归，本节按照中国证监会行业分类标准对样本进行分类，不足 15 个样本的相近行业归为一类，一共分为 9 类。其中制造业最多，这是由行业性质所决定的，制造业的很多上市公司都从事了研发活动，有一定比例的研发支出。本节所用其他数据主要来自国泰安数据库、巨潮资讯网等。本研究使用的统计软件为 Excel 2007 和 Stata 13.0。

### （二）变量选取

#### 1. 被解释变量

基于可操控研发费用的视角，从真实盈余管理的角度考察技术董事对盈余信息的监督作用。本节选择异常的可操控 R&D 费用作为被解释变量，异常值越大，真实盈余管理操控程度越高，盈余信息质量越低。

2. 解释变量

从公司治理的角度引入技术独立董事和技术非独立董事这两个虚拟变量，通过逐一阅读董事会成员简历等相关资料，来判断其是否属于技术独立董事和技术非独立董事。具体判断标准参考本章第一节相关内容。例如，技术独立董事的判断，如果独立董事具有相关技术背景则为1，否则为0；技术非独立董事判断标准亦同。

3. 控制变量

通过对本领域已有的研究文献进行总结和分析，为了避免相关变量对实证结果产生的影响，本节控制了以下变量。

（1）公司规模（SIZE）。

公司规模的大小会影响到盈余管理程度，通常来说，规模越大的公司更倾向盈余操控，因为规模较大的公司更有可能获取更高利润，为了规避因高额利润受到政府管制，管理层可能会故意延期确认收益，这严重影响了公司盈余信息质量。为了避免因上市公司规模不同进而对结果的影响，本节以总资产的自然对数来衡量公司规模的大小。

（2）盈利能力（ROE）。

盈利能力主要是指公司获取利润的能力，这项指标经常被用来衡量公司经营业绩。管理层在进行年度考核时，盈利水平也被用作评价管理层是否有效履行职责的一项关键指标。而且，当上市公司增发新股时，我国公司法会对其净资产收益率作出明确规定，盈利能力不同会影响到管理层操控盈余信息进行盈余管理的动机。因此，采用净资产收益率作为评价企业盈利能力的指标。

（3）资产负债率（LEV）。

部分学者研究发现，资产负债率较高的公司，管理层为了减缓契约条款的限制压力，会采取各种手段进行盈余管理以避免财务危机。当公司的负债比率较高时，可能会使投资者、债权人等利益相关者作出对公司不利的决策。因此，管理层会倾向操控盈余信息，这会降低盈余信息质量。本节用资产负债率代表企业偿债能力。

（4）股权集中度（HFD_5）。

盈余信息质量受到很多因素的影响，股权结构是其中一个很重要的影响因素。借鉴前人的研究结果，用前五大股东持股比例平方和来衡量企业股权集中度。

（5）高管年薪总额前三名的自然对数（EXCP）。

上市公司的债务负担不同，债权人的监督强度也不同；同时，管理层薪酬的高低也会影响到其操控盈余的动机，当管理层薪酬较低时，为了实现利润增长，获取私有收益，很可能增加管理层进行盈余管理的概率。因此，选用高管年薪总额前三名的自然对数作为其中一个控制变量。

综上所述，被解释变量、解释变量和相关控制变量的具体描述如表3–6所示。

表 3–6 变量研究定义

| 变量类型 | 变量名称 | 变量代码 | 变量含义 |
|---|---|---|---|
| 被解释变量 | 异常 R&D 费用 | *EM–R&D* | R&D 费用操控程度 |
| 主要解释变量 | 技术独立董事 | *TECDR* | 如果设置技术独立董事则为 1，否则为 0 |
| | 技术非独立董事 | *NTECDR* | 如果设置技术非独立董事则为 1，否则为 0 |
| 控制变量 | 公司规模 | *SIZE* | 公司资产总额的自然对数 |
| | 盈利能力 | *ROE* | 净利润 / 所有者权益 |
| 控制变量 | 偿债能力 | *LEV* | 资产负债率 |
| | 股权集中度 | *HFD_5* | 前五名股东持股比例平方和 |
| | 高管年薪 | *EXCP* | 高管年薪总额前三名的自然对数 |

（三）实证模型的建立

为了验证上述所提假设，首先构建可操控研发费用期望模型，其次利用多元回归模型对前面所提出的假设进行实证检验。

1. 真实盈余管理中可操控 R&D 期望模型

学者（Baber、Fairfield 和 Haggard，1991；Bushee，1998；Cheng，2004；Oswald 和 Zarowin，2005）研究发现，当管理层面临着短期的盈余压力，同时为了满足分析师的要求和实现预期的利润目标，他们很可能通过削减研发支出进而提高利润进行一系列的盈余管理活动。由于研发活动的特点，我们需要构建一个研发费用期望模型，首先估计出当期应该发生的研发费用，即 R&D 费用的正常值，其次用实际发生的 R&D 费用与估计出的正常研发费用相比较，如果两者存在差额，即为管理层操控了研发支出。基于避税动因，Berger（1993）最先提出了估计正常 R&D 费用的模型。后来，Gunny（2005）在 Berger（1993）模型的基础上加以完善，提出了更为合理的 R&D 费用期望模型。借鉴前人研究的成果，Cohen（2005）和 Roychowdhury 进一步发展了包括研发费用在内的总的可操控费用期望模型，这些费用还包括管理费用和广告费用等。在以上学者研究的基础上，采用真实盈余管理的可操控费用期望模型，总结出 R&D 费用和上期收入额的关系，再进一步控制行业和年度，进行线性回归，计算出公司应该发生的正常的 R&D 费用：

$$R\&D_{it}/A_{it-1}=\alpha_0+\alpha_1(1/A_{it-1})+\alpha_2 S_{it-1}/A_{it-1}+\varepsilon_{it} \quad (3\text{-}3)$$

$$EM\text{-}R\&D_{it}=\mathrm{R\&D}_{it}/A_{it-1}-[\hat{a}_0+\alpha_1(1/A_{it-1})+\alpha_2 S_{it-1}/A_{it-1}] \quad (3\text{-}4)$$

式（3-3）和式（3-4）中，$R\&D_{it}$ 为第 $i$ 家公司在 $t$-1 年的 R&D 支出；$A_{it-1}$ 为第 $i$ 家公司在 $t$-1 年的资产总额；$S_{it-1}$ 为第 $i$ 家公司在 $t$-1 年的销售额；$\varepsilon$ 为回归残差。

用当期 R&D 支出的实际值减去估计的正常值，得出异常的 R&D 费用：

其中，$\hat{a}_j$（$j$=0，1，2）是 $\alpha_j$ 的 OLS 估计值，当管理层通过减少 R&D 支出向上做大利润时，此指标为负，即实际值小于正常值，管理层削减了正常的研发支出。如果异常的研发费用大于零，即实际发生额大于正常额。假设由于技术独立董事和技术非独立董事的存在，管理层几乎没有操控研发支出的倾向。

2. 多元回归模型

为了验证本节所提出的假设，我们构建多元回归模型进行实证检验。其中，*EM–R&D* 为被解释变量，表示异常研发费用，用于衡量盈余管理程度；TECDR 和 NTECDR 为解释变量，分别代表是否设置技术独立董事和技术非独立董事；然后在模型中对公司规模、盈利能力、偿债能力、股权集中度和高管薪酬等指标进行控制，避免其对实证结果产生影响。根据假设 1 和假设 2，模型（3–5）和模型（3–6）中 *TECDR* 和 *NTECDR* 的系数应该为正，即随着技术董事（包括技术独立董事和技术非独立董事）的增加，上市公司的盈余管理水平显著下降，异常 R&D 费用增加。因此，模型中技术独立董事和技术非独立董事的回归系数应该为正，即技术董事可以发挥预期的监督作用，降低真实盈余管理水平，从而提高盈余信息质量。

$$EM\text{–}R\&D_{it} = \beta_1 TECDR + \beta_2 SIZE + \beta_3 ROE + \beta_4 LEV + \beta_5 HFD\_5 + \beta_6 EXCP \quad (3\text{–}5)$$

$$EM\text{–}R\&D_{it} = \gamma_0 + \gamma_1 NTECDR + \gamma_2 SIZE + \gamma_3 ROE + \gamma_4 LEV + \gamma_5 HFD\_5 + \gamma_6 EXCP \quad (3\text{–}6)$$

## 五、实证分析

### （一）描述性统计分析

运用 Stata 13.0 软件对模型中的主要变量进行描述性统计分析，包括研发费用操控程度、董事会中技术独立董事的设置情况、技术非独立董事的设置情况以及相关控制变量。统计结果如表 3–7 所示。

表 3–7 主要变量描述结果

| 变量 | 平均值 | 中位数 | 标准差 | 最大值 | 最小值 |
|---|---|---|---|---|---|
| *EM–R&D* | –0.407 | –0.528 | 2.505 | 11.045 | –11.392 |
| *TECDR* | 0.584 | 1 | 0.493 | 1 | 0 |
| *NTECDR* | 0.679 | 1 | 0.467 | 1 | 0 |
| *SIZE* | 21.643 | 21.475 | 1.059 | 25.150 | 19.812 |
| *ROE* | 0.083 | 0.078 | 0.083 | 0.324 | –0.266 |
| *LEV* | 0.401 | 0.397 | 0.194 | 0.836 | 0.044 |
| *HFD_5* | 0.181 | 0.159 | 0.013 | 0.548 | 0.013 |
| *EXCP* | 13.977 | 13.888 | 0.645 | 15.635 | 12.245 |

从表 3–7 中可以看出，EM–R&D 中位数和平均值分别为 –0.528 和 –0.407，说明大部分上市公司都有操控研发费用的倾向，最大值和最小值分别为 11.045 和 –11.392，正好和我们预期的情况一致。披露研发费用的样本中，技术独立董事和技术非独立董事的平均值分别为 0.584 和 0.679，① 这说明在我国披露研发费用的上市公司中，一半以上董事会都设置了技术独立董事和技术非独立董事。由于现在会计准则没有强制要求上市公司披露研发费用，部分样本我们无法统计在内，如果考虑那些没有披露研发费用的上市公司，技术独立董事和技术非独立董事所占比例会稍微有些变化，但变化不应太大。技术董事在董事会中的设置情况更有利于我们研究其是否发挥了预期的监督作用，使实证结果更加可信。对于部分控制变量，最大值和最小值的差异都比较大，这可能是资本市场发展不完善以及上市公司发展不平衡造成的。例如，盈利能力的最大值为 0.324，最

① 此处比例与之前基本一致，由于不同章节的主要研究问题不同，在对样本进一步筛选时导致了描述性统计中存在略微差别。

小值为 -0.266，平均值为 0.083，差距较大；偿债能力的最大值和最小值分别为 0.836 和 0.044；股权集中度最小值为 0.013，最大值达到 0.548，中位数为 0.159，也存在很大的差异；公司规模和高管年薪的平均值分别为 21.643 和 13.977，最大值分别为 25.150 和 15.635，最小值分别为 19.812 和 12.245。

（二）Pearson 相关性检验

表 3-8 列示了被解释变量、解释变量和相关控制变量之间的相关性。技术独立董事和技术非独立董事与 EM-R&D 呈显著正相关，相关系数分别为 0.142 和 0.126，正好符合我们的预期；公司规模、盈利能力、高管年薪和股权集中度与研发费用操控程度呈显著正相关，研发费用操控程度与资产负债率呈显著负相关，这与大部分学者的研究结论相一致；技术独立董事与公司规模、盈利能力和资产负债率呈负相关，技术非独立董事与公司规模、资产负债率、股权集中度和高管年薪呈正相关，与净盈利能力呈负相关，说明在披露研发费用的样本中，规模大的公司更可能设置技术非独立董事；公司规模与盈利能力、偿债能力、股权集中度以及高管年薪都呈显著正相关，相关系数也比较合理，与前人的研究结论一致；同时资产负债率与盈利能力呈负相关关系，说明资产负债率越高的公司，其盈利能力越差。盈利能力与股权集中度、高管年薪呈显著正相关，股权集中度与高管年薪呈显著正相关，大部分变量之间的相关性和相关系数与前人的研究结论基本一致。尽管部分变量之间相关系数显著，但其 VIF 值均小于 5，说明变量之间不存在多重共线性。

表 3-8　相关系数矩阵表

| 变量 | *EM-R&D* | *TECDR* | *NTECDR* | *SIZE* | *ROE* | *LEV* | *HFD_5* | *EXCP* |
|---|---|---|---|---|---|---|---|---|
| *EM-R&D* | 1 | | | | | | | |
| *TECDR* | 0.142*** | 1 | | | | | | |

续表

| 变量 | *EM-R&D* | *TECDR* | *NTECDR* | *SIZE* | *ROE* | *LEV* | *HFD_5* | *EXCP* |
|---|---|---|---|---|---|---|---|---|
| *NTECDR* | 0.126*** | 0.258*** | 1 | | | | | |
| *SIZE* | 0.115*** | −0.036* | 0.023 | 1 | | | | |
| *ROE* | 0.128*** | −0.014 | −0.018 | 0.113*** | 1 | | | |
| *LEV* | −0.180*** | −0.046** | 0.034* | 0.469*** | −0.090*** | 1 | | |
| *HFD_5* | 0.041** | 0.011 | 0.004 | 0.226*** | 0.106*** | 0.021 | 1 | |
| *EXCP* | 0.311*** | 0.025 | 0.008 | 0.379*** | 0.302*** | −0.036* | 0.053*** | 1 |

注：*** 、**、* 分别表示在 1%、5%、10% 的水平上显著。

## （三）假设检验回归结果分析

表 3-9 回归结果分析

| 变量 | 模型 3 | 模型 4 |
|---|---|---|
| | EM-R&D | EM-R&D |
| *TECDR* | 0.575***<br>（7.10） | — |
| *NTECDR* | — | 0.382***<br>（4.49） |
| *SIZE* | 0.279***<br>（5.14） | 0.268***<br>（4.90） |
| *ROE* | 3.262***<br>（5.21） | 3.178***<br>（5.01） |
| *LEV* | −2.018***<br>（−7.51） | −2.086***<br>（−7.79） |
| *HFD_5* | −1.906***<br>（−5.02） | −1.835***<br>（−4.76 ） |
| *EXCP* | 0.599***<br>（7.36） | 0.620***<br>（7.50） |
| *CONSTANT* | −16.329***<br>（−11.53） | −16.360***<br>（−11.41） |
| 年度 | 控制 | 控制 |
| *F* 值 | 50.39 | 50.74 |
| 调整 $R^2$ | 0.350 | 0.343 |
| 样本总数 | 2527 | 2527 |

注：*** 、**、* 分别表示在 1%、5%、10% 的水平上显著。

从表 3–9 可见，模型 3 验证了董事会中技术独立董事和技术非独立董事对公司操控研发费用行为的监督作用。模型 3 和模型 4 的调整 $R^2$ 分别为 0.350 和 0.343，模型拟合度较好，且模型通过了显著性检验。*TECDR* 和 *NTECDR* 的回归系数分别为 0.575 和 0.382，说明技术独立董事和技术非独立董事更加关注公司的研发活动，更愿意监督管理层的研发决策，引导管理层制定科学合理、切实可行的研发战略，从而提高企业的创新水平。同时由于技术独立董事不在公司内部任职，与公司股东独立，并且与公司或公司经营管理者没有重要联系，可以对公司事务作出独立判断，因此可以更有效地监督管理层盈余管理行为，从而提高盈余信息质量。而对于技术非独立董事，他们虽然在董事会中任职，但可以凭借自身掌握的专业技能和拥有的技术背景，更好地帮助管理层作出正确的研发决策，防止管理层操控研发支出。控制变量中，公司规模、盈利能力和高管薪酬与被解释变量呈显著正相关，研发费用操控程度与资产负债率、股权集中度呈显著负相关，这也符合前人研究的结论。综上所述，技术独立董事和技术非独立董事可以共同发挥监督作用，抑制真实盈余管理，提高盈余信息质量，支持假设 1 和假设 2。

（四）稳健性检验

为了验证实证结果的稳健性，用技术独立董事和技术非独立董事比例替代虚拟变量（是否设置技术独立董事和技术非独立董事），发现解释变量和控制变量符号并未发生改变，*TECDR* 和 *NTECDR* 的回归系数仍然为正；控制变量中，公司规模、盈利能力和高管年薪的回归系数仍然为正，偿债能力和股权集中度的回归系数仍然为负，如表 3–10 所示。因此上述得出的结论具有稳健性。

表 3-10　稳健性检验回归结果

| 变量 | 模型 3 | 模型 4 |
|---|---|---|
| | EM-R&D | EM-R&D |
| *TECDR* | 1.200***<br>（6.72） | — |
| *NTECDR* | — | 1.374***<br>（8.63） |
| *SIZE* | 0.284***<br>（5.22） | 0.264***<br>（4.93） |
| *ROE* | 3.238***<br>（5.20） | 3.063***<br>（4.94） |
| *LEV* | -2.040***<br>（-7.61） | -2.004***<br>（-7.57） |
| *HFD_5* | -1.927***<br>（-5.09） | -1.886***<br>（-4.95） |
| *EXCP* | 0.601***<br>（7.38） | 0.606***<br>（7.50） |
| *CONSTANT* | -16.359***<br>（-11.55） | -16.324***<br>（-11.64） |
| 年度 | 控制 | 控制 |
| *F* 值 | 50.76 | 54.04 |
| 调整 $R^2$ | 0.349 | 0.360 |
| 样本总数 | 2527 | 2527 |

由表 3-10 可以看出，从研发费用的视角对技术董事对上市公司盈余信息质量的影响进行了实证分析。在此基础上，选取了 2007—2013 年所有上市公司为研究样本，从真实盈余管理的角度考察了技术董事对盈余信息质量的监督作用。研究结果表明，技术董事（包括技术独立董事和技术非独立董事）可以有效监督管理层，识别管理层操控研发支出的行为，从而抑制真实盈余管理，保证公司对外报告的盈余更加接近真实盈余，进一步提高盈余信息质量。盈余信息质量的高低和上市公司经营业绩紧密相关，如何提高信息质量，降低代理成本，保护广大投资者的利益，也是投资

者、政府、公司管理层以及监管机构关注的焦点。

随着科技水平的不断提高，拥有先进技术无疑是企业获得成功的关键。研发是企业创新的源泉，而研发投入是支撑企业进行研发活动的根本，如果不能投入充足的研发资金，企业研发就很难实现突破。技术和研发人员作为技术的载体，对企业研发活动有重大影响。技术独立董事和技术非独立董事可以凭借自己丰富的专业知识和专业技能，来识别甚至抑制管理层为了追求私有收益而损坏股东利益的行为。基于上述研究结论，为了完善我国董事会结构，提高盈余信息质量，从公司治理的角度，企业要注重培养高层次拔尖人才，努力引进具有技术背景的董事，重视技术独立董事在董事会中的作用，提高技术独立董事比例，这样可以降低执行董事和管理层合谋进行盈余管理的可能性，从而解决公司代理问题。针对研发活动，具有技术背景的非独立董事也可以更好地监督管理层和其他非独立董事合谋的可能性。因此，在公司董事会中，可以考虑增设技术董事，抑制真实盈余管理，进而提高盈余信息质量。

## 第三节　技术董事监督有效性与大股东私有收益

通过以上研究可以发现，技术独立董事对代理成本和盈余信息质量都具有监督作用。本节从大股东私有收益角度来探讨技术董事的监督作用，因为大股东的私有收益将影响企业的资源配置，进而影响企业的研发投入和研发效率。

政府监管部门和上市公司曾重拳治理大股东对上市公司的占款行为，但直到今日，这一顽疾仍然存在。目前尚未有文献从技术董事对大股东私有收益行为的抑制作用这一角度进行研究。因此，本节以大股东对上市公司掏空行为为研究对象，探讨技术董事对大股东私有收益的监督作用。

## 一、研究背景

近年来，大股东私有收益行为日益受到上市公司和政府，以及中小投资者的关注。目前，由于股权集中可以克服股权分散条件下多数股东的“搭便车”行为，因此除英国、美国等少数国家外，股权相对集中的公司模式更为普遍。相对小股东来说，大股东不仅拥有股权上带来的控制权优势及资金优势，同时还具备在公司经营活动方面的知识优势和信息优势。大股东为了获取私有收益，既不会充分发挥对管理者的监督作用，还可能对上市公司以及中小股东的利益进行侵占。如利用上市公司的公共资源获取中小股东无法获取的利益，或通过巧立名目的关联交易对上市公司的利益进行侵占，或利用手中较大的控制权将上市公司的资金转移到大股东及其附属公司中。在我国，由于上市公司股权结构和内部治理机制不合理，法律对中小股东的保护还不够完善，外部审计的监督作用没有充分发挥，大股东获取私有收益的行为格外严重。大股东的私有收益行为不仅损害了中小股东的权益，还会产生上市公司的信任危机以及证券市场的资源配置不合理的问题，对上市公司和证券市场健康有序发展产生不利影响。例如，Johnson 等（2000）的研究证明控股股东私有收益行为是亚洲金融危机的主导因素。Bertrand 等（2002）也指出，大股东获取私有收益行为可能降低经济的透明度，从而加深信息不对称的程度。

以往文献关注焦点主要集中于股权制衡、股权结构和其他外部因素对大股东私有收益的影响，中国证监会发布《关于在上市公司建立独立董事制度的指导意见》后，又制定了多项完善独立董事制度的规定，如公司重大的关联交易必须经过 1/2 以上独立董事同意后，才能提交董事会讨论，学术界开始关注董事会和独立董事对大股东的监督作用。董事会不仅承担投资决策的职能，也具有监督职能，特别是独立董事监督职能作用的发挥，可以对大股东利益侵占行为进行抑制。因此，技术董事（包括技术独立董事与技术非独立董事）不但能发挥董事在公司治理，特别是对大股东私有收益方面的传统监督作用，还拥有专业化知识、技术背景和信息优势，可以更好地提升监督效率。本节将其监督作用与专家角色相结合，研究技术董事对大股东私有收益行为的监督作用。

## 二、理论界定与文献梳理

### （一）理论界定

大股东私有收益（也称为掏空行为）是由 Johnson、La Porta、Lopez de Silames 和 Shleifer（JLLS）于 2000 年首次提出的，是指大股东借用地下通道进行资产的转移，即隧道行为。JLLS 把它理解为大股东通过各种合法或非法方式从上市公司转移资产和利润到自己手中，并且有损中小股东利益的行为。本节对大股东私有收益的定义参考了 Johnson 和 La Porta 等以及唐宗明、蒋位提出的定义，即持有大宗股权的大股东利用自身的优势获得的、与其所持股份比例不相符，且比其他股东更多的额外私有收益，其本质是大股东对上市公司所拥有的公共资源的占有。

大股东所持有的股份比例最大，则其拥有的表决权最多，更容易通过董事的任命来占有公司董事会的大多席位以掌握公司控制权，同时在公司营运、管理和管理层人员任免方面可以进行直接或间接的控制。控制权和现金流权不一致将会导致大股东占有私有收益，当大股东拥有的控制权高于现金流权时，大股东就会产生获取私有收益的动机，如非法占用上市公司资金、同上市公司进行不公平的关联交易、用上市公司作为担保而获取贷款、过度投资、发售新股稀释现有股权等。由于我国上市公司存在比较严重的一股独大现象，大股东同中小股东有较突出的利益争端，因此得到了国内外学者的广泛关注，大股东私有收益的研究也取得了丰硕的成果。目前，国内外学者大多围绕大股东获取私有收益的方式以及大股东私有收益的影响因素展开相关研究。

（二）文献梳理

1. 大股东私有收益获取方式

国外文献对大股东私有收益获取途径的研究主要包括关联交易、资产担保、股利政策（Claessens，2002）和企业并购（Bertrand 等，2002；Bae、Kang、Kim，2002）等，以及通过贷款担保、稀释股权等形式来转移公司财产和利润（Johnson 等，2000）。

在国内的研究中，学者通过对上市公司的特征进行分类来研究大股东获取私有收益的方式。刘峰和贺建刚（2003）发现持股比例高的控股股东倾向于通过高额现金股利、不正当关联交易等方式来对上市公司进行掏空；控股股东在股权较为分散的上市公司中则倾向于通过违规担保或者占用上市公司资金等方式来获取利益。李婉丽、吕怀立、陈丽英（2008）根据不同的终极产权性质把大股东分为国有控股和非国有控股，从关联交易、资金占用、现金股利三个方面来研究它们各自更倾向于选择何种上市公司掏空方式。分析结果显示，偏好于资金占用的有非国有控股股东和市县级国有控股股东，偏好于选择关联交易掏空方式的有国有控股股东，而在现金股利型掏空方式上，国有控股股东与非国有控股股东的选择偏好并没有表现出显著差异。

大股东获取私有收益的方式较为复杂，在这些过程中技术董事可以发挥其董事的监督职能，利用自身技术专业背景和素质对涉及行业技术的事项发表意见，防止其行为给公司经营带来不利影响。但通过对以往研究的分析发现，并非所有私有收益的获取方式都适合进行实证研究。

（1）关联交易。

关联交易的供求关系和交易价格很难进行衡量，封思贤（2005）在针对几类关联交易行为之间的关系研究中，发现购销、提供担保以及资产重组等获取方式的最终目的都是获得私有收益。如同大股东对往来款项的占用行为一样，关联交易是剥削上市公司的方式，因此它们是相互替代、此消彼长的关系。而经济往来中是以资金流通为基础的，当大股东能够有机会对上市公司资金进行占用时，就不会另辟蹊径采用其他关联交易的形式来获取上市公司的资源。同时，中国证监会和上市公司出台相关规定，要求有关联往来的大股东在上市公司关联交易中进行回避表决，使大股东通过关联购销、担保以及资产重组获取利益的情况日益减少。

（2）高额派现。

唐清泉等（2005）对高额派现这种大股东获取私有收益的途径进行了研究，发现独立董事制度并未对高额派现这一现象产生显著的影响，而这一结果与独立董事监督范围的局限性有关。罗宏（2006）与林川等（2011）在独立董事规模与上市公司派发高额现金股利倾向的影响研究中，却得出独立董事规模与高额派现的倾向存在正相关的结论；王怀明、史晓明（2006）以及李小群（2009）针对独立董事与超额派现的研究，也发现独立董事比例与超额派现呈正相关，这与独立董事监督和制约管理层以及大股东私有收益、保护中小股东以及投资者利益的理论出现了职责相反的结论。

根据前面的分析，我们发现，独立董事的监督作用并不能在大股东所有获取私有收益的过程中进行发挥。李增泉等（2004）认为，在大多数情况下，大股东都是以较为隐蔽的方式来获取私有收益，而占款则是最典型的方式，是大股东最易获取并且最常用的手段。

2. 大股东私有收益影响因素

以往国内外对大股东私有收益影响因素的研究，一般从股权结构与制衡、公司规模、资产管理能力、经营情况、公司盈利状况等微观因素，以及法律制度、行业保护、政府监管等宏观因素方面考虑。

（1）股权制衡。

Mauryand 和 Pajuste（2005）在对股权制衡与大股东私有收益的研究中发现，多位股东现象会导致两种不同的结果：一是股东串谋。具有投票权的股东与大股东串谋形成控制联盟，共享对其他股东的剥夺收益。二是股权制衡行为。具有投票权的股东有更大的动力和能力监督大股东的利益侵占行为，因此实现股权制衡。

（2）股权结构。

Claessens 等（2002）以及李增泉、孙铮、王志伟（2004）通过研究股权结构和大股东私有收益之间的关系，发现大股东获取私有收益的动机并非与其所持有的股权比例呈线性变化，在一定程度上较高的所有权比例会增加获取私有收益的能力，即壕沟防御效应；但高到完全掌握公司控制权时则会降低获取私有收益的动机，即利益协同效应，因此大股东对上市公司的侵占行为与第一大股东持股比例之间存在倒“U”形关系。

（3）其他微观因素。

张兆国等（2006）发现，第二至第五大股东持股比例、公司规模、盈利状况、负债融资比例及其结构等都对大股东私有收益具有影响。白云霞等（2013）研究发现，负债与大股东的私有收益存在显著的正相关关系，表明控股股东通过负债来侵占中小股东的利益。

（4）法律因素。

Johnson 和 La Porta 等（2000）通过研究大陆法系和英美法系的国家，发现各个法律体系国家的法律制度在处理掏空行为时采用不同的方式。英美法系法律对中小投资者权益的保护要明显高于大陆法系的法律，并且在英美法系国家上市的公司股权集中度比大陆法系上市的公司要低。所以，英美法系国家相对于大陆法系国家来说更难发生中小股东的权益被大股东侵害的现象。

（5）行业因素。

Demsetz 和 Lehn 研究发现，上市公司所处的行业竞争程度越高，其大股东获得私有收益的难度就越大，私有收益水平就越低。

（6）政府干预因素。

罗党论、唐清泉（2007）发现，通过减少政府干预降低掏空行为，地方政府的财政赤字会驱动大股东掏空行为的动机，表明对占款的偿还可能与地方政府行为相关。而章卫东等（2012）则从政府资产注入对大股东掏空行为进行了研究，发现政府控股股东对上市公司注入资产来掏空上市公司的动机比民营大股东更为强烈。通过上述文献可以发现，这些影响因素依赖于相对难以改变的客观条件，而对于上市公司管理人员来说，他们会由于发表与大股东相悖的意见而被解雇，再次走入经理市场后不被认可，因而依赖于管理层也无法解决这一问题。

对独立董事来说，对上市公司的监督是其基本职能，因此有学者研究独立董事乃至董事会是否能够抑制大股东私有收益行为：封思贤（2005）通过对我国上市公司的关联交易进行实证研究，发现独立董事制度能够使上市公司减少对大股东及其关联方提供抵押和担保。但是，独立董事制度在约束关联交易方面并没有发挥一定的作用。唐清泉等（2006）分别从资金占用、关联销售、关联采购、担保等多个方面进行实证研究，发现我国以企业集团作为大股东的上市公司，其“隧道行为”更加明显，但独立董事在关联交易方面对大股东有明显的抑制作用。目前较多的研究结论都未发现独立董事比例与大股东资金占用之间存在显著的相关关系，因此叶康涛、张志华和陆正飞（2007）通过分析以往文献的不足，从独立董事内生性的角度进一步研究，通过控制独立董事内生性发现大股东对上市公司的资金占用与独立董事具有显著的负相关关系。唐跃军、徐飞（2007）根据年报中披露的是否实施累积投票制度、网络投票制度以及代理投票制度，将其作为被解释变量探讨独立董事制度在保护中小股东权益方面是否切实发挥了作用。结果表明，独立董事的勤勉以及良好的运作机制有利于实施以“中小股东权益保护”为目的的投票机制，同时建议应从单纯的严格要求独立董事规模与比例，转向注重独立董事的勤勉程度以及对独立董事运作机制的完善，最终保护中小股东的权益。虽然目前有不少研究董事会对大股东私有收益抑制作用的文献，但缺乏对在成员专业背景层面对其发挥的监督作用的深入分析。

## 三、理论基础与研究假设

技术独立董事通常是具有技术知识背景的专家学者及业界精英。人力资本理论认为，人力资本在企业发展中起到相当重要的作用，在企业的经营运作和监督管理的各个方面，都需要人们运用知识储备、技术能力等各个方面的能力，因此有必要设置技术独立董事。独立董事群体可以针对上市公司相关事务发表独立意见，具有很大的监督作用，而技术独立董事在提高技术创新活动的决策质量和研发资金的利用效率的同时，还可以对大股东占款进行有效监督来保证企业有足够的流动资金支持研发活动，同时更有能力分辨技术创新活动是否对公司有益，防止利用技术创新活动追求私有收益的发生，从而提高研发效率。技术董事可以利用自身丰富的管理经验和坚实的知识背景，参与到公司的管理决策中，保护中小投资者的权益不被大股东侵害。因此，可以提出假设：

H1：设置技术独立董事的上市公司，大股东私有收益水平较低。

在公司治理中应注重以人为基础的主观能动性的发挥，技术非独立董事作为经营者和监督者，对大股东私有收益也能产生一定的抑制作用。依据委托－代理理论，应从完善股东与董事会之间的委托—代理关系出发，对上市公司的内部治理结构进行局部调整，对董事会实施必要的改造。应该注重非独立董事的技术背景，将其监督作用和专家角色结合起来，发挥更大的作用，维护公司和全体股东的利益。技术创新活动需要资金的支持，而大股东占款则会对流动资金产生影响。一般情况下，技术非独立董事在技术创新活动中处于主导地位，并且在技术创新活动中对资金链的监管可以发挥重要作用。因此，可以提出假设：

H2：设置技术非独立董事的上市公司，大股东私有收益水平较低。

## 四、研究设计

### （一）样本选择

本节选取深、沪两市2007—2013年所有存在大股东占款的上市公司作为研究样本，由于在年报中披露大股东占款的上市公司样本数量相对较少，因此采用这7年间大股东占款的全样本进行实证检验。同时，手工对上市公司董事会成员的简历背景进行判断并整理，剔除了数据不全以及异常值的公司，共得到914个样本。本节的研究数据来源：①从Wind数据库中获取其他应收款中的大股东欠款；②从CSMAR数据库中获取其他所需数据。本研究所使用的统计以及数据处理软件为Stata 13.0。

### （二）变量选取

1. 被解释变量

以往的研究表明，大股东通常以资金占用作为获取私有收益时最直接、最典型的方式，因此也选用大股东占款作为私有收益的衡量标准。大股东私有占款主要体现在上市公司的往来款中，王家琪、孙玲玲（2005）对大股东的资金占用与其他应收款、应收账款、预付账款等应收款项进行了实证研究，发现上市公司大股东私有占款与其他应收款、其他业务利润存在显著的正相关关系，表明大股东在往来款中进行藏污纳垢。在上市公司年报的资产负债表中，主要包括两个与大股东占款有关的往来款项，即同营业销售有关的应收账款，以及非经营性的其他应收款。叶康涛等（2007）认为，应收账款主要由采购和销售产生，不能判断其是否一定为资金的恶意占用，因此只能采用非经营性的其他应收款。目前，不少研究由于获取数据的局限性，直接将大股东所占用的其他应收款或者用其除以总资产标准化后的数额作为衡量私有收益的指标，如黄渝祥等（2003）、余明桂和夏新平（2004）、马曙光等（2005）、黎来芳等（2008）。但以此来衡量存在较大的缺陷，由于其他应收款并非全部都是大股东的占款，以全部的其他应收款作为大股东私有占款的衡量指标会明显夸大实际私有占用的程度，因此应以上市公司与关联方之间存在的经济往来中所涉及的占款作为基础。我们采用叶康涛、陆正飞（2007）对大股东私有收益的衡量方法，即其他应收款中大股东欠款的增量除以总资产进行标准化后的数额，通过这一更为精确的指标来提高回归模型的有效性。

2. 解释变量

技术独立董事和技术非独立董事的判断标准及相关说明参照本章第一节内容。

3. 控制变量

根据以往的研究，本节采用公司规模（*SIZE*）、偿债能力（*LEV*）、盈利能力（*ROA*）、成长性（*GOA*）、第一大股东持股比例（*FIRST*）以及第二至第五大股东持股比例之和（*SECFIVE*）作为大股东获取私有收益的控制变量，研究其对大股东私有收益的影响。

（1）公司规模。

一般来说，公司规模越大，大股东越有从上市公司获取私有收益的动机，但规模较大的公司更易受到外界的关注，监管更加严格，因而信息透明度比较高，大股东为获取私有收益所付出的成本较高。唐明宗、蒋位（2002）对这两种可能产生的结果分析后认为，公司规模对大股东私有收益的影响是模棱两可的。

（2）盈利能力。

一方面，大股东努力提高公司盈利水平来为自身谋取更多的额外收益；另一方面，盈利水平较高的公司会给大股东带来高额的收益，从而使得大股东不再通过私有收益满足自己的利益需求。Coffee John C（2001）认为，当投资项目带给大股东的收益高于大股东获取的私有收益时，大股东会减少对资金的占用，从而保证项目的顺利完成。因此，我们采用度量盈利能力广泛使用的指标——资产收益率（*ROA*）来衡量。

（3）负债水平。

Faccio 等（2001）研究发现，亚洲公司中的大股东易通过提高负债来积累更多的资源进行侵占。Du 和 Dai（2005）通过对东亚 9 个国家的研究，发现持有相对较少股份的大股东更易通过提高负债来攫取资源。Boubaker（2007）以法国公司为样本，得出了同样的结论。因此，上市公司的负债水平同大股东私有收益存在正相关关系。

（4）成长性。

在大多数学者看来，大股东会随着企业的成长获得更多的利益，当公司成长性较低时，大股东掏空上市公司的动机较小；当成长性较大时，大股东会加速对上市公司的掏空。本节的实证选择使用总资产增长率变量来度量企业的成长性。

（5）股权制衡。

以往有大量文献就股权结构对大股东私有收益的影响进行了研究，如唐清泉、罗党论（2005）研究发现隧道挖掘行为与第一大股东的持股比例有关，而非第一大股东的存在对这种隧道挖掘行为起到制衡作用。由于上市公司股东持股比例越大，其控制权就越大，因此获得私有收益的可能性也就越大。其他大股东的存在则可以抑制第一大股东对上市公司资源的侵占，因此选用第二至第五大股东持股比例之和作为另一个控制变量。

综上所述，被解释变量、解释变量和相关控制变量的具体说明如表 3-11 所示。

表 3-11　研究变量说明

| 变量类型 | 变量 | 变量代码 | 变量定义 |
|---|---|---|---|
| 被解释变量 | 大股东占款增长数 | *OAR* | 其他应收款中的大股东欠款当年增加额，并通过除以年末总资产予以标准化 |
| 主要解释变量 | 技术独立董事比例 | *DIRE* | 技术独立董事占董事会中的独立董事总人数的比例 |
| | 技术非独立董事比例 | *NDIRE* | 技术非独立董事占非独立董事总人数的比例 |
| 控制变量 | 公司规模 | *SIZE* | 公司资产总额对数 |
| | 盈利能力 | *ROA* | 净利润与总资产的比例 |
| | 偿债能力 | *LEV* | 资产负债率 |
| | 成长性 | *GOA* | 总资产增长率 |
| | 第一大股东持股比例 | *FIRST* | 第一大股东持股比例数 |
| | 第二至第五大股东持股比例之和 | *SECFIVE* | 第二至第五大股东持股比例数的总和 |

### （三）实证模型的建立

本部分主要考察技术董事与大股东私有收益之间的关系，因此以大股东占款增长数（*OAR*）为被解释变量，以技术独立董事比例（*DIRE*）和技术非独立董事比例（*NDIRE*）为解释变量，以公司规模（*SIZE*）、偿债能力（*LEV*）、盈利能力（*ROA*）、第一大股东持股比例（*FIRST*）、第二至第五大股东持股比例之和（*SECFIVE*）以及成长性（*GOA*）作为控制变量来建立多元线性回归模型。

$$OAR = \alpha_0 + \alpha_1 DIRE + \alpha_2 SIZE + \alpha_3 ROA + \alpha_4 LEV + \alpha_5 GOA + \alpha_6 FIRST + \alpha_7 SECFIVE + \zeta_1 \quad (3\text{–}7)$$

$$OAR = \beta_0 + \beta_1 NDIRE + \beta_2 SIZE + \beta_3 ROA + \beta_4 LEV + \beta_5 GOA + \beta_6 FIRST + \beta_7 SECFIVE + \zeta_2 \quad (3\text{–}8)$$

## 五、实证分析

### （一）描述性统计分析

通过数据处理软件 Stata 13.0 进行描述性统计的处理，得出初步统计结果，如表 3–12 所示，发现以下问题：

（1）样本公司中大股东占款增长比例占到总资产的 0.6%，说明大股东私有占款情况较为严重，大股东私有占款最严重的上市公司每年占款数额增长超过总资产的 50%。可见，监管部门通过公开谴责和通报批评等相关惩罚措施来治理大股东的私有收益现象，在一段时间内抑制了这种占款行为，但从实证结果来看，这些惩罚措施产生的效果并不显著。

（2）技术独立董事以及技术非独立董事在独立董事和非独立董事中所占比例最小值都为 0，说明还存在未设置技术独立董事以及技术非独立董事的上市公司。而平均值仅达到 16% 和 21%，表明本节所采用的 914 个样本中，每 100 个独立董事中有 16 人具有相应的技术背景，每 100 个非独立董事中有 21 人具有相应的技术背景。

（3）通过对控制变量的分析，可以看出第一大股东持股比例较高，平均超过 40%，持股比例最大值达到 95%，可见我国企业中一股独大的情况依旧较为严重。公司规模、盈利能力、负债水平以及成长性的描述性统计结果在正常范围内，选取的样本不存在异常值的情况。

表 3-12　描述性统计结果

| 变量 | 平均值 | 标准差 | 最小值 | 最大值 | 中位数 |
|---|---|---|---|---|---|
| *OAR* | 0.006 | 0.034 | −0.191 | 0.596 | 0.001 |
| *DIRE* | 0.164 | 0.197 | 0 | 0.8 | 0 |
| *NDIRE* | 0.217 | 0.273 | 0 | 1 | 0.125 |
| *SIZE* | 22.242 | 1.555 | 18.724 | 28.311 | 22.004 |
| *ROA* | 0.046 | 0.101 | −0.722 | 1.697 | 0.038 |
| *LEV* | 0.537 | 0.260 | 0.007 | 2.050 | 0.533 |
| *GOA* | 0.266 | 1.230 | −0.729 | 26.136 | 0.102 |
| *FIRST* | 0.423 | 0.165 | 0.899 | 0.950 | 42.270 |
| *SECFIVE* | 0.430 | 0.167 | 0.105 | 0.952 | 43.298 |

（二）Pearson 相关性检验

从表 3-13 中可以看到，大部分相关系数的绝对值均比较小，变量之间相关系数的绝对值均小于 0.5，所以认为模型中各变量之间不存在多重共线性问题，不会影响回归分析的结果，说明随后的回归结果分析基础是可信的。

表 3-13　相关系数矩阵表

| 变量 | *OAR* | *DIRE* | *NDIRE* | *SIZE* | *LEV* | *FIRST* | *GOA* | *ROA* |
|---|---|---|---|---|---|---|---|---|
| *OAR* | 1 | | | | | | | |
| *DIRE* | −0.093*** | 1 | | | | | | |
| *NDIRE* | −0.029 | 0.305*** | 1 | | | | | |
| *SIZE* | −0.123*** | 0.005 | 0.052 | 1 | | | | |
| *LEV* | 0.100*** | −0.058 | −0.072 | 0.119*** | 1 | | | |
| *FIRST* | −0.056 | 0.016 | −0.004 | 0.468*** | −0.012 | 1 | | |
| *GOA* | −0.032 | −0.045 | 0.011 | 0.058 | 0.035 | 0.084 | 1 | |
| *ROA* | −0.132*** | −0.024 | 0.017 | 0.031 | −0.193*** | 0.125*** | 0.065 | 1 |

（三）假设检验回归结果分析

从表 3–14 中可以看出，DIRE 与 OAR 呈显著负相关，与叶康涛、陆正飞（2007）的结论相一致，支持了假设 1，说明设置技术独立董事可以降低上市公司大股东获取私有收益的程度，有效监督大股东在往来款项上的欠款。技术独立董事人数越多，大股东越难以对其他应收款进行占用，其原因或许是随着技术独立董事数目的增加，技术独立董事利用其技术知识背景对涉及技术方面的关联问题发表意见，对往来占款发表质疑和异议的概率也很有可能增加，从而抑制了大股东获取私有占款的行为。NDIRE 与 OAR 同样也呈现出负相关关系，但并未通过显著性检验，说明技术非独立董事并没有对大股东私有占款产生显著的抑制作用。这一实证结果可能与技术非独立董事的非独立性有关，由于多数非独立董事在上市公司中担任重要职务，同上市公司有各种各样的联系，各方面的制约导致其无法发挥监督作用，因此技术非独立董事不能在大股东占款方面发挥有效的监督作用。

控制变量的回归结果表明，公司规模与大股东欠款的增长度呈现显著的负相关关系，说明上市公司的规模越大，外界对其的监督和关注就越大，从而公司运作相对规范，信息不对称的情况不太严重，因此规模较大的上市公司大股东获取的私有占款较少。资产负债率与大股东欠款增长度呈现显著的正相关关系，表明随着大股东对其他应收款占用程度的提高，企业更有可能依赖于外部融资来满足其日常运营资金的需要，也有可能随着负债率的增加，由于大股东获取私有收益对公司带来的损失主要由债权人承担，因此大股东更有动力去获取私有收益。第一大股东持股比例与第二至第五大股东持股比例并未通过显著性检验，说明股权制衡对大股东私有收益没有明显的抑制效果，通过改善内部治理机制设置技术独立董事来对大股东私有收益进行监督是正确的解决方法。

表 3-14 回归结果分析

| 变量 | 模型 1 | 模型 2 |
|---|---|---|
| | OAR | OAR |
| *DIRE* | –0.015***<br>（–2.74 ） | |
| *NDIRE* | | –0.001<br>（–0.17） |
| *SIZE* | –0.003***<br>（–3.03） | –0.003***<br>（–3.03） |
| *ROA* | –0.044**<br>（–3.94） | –0.043***<br>（–3.85） |
| *LEV* | 0.010***<br>（2.14） | 0.010***<br>（2.29） |
| *GOA* | –0.001<br>（–0.47） | –0.001<br>（–0.59） |
| *FIRST* | 0.001<br>（0.09） | 0.001<br>（0.14） |
| *SECFIVE* | –0.001<br>（–0.28） | –0.001<br>（–0.31） |
| *F* 值 | 5.02 | 5.27 |
| 调整 $R^2$ | 0.054 | 0.028 |
| 样本总数 | 914 | 914 |
| 年度 | 控制 | 控制 |

注：***、**、* 分别表示在 1%、5%、10% 的水平上显著。

（四）稳健性检验

由于存在还未设置技术独立董事的上市公司，所以我们采用技术独立董事虚拟变量来替代技术董事比例，以验证本书的结论。上市公司设置技术独立董事则为 1，否则为 0。对模型 1 进行回归，通过检验结果未发生显著的变化，支持技术独立董事有助于降低大股东私有收益水平的假设，因此本书的结果比较稳健（见表 3–15）。

表 3–15 稳健性检验

| 变量 | 模型 1 | 变量 | 模型 1 |
| --- | --- | --- | --- |
| | OAR | | OAR |
| *TECIND* | –0.005**<br>（–2.49） | *SECFIVE* | –0.001<br>（–0.25） |
| *SIZE* | –0.002***<br>（–2.94） | *F* 值 | 4.91 |
| *ROA* | –0.044***<br>（–3.94） | 调整 $R^2$ | 0.053 |
| *LEV* | 0.010**<br>（2.21） | 样本总数 | 914 |
| *GOA* | –0.001<br>（–0.70） | 年度 | 控制 |
| *FIRST* | 0.001<br>（0.04） | | |

注：*** 、**、* 分别表示在 1%、5%、10% 的水平上显著。

由表 3–15 可以看出，本节以大股东对上市公司的资金占用作为研究对象，通过实证研究考察了技术董事的引入能否有效监督大股东的私有收益。结果发现，在其他条件不变的情况下，设置技术独立董事的上市公司，其大股东私有收益水平较低，技术独立董事可以有效抑制大股东对上市公司的资金占用。但是对技术非独立董事的研究发现，设置技术非独立董事对大股东占款没有显著的抑制作用。

通过实证研究可以发现，目前我国上市公司股权较为集中、大股东谋求私利的现象依旧存在。虽然股权制衡一直是大股东获取私有收益的一种方式，但上市公司并不容易掌握股权制衡的合适程度，并且大股东也可能对股权制衡的改革进行阻挠，因而上市公司可以在公司治理方面，特别是从董事会制度改进方面寻找解决方法。笔者认为：①要重视技术独立董事所能发挥的作用，完善上市公司董事会制度。技术独立董事具有行业技术背景，可以在公司技术方案中提出建设性的意见，提高经营效率和决策准确性。通过检验，技术独立董事可以在技术层面对大股东占款发挥监督作用。②要对技术独立董事规定最低工作时间。技术独立董事在独立董事这个职业上所付出的时间相对较少，如果没有足够的时间了解上市公司的大股东获取私有收益的情况，则无法进行有效监督，发表正确的意见，因而上市公司应对技术独立董事工作的时间作出相关规定。③要提高技术董事公司的治理能力。技术董事一般都是由学者或者专家担任，缺少公司治理的实战经验。因此，应在选聘有技术背景的董事会成员后加强对技术独立董事、技术非独立董事两个层次的监管，而监督作用划分为代理成本、信息质量、大股东私有收益三个层面。课题组验证了技术董事能够通过发挥监督作用，从而降低代理成本，提高盈余信息质量以及抑制大股东私有收益。根据研究结果，技术董事发挥监督作用的路径如图3-3所示。

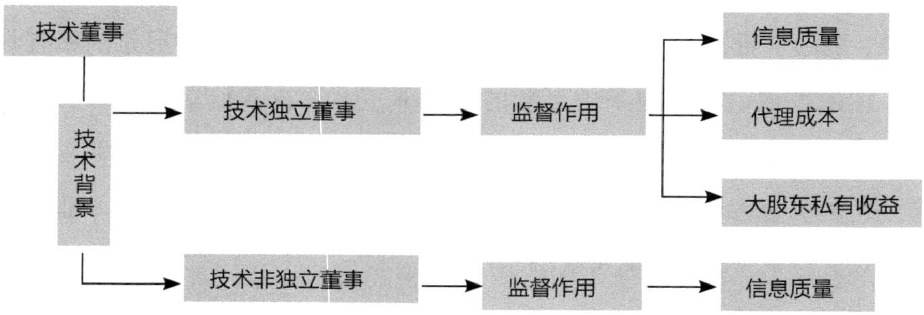


图3-3　技术董事监督作用路径

本章所使用的研究变量如表3-16所示。

表3-16　变量说明

| 研究内容 | 技术董事监督有效性 | | |
|---|---|---|---|
| 变量类型 | 技术董事与代理成本 | 技术董事与盈余信息质量 | 技术董事与大股东私有收益 |
| 被解释变量 | 管理费用率 | 盈余信息操控程度 | 大股东占款增长数 |
| 主要解释变量 | 技术独立董事 | 技术独立董事 | 技术独立董事 |
| | 技术非独立董事 | 技术非独立董事 | 技术非独立董事 |

续表

| 研究内容 | 技术董事监督有效性 | | |
|---|---|---|---|
| 控制变量 | 公司规模 | 公司规模 | 公司规模 |
| | 盈利能力 | 盈利能力 | 盈利能力 |
| | 偿债能力 | 偿债能力 | 偿债能力 |
| | 股权集中度 | 股权集中度 | 成长性 |
| | 成长性 | 高管年薪 | 第一大股东持股比例 |
| | 长期负债比例 | | 第二至第五<br>大股东持股比例之和 |

在技术董事监督有效性的研究中，将技术董事分为技术独立董事、技术非独立董事后，分别与代理成本、信息质量、股东私有收益进行回归，在控制各个控制变量后，得出如下结论：①技术董事与代理成本关系研究中，技术独立董事在5%的显著性水平上与被解释变量管理费用率呈负相关，即与代理成本呈负相关；技术非独立董事虽然与被解释变量呈负相关，但结果并不显著，说明相较于技术非独立董事而言，技术独立董事能较好地发挥监督作用，从而减少公司的代理成本。②技术董事与盈余信息质量关系研究中，技术独立董事、技术非独立董事与被解释变量盈余信息操控程度都在1%的显著性条件下呈正相关，说明两者都更加关注公司的研发活动，更愿意监督管理层的研发决策，引导管理层制定科学合理、切实可行的研发战略，从而提高企业的创新水平。由于技术董事的存在，可以监督管理层盈余管理行为，从而提高盈余信息质量。③技术董事与大股东私有收益关系研究中，技术独立董事与被解释变量大股东占款增长数在1%的显著性水平上呈负相关，说明设置技术独立董事可以降低上市公司大股东获取私有收益的程度，且技术独立董事人数越多，大股东越难以占用其他应收款。技术非独立董事虽然与被解释变量呈负相关，但结果并不显著，说明相较于技术非独立董事而言，技术独立董事更能较好地发挥监督作用，从而减少大股东占款行为的发生。其研究结果如表3–17所示。

表 3-17　研究结果统计

| 被解释变量 | 解释变量 | |
|---|---|---|
| | 技术独立董事 | 技术非独立董事 |
| 代理成本（管理费用率） | 负相关（5%） | 负相关（不显著） |
| 信息质量（盈余信息操控程度） | 正相关（1%） | 正相关（1%） |
| 大股东私有收益（大股东占款增长数） | 负相关（5%） | 负相关（不显著） |

代理成本的高低、信息质量的好坏以及大股东私有收益情况都与上市公司经营业绩紧密相关，如何提高信息质量，降低代理成本，保护广大投资者的利益，也是投资者、政府、公司管理层以及监管机构关注的焦点。基于上述研究结论，从公司治理的角度认为，为了使技术董事更好地发挥监督作用，提高上市公司的治理水平，应该重视技术董事的配置，提高技术董事比例，优化董事会结构，以期完善我国董事会治理结构。

## 本章小结

本章实证检验了技术独立董事、技术非独立董事对代理成本、信息质量以及大股东私有收益等方面的监督作用。既然技术董事监督作用得到了证实，那么技术董事的设置是否会对研发效率起到积极的促进作用呢？更进一步分析，具有专业背景的技术董事，是否能通过自身的专业优势对企业研发活动提供更专业、更具有针对性的建议，从而发挥应有的咨询作用呢？上述问题将在下章进行研究。

# 第四章

# 技术董事对 R&D 效率的中介效应研究

## ——委托—代理理论抑或资源依赖理论

上一章在界定技术董事等基本概念的基础上，基于委托—代理理论，验证了技术董事在代理成本、信息质量、大股东私有收益等方面起到的监督作用。在此基础上，本章继续探究技术董事对 R&D 效率的影响，并通过引入中介效应，进一步分析技术董事对 R&D 效率的作用路径，一方面检验技术董事是否通过监督作用对研发效率产生积极影响；另一方面根据监督作用对于 R&D 效率是否发挥部分中介作用，来检验技术董事是否具有咨询作用。

本章的研究框架如图 4-1 所示。

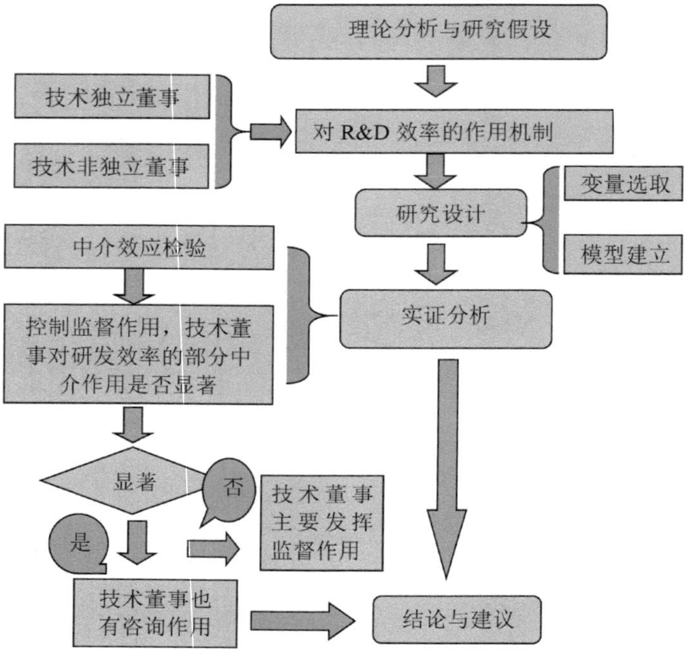


图 4-1 本章研究框架图

# 第一节 技术董事与研发效率关系

## 一、研究背景

技术不仅在公司战略活动和新产品的开发上发挥着巨大作用，而且对企业研发创新也具有非常重要的影响力。Hartley Scott（2011）认为，技术董事能够领导公司进行技术开发，促进企业实现技术创新。Yasuyuki

Suzuki 认为，CTO 是企业研发团队的带头人。Slowinski 等（2009）认为，企业的技术研发还得靠技术董事的支持。Hartley S（2011）认为，技术董事能够优化企业的创新指标。我国学者就技术背景董事对研发效率的影响也做了积极探索。胡元木（2012）在前期研究中发现，设置技术独立董事对 R&D 效率具有显著的正向促进作用。

研发活动是典型的投入产出活动，研发投入是指在研发活动过程中投入的人力、财力、物力等资源。其中财力资源（即研发经费）是研发投入的主体部分。研发产出是指研发活动产生的直接成果，具体包括专利技术等。而研发效率是相对的，代表了研发投入和研发产出之间的比例关系，从产出的角度而言就是既定的研发投入所实现的最大研发产出。作为董事会成员，技术董事是“技术”和“董事”的组合体，并非技术和董事的简单加和。一方面，技术董事的技术才能以及专业学习背景可以为公司研发活动提供宝贵的知识经验；另一方面，技术董事可以识别管理者在经营生产过程中是否利用研发资金操纵盈余的行为起到监督作用。因此，本节主要研究技术董事加入董事会后，是否如理论所预期的那样能够提高企业的研发效率？通过研究这一命题，希望能够为我国制定相关政策和完善公司治理机制提供理论依据。

## 二、理论分析与研究假设

人力资本理论由美国经济学家Schultz和Becker于20世纪60年代创立。“人力资本”的概念首次在该理论中得到了解释，他们认为：人力资本不同于传统理论意义上的物质资本，涉及管理技能、生产知识、健康素质等各个方面。此外，Schultz 等还概括了人力资本理论涵盖的主要内容，一是物质资本在经济发展过程中发挥的作用弱于人力资本在经济发展过程中的作用；二是物质投资的经济回报要远低于人力资本的投资经济回报。

Pfeffer和Salancik提出并发展了资源依赖理论。Salancik（1978）认为，公司董事会聘请某个董事不仅希望其发挥监督作用，还希望他可以利用自己的知识、经验和人际关系为企业的资源配置发挥一定的咨询作用，从而通过改善企业的资源配置提高公司的运营效率。在一个企业中，如果企业想提高其研发效率，前提是合理配置公司的人力、物力和财力。因此，人才对于研发创新具有无比重要的影响力。技术独立董事和技术非独立董事由于其自身的背景专业特点，正是能够为企业研发创新献计献策的重要人才。

（一）技术独立董事与企业研发效率的关系

研发创新活动是借助新技术开发创造新事物的一个过程，其具有一个明显的特征，就是研发结果的不确定性。企业在研发过程中投入了大量的人力、物力及财力，如果研发成功，企业获得研发收益；然而一旦研发失败，之前所有的资源投入都会成为企业的沉默成本，给企业的生产经营造成重大损失，甚至引发企业的财务危机。因此，提高研发效率、保证研发战略方向的准确性对企业的健康发展具有非常重要的意义。

在委托—代理理论的研究框架下，随着所有权与经营权的分离，多数投资者并非直接参与公司经营管理，而是高薪聘请有管理才能的职业经理人。与其他利益相关者相比，经理人掌握公司更多真实可靠的研发信息（Laux等，2009），经理人与投资者之间严重的信息不对称通常为经理人利用研发活动以谋求个人利益提供了便利。因此，对企业的研发活动以及研发活动的执行者进行必要的监督，是提高研发效率的有效手段。出于研发活动监管特殊性的考虑，引入有技术背景的技术独立董事是很有必要的。技术独立董事是独立于企业利益相关者的第三方，能够更加客观公正地监督企业的研发活动，防止经理人利用研发活动谋求个人利益，进而提高企业的研发效率。

资源依赖理论认为，必要的资源支持是企业生存和发展的前提，有时甚至需要一些稀缺资源来增强自身的竞争优势，从而使企业立足于市场竞争中。但是企业自身封闭环境中拥有的资源有限，尤其是稀缺资源可能更缺少，所以就需要公司与外部组织互动获取资源。董事会在企业与外界接触过程中起到了重要的联络作用。通过董事会从外界获取资源为本组织的战略计划提供了资源基础。技术独立董事独立于企业，一是可以为公司提供技术和知识；二是可以将外部社会资源带进企业，节约了企业和外界机构的互动时间和交易成本；三是技术独立董事本身具有专业和技术优势，能够在企业遇到技术难题的时候提供一些问题的处理方法和方案，同时为管理者确定企业技术方向提供建议。所以，技术独立董事在一定程度上能够推动企业的研发创新活动，提高研发创新效率。此外，公司聘请外部人员做技术独立董事，也可以让外界意识到该企业是重视技术人才的，可以帮助企业形成良好的技术创新氛围，激发研发人员进行技术创新的动力。因此，本书提出假设：

H1：其他条件不变的情况下，技术独立董事对研发效率具有正向促进作用。

（二）技术非独立董事与研发效率的关系

人力资本理论主张，人可以通过发挥自己的各种知识技能的作用来为自己创造财富。对企业来说，若是只有物质资源的支撑，而没有人力资源的支持，再多的物质资源也无法发挥其价值。所以，人力资本优势才是企业的核心竞争力量，是企业实现成功的必备因素。技术非独立董事对研发创新活动来说就是重要的人力资本。技术非独立董事不仅是专业知识和技能的提供者，而且还可以参与或领导管理企业的研发活动。技术非独立董事应该主动为企业找寻有价值的研发方向，帮助企业制定相关研发创新战略，并督促企业员工执行。同时还应协调好企业的研发投入以及人员配备，及时处理研发过程中面临的问题。因此，技术非独立董事可以促进公司的研发创新。此外，技术非独立董事还可以借助自身的魅力为企业的技术创新做出贡献。技术非独立董事由于其自身的学习以及工作经历和个人爱好，一般都喜欢创新，而且擅长创新，因此可以为企业营造创新的氛围，给有技术才能的员工提供更大的发展空间，帮助企业形成积极向上的创新文化，使公司员工具有强大的创新动力，从而提高企业的研发效率。因此，本书提出假设：

H2：其他条件不变的情况下，技术非独立董事对研发效率具有正向促进作用。

综上所述，技术董事对研发效率的影响路径如图 4–2 所示。

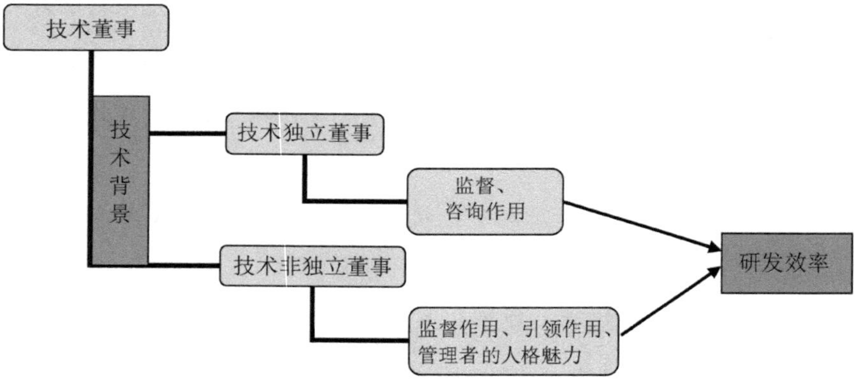


图 4–2　技术董事对研发效率的影响路径

## 三、研究设计

### （一）样本选取与数据来源

本节实证研究是基于课题组样本数据进行的（样本筛选过程详见第三章第一节），共 2855 个样本。为避免极端值对本研究内容的影响，本节对连续变量进行了 Winsorize 处理。本节的研究数据来源于国泰安数据库、万方专利检索数据库、Wind 数据库和国家知识产权网。本研究所使用的数据处理与统计软件为 Stata 13.0。

（二）变量选取

1. 被解释变量

研发效率是一个相对概念，反映了研发投入与研发产出之间的比例关系。R&D 效率越高，代表公司研发能力越强，技术水平越高；反之，则代表公司研发能力较弱，技术水平较低。研发投入主要是指研发经费投入。也有少部分学者使用新产品的销售收入作为研发投入的输出值，新产品成本作为研发投入的输入值，但是由于较少企业披露新产品的销售收入，数据难以获得；然而研发经费投入的数据可以通过手工收集获得，所以大部分学者用研发投入来表示。因此，本节将研发投入的自然对数作为研发效率的投入指标，其中研发投入数据来源于 Wind 数据库中的“研发费用”数据。对于研发效率的输出指标，由于企业较少披露新产品的销售收入，考虑到数据获取的难易程度，本章用“专利数”的自然对数表示研发的输出值比较可行，专利数包括发明专利、外观专利、实用专利等。专利数据通过手工检索万方数据库和国家知识产权网原始数据取得。

目前，企业研发效率的计算方法主要有两种：前沿分析方法和数学规划方法。前者主要以随机前沿分析（SFA）为代表，后者则以数据包络分析（DEA）为代表。随机前沿分析法和数据包络分析法的测量原理不同，需要根据具体情况选择适合的研发效率计算方法。数据包络分析具有如下优点：一是仅通过分析实际观测数据来创建前沿生产函数模型，从而评价各生产单元的相对有效性；二是在为改善 R&D 效率提供建议时，可以不需要确定各个决策单元的生产函数以及各指标间的可比性和各自权重；三是该方法具有很强的灵活性，方便使用。因为 SFA 模型假设相对复杂，对数据要求更高，如果使用的投入产出数据不符合模型假设，则会导致最终结果失败。综合考虑，本节用数据包络分析法计算研发效率。其中投入变量为研发投入，产出变量为专利数。为避免数据出现过大波动和异方差，在计算研发效率时对投入变量和产出变量同时取自然对数。同时，考虑到研发活动的特殊性，研发产出具有一定的滞后性，因此在使用 DEA 方法时，研发产出选择下一年度的数据。

2. 解释变量

本节对技术董事的研究仍然从技术独立董事和技术非独立董事两个层面来进行。通过从国泰安数据库中获取公司董事的相关资料以及结合互联网上关于该公司及其董事的相关信息，来判断该公司董事是否是技术董事，以及具体属于技术独立董事还是技术非独立董事。技术董事的背景判断依据与前述一致。

3. 控制变量

影响研发效率的因素有很多，技术董事是本课题研究的重要因素，但为了使实证研究结果更加准确，需要对其他影响研发效率的因素加以控制。本节选取偿债能力（LEV）、公司规模（SIZE）、盈利能力（ROE）、现金持有水平（CASH）、股权集中度（HFD_5）作为控制变量。

（1）偿债能力。

偿债能力是指负债总额与平均资产总额的比例关系。偿债能力对研发活动的影响通常有两种认识：一方面认为，企业负债与获利能力成正比，负债的增加会提高企业盈利能力，从而增加研发活动资金流；另一方面认为，公司资产负债率越高，公司就越倾向于减少企业研发方面的投入。因为公司资产负债率较高，其更有可能违背公司的债务契约。而公司的创新活动具有不确定性，债权人的风险会因此增加，债权人为了避免遭受损失会尽可能减少企业的创新活动。因此，推出公司研发投入越多，其负债率越低。可见，目前对于负债水平对研发效率的影响看法不一，本节暂时不对该影响结果作出估计。

（2）公司规模。

公司规模一般指公司的资产总额。20 世纪 30 年代末，约瑟夫·熊彼特提出了关于研发支出的两个著名假设，从而开创了创新与公司规模相关性研究的先河。其中一个假设认为，公司规模可以影响企业的研发支出，大规模企业的资源优势是创新的必备要素。所以，大企业具有更强的研发创新能力。国外学者的研究也对该假设提供了经验支持，认为公司规模对研发投入会产生影响，甚至认为公司规模是研发投资的决定性因素。国内学者王任飞实证研究表明，公司规模的扩大有利于企业增加研发投入。因此，本节假设资产规模和研发效率呈正相关。

（3）盈利能力。

盈利能力通常指净资产收益率。企业开展研发活动必须有巨额资金的支持，企业只有不断盈利才能有充足的资金支持，而公司盈利的多少又取决于该企业的盈利能力。缺乏研发资金对企业创新活动是一大障碍。所以，只有当企业具有盈利能力并且可以赚取利润时，公司才能够开展研发活动。据此假设，公司盈利能力与上市公司研发效率呈正相关关系。

（4）现金持有水平。

现金持有水平一般是指期末现金及现金等价物余额与总资产的比例关系。因为创新活动本身风险比较高并且不确定，所以通常需要大量并且长期的现金流的支持。因此，公司的现金持有水平在一定程度上直接决定了企业的创新活动。韩忠雪等（2014）在研究技术高管对企业技术研发效率的影响时进行了回归分析，并控制现金持有水平，得出较高的现金持有水平能够促进企业技术研发效率的提升。据此假设，企业现金持有水平与 R&D 效率呈正相关关系。

（5）股权集中度。

股权集中度是衡量公司股权分布状态的指标，是反映股东对公司的控制能力的指标。我国股权集中度普遍较高，通过研究样本中的描述性统计也能很好地说明这一点：股权集中度均值为 0.185，最大值为 0.749，标准差仅为 0.118（详见第三章第一节）。Shleifer 和 Vishny（1998）认为，由于股权集中度较高产生的激励效应，可以缓解董事与股东之间的代理冲突，降低代理成本。大股东可以通过与技术董事有效沟通了解本企业研发活动，降低信息不对称。因此，股权集中度较高使企业更有动机、有能力对企业研发活动实施有效监督。据此假设，股权集中度与 R&D 效率呈正相关关系。

通过表 4-1 对模型中的变量名称、变量代码及变量含义列示如下，以便更清晰明了地对以下的回归结果进行分析。

表 4-1　变量研究定义

<table>
<tr><th>变量类型</th><th>变量名称</th><th>变量代码</th><th>变量含义</th></tr>
<tr><td>被解释变量</td><td>研发效率</td><td>RDEF</td><td>根据 DEA 测算出的研发投入产出效率</td></tr>
<tr><td rowspan="4">主要解释变量</td><td>技术独立董事</td><td>TECDR</td><td>虚拟变量，如果公司设置了技术独立董事则为 1，否则为 0</td></tr>
<tr><td>技术非独立董事</td><td>NTECDR</td><td>虚拟变量，如果公司设置了技术非独立董事则为 1，否则为 0</td></tr>
<tr><td>技术独立董事比例</td><td>DIRE</td><td>技术独立董事人数 / 董事会独立董事人数</td></tr>
<tr><td>技术非独立董事比例</td><td>NDIRE</td><td>技术非独立董事人数 / 董事会非独立董事人数（董事会总人数 − 独立董事人数）</td></tr>
<tr><td rowspan="5">控制变量</td><td>公司规模</td><td>SIZE</td><td>公司资产总额对数</td></tr>
<tr><td>盈利能力</td><td>ROE</td><td>净资产收益率</td></tr>
<tr><td>偿债能力</td><td>LEV</td><td>负债总额 / 期初总资产</td></tr>
<tr><td>现金持有水平</td><td>CASH</td><td>期末现金及现金等价物余额 / 总资产</td></tr>
<tr><td>股权集中度</td><td>HFD_5</td><td>前五名股东持股比例平方和</td></tr>
</table>

（三）模型建立

综合上述变量分析，将实证中使用的变量类型及含义归纳如表 4–1 所示，建立模型如下：

模型一：技术独立董事与研发效率关系的检验模型

$$RDEF=\alpha_0+\alpha_1 TECDR+\alpha_2 LEV+\alpha_3 SIZE+\alpha_4 ROE+\alpha_5 CASH+\alpha_6 HFD\_5 \quad (4-1)$$

模型二：技术非独立董事与研发效率关系的检验模型

$$RDEF=\beta_0+\beta_1 NTECDR+\beta_2 LEV+\beta_3 SIZE+\beta_4 ROE+\beta_5 CASH+\beta_6 HFD\_5 \quad (4-2)$$

其中，*RDEF* 表示 R&D 效率，*TECDR* 表示是否设置技术独立董事，若设置了技术独立董事则为 1，否则为 0。*NTECDR* 表示是否设置技术非独立董事，若设置了技术非独立董事则为 1，否则为 0。此外，企业的专利数据的获得对研发投入具有一定的滞后性。因此，在模型一、模型二中计算 R&D 效率时，研发投入数据选用当年数据，研发产出数据都选择了下一年度的数据。

## 四、实证分析

1. 描述性统计分析

运用 Stata 13.0 分析软件对模型中的主要变量进行描述性统计，包括研发效率、技术独立董事、技术非独立董事。统计结果如表 4–2 所示。

表 4–2　主要变量描述结果

| 变量名称 | 最小值 | 最大值 | 平均值 | 标准差 |
|---|---|---|---|---|
| *RDEF* | 0 | 1 | 0.285 | 0.248 |
| *TECDR* | 0 | 1 | 0.598 | 0.490 |
| *NTECDR* | 0 | 1 | 0.689 | 0.463 |
| *DIRE* | 0 | 1 | 0.236 | 0.227 |
| *NDIRE* | 0 | 1 | 0.304 | 0.289 |

从表 4–2 可以看出，我国上市公司研发效率平均值仅为 0.285，世界 500 强企业 2013 年的研发效率平均值大于 0.5。国际上经验型的研究结论表明：企业很难在研发强度小于 0.1 的情况下生存；企业可以在研发强度达到 0.2 时勉强生存；企业只有在该数据大于 0.5 时才具有竞争力。因此，我国上市公司的研发效率低于世界平均水平。研发效率的标准差为 24.8%，最大值和最小值之间差距很大。从数据分布来看，上市公司整体的 R&D 效率分布比较均匀，但有个别公司的 R&D 效率比较高，这表明我国已经有一部分上市公司开始重视 R&D 效率水平，但大多数上市公司仍在沿袭过去的技术水平，并没有加大各种人力、物力资本来提升企业自身的 R&D 效率。

技术独立董事的平均值为 0.598，这说明我国有超过 50% 的上市公司配置了技术独立董事。技术非独立董事的平均值为 0.689，这说明我国有 68.9% 的上市公司中存在技术非独立董事；技术非独立董事比技术独立董事的平均值高，这表明我国技术董事的构成中非独立董事的占比要高于独立董事。从独立董事学科背景和职业构成情况可以看出，技术独立董事占董事会中独立董事比例的平均值为 0.236，这说明每 100 个独立董事中有 23.6 人具有相应的技术背景。从技术非独立董事学科背景和职业构成情况可以看出，技术非独立董事占非独立董事比例的平均值为 0.304，这说明每 100 个非独立董事（执行董事和股东董事）中有 30.4 人具有相应的技术背景，技术非独立董事所占比例的平均值高于技术独立董事，这表明我国董事会构成中，技术非独立董事的占比要高于技术独立董事。

2. Pearson 相关性检验

由表 4–3 可知，*RDEF* 和 *TECDR*、*NTECDR* 的皮尔逊相关系数均为 0.053，并且都在 1% 的水平上通过了显著性检验，这与课题组的预期相一致，初步说明该公司设置技术独立董事和技术非独立董事可以促进企业的研发活动。RDEF 和负债水平的相关系数为负，但是未通过显著性检验。前文根据国内外学者的研究成果，债务对研发活动的影响具有不确定性，课题组也未对负债的符号进行估计，该符号为负说明债务人的约束机制对创新绩效存在约束作用，但是与研发效率的负相关关系并不显著。RDEF 与控制变量公司规模的皮尔逊相关系数为 0.127，二者在 1% 的水平上通过了显著性检验，且为正相关关系，这与课题组的预期是一致的。公司规模变量能够影响企业的 R&D 效率，上市公司的规模越大，企业就越重视研发工作，可能会投入更多的人力、物力来从事相关的技术创新活动，从而企业的 R&D 效率就越高。RDEF 和盈利能力的相关系数为 0.041，且在 5% 的水平上通过了显著性检验，这与课题组的预期是一致的，说明充足的利润对公司的研发创新活动具有促进作用，强大的盈利能力能够提高企业的研发创新水平。RDEF 和现金流量的皮尔逊相关系数为 0.061，二者在 1% 的水平上通过了显著性检验，且为正相关关系，这与课题组的预期是一致的，说明充足的现金流量可以为企业的研发活动提供足够的现金支持，从而促进企业研发效率的提升。RDEF 和股权集中度的相关系数为正，但未通过显著性检验，还需要进一步进行实证检验。

表 4–3 相关系数矩阵

| 变量 | *RDEF* | *TECDR* | *NTECDR* | *LEV* | *SIZE* | *ROE* | *CASH* | *HFD_5* |
|---|---|---|---|---|---|---|---|---|
| *RDEF* | 1 | | | | | | | |
| *TECDR* | 0.053*** | 1 | | | | | | |
| *NTECDR* | 0.053*** | 0.262*** | 1 | | | | | |
| *LEV* | –0.011 | –0.054*** | 0.025 | 1 | | | | |
| *SIZE* | 0.127*** | –0.054*** | 0.007 | 0.467*** | 1 | | | |
| *ROE* | 0.041** | 0.002 | 0.005 | 0.052*** | 0.063*** | 1 | | |
| *CASH* | 0.061*** | 0.044** | 0.017 | –0.585*** | –0.244*** | 0.114*** | 1 | |
| *HFD_5* | 0.008 | 0.016 | 0.001 | 0.015 | 0.207*** | 0.120*** | 0.075*** | 1 |

总体来讲，各变量之间的相关系数绝对值都在 0.5 以下，因此，各变量之间不具有多重共线性，回归结果的分析基础是可靠的。RDEF 与 LEV 和 HFD_5 的相关性均未通过显著性检验，需在后续的回归分析中加入相关控制变量继续检验其相关关系。此外，本章还计算了各变量的方差膨胀因子 VIF，经计算 VIF 最大值远低于上限值 10，仅为 1.88，说明模型中各变量不具有多重共线性。

3. 回归结果分析

本节运用软件 Stata 13.0 对模型进行回归分析，结果如表 4-4 所示。

由表 4-4 可以看出，模型调整后的拟合优度值 $R^2$ 为 0.035，均在可接受范围内，$F$ 统计量对应 $P$ 值为 0.000，回归模型在 1% 的水平上统计显著，该模型整体来看比较显著。实证检验得出，两个模型的 Durbin–Watson 值都在 2 左右，说明模型的残差之间基本上不存在线性关系，相互独立，因此模型有效。

表 4-4　研发效率影响因素回归结果（a）

| 变量 | 模型 1 | 模型 2 |
|---|---|---|
| | RDEF | RDEF |
| *TECDR* | 0.029***<br>（3.07） | |
| *NTECDR* | | 0.028***<br>（2.88） |
| *LEV* | −0.042<br>（−1.27） | −0.048<br>（−1.46） |
| *SIZE* | 0.038***<br>（7.35） | 0.038***<br>（7.27） |
| *ROE* | 0.088<br>（1.53） | 0.086<br>（1.50） |
| *CASH* | 0.104***<br>（2.78） | 0.100***<br>（2.68） |
| *HFD_5* | −0.079*<br>（−1.94） | −0.076*<br>（−1.86） |

续表

| 变量 | 模型 1 | 模型 2 |
|---|---|---|
| | RDEF | RDEF |
| 年度 | 控制 | 控制 |
| $F$ 值 | 9.57 | 9.47 |
| 调整 $R^2$ | 0.035 | 0.034 |
| 样本总数 | 2855 | 2855 |

注：***、**、* 分别表示在 1%、5%、10% 的水平上显著。

模型中 TECDR、NTECDR 与 RDEF 都呈现显著的正相关关系，支持了假设（1）和假设（2），说明企业设置技术独立董事和技术非独立董事能显著提升 R&D 效率。具体来说，技术独立董事作为独立于企业利益相关者的第三方，能够更加客观公正地监督企业的研发活动，防止经理人利用研发活动谋求个人利益，进而提高企业的研发效率。技术非独立董事不仅是专业知识和技能的提供者，还要领导管理企业的研发活动，主动为企业寻找有价值的研发方向，帮助企业制定相关研发创新战略并督促企业员工执行。同时，还应协调好企业的研发投入及人员配备，及时处理研发过程中面临的问题。因此，技术非独立董事可以促进公司的研发创新。此外，技术非独立董事可以借助自身的魅力为企业的技术创新作出贡献。技术非独立董事由于自身的学习以及工作经历和个人爱好，一般都喜欢创新，而且擅长创新，因此可以为企业营造创新的氛围，给有技术才能的员工提供更大的发展空间，帮助企业形成积极向上的创新文化，使公司员工具有强大的创新动力，从而提高企业的研发效率。除此之外，技术独立董事和技术非独立董事作为专门的技术人才，可以协助管理者准确定位公司的技术发展方向，促进企业技术向前沿方向发展。

至于控制变量，负债水平与 R&D 效率系数为负，说明对研发活动来说，债务人的约束机制会有一定的影响，但是与这种负相关关系并不显著。公司规模与 R&D 效率在 1% 的显著性水平上呈正相关，与熊彼特等国内外学者的观点一致。这表明我国上市公司中，公司规模对技术创新具有显著的促进作用。盈利能力与 R&D 效率呈正相关关系，但是未通过显著性检验。企业现金持有水平与 R&D 效率在 1% 的显著性水平下存在正相关关系，说明现金流会影响企业的研发活动，企业现金流的基础越雄厚，公司就会有越多的资产可以投入研发活动中。股权集中度和 R&D 效率呈显著的负相关关系，表明公司股权集中度越高，股东对公司的控制能力越强，在一定程度上会阻碍研发活动的进行。

4. 稳健性检验

本节采用技术独立董事比例、技术非独立董事比例替代技术独立董事虚拟变量、技术非独立董事虚拟变量，对模型 1 和模型 2 进行了重新回归，解释变量与控制变量的显著性及符号并未发生显著变化，因而回归结果是稳健的。回归结果如表 4–5 所示。

表 4–5　研发效率影响因素回归结果（b）

| 变量 | 模型 1 | 模型 2 |
|---|---|---|
| | RDEF | RDEF |
| *DIRE* | 0.039*<br>（1.89） | |
| *NDIRE* | | 0.059***<br>（3.74） |
| *LEV* | –0.044<br>（–1.33） | –0.049<br>（–1.49） |
| *SIZE* | 0.038***<br>（7.33） | 0.038***<br>（7.25） |
| *ROE* | 0.087<br>（1.52） | 0.079<br>（1.37） |
| *CASH* | 0.104***<br>（2.77） | 0.092**<br>（2.45） |
| *HFD_5* | –0.078*<br>（–1.92） | –0.078*<br>（–1.92） |
| 年度 | 控制 | 控制 |
| *F* 值 | 9.06 | 9.96 |

续表

| 变量 | 模型 1 | 模型 2 |
|---|---|---|
| | RDEF | RDEF |
| 调整 $R^2$ | 0.033 | 0.036 |
| 样本总数 | 2855 | 2855 |

注：***、**、* 分别表示在 1%、5%、10% 的水平上显著。

## 第二节　技术董事对 R&D 效率的中介效应研究

### 一、研究背景

随着国际竞争的日益激烈和科技的不断进步，R&D 效率对于企业而言愈加重要，对企业的生存与发展的影响愈加突出，日渐成为一个企业获得核心竞争力的重要因素。由于 R&D 效率对企业乃至国家发展的重要性，有关企业研发创新研究得到了学者的广泛关注。刘渐和等（2010）认为，董事长具有技术背景的企业会产生较强的技术创新动力，有助于企业长期发展。文芳等（2010）通过研究高管的个人特征，认为具有技术职业经验的企业高管对技术研发具有显著的正向作用。随着对高管异质性研究的逐渐深入，课题组逐渐认识到优质人力资本是形成和保障企业核心竞争优势的第一战略资源，其本质作用在于驱动创新产出。企业只有协调好人力、物力等资源才能提高企业创新能力（Belloc，2011）。卢馨（2013）也通过实证发现人力资本对创新产出的驱动作用大于研发投入。但之前很少有学者能够从技术董事和企业技术创新角度进行研究，本章上一节基于这一新颖的研究视角，在理论分析的基础上，实证验证了技术董事对研发效率的积极作用。那么，技术董事是通过何种途径或者机制对研发效率产生影响的？这是本节需要解决的主要问题。

针对企业的 R&D 活动，一方面，企业研发活动具有较高风险，使研发结果具有不确定性，增加了会计确认和计量的难度，导致信息不对称，为管理者通过控制创新活动操纵盈余收益提供了机会；另一方面，R&D 活动是一项非常专业并且极其复杂的活动，要想使公司投入的研发资金最大限度地发挥效用，必须有专业技能专家和人才进行指导。针对以上两个方面，技术董事制度作为一种有效的公司治理机制，不仅可以通过监督作用的发挥，制约因研发活动导致的代理问题，对企业的创新活动起到积极影响，而且可以通过咨询作用的发挥，为企业技术创新提供合理的建议。因此，本章在前述研究的基础上，进一步探究了技术董事对研发效率的作用路径。

## 二、理论分析与研究假设

委托—代理理论认为，委托人通常情况下不直接接触企业的经营管理，但是委托人会采取相应的监管措施来保障自身利益。如果监管过于严格，委托人的监管成本就会增加，有损于企业的发展；如果监管过于松懈，就会出现“道德风险”和“逆向选择”等问题，给代理人损害公司利益的机会。但是，很多情况下是因为委托人没办法准确判断代理人的行为利益倾向，所以导致委托人无法及时准确地发现代理人的“逆向选择”。委托—代理理论主张委托人利用一定的控制体系来监督和约束代理人，从而防止发生代理问题。技术董事能够通过发挥董事会在企业中的作用来保护所有者资产，协调公司代理冲突问题。董事会中设置技术董事，可以完善董事会结构，局部调整公司的治理问题，发挥董事会的监督作用，提高公司治理水平。

Pfeffer 和 Salancik 的资源依赖理论，则侧重技术董事发挥咨询作用，主张技术董事可以凭借自身的知识经验优势为企业提供专业咨询意见，并通过咨询作用的发挥影响企业的资源配置。汪延明（2012）将技术董事归类为董事会中的技术专家，所以技术董事可以在董事会或者企业的整个研发团队中发挥专家效应。首先，技术董事作为董事会成员，有对企业研发活动发表看法的合法性权力，其自身具备的技术技能与专业背景可以增强其对企业技术问题与发展方向的话语权，凭借专业技能优势对企业研发活动产生积极影响，如可以增加企业人力资本、研发支出等资本要素的投入，这也是技术董事发挥咨询作用最主要的路径；其次，技术董事作为某一专业领域的专家，往往具有一定的技术资源、人际网络与丰富的经验，技术指导的专业性、技术性更强，对未来发展方向规划性更强，前沿技术脉络把握更清晰，为企业提供咨询时的观点更加具有指导意义；最后，个别在相关领域具有杰出贡献的技术董事，其声誉或者特殊经验可以给企业带来更好的发展机会，使企业在创新活动中抢占先机，最终形成企业的核心竞争力。

本节对技术董事的研究依旧从技术独立董事与技术非独立董事两个层面展开。技术独立董事从董事会结构角度分析，因为其在企业内部不担任职务，与企业管理层不存在业务联系，能够维持各方利益的均衡，许多国内外学者肯定了独立董事在监督方面的作用。Fama 和 Jensen（1983）、Foker（1992）认为外部董事具有聘任、监督、考核、激励经理层的权利，独立董事的独立性可以使其立场公正，减少管理者公布虚假信息获得不正当利益的可能性，从而减轻管理层与股东间的利益冲突，维护公司利益。叶康涛等（2011）实证表明，独立董事声誉、任期、专业背景显著影响自身对管理层的独立性以及监督强度。因此，技术独立董事可以通过发挥监督作用来提高企业的研发效率。随着研究的发展，学者认为独立董事作用范围扩展到战略与资源提供方面。Werisbach（1988）认为，外部董事有丰富的商业经验与市场知识，他们可以通过参与公司战略构建，帮助公司经理人员解决经营问题。Daily 和 Dalton（1993）认为，独立董事可以凭借自己的声誉、网络关系提供相关资源，协助经理规划和执行发展战略。Agrawal、A. Knoeber（1996）分析认为，具有政治关联的外部董事可以通过影响政策制定使企业获取更多利益。因此，技术独立董事通过咨询与监督两条路径提高研发效率，并且监督作用更为显著。

综上所述，提出以下假设：

H1：其他条件不变的情况下，设置技术独立董事的公司，R&D 效率较高。

H2：其他条件不变的情况下，设置技术独立董事的公司，监督有效性较高。

H3：监督有效性能够在技术独立董事提升 R&D 效率的过程中发挥中介效应，即技术独立董事能够通过发挥监督有效性进而提高企业 R&D 效率。

技术非独立董事包括技术执行董事、技术股东董事（技术非执行董事）和技术职工董事，但我国在现实中设置职工董事的较少，因此，对于职工董事在此不再讨论。技术执行董事无论从理论还是经验的角度分析，都侧重战略作用的发挥。Fama 和 Jensen（1983）认为，内部董事更了解本公司，这有助于企业选择更适合的发展战略。技术执行董事作为董事，同时作为企业内部的管理层，可以根据自身专业特长与对企业的知识储备，通过增加研发支出和支持有潜力的研发项目来推进研发战略，从而提高 R&D 效率。技术股东董事更能代表股东的利益，因此能够抑制经理人追求无效战略，发挥监督作用；同时，技术股东董事还根据自身技术背景与职业判断发挥咨询作用。因此，技术非独立董事能通过咨询与监督两条路径提高研发效率，并且咨询作用更为显著。

综上所述，提出以下假设：

H4：其他条件不变的情况下，设置技术非独立董事的公司，R&D 效率较高。

H5：其他条件不变的情况下，设置技术非独立董事的公司，监督有效性较高。

H6：监督有效性能够在技术非独立董事提升 R&D 效率的过程中发挥中介效应，即技术非独立董事能够通过发挥监督有效性进而提高企业 R&D 效率。

## 三、研究设计

### （一）样本选取与数据来源

本章第一节我们验证了设置技术董事对 R&D 效率的积极作用，这为探究技术董事对 R&D 效率的中介效应提供了前提条件。在第三章中提出设置技术董事可以降低代理成本、抑制大股东私有收益以及提高盈余信息质量，并以此验证技术董事监督的有效性。但还有两个问题需要验证，这也是本节的研究重点：①技术董事是通过发挥监督作用来影响 R&D 效率的吗？②咨询作用是技术董事对 R&D 效率发挥作用的机制之一吗？同时，为了保证研究的整体性和满足不同的研究需要，本节的样本选择分别与第三章第一节、第二节完全一致。

同上，数据来源也与之前一致。为避免极端值对研究产生影响，对连续变量进行了 Winsorize 处理。数据来源于国泰安数据库、万方专利检索数据库、Wind 数据库和国家知识产权网。实证研究所使用的数据处理与统计软件为 Stata 13.0。

（二）变量选取

1. 被解释变量

R&D 效率是反映企业研发能力的重要指标，其测算方法与本章第一节一致。

2. 解释变量

本节依旧引入技术独立董事和技术非独立董事这两个虚拟变量，通过对董事会成员简历等相关资料的筛选，来判断其是否属于技术独立董事和技术非独立董事。具体判断标准参考第三章第一节相关内容。董事技术背景的认定依据也与之前一致。

3. 中介变量

监督有效性作为中介变量，是本节的研究重点。考虑到研究的一贯性和完整性，本节围绕本课题的基准样本，选择代理成本与盈余信息质量作为监督有效性的衡量标准。替代指标的选择分别与第三章第一节、第二节保持一致，借鉴 Ang（2000）和 Davidson（2006）的方法，用管理费用率（MRF）来衡量代理成本（详见第三章第一节）；选择异常的可操控 R&D 费用（EM-R&D）衡量盈余信息质量（详见第三章第二节）。

值得注意的是，当以管理费用率作为监督有效性的衡量指标时，研究样本与第三章第一节完全一致；当以异常的可操控 R&D 费用作为监督有效性的衡量指标时，研究样本与第三章第二节完全一致。

4. 控制变量

影响研发效率的因素较多，但为了使实证研究结果更加准确，借鉴之前的研究成果，对其他影响研发效率的因素加以控制。本节选取偿债能力（LEV）、公司规模（SIZE）、盈利能力（ROE）、现金持有水平（CASH）、股权集中度（HFD_5）作为控制变量，具体内容如表 4-6 所示。

表 4-6　变量研究定义表

| 变量类型 | 变量 | 变量代码 | 变量含义 |
|---|---|---|---|
| 被解释变量 | 研发效率 | *RDEF* | 根据 DEA 测算出研发投入产出效率 |
| 主要解释变量 | 技术独立董事 | *TECDR* | 虚拟变量，如果公司设置了技术独立董事则为 1，否则为 0 |
| | 技术非独立董事 | *NTECDR* | 虚拟变量，如果公司设置了技术非独立董事则为 1，否则为 0 |
| 中介变量 | 管理费用率 | *MRF* | 管理费用 / 主营业务收入 |
| | R&D 费用操控程度 | *EM-R&D* | 实际值 - 正常值 |
| 控制变量 | 公司规模 | *SIZE* | 公司资产总额对数 |
| | 盈利能力 | *ROE* | 净资产收益率 |
| | 偿债能力 | *LEV* | 负债总额 / 期初的总资产 |
| | 现金持有水平 | *CASH* | 期末现金及现金等价物余额 / 总资产 |
| | 股权集中度 | *HFD_5* | 前五名股东持股比例平方和 |

（三）模型设计

本节借鉴心理学与社科研究领域运用的中介效应研究方法，根据 Baron 和 Kenny（1986）逐步法（Casual Steps Approach），通过检验中介效应（Mediation Effect）是否成立，来判断技术董事对研发效率的作用路径。图 4-3 所示为相对应的路径图。

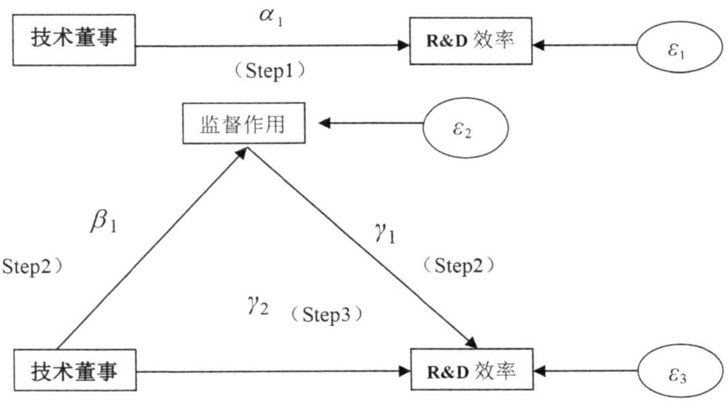


图 4-3　中介变量示意图

根据 Baron 和 Kenny（1986）逐步法：

第一步（Step1），检验技术董事（TECDR/NTECDR）对 R&D 效率（RDEF）的总效应。若方程（4–3）中的系数 $\alpha_1$ 显著，继续进行第二步的检验；否则，停止逐步检验。

第二步（Step2），依次检验方程（4–4）中的 $\beta_1$ 和方程（4–5）中的 $\gamma_1$ 是否显著，Hayes（2009）又称之为联合显著检验（Test of Joint Significance），$\gamma_1$ 为自变量技术董事对中介变量的效应；$\gamma_1$ 为中介变量对因变量 R&D 效率的效应，即控制技术董事的影响后，中介变量对 R&D 效率的效应。如果 $\beta_1$、$\gamma_1$ 都显著，则中介效应显著，继续第三步检验；否则，停止逐步检验。

第三步（Step3），检验中介变量是部分中介还是完全中介。检验方程（4–5）中的系数，$\gamma_2$ 代表在控制中介变量后，自变量技术董事对因变量 R&D 效率的影响。如果 $\gamma_2$ 显著，则表示部分中介；如果 $\gamma_2$ 不显著，则表示完全中介。结合本节理论分析，技术董事主要通过监督与咨询两条路径影响研发效率。由于技术董事的咨询作用没有合适的指标进行替代，然而技术董事的监督作用已经得到验证，因此可以通过监督作用发挥部分中介，对作用路径进行区分。如果 $\gamma_2$ 显著，则表示技术董事监督作用的部分中介成立，即技术董事除了发挥监督作用，还会通过发挥咨询作用对 R&D 效率产生影响；如果 $\gamma_2$ 不显著，则表示技术董事监督作用的完全中介成立，即技术董事只是通过发挥监督作用来影响 R&D 效率。

需要特别指出的是，第一步（Stpe1）检验技术董事对 R&D 效率作用在第一节中已经得到验证；第二步（Step2）中首先需要检验方程（4–4）中的 $\beta_1$ 是否显著，这在第三章也得到了论证。其中技术独立董事（TECDR）对管理费用率（MRF）、R&D 费用操控程度（EM–R&D）的影响都是显著的，即方程（4–4）中的 $\beta_1$ 是显著的，可以继续中介效应的检验步骤模型［详见模型（4-3）~（4-5），模型（4-6）~（4-8）］；但是技术非独立董事（NTECDR）只对 R&D 费用操控程度是显著的，因此，对于非独立董事，只通过 R&D 费用操控程度（EM-R&D）作为监督有效性的替代变量，进行中介效应检验［详见模型（4-9）~（4-11）］。综合以上分析，建立如下模型对上文的研究假设进行验证：

技术独立董事与研发效率关系的中介效应检验模型：

模型（4-3）~（4-5）：

$$RDEF = \alpha_0 + \alpha_1 TECDR + \alpha_2 LEV + \alpha_3 SIZE + \alpha_4 ROE + \alpha_5 CASH + \alpha_6 HFD\_5 + \zeta_1 \quad (4\text{-}3)$$

$$MRF = \beta_0 + \beta_1 TECDR + \beta_2 SIZE + \beta_3 GOA + \beta_4 ROE + \beta_5 LEV + \beta_6 HFD\_5 + \beta_7 LTDR + \zeta_2 \quad (4\text{-}4)$$

$$RDEF = \gamma_0 + \gamma_1 MRF + \gamma_2 TECDR + \gamma_3 LEV + \gamma_4 SIZE + \gamma_5 ROE + \gamma_6 CASH + \gamma_7 HFD\_5 + \zeta_3 \quad (4\text{-}5)$$

模型（4-6）~（4-8）：

$$RDEF = \alpha_0 + \alpha_1 TECDR + \alpha_2 LEV + \alpha_3 SIZE + \alpha_4 ROE + \alpha_5 CASH + \alpha_6 HFD\_5 + \zeta_1 \quad (4\text{-}6)$$

$$EM\text{-}R\&D_{it} = \beta_0 + \beta_1 TECDR + \beta_2 SIZE + \beta_3 ROE + \beta_4 LEV + \beta_5 HFD\_5 + \beta_6 EXCP + \zeta_2 \quad (4\text{-}7)$$

$$RDEF = \gamma_0 + \gamma_1 EM\text{-}R\&D_{it} + \gamma_2 TECDR + \gamma_3 LEV + \gamma_4 SIZE + \gamma_5 ROE + \gamma_6 CASH + \gamma_7 HFD\_5 + \zeta_3 \quad (4\text{-}8)$$

（四）技术非独立董事与研发效率的中介效应检验模型

$$RDEF = \alpha_0 + \alpha_1 NTECDR + \alpha_2 LEV + \alpha_3 SIZE + \alpha_4 ROE + \alpha_5 CASH + \alpha_6 HFD\_5 + \zeta_1 \quad (4\text{-}9)$$

$$EM\text{-}R\&D_{it} = \beta_0 + \beta_1 NTECDR + \beta_2 SIZE + \beta_3 ROE + \beta_4 LEV + \beta_5 HFD\_5 + + \beta_6 EXCP + \zeta_2 \quad (4\text{-}10)$$

$$RDEF = \gamma_0 + \gamma_1 EM\text{-}R\&D_{it} + \gamma_2 NTECDR + \gamma_3 LEV + \gamma_4 SIZE + \gamma_5 ROE + \gamma_6 CASH + \gamma_7 HFD\_5 + \zeta_3 \quad (4\text{-}11)$$

## 四、实证分析

运用 Stata 13.0 对模型进行回归分析，结果如表 4-7、表 4-8 所示。

表 4-7　技术独立董事与研发效率关系的中介效应回归结果

| 变量 | 模型 3 | 模型 4 | 模型 6 |
|---|---|---|---|
| | RDEF | RDEF | RDEF |
| *MRF* | 0.173** (2.05) | | |
| *EM-R&D* | | | 0.014*** (6.19) |
| *TECDR* | 0.029*** (3.08) | 0.035*** (3.64) | 0.026*** (2.75) |
| *LEV* | -0.033 (-1.01) | -0.041 (-1.17) | -0.008 (-0.22) |
| *SIZE* | 0.039*** (7.53) | 0.040*** (7.27) | 0.034*** (6.10) |
| *ROE* | 0.094 (1.63) | 0.131** (2.18) | 0.068 (1.12) |
| *CASH* | 0.098*** (2.61) | 0.142*** (3.18) | 0.142*** (3.19) |
| *HFD_5* | -0.070* (-1.73) | -0.099** (-2.33) | -0.070 (-1.64) |
| *_CONS* | -0.655*** (-6.15) | -0.857*** (-6.96) | -0.692*** (-5.53) |
| 年度 | 控制 | 控制 | 控制 |
| *F* 值 | 9.16 | 16.22 | 17.51 |
| 调整 $R^2$ | 0.036 | 0.108 | 0.121 |
| 样本总数 | 2855 | 2527 | 2527 |

注：***、**、* 分别表示在 1%、5%、10% 的水平上显著。

在表 4-7 中，因为模型 1、模型 2、模型 5 之前已经得到验证，因此不在此重复列示。根据表 4–7，通过模型 3、模型 6，发现管理费用率（MRF）与异常的可操控 R&D 费用（EM–R&D）都可以通过中介效应检验，这说明技术独立董事可以通过发挥监督作用提升 R&D 效率（RDEF）。同时，在模型 3 与模型 6 中，技术独立董事（TECDR）的系数也是显著的，证明监督有效性的部分中介效应显著，这也说明技术独立董事对 R&D 效率的作用机制不仅有监督作用，还有咨询作用。模型 4 是为了保持中介作用研究样本的一致性，在与第三章第二节的样本进行匹配之后，发现 TECDR 与 RDEF 依旧是显著正相关关系，也说明了模型的稳健性。

表 4–8　技术非独立董事与研发效率关系的中介效应回归结果

| 变量 | 模型 7 | 模型 9 |
| --- | --- | --- |
| | RDEF | RDEF |
| *EM–R&D* | | 0.015***<br>（6.48） |
| *NTECDR* | 0.023**<br>（2.24） | 0.017*<br>（1.69） |
| *LEV* | –0.046<br>（–1.31） | –0.010<br>（–0.28） |
| *SIZE* | 0.040***<br>（7.19） | 0.034***<br>（6.00） |
| *ROE* | 0.128**<br>（2.14） | 0.063<br>（1.05） |
| *CASH* | 0.142***<br>（3.17） | 0.141***<br>（3.19） |
| *HFD_5* | –0.096**<br>（–2.23） | –0.066<br>（–1.54） |
| *_CONS* | –0.849***<br>（–6.89） | –0.679***<br>（–5.43） |
| 年度 | 控制 | 控制 |
| *F* 值 | 15.76 | 17.25 |
| 调整 $R^2$ | 0.105 | 0.119 |
| 样本总数 | 2527 | 2527 |

注：***、**、* 分别表示在 1%、5%、10% 的水平上显著。

在表 4–8 中，因为模型 8 在第三章第二节已经得到验证，因此结果不在此重复列示。根据表 4–8，通过模型 9 我们发现异常的可操控 R&D 费用（EM–R&D）通过中介效应检验，这说明技术非独立董事（NTECDR）可以通过发挥监督作用，提升 R&D 效率。同时，在模型 9 中，技术非独立董事的系数也是显著的，部分中介成立，说明监督以及咨询作用都是技术非独立董事对 R&D 效率的作用机制。需要注意的是，模型 7 是为了保持中介作用研究样本的一致性，在与第三章第二节的样本进行匹配之后，发现技术非独立董事与 R&D 效率之间依旧呈显著正相关关系，充分说明了模型的稳健性。

控制变量的统计结果与之前差异不大，符号一致，只是显著性略有不同。

## 本章小结

本章第一节从技术董事的视角，研究了其对研发效率的影响，得出以下结论：①在其他条件不变的情况下，设置技术独立董事的上市公司，其 R&D 效率更高。这说明技术独立董事作为独立于企业利益相关者的第三方，能够更加客观公正地监督企业的研发活动，防止经理人利用研发活动谋求个人利益，进而提高企业的 R&D 效率。②在其他条件不变的情况下，设置技术非独立董事的上市公司，其 R&D 效率更高。技术非独立董事作为研发活动的管理者，与技术独立董事相比，具有内部信息优势。因此，能够及时发现存在的问题以及潜在的机会，更能直接参与研发战略计划的制定和执行。

因此，公司要想提高技术创新水平，单方面地加大公司的资金投入力度是不够的，更需要考虑采取措施使企业的研发效率达到最大化，而恰恰可以借助技术董事的专业背景和监督作用来提高企业的研发效率。本研究所得结论对我国政府和上市公司制定和施行研发创新战略具有非常重要的理论借鉴意义。同时，对完善我国上市公司独立董事制度具有非常重要的借鉴价值。技术董事加入公司董事会，不仅可以提高公司的治理水平，借助自己的专业知识为管理层的经营决策以及发展战略提供建议，提高企业的研发效率，还可以发现管理层的不合规行为，保护中小股东权益。基于上述研究结果，提出以下三条建议：①公司应注重引进有技术背景的董事，完善董事会成员的专业结构；②适当提高公司中技术类管理者的比重，使管理层和技术董事相互配合，共同推进企业的技术创新活动；③借助技术董事对公司的监督作用，提升研发资金使用效率。

本章第二节基于代理理论和资源依赖理论，验证了技术董事影响上市公司研发效率的两种途径：监督与咨询。一是根据代理理论，技术董事（包括技术独立董事和技术非独立董事）作为董事会成员，利用自身技术背景，发挥监督作用来影响公司创新效率。二是根据资源依赖理论，技术董事本身就是公司的资源，一方面可以根据自身的经验、资源或者科研成果为企业规划和执行公司发展战略提供多角度、多领域的观点和建议；另一方面，技术非独立董事中的技术执行董事作为公司的管理者，能够通过自身的人格魅力、领导管理才能为公司获得技术创新活动的相关资源出谋划策，从而影响公司研发效率。因此，本节结合之前的研究结果，得出如下结论：技术董事通过发挥监督、咨询和引领作用，最终提升企业的研发效率。

研发效率的高低会影响上市公司经营业绩，因此如何提高研发效率，降低代理成本，保护广大投资者的利益，成为投资者、政府、公司管理层以及监管机构关注的焦点。本章基于上述研究结论，从公司治理角度出发，提出以下建议：应该进一步完善我国董事会结构，注重技术董事作用的发挥，提高技术董事比例，引导支持创新的公司治理结构，最终提高上市公司的研发效率和治理水平。

综上所述，本章的主要贡献是论证了技术独立董事、技术非独立董事对研发效率产生的影响，并对作用发挥和实现途径进行了深入分析。但随着对创新研究的逐渐深入，Chesbrough（2003）提出开放式创新概念，认为创新需要企业内外两条技术通道，并且促进创新技术与知识的跨组织边界流入与流出。技术执行董事作为创新内部力量，具有相关领域的知识基础，因此对新的知识、技术吸收能力较强。樊钱涛与韩英华（2008）也发现相近的知识背景可以显著促进知识传递。在相同的知识背景下，多样化的知识交叉促进了知识的消化和整合。胡元木（2012）在对R&D效率的影响因素研究中，从公司治理的视角考察了技术独立董事与技术执行董事在影响R&D产出效率过程中的相互作用，研究发现设置技术执行董事是对技术独立董事的一种补充，两者互补的作用可以共同提升研发产出效率。那么，在现有研究基础上，当技术独立董事、技术非独立董事共同存在时，对研发效率究竟有什么影响呢？技术独立董事与技术非独立董事之间是替代作用还是互补作用呢？这些问题将在下一章进行探讨。

# 第五章 技术董事对 R&D 效率交互作用的研究

第三章详细介绍了技术独立董事与技术非独立董事的相关概念，第四章分别探讨了技术独立董事和技术非独立董事与 R&D 效率的关系，结果显示二者能够在研发活动中发挥积极的促进作用。既然技术独立董事与技术非独立董事同在董事会，又都是影响企业研发的重要因素，他们对研发效率是否存在交互作用呢？在这样一个知识交汇融通的社会，不同的主体之间必然存在差异，而又各自拥有优势。如若让他们进行沟通交流，相互学习，就能够激发彼此的研发潜能，提高研发效率。因此，若技术独立董事和技术非独立董事相互促进，那么企业就可以多给他们提供交流机会；如果实证结果表明技术独立董事和技术非独立董事之间存在负的交互作用，那么企业可以究其原因，减少他们之间的冲突，这样一来对企业的研发创新是非常有利的。考虑到技术独立董事和技术非独立董事对企业研发效率产生交互作用的现实意义，本章在这方面展开相关研究。

本章第一部分首先根据研究目的介绍了交互作用的有关概念；第二部分根据技术独立董事与技术非独立董事的特性，并结合第四章的研究结论进行了理论梳理，以此提出研究假设；第三部分根据研究假设确定了解释变量、被解释变量及控制变量，并建立了研究模型；第四部分则对假设进行了实证检验；第五部分对文章进行了总结。本章的研究框架如图 5-1 所示。

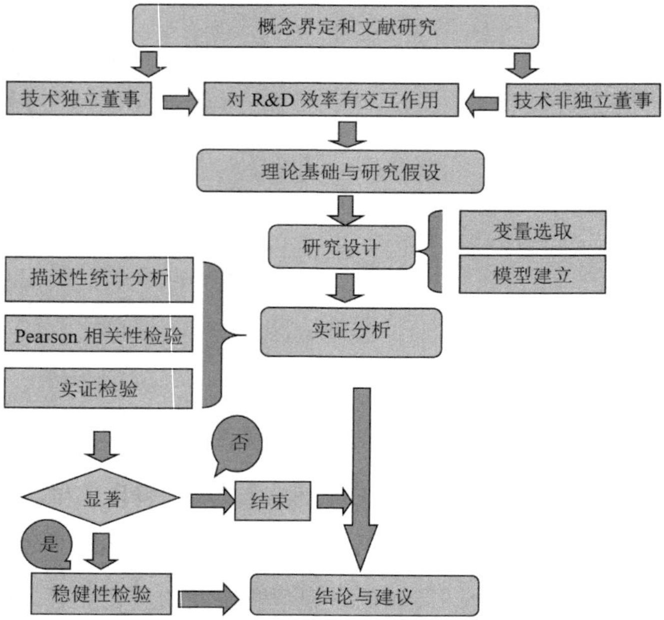


图 5-1　本章研究框架

# 第一节　研究背景与概念界定

## 一、研究背景

交互作用是指两个或两个以上因素同时存在时，一个因素水平的好坏受制于另一个因素的水平，表明这些因素之间存在交互作用。研究交互作用时，并不能单独考察一个因素，而应该加入另外一个或几个因素，并且还要区别这些因素的不同水平，以此对比交互作用的大小。

## 二、概念界定

吴淑琨（2004）在考察董事会独立性、股权结构与企业绩效的关系时，探究了股权集中度和非执行董事比例对公司绩效的交互作用，以及负债率和非执行董事比例对公司绩效的交互作用。研究结果表明，股权集中度和非执行董事之间是相互促进的，而负债率和非执行董事具有相互替代的关系。赵向阳、李海（2012）则从传统主义文化和现代主义文化两个方面分别考察了它们与创业活动的关系，随后进一步考察了国家经济在这种关系中所起的调节作用。邹艳、张雪花（2009）考察了智力资本各要素之间的关系，研究结果表明，各智力资本之间能够产生正向的交互作用，并且组织所具有的吸收能力还能够调节人力资本、社会资本与技术创新绩效。在数据处理中，为了避免多重共线性，邹艳和张雪花首先对交互项进行了中心化处理，然后再将其引入模型中。胡元木（2012）的研究结果表明，技术独立董事和技术执行董事共同提升企业 R&D 产出效率。

# 第二节　理论基础与研究假设

## 一、理论基础

随着市场竞争的不断加剧，研发创新已然成为核心竞争力的代名词，而技术非独立董事包括技术执行董事和技术股东董事（技术非执行股东董事），有的公司还配置了技术职工董事。其中，技术执行董事通常领导企业研发，在研发战略的制定、执行和监督方面掌握绝对的话语权。另外，随着独立董事制度的确立，设立技术独立董事的企业逐渐增多，此时，技术独立董事对企业研发活动的影响已不容小觑。企业研发是一个动态过程，是在多种因素相互作用下进行的。就目前而言，技术独立董事和技术非独立董事在企业研发活动中均扮演重要角色，那么这二者之间是否存在交互作用，又是如何影响企业研发创新的？

随着社会的进步，技术更新要求企业不仅要积累自身知识和技术，还要不断地从外部获得有用的信息，因为知识的交流与融合可以给企业提供创新方向与更多的知识支持。Dirk、De Clercq、Mourad 和 Dakhli（2010）研究认为，在企业之间存在的技术交流和知识共享可以促进研发创新。樊钱涛和韩英华（2008）得到与之类似的观点，认为当知识背景差异较小，对知识的传递和吸收具有积极影响。无论是技术非独立董事还是技术独立董事，二者皆具有深厚的专业知识和技术背景，因此技术非独立董事与技术独立董事之间的沟通、交流更容易产生协同效应。我们认为技术独立董事和技术非独立董事对研发效率可能会具有互补效应。

## 二、研究假设

需要注意的是，技术非独立董事具有研发活动中的主导地位以及对研发战略的话语权，而引入技术独立董事势必弱化技术非独立董事的权力，进而造成两者不协调发展，最终影响企业研发。另外，若技术非独立董事有利于企业研发创新，此时引入技术独立董事，对企业研发效率的提升可能作用不明显或起反作用，我们将这种现象称为替代效应。为此，本章从多方面、多角度分析了技术独立董事和技术非独立董事与企业研发创新的关系，以及交互作用对研发效率的影响。因此，本章提出以下假设：

H1a：其他条件不变的情况下，技术独立董事和技术非独立董事对企业研发效率具有互补效应。

H1b：其他条件不变的情况下，技术独立董事和技术非独立董事对企业研发效率具有替代效应。

## 第三节　研究设计

为了更好地分析技术独立董事和技术非独立董事对 R&D 效率的交互作用，本章选取 2007—2013 年所有连续披露研发费用的上市公司作为研究样本，根据研究的需要，本章样本数据选取与第三章第一节保持一致，共 2855 个样本。其中研发费用主要来自 Wind 数据库，专利数据主要来自中国知识产权网和万方数据库，技术独立董事和技术非独立董事的判断标准与第三章第一节一致，其余的财务数据均下载自国泰安数据库。本章使用 Stata 13.0 进行数据处理。

### 一、变量选取

（一）被解释变量

被解释变量为研发效率，反映研发投入和产出之间的配比关系，其定义与第四章一致。

（二）解释变量

本章除了使用技术独立董事（TECDR）和技术非独立董事（NTECDR）为解释变量外，还增加了二者的交互项作为解释变量。

（1）技术独立董事。本章将技术独立董事设置为虚拟变量，当上市公司设置技术独立董事时，技术独立董事变量值为 1；反之为 0。

（2）技术非独立董事。本章将技术非独立董事设置为虚拟变量，当上市公司设置技术非独立董事时，技术非独立董事变量值为 1；反之为 0。

（3）技术独立董事和技术非独立董事的交互项。在建立交互项的同时，“共生性”问题也随之产生。因此，本章采用残差中心化来处理主变量（技术独立董事和技术非独立董事）和对应的交互变量之间的高度相关性问题。之所以选择残差中心化方法处理数据，主要基于以下几点：首先，将数据残差中心化能够行之有效地降低自变量之间的相关性；其次，提高数据精确性；最后，区分模型的主效应和交互效应。

（三）控制变量

在研发活动过程中，影响企业研发效率的因素有很多，技术独立董事和技术非独立董事只是其中一部分。为了使实证结果更加真实地反映解释变量和被解释变量之间的关系，进行实证检验时必须控制其他可能影响企业研发效率的因素。因此，本章在参考了以往研究的基础上，结合本次研究的目的，选取了公司规模（SIZE）、偿债能力（LEV）、盈利能力（ROE）、现金持有水平（CASH）、股权集中度（HFD_5）作为控制变量。变量的具体描述如表 5–1 所示。

表 5–1　研究变量说明

| 变量类别 | 变量 | 变量名称 | 变量定义 |
| --- | --- | --- | --- |
| 被解释变量 | 研发效率 | *RDEF* | 利用数据包络法（DEA）测算出研发效率 |
| 解释变量 | 技术独立董事 | *TECDR* | 虚拟变量，如果企业设置技术独立董事则为 1，否则为 0 |
| | 技术非独立董事 | *NTECDR* | 虚拟变量，如果企业设置技术非独立董事则为 1，否则为 0 |
| | 技术独立董事 * 技术非独立董事 | *TECDR* NTECDR* | 利用残差中心化处理技术独立董事和技术非独立董事的交互项，将处理结果代入模型 |
| 控制变量 | 公司规模 | *SIZE* | 公司资产总额对数 |
| | 盈利能力 | *ROE* | 净资产收益率 |

续表

| 变量类别 | 变量 | 变量名称 | 变量定义 |
|---|---|---|---|
| 控制变量 | 偿债能力 | *LEV* | 负债总额 / 期初的总资产 |
| | 现金持有水平 | *CASH* | 期末现金及现金等价物余额 / 总资产 |
| | 股权集中度 | *HFD_5* | 前五名股东持股比例平方和 |

## 二、模型建立

本部分着重考察技术独立董事、技术非独立董事与企业 R&D 效率的关系，以研发效率（RDEF）为被解释变量，以技术独立董事（TECRD）、技术非独立董事（NTECDR）以及二者的交互项为解释变量，以公司规模（SIZE）、偿债能力（LEV）、盈利能力（ROE）、现金持有水平（CASH）、股权集中度（HFD_5）作为控制变量，构建了多元线性回归模型。

模型一：

$$RDEF = \alpha_0 + \alpha_1 TECDR + \alpha_2 NTECDR + \alpha_3 TECDR \times NTECDR + \alpha_4 SIZE + \alpha_5 ROE + \alpha_6 LEV + \alpha_7 CASH + \alpha_8 HFD\_5 + \xi_3$$

在研发创新过程中，知识的吸收、整合以及研发资金的投入、研发人员的到位都需要一定的时间支持，这势必会影响企业的创新速度，致使研发产出具有一定滞后性。为了避免研发产出的时滞性影响实证结果，本章决定采用滞后一期的研发产出数据，数据处理方式与第四章一致。

# 第四节　实证分析

## 一、描述性统计分析

运用 Stata 13.0 对相关变量进行了初步的描述性统计，希望以此能够初步显现各变量的变化规律。统计结果如表 5-2 所示。

表 5-2 描述性统计结果

| 变量名称 | 样本数 | 最小值 | 中位数 | 平均值 | 标准差 | 最大值 |
|---|---|---|---|---|---|---|
| *RDEF* | 2855 | 0 | 0.285 | 0.284 | 0.247 | 0.858 |
| *TECDR* | 2855 | 0 | 1 | 0.598 | 0.49 | 1 |
| *NTECDR* | 2855 | 0 | 1 | 0.689 | 0.463 | 1 |
| *SIZE* | 2855 | 19.695 | 21.406 | 21.568 | 1.067 | 25.133 |
| *CASH* | 2855 | 0.022 | 0.177 | 0.223 | 0.157 | 0.71 |
| *HFD_5* | 2855 | 0.014 | 0.164 | 0.185 | 0.116 | 0.548 |
| *LEV* | 2855 | 0.035 | 0..38 | 0.387 | 0.196 | 0.828 |
| *ROE* | 2855 | −0.23 | 0.079 | 0.087 | 0.081 | 0.349 |

从表 5-2 中可以看出，技术独立董事和技术非独立董事的平均值分别为 0.598 和 0.689（与之前描述性统计一致），总体来说，超过一半的上市公司设置了技术独立董事和技术非独立董事。企业研发效率的平均值只有 0.284，说明我国上市公司的研发效率偏低。研发效率的最大值为 0.858，最小值为 0，二者之间的差距达 0.858，而标准差为 0.247，说明我国有些企业的研发效率较高，有些企业的研发效率极低，虽然参差不齐，但是整体上处于偏低状态。企业研发效率较低，是否与企业没有聘请或较少聘请技术独立董事和技术非独立董事有关?

为了更加准确地了解技术独立董事和技术非独立董事与研发效率之间的关系，将技术独立董事、技术非独立董事、前两者的交互项以及研发效率的年度求平均值在图表中以折线连接（见图 5-2）。从图 5-2 中可以清楚地看到，企业研发效率与技术独立董事和技术非独立董事的变化规律基本一致，即设置技术独立董事和技术非独立董事的公司增多时，企业的研发效率随之提高；反之，则随之降低。然而，技术独立董事和技术非独立董事的交互项与研发效率的变化规律具有很大差异。换句话说，交互项与研发效率的相关性不明显。为了更加准确地判断技术独立董事和技术非独立董事与 R&D 效率的关系，本章进行了实证检验。

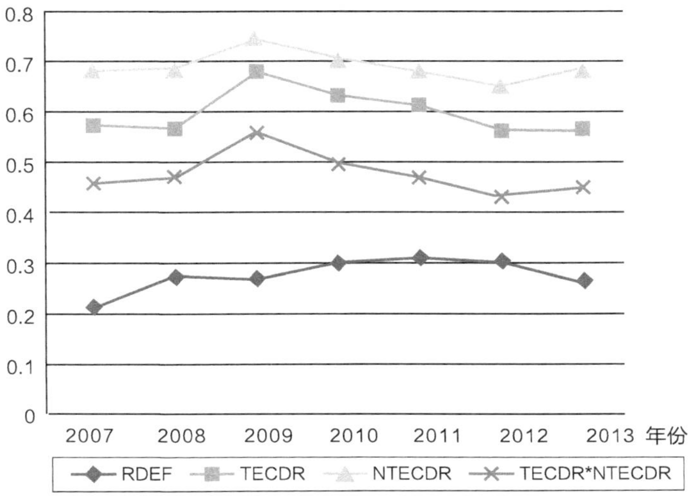


图 5-2　主要变量变化趋势

## 二、Pearson 相关性检验

从表5-3中可以看出，自变量和因变量之间的相关性系数分别为0.053、0.053、0.047，技术独立董事和技术非独立董事之间的相关性系数为0.262，而控制变量与自变量和因变量之间的相关性系数均在0.2以下，控制变量之间的相关性系数除个别在0.2~0.6，其余均在0.2以下。变量之间的相关性系数在0.2以下属于极弱相关或无关，系数在0.2~0.4属于弱相关，系数在0.4~0.6属于中等相关。根据相关性系数的取值范围，本章模型中多数变量之间存在极弱的相关性，甚至无相关，只有少数几个控制变量之间存在弱相关性。但从图5-2中可以看出，技术独立董事和技术非独立董事的交互项与技术独立董事和技术非独立董事存在一定程度的相关性。因此，为了确保实证结果真实可靠，本章在进行实证检验时，对技术独立董事与技术非独立董事的交互项进行了残差中心化处理，以解决多重共线性问题。

表 5–3　相关系数矩阵

| 变量 | *RDEF* | *TECDR* | *NTECDR* | *TECDR*NTECDR* | *LEV* | *SIZE* | *ROE* | *CASH* | *HFD_5* |
|---|---|---|---|---|---|---|---|---|---|
| *RDEF* | 1.000 | | | | | | | | |
| *TECDR* | 0.053*** | 1.000 | | | | | | | |
| *NTECDR* | 0.053*** | 0.262*** | 1.000 | | | | | | |
| *TECDR*NTECDR* | 0.047** | 0.775*** | 0.635*** | 1.000 | | | | | |
| *LEV* | –0.011 | –0.054*** | 0.025 | –0.019 | 1.000 | | | | |
| *SIZE* | 0.127** | –0.054*** | 0.007 | –0.048 | 0.467*** | 1.000 | | | |
| *ROE* | 0.041*** | 0.002 | 0.005 | 0.003 | –0.052*** | 0.063*** | 1.000 | | |
| *CASH* | 0.061*** | 0.044** | 0.017 | 0.040** | –0.585*** | –0.244*** | –0.114*** | 1.000 | |
| *HFD_5* | 0.008 | 0.016 | 0.001 | 0.006 | 0.015 | 0.207*** | 0.120*** | 0.075*** | 1.000 |

## 三、假设检验回归结果分析

实证结果（见表 5–4）显示，技术独立董事（*t* 值为 2.40）、技术非独立董事（*t* 值为 2.15）和企业研发效率均在 1% 的水平下显著。但是其相对于第四章中表 4–4 来说，显著性有所下降。而技术独立董事和技术非独立董事的交互项（*t* 值为 –1.11）没有通过实证检验，假设 H1a 和假设 H1b 不成立。这说明技术独立董事和技术非独立董事能够促使企业提高研发效率，同时也表明技术独立董事和技术非独立董事在企业研发活动中各司其职，他们共同存在并未对彼此产生显著影响。之所以如此，主要基于以下几个方面的原因：首先，相对于其他高管，技术非独立董事更加重视企业研发创新，他们更愿意增加研发资金和研发技术人员方面的投入，因此也会更加注重研发产出，从而提高了企业的研发效率；其次，技术独立董事作为一个“旁观者”，能够客观地评价本企业的优势和不足，指导和协助企业管理人员制定更加科学合理、切实可行的战略决策，引导企业创新；最后，技术独立董事和技术非独立董事在企业研发活动中的职责侧重点不同，所以出现明显冲突等不利情况的概率并不大，并且他们的最终目标是一致的——促进企业的研发创新。

表 5-4　回归结果分析

| 变量 | 模型 1 | 变量 | 模型 1 |
|---|---|---|---|
| | RDEF | | RDEF |
| 常数量 | –0.589（–6.15） | *CASH* | 0.102***（2.74） |
| *TECDR* | 0.023***（2.40） | *HFD_5* | –0.078***（–1.93） |
| *NTECDR* | 0.022***（2.15） | 年度 | 控制 |
| *TECDR * NTECDR* | –0.023（–1.11） | *F* 值 | 8.63 |
| *LEV* | –0.044（–1.32） | 调整 $R^2$ | 0.036 |
| *ROE* | 0.088（1.53） | 样本总数 | 2855 |
| *SIZE* | 0.038***（7.28） | | |

注：***、**、* 分别表示在 1%、5%、10% 的水平上显著。

从表 5-4 中可以看出，公司规模在 1% 的水平下显著，通过了实证检验。这表明公司规模与研发效率正相关，即大企业比小企业有更多的资源支撑企业研发。另外，现金持有水平、股权集中度均通过了实证检验，其他控制变量的实证结果与表 4-4 中的倾向一致，均未通过检验。但是不难发现，表 5-4 中控制变量实证值与表 4-4 中对应的控制变量实证值基本一致。

## 本章小结

关于技术独立董事和技术非独立董事是否对研发效率产生交互作用，本章做了相应的实证检验和分析。研究结果表明，技术独立董事和技术非独立董事均对企业的研发效率有显著的促进作用，但它们的交互项对研发效率的影响并不显著。也就是说，技术独立董事和技术非独立董事同时存在时，相互促进的作用并不明显，但是技术董事对研发效率依旧具有显著作用。

根据资源依赖理论与高层梯队理论，技术董事对研发活动存在多重有效的作用路径。汪延明（2012）认为，技术董事作为技术专家，在董事会和企业研发团队之间应具有很强的专家效应。综合来看，技术董事可以通过多种有效途径提高 R&D 产出效率。以下主要从技术董事对战略决策、要素投入产出的影响以及具有的独特资源来探讨。首先，技术董事具有相关技能、专业背景以及多年从业经验，对前沿技术脉络把握比较清晰，技术董事会利用自身专业优势获得对企业技术创新与发展问题的话语权，有利于董事会通过高投入产出比的战略决策。其次，技术董事使高层更加重视技术投入和对研发创新的激励，形成良好的创新氛围。同时，随着人力资本、研发支出的增加，技术董事将自身专业背景与监督作用相结合，防止上市公司对研发资源的浪费与侵占，提高企业 R&D 产出效率。最后，基于 Pfeffer 和 Salancik（1978）的资源依赖理论，在尊重我国特有的背景文化下，人力资本（经验、专业技能、声誉）、关系资本（董事会与外部关系网络）对 R&D 产出效率的作用不容小觑。技术董事作为相关领域的专家，自身具有的技术资源、人际网络与丰富的经验会增强企业的核心竞争力。值得注意的是，个别在所属领域杰出的技术董事，其声誉以及社会资本给企业带来独有的发展机会，会提高企业 R&D 产出效率。

因此，基于委托—代理理论与资源依赖理论，技术创新水平的提高需要技术董事充分利用其技术背景，发挥其监督职能和指导职能。因此，本章在上述研究结果的基础上提出了两点对策和建议，以期为我国上市公司董事结构的进一步完善贡献一份力量：①引进具有技术背景的董事；②提高技术董事的比例，优化技术董事结构，促进技术独立董事与技术非独立董事发挥互补作用。

# 第六章 技术董事与R&D效率的状态依存性研究

根据之前的研究结果，得出设置技术独立董事与技术非独立董事对提高上市公司R&D效率具有显著的促进作用。然而，技术独立董事、技术非独立董事与R&D效率之间的关系不仅具有上述相对稳定性的特征，在不同治理机制的影响下，技术董事与R&D效率之间还具有状态依存性。本章希望通过引入状态依存性的概念，进一步挖掘技术董事与R&D效率之间的动态关系。本章在前述研究的基础上，结合国内外学者的研究成果以及公司治理整合理论、委托—代理理论、资源依赖理论、开放式创新等相关理论，探究在不同治理机制下，技术董事作用发挥是否具有状态依存性。希望通过理论分析得出对技术董事与 R&D 效率产生影响的调节因子，并采用实证方法进行验证，以期在政策建议中强化积极的调节因子、抑制消极的调节因子，为优化技术董事作用发挥的环境提供参考，为进一步优化我国上市公司的治理结构、增强企业自主创新能力提供一定的理论指导和实证经验。

本章在第一部分探究了问题的研究背景。由于研发活动中的代理问题特别突出，作为重要的人力资本，上市公司技术董事的作用发挥也逐渐增强。随着人们对创新重视程度的逐步提高，学者也积极地探索支持研发活动的公司治理机制。然而，在前人的理论研究基础上，怎样将治理机制作为影响技术董事与 R&D 效率之间的重要环境因素进行深入分析，是本章探索的重点。因此，本章界定了“状态依存性”的概念，并且构建相关概念模型，为进一步深入分析奠定了良好的理论基础。第二部分通过对公司治理因素的逐步分解，探究公司治理作为调节变量如何对技术董事与研发效率产生影响，并提出相应假设。本章将公司治理因素分为内部治理环境与外部治理环境两大部分。内部治理环境又分为股权结构与技术董事薪酬两部分，对股权结构的探讨包括产权性质、股权制衡两个方面；外部公司治理因素主要包括财务分析师跟踪、市场化水平以及机构投资者持股三个方面。第三部分是研究方法与研究设计，介绍了本章的样本选取、数据来源以及本章模型中各个变量的选取依据。第四部分对实证结果进行分析，分为描述性统计与实证结果分析：股权制衡与产权性质对技术非独立董事与研发效率之间的调节作用得到验证；同时，股权制衡、产权性质、市场化指数、分析师跟踪对研发效率有直接作用。第五部分根据实证结果得出结论，提出相关的政策建议。本章的研究思路如图 6–1 所示。

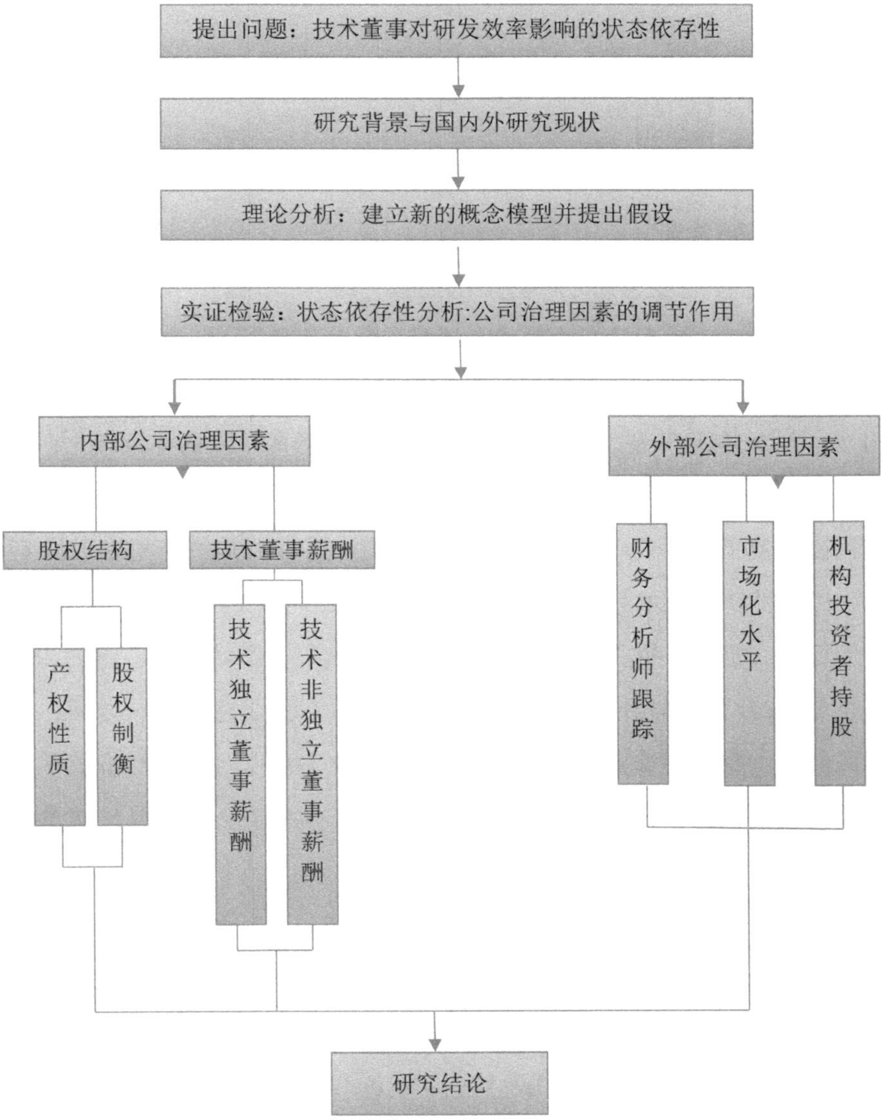
提出问题：技术董事对研发效率影响的状态依存性
研究背景与国内外研究现状
理论分析：建立新的概念模型并提出假设
实证检验：状态依存性分析:公司治理因素的调节作用
内部公司治理因素
外部公司治理因素
股权结构
技术董事薪酬
产权性质
股权制衡
技术独立董事薪酬
技术非独立董事薪酬
财务分析师跟踪
市场化水平
机构投资者持股
研究结论

图 6-1　本章研究框架

# 第一节 研究背景、概念界定与模型建立

## 一、研究背景

### （一）R&D活动存在较为严重的委托—代理问题

创新对经济的影响得到了中外学者的肯定。例如，Freeman（1982）提出技术创新是新产品、新过程、新系统与新服务的首次商业性转化；而傅家骥（1998）则指出企业家能够通过提高自身生产条件、配置生产要素，进而建立高效能、低费用的生产经营系统，其目的是追求潜在的盈利机会，因此他认为技术创新是一种以达到追寻更多的市场利益为目的的经济创新行为。所以，企业创新得到了政府、企业以及学术界的广泛关注。提高企业R&D效率对经济发展、企业自身都具有重要意义。一方面，作为国民经济的重要组成部分，提高企业R&D效率可以对宏观经济效率产生积极的促进效应；另一方面，提高R&D效率有利于企业形成长期竞争优势与核心竞争力，从而使企业率先占领市场，并形成新的利润增长点。当前，我国处于"新常态"发展环境下，市场结构不断优化完善，经济增长速度由高速缓降为中速，增长动力也逐渐转为创新驱动。因此，当前宏观经济发展趋势也要求我国企业重视R&D效率。值得注意的是，R&D活动在现实中存在较为严重的委托—代理问题。

首先，R&D活动风险性较强，研发过程本身具有探索性与创造性，而研发结果会受到研发项目的难易程度、环境的不确定性、高管对研发的态度以及技术人员自身能力的影响。与此同时，R&D活动还存在特有的风险，

如技术风险和人员风险（任海云，2010）。其中技术风险主要是指当今科学技术的快速发展会缩短技术的生命周期，企业研发的项目有可能在未带来效益之前就被更先进的技术所代替。而人员风险主要是指具有关键技术人员的流失会给企业的研发创新能力带来较为严重的负面影响。因为关键技术骨干的流失不仅会带走原企业有关核心项目的信息技术和管理经验，如果出现技术人员流入竞争企业的情况，就会给本企业带来更大的威胁。其次，研发活动收益的不确定性、跨期性也加重了委托—代理问题。研发活动的高风险为经理层不进行研发活动或者研发失败提供了借口。同时，收益的跨期性也为经理层不选择研发活动提供了理由。这是因为经营者承担了较大的职业风险，为了保证自己的职位，代理人往往规避风险较高的长期投资项目，而仅仅注重自己任期内可带来直接收益的项目。最后，研发活动中存在严重的信息不对称：一方面，我国会计准则并没有要求企业对研发活动的信息进行强制性披露，同时因为研发项目的披露可能会为企业带来竞争上的劣势，经理层也不愿意自主披露相关信息。因此，仅靠财务报告本身很难将跨期的信息展现出来，这为大股东利用与研发活动相关的、难以被监督的途径来实施占款提供了可能。另一方面，研发活动的专业性强，技术人员技术转移与隐藏行为较难被监督，这使经理人发生机会主义行为的概率更大。

现代企业中，企业的所有权与控制权分离会引发代理问题，然而在研发活动中，这种代理问题会更加突出。从上面论述中可以发现，在代理期内，代理人的收益、职位与公司绩效紧密相连。因此，对于研发活动，代理人比委托人更倾向于规避风险。因此，代理人在选择是否投资研发项目时会更加谨慎，更加看重企业的短期利益。

### （二）技术董事对 R&D 效率的影响增强

#### 1. 董事会整体作用增强

中外学者研究表明，董事会角色职能正在发生变化。Zahra 和 Pearce

（1989，1991）指出，董事会具有控制职能、资源依赖职能与战略职能，从偶尔、临时性发挥作用转为战略决策的重要参与者，对公司战略影响逐渐增大。随后，Goodstein Gautam 和 Boeker（1994）也对董事会的战略决策职能给予肯定，并将战略职能定义为董事会第三大职能。我国学者也发现了董事会职能逐渐增强的趋势。李国栋、薛有志（2011）实证分析发现，我国董事会角色由监督治理职能向战略服务职能转变，同时认为这两种职能具有一定的兼容性。王鹏飞、周建（2011）在此基础上进行深入分析，根据董事会自身能力将介入战略管理过程由弱到强，分为分离模式、调节模式与中介模式。因此，董事会整体作用的增强一定程度上也促进了技术董事发挥作用。随着董事会职能的不断丰富发展，基于董事异质性的研究视角，董事技术背景的重要性也应引起学者的重视。

高层梯队理论认为，董事职能背景会影响公司战略，因为董事处理问题的角度、方式会受职业背景与工作经历的影响。Hambrick 和 Mason（1984）认为，职业背景虽非决定性作用，但会影响企业的战略选择。我国相关研究对此也提供了实证支持。刘渐和等（2010）研究认为，具有技术背景的董事长会给企业带来较强的技术创新动力，促进企业长期发展。文芳等（2009）通过研究高管的个人特征，认为具有技术背景的企业高管对研发活动具有显著正向作用。高层梯队理论认为董事处于不同的环境，具有不同的经历和不同的背景，其处理问题的方式不同。延续该思路，本章认为以技术董事为切入点，环境因素对其作用发挥将会产生不同的影响。因此，对技术董事展开状态依存性研究是具有理论与现实意义的。

2. 技术董事作用发挥的规制因素

技术董事对 R&D 效率发挥主观能动性的路径可归纳为两部分。其一，在正式制度影响下，董事会代表股东利益可以监督管理层，技术董事依据专业背景对企业中的代理成本、盈余管理以及大股东占款具有良好的监督作用（在第三章中已经得到验证）。其二，在非正式制度影响下，技术董事的专业背景可以为企业提供咨询服务（在第四章中已经得到验证）。基于 Pfeffer 和 Salancik（1978）的资源依赖理论，技术董事凭借自身具有的经验、专业技能、声誉，以及自身关系网络等社会资本对 R&D 效率产生积极影响。

在尊重我国现实国情、文化以及法律制度的背景下，技术董事作用发挥的规制因素主要来源于技术董事对法律义务的履行、对职务义务的履行以及对法律与声誉风险的规避。首先是技术董事对法律义务的履行。我国《公司法》规定董事会的职能包括“制定方案”，即董事会有权决定“公司的经营计划与投资方案”，所以技术董事可以通过对战略决策施加影响来发挥作用。其次是技术董事对职务义务的履行。李维安（2005）指出，“董事职务归根结底要由有行为能力的自然人担任，并与其他成员一道通过诚信尽责和有效率的工作，实现股东利益的最大化”。同时，《公司法》规定董事可以对“提名、任免董事”“聘任或者解聘高级管理人员”“董事与高管薪酬”发表独立意见，这也有利于董事发挥监督职能作用。最后，技术董事对法律风险与声誉风险的规避也是规制因素之一。我国《公司法》对董事的责任义务也作出了相关规定，当技术董事所履职的公司发生重大问题，由此产生的负面影响不仅会损害技术董事声誉，严重时还会使技术董事受到法律的严惩。

（三）公司治理的发展趋势具有创新导向性

代理理论认为合理的公司治理机制可以降低代理成本。有效的公司治理机制不仅可以通过相应的激励措施对经理人追求无效战略的倾向起到制约作用，也可以保证企业的研发活动获得恰当的投资收益。与此同时，良好的公司治理机制会对经理人进行有效的监督，在一定程度上抑制了经理人的机会主义行为。简而言之，公司治理可能通过影响技术董事的行为，进而影响企业研发活动的投入水平及研发活动的执行情况，最终影响企业的研发效率。所以，不同的治理机制对技术董事与 R&D 效率之间的关系起到调节作用，也就是技术董事与 R&D 之间存在状态依存性。

公司治理作为企业最重要的制度安排，规范着利益相关者的权责利分配。不同国家的政治、法律、文化的外在环境不同，所处的经济发展阶段也各不相同，所以各国企业的公司治理特点不同，R&D 效率水平也不同。对此，我国学者多从微观角度出发，探讨治理机制与 R&D 活动之间的关系。例如，魏锋、刘星（2004）的研究结果表明，对于国有企业的技术创新来说，资产收益率、领导权结构、资产负债率等因素发挥了显著的正向影响，高管持股对技术创新没有影响。陈隆等（2005）对股权结构、董事会结构、负债结构三个方面进行实证检验，结果表明公司治理结构对技术创新影响显著。汪延明、林英泽（2012）在肯定技术董事发挥作用的同时，认为营造良好环境可以使技术董事在产业链中最大限度地发挥协同能力。然而本章认为，仅从单一公司治理机制对 R&D 活动展开分析仍存在不足之处。对此，我国学者汤业国（2013）综合提出了“中小上市公司技术创新内生动力观”，认为对中小上市公司而言，相比于外部的制度、产业特征，其内部的公司治理机制推动了自身的技术创新行为。而在公司治理领域中，美国学者 O’Sulivan（2000）和 Lazonick（2003）通过比较美国、德国国公司治理结构的演变史提出了组织控制理论，该理论将公司治理、企业创新、经济发展放置于统一的研究框架中，并且认为创新是累积的、集体的与不确定的过程，这也为以创新为基础的经济发展理论提供了微观层面的理论支持。

公司治理最初起源于在股权分散情况下，解决由两权分离产生的代理问题。随之又发展成为在股权集中时，解决大小股东之间的代理问题。然而，随着公司治理理论不断发展扩充，我们却不能忽视它的基本职能——保证股东的利益。而为了保证股东利益，首先需要确保公司的持续发展。因此，回归到现实经济中，公司要想保证高效长远的发展就需要具有核心竞争力，然而核心竞争力来源于持续不断地创新，即企业的本质在于创新。

综上所述，公司治理与企业创新有重要联系，良好的公司治理结构对创新活动具有积极作用。Hoskisson 等（2002）研究认为，公司治理因素是公司资源分配以及回报分配的决定因素，对公司技术绩效有较大影响，企业技术创新行为具有明显的公司治理属性。本章认为公司治理作为现代企业制度的核心，可以通过整合与调动企业资源以及激励机制，激发企业的创新潜能。

## 二、概念界定与模型建立

中外学者从不同的角度对企业创新的相关因素进行了大量有益的研究，大致分为以下三个方面：宏观层面集中于政府补贴、制度环境、金融支持、区域差异、要素市场等；中观层面主要探讨行业竞争程度；微观层面则聚焦于公司规模、股权性质与结构、管理层持股等公司治理因素。学者往往仅对单边公司治理机制进行深入研究，并且经常得出不同的结论，然而对多边机制的交互影响以及公司治理机制的调节作用研究仍然较少。也就是说，之前文献的研究往往集中探究某一公司治理机制与 R&D 效率之间的关系，并没有关注不同机制之间相互作用对 R&D 效率的影响，也没有探究公司治理对技术董事与研发效率之间的调节作用（见图 6–2）。

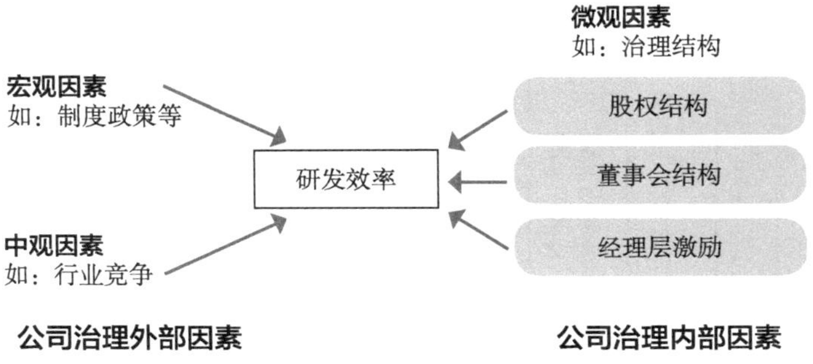


图 6–2　之前文献对研发效率的单边公司治理机制研究

企业 R&D 活动同时具有经济属性与公司治理属性。前者主要体现在 R&D 效率可以通过相关经济指标反映。一方面，R&D 效率的实现需要研发费用、技术人员等资本投入；另一方面，R&D 效率的提高可以为企业带来可观的经济收益，为企业 R&D 研发活动带来经济方面的良性循环。而企业 R&D 活动的公司治理属性，将在下文进行详细阐释。

董事会作为公司治理中的核心枢纽，具有联结股东与管理层的重要作用。董事既是股东的代理人，又是管理层的决策者，董事会的双重身份与职责反映出公司治理中委托—代理关系的两个层次。之前学者对于股东与经理层之间的委托—代理关系研究深入，但较少探讨股东与董事之间的代理问题。而正如前文所述，技术董事的作用日渐凸显，作为董事会组成的重要人力资本，技术董事的作用发挥也受到其他治理结构的影响。基于以上分析，公司治理因素对 R&D 效率的作用机理是一项复杂的有机系统，该路径的实现必然会受到多种因素影响。本章试图以技术董事作为突破口，搭建起公司治理因素对 R&D 效率影响的逻辑链条，并结合公司治理整合理论，通过一种全新的阐释来说明 R&D 效率的公司治理属性。鉴于此，提出本章概念模型（见图 6–3）。

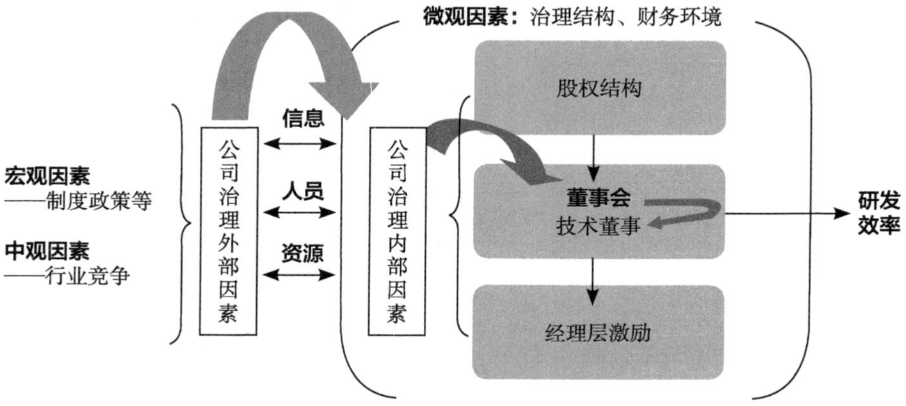


图 6–3　概念模型

如图 6–3 所示，公司治理系统的外部治理因素（如宏观层面的制度、金融、法律、政府补贴等因素与中观层面的行业竞争因素）会直接影响企业内部公司治理系统，同时也会通过信息、人员等多种资源交换对内部治理系统产生间接影响。公司内部治理系统作为技术董事存在的基础性外部条件，会影响到技术董事的作用发挥，对技术董事与 R&D 效率之间的关系产生影响。优良的公司治理结构会促进技术董事作用的发挥，增强二者的联系，提高 R&D 效率。因为公司治理是复杂系统，期望一个理论解释所有问题是不现实的。在实证研究中结合公司治理整合理论（郑志刚，2007），通过不同理论视角、多维度地分析才能丰富解释力度。本章综合之前学者的研究结论与思路，借鉴 SCP 理论①对企业数据进行微观分析，深入研究 R&D 效率的公司治理属性，形成公司治理结构—技术董事作用发挥—公司 R&D 效率的研究路径。因此，本章从技术董事与研发效率的状态依存性方面着重探究公司治理因素对技术董事与 R&D 效率起到的调节作用。

公司治理整合理论认为，单个公司治理机制边际效用递减，过度强调某一方面甚至会降低实际的效率，只有综合不同治理机制的优势才能形成最优机制。本章认为，技术董事的状态依存性研究有必要引入公司治理整合理论，综合考虑多个公司治理因素。但是不同治理机制之间的相互作用未必只是增强研发效率，或许也会起到削弱的作用，所以公司治理因素作为技术董事作用发挥的基础性外部条件应该得到重视与优化。本章所探讨的“状态依存性”意味着当公司治理因素发生变化时，技术董事与 R&D 效率之间的关系也应该有所不同，即技术董事与 R&D 效率之间的关系具有状态依存性。如果某些公司治理因素对技术董事与 R&D 效率关系起到积极的同质作用，那么进一步保持、优化该治理因素能起到事半功倍的作

① 该理论由哈佛大学创立并主要用于中观的产业经济研究，认为市场结构决定市场行为和市场绩效，遵循结构—行为—绩效的研究模式。

用；如果某些治理因素对技术董事与 R&D 效率关系起到消极作用，那么可以通过抑制或者优化该项环境因素，促进技术董事作用的发挥。本章中公司治理环境分为两部分，一是公司内部治理环境，主要探讨股权结构与技术董事薪酬对技术董事与 R&D 效率的调节作用；二是公司外部治理环境，主要包括财务分析人员、市场化指数和机构投资者等影响因素对技术董事与 R&D 效率的调节作用。

## 第二节　研究假设

根据公司治理整合理论，不同机制之间的“相互补充、相互配合”可以达到最优治理效果。本章试图通过一种全新的理念来阐释 R&D 效率的公司治理属性，主要依据的是奥沙利文（O’Sullivan，2007）的组织控制理论。该理论以创新为逻辑起点，以创新经济学为基础建立，认为创新具有累积性、集体性与不确定性等特征，并提出与之相对应的创新型资源配置。她认为创新型的资源配置具有开发性、组织性与集体性的特征，并且将有利于企业创新的公司治理结构特征归纳为“财务承诺、战略控制和组织整合”。因此，不同治理机制间的整合与相互作用可以激发企业创新潜能，提高 R&D 效率。而以技术董事为研究中心，影响其作用发挥的治理机制主要包括两个方面：一是内部公司治理结构，主要包括股权结构与技术董事激励，本章试图从更深层次探究上市公司技术创新的股权结构因素，因而对股权结构的探讨又包括产权性质、股权制衡两个方面；二是探讨外部公司治理因素对技术董事与研发效率之间的影响，主要包括财务分析师跟踪、市场化水平，以及机构投资者持股。为此，以下部分将逐一展开分析。

## 一、内部治理结构

### （一）股权结构

1. 产权性质对技术董事与 R&D 效率的影响

国有股主要包括国家股与国有法人股，是指有权代表国家投资部门或者机构以国有资产进行投资而形成的股份。股东对股票的期望、价值关注程度以及股东持股期限对企业研发投入都有影响。股东的态度会影响管理者对待研发活动的态度，因此股东的短期倾向会影响管理层的行为特征。在我国现实制度背景下，产权使国有上市公司的属性更加特殊。

从理论上来说，人民是国有股的终极所有者，而国有股正因为全民所有而无法将股权具体化到个人，所以会出现国有股的主体缺位现象，最终对研发活动产生消极影响。政府首先从自身角度出发，对企业的营运往往会具有行政性质，因为政府除了需要达到国有资产保值增值，还要兼顾物价稳定、就业充分等宏观目标，即政府利益与所有者利益本质并不一致。当二者发生冲突时，政府或许会倾向于行政目标而放弃股东权益最大化。其次，政府作为市场规则的制定者，同时又是市场经济的参与者，角色的重合无形之中扩大了政府对上市公司行政方面的超强干预。最后，国有持股主体委派到上市公司的股权代表，在角色定位时更偏向“行政官员”，然而行政官员会有行政任务的压力与政绩的考核，考虑到自身职位的稳定性，行为难免会有短期化倾向。例如，会因为迎合上级部门而牺牲上市公司的利益，减少具有风险且短期收益小的研发投入。

基于股东监督的角度分析，我国现阶段不仅存在国有股的持股主体缺位问题，国有上市公司与其代理人的特殊地位也导致行政上的超强控制与产权上的超弱控制，这会产生内部人控制问题，经营层会变为实际控制人，导致资源配置效率下降。同时，国有股权与技术创新的负向关系也得到了实证支持。夏立君和方轶强（2005）认为，政府控制会对企业价值产生负面影响。冯根福、温军（2008）认为，随着国有持股比例的提高，会降低企业技术创新能力。任海云（2010）基于对 A 股制造业的研究，认为国有控股不利于研发投入。因此，国有控股对 R&D 效率会起到消极的抑制作用。

首先，从产权性质的调节作用来看，国有控股企业较一般企业承担更多的社会责任，社会效益较高的研发项目往往由国有企业承担。因此，政府对该类项目的研发活动会提供人力、资源支持以及相关的政策倾斜，为技术董事（包括技术独立董事与技术非独立董事）作用发挥提供良好的条件。其次，之前分析到代理人可能不会主动选择研发活动，但是同样出于自身政绩的考虑，国有企业的代理人一旦选择了研发活动则会认真对待，利用自身资源增加研发活动成功的概率。技术非独立董事可运用自己的管理才能与技术特长，协助制定合理的研发战略与决策。为了避免声誉风险，技术独立董事会对国有企业的研发项目履行更加严谨的监督义务。最后，在上市公司案例中可以发现，现实中自然人等非国有主体控制权与侵占上市公司动机与能力成正比。如中捷股份侵占上市公司资金案件，就反映出非国有主体控制权过大带来的消极影响。与此同时，汤业国（2013）以我国中小上市公司为研究样本，认为终极控制人控制权在抑制技术创新方面作用明显，尤其是非国有中小上市公司，国有中小上市公司则并不显著。本书第三章也已经验证了技术独立董事对大股东占款的抑制作用。因此，国有控股对技术董事与 R&D 效率之间存在正向的调节作用。

因此，本章提出以下假设：

H1-1：其他条件不变的情况下，国有控股对 R&D 效率具有抑制作用。

H1-2：其他条件不变的情况下，国有控股对技术独立董事与 R&D 效率间存在正向调节作用。

H1-3：其他条件不变的情况下，国有控股对技术非独立董事与 R&D

效率间存在正向调节作用。

2.股权制衡对技术董事与 R&D 效率的影响

近年来，上市公司股权集中态势明显，股权太过集中极易产生大股东侵占小股东利益的现象。大股东持股比例遥遥领先于其他股东时，就有足够的能力攫取控制权而获得私有收益，即通过对控制的资源分配，制定出有利于自身利益的相关政策。因此，在集中的股权结构下，大股东可为一己私利侵占公司利益，损害其他股东的利益。在一定程度上，股权制衡可能是缓解控股股东的攫取效应的有效方式。当大股东之间的制衡能力较强时，不仅会降低发生关联交易的概率和金额，而且有助于抑制第一大股东侵占中小股东的利益。厉以宁也认为，“多股制衡”的股权结构较“一股独大”而言是更好的股权结构。因为在股权结构相互制衡的情况下，除第一大股东之外的其他多个大股东可以形成控制联盟，进而降低大股东借助控制权谋取私有收益的可能，缓解对小股东的侵占程度。与此同时，股权结构有制衡机制，大股东通过多方探讨共同制定公司决策，有效地避免了大股东为了自身利益而损害公司利益的行为。

对 R&D 活动来说，首先，制衡的股权结构有利于结合各大股东的观点，促使以技术非独立董事为主导而制定的研发决策通过。其次，共享控制权的各大股东存在“合则两利、分则两害”的关系，为了影响经理人的决策，他们必然会联合起来。针对该项研发活动选聘在业内卓有声望的，具有丰富知识、经验与能力的管理者，这也会使之前的研发决策得到更好的贯彻。最后，股权制衡下，大股东利益趋于一致，此时监督管理层便是他们的共同目标。这也为技术独立董事更好地发挥监督作用提供了良好的条件。这就会减少管理层出现逆向选择与道德风险的概率，管理层的最优选择是努力实现股东利益最大化。

综上所述，股东制衡机制下，董事会的提案会相应地考虑较多股东的利益，促使公司治理规范化。同时，股东为企业提供必需的创新资源条件，为技术非独立董事发挥主观能动性提供良好的环境，促使其为公司创新决策提供有效的建议和意见。由于受到控制权私有收益的影响，大股东追求自身收益最大的项目，对技术董事提出 R&D 效率较高的项目支持的概率较大。股权制衡能够牵制大股东，减少其对企业的掏空行为，同时吸引大股东关注企业长期发展，进行研发创新。股东通常注重利益最大化，在股权制衡条件下，企业研发决策获得支持并得以有效实施，有助于获得巨大收益，得以长远发展。因此，股东对技术创新怀有极大的热情，而经理在几大控股股东的严厉监督下，也会积极寻找投资机会，谋取企业长期利益。技术独立董事也会对创新活动中的盈余管理起到良好的监督作用，提高企业技术创新的内部驱动力，提升技术创新成功率。据此，提出如下假设：

H2-1：其他条件不变的情况下，股权制衡度对 R&D 效率具有促进作用。

H2-2：其他条件不变的情况下，股权制衡度对技术独立董事与 R&D 效率间存在正向调节作用。

H2-3：其他条件不变的情况下，股权制衡度对技术非独立董事与 R&D 效率间存在正向调节作用。

（二）技术董事薪酬对技术董事与 R&D 效率的影响

技术董事的预期功能是借助自身技能和动机来实现的，根据理性经济人的假设，激励手段能够激发技术董事履行职能的动机，促使其追求自身价值最大化。激励方式可分为股权激励、现金薪酬激励、声誉激励，我国经济起步较慢，人力资本市场相对落后，从而阻碍了声誉激励作用的发挥。目前，我国上市公司在激励方式的选择上，大多以现金的激励形式为主。

Schultz 和 Becker 两位经济学家创立了人力资本理论。该理论指出，人力资源才是第一要位资源，人的作用远大于物资的作用。而在研发活动中，技术董事是作为人力资本这一角色出现的。技术非独立董事除了具备深厚的专业知识和杰出的技术才能，还是企业研发活动的领导者，不仅能够洞察到有价值的研发方向，而且直接参与研发事宜的制定与执行。技术独立董事在发挥监督作用时，能够及时发现并解决研发活动中的问题。因此，技术董事（包括技术独立董事与技术非独立董事）能够促进企业的研发创新。此外，技术董事除了能够依靠企业赋予的权力履行其职责外，还可以依靠自身的人格魅力发挥更大的作用。技术董事一般拥有丰富的社会经验、杰出的技术才能以及高尚的品格。他们喜欢创新，重视创新，注重培养研发部门的创新精神，在企业内部形成浓厚的创新文化，赋予研发部门强大的前进动力，进而促进企业的研发创新活动，提高 R&D 效率。然而，技术董事必须有足够的激励才会具有主动性与积极性，无论这种激励来源于物质激励还是内在的使命感。Hillman 和 Dalziel（2003）通过建模，结合代理理论与资源依赖理论，实证发现董事的激励水平对董事会监督能力与资源提供能力起到调节作用。

技术董事持股可以看作其报酬获得的一种特殊形式。从理论上来说，技术董事持股使其个人利益与公司的利益相结合，能够调动技术董事的积极性，防止行为短期化。但我国技术董事股权激励较为少见，并且《公司法》中也没有董事持股规定，而《上市公司治理准则》中明确规定董事无须持有公司股份。另外，在声誉效应模型中，过去的业绩评定可以反映技术董事的能力信息。市场认为技术董事能力越高，获得的报酬就越高，工作积极性也就越大。但现实声誉效应机制设计中的棘手问题在于技术董事业绩评价标准尚未健全。此外，我国人力资本市场并不发达的现状决定了声誉激励也会受到较大限制。

我国技术董事较为普遍的激励方式是现金激励。值得注意的是，世界范围内以及我国的情况都说明董事薪酬激励不同于以往研究的高管薪酬激励，技术非独立董事与技术独立董事报酬来源机制不同，二者的薪酬标准并不一致。因此不能简单地将技术董事（包括技术独立董事与技术非独立董事）的平均薪酬作为激励衡量的标准。技术董事分为技术独立董事与技术非独立董事，技术非独立董事又分为技术执行董事与技术股东董事。技术执行董事往往在企业中担任行政管理职务，其薪酬主要来源于行政职位而非董事职务，一般有技术背景的执行董事往往实行年薪制，但仍旧很难确定可以对董事职能起到激励作用的薪酬水平；技术股东董事由股东企业委派，领取薪酬的机构并不一致，但是如果在上市公司领取，薪酬水平多数与技术执行董事一致。因此，可以上市公司中技术执行董事与技术股东董事薪酬的平均值作为技术非独立董事的平均薪酬。

技术独立董事薪酬通常是自己任职单位发放，而非董事会，因此出现“零薪酬”独立董事，在上市公司领取的只是津贴。同时存在“独董津贴悖论”：独立董事领取上市公司过多津贴则会影响其独立性；相反，太少则起不到激励作用。但本章希望检验技术非独立董事与技术独立董事的薪酬对其技术董事工作的激励程度。因此，本章将对技术非独立董事、技术独立董事的薪酬激励情况分别进行探讨。据此，提出如下假设：

H3-1：其他条件不变的情况下，技术独立董事薪酬对技术执行董事与R&D效率具有正向调节作用。

H3-2：其他条件不变的情况下，技术非独立董事薪酬对技术独立董事与R&D效率具有正向调节作用。

## 二、外部治理结构

随着市场化的发展，企业的外部治理作用越发突出。外部治理结构对研发效率有何影响？对技术董事与研发效率的关系又有怎样的调节作用？以下主要从财务分析师、市场化水平、机构投资者三个方面进行探讨。

### （一）财务分析师对技术董事与 R&D 效率的影响

财务分析师与企业研发活动的关系：第一，在当前“新常态”注重创新的指引下，我国财务分析师会跟踪关注企业的 R&D 活动，显示了我国资本市场对企业 R&D 活动价值的认同，认为研发活动能够彰显出企业的自主创新能力（徐欣和唐清泉，2010）。第二，研发活动能够为股东带来巨大的利润，但利润的背后也伴随着高风险，高风险势必会影响投资者（特别是风险厌恶型的投资者）的投资决策。研发活动的不确定性，致使财务报表所承载的研发信息不足，这种信息不对称也会影响企业投资者的投资决策，而财务分析师可以运用自己的专业优势跟踪企业的研发活动，以减少这种信息不对称，成为解决 R&D 信息不对称的重要替代机制。第三，本书将专利作为研发活动的唯一产出，而专利的质量参差不齐，并不是每一个专利都能代表创新水平，并且投资者在这方面往往没有较好的识别能力，而财务分析师会区别对待。第四，研发活动需要研发投入，这也是企业 R&D 效率的重要影响因素，而研发投入的资金很可能来自融资。在现行的资本市场中，由于信息不对称，很容易造成外部融资成本与内部融资成本之间的差异。财务分析师可以为外部投资者缩小信息不对称，从而降低融资约束，为提高 R&D 效率提供条件，即财务分析师跟踪对提高上市公司研发效率具有积极影响。

需要指出的是，财务分析师可以通过自身的专业能力与信息优势，为广大非专业投资者提供信息以及合理的推荐。一方面，Xin Chang、Sudipto Dasgupta 和 Gilles Hilary（2006）认为，财务分析师的专业能力可以将广泛复杂的信息转化成简单易懂的形式。另一方面，分析师有接触上市公司高层以及进行相关实地调研的机会，因此对上市公司的了解要远远高于外部投资者，也会给外部投资者提供相关信息。Ball 和 Shivakumar（2008）认为，财务分析师是收集与分析上市公司相关财务数据的专业人士。相对于普通中小投资者，财务分析师具有更强的鉴别能力，不仅可以甄别出优质公司，还可以通过跟踪评价公司的当前业绩，预测未来前景。也就是说，财务分析师可以凭借自身能力与信息优势，向处于信息弱势地位的外部投资者进行推荐并提供投资建议（Paul M. Healy、Krishna G. Palepu，2001）。技术非独立董事作为上市公司高层，可以接触到企业核心技术的发展状况。企业研发活动顺利进行时，技术非独立董事会对企业的整体发展前景保持积极乐观的态度。而此类与企业研发活动有关的利好消息可以通过财务分析师的跟踪传递给中小投资者，或者财务分析师会直接推荐该上市公司给中小投资者。即财务分析师跟踪可以减弱上市公司与投资者之间的信息不对称，因而技术非独立董事会更加努力地工作，提高研发效率，从而得到财务分析师的认可。

同时，资本市场上的财务分析师也具有监督作用。财务分析师较强的鉴别能力不仅可以预测公司的发展前景，并且可以识别出公司的违规行为（Ball and Shivakumar，2008）。财务分析师的推荐也于无形之中增加了管理层的压力，因为财务分析师不进行预测通常会对股价有负面影响，这对上市公司管理层的不规范行为起到了约束作用。而财务分析师的跟踪也可以监督技术独立董事是否很好地发挥了作用。在有财务分析师跟踪的情况下，为了规避声誉风险及法律风险，技术独立董事会更加认真地工作，对上市公司的研发活动起到良好的监督作用。此外，经验证据表明，财务分析师对信息披露质量较低的上市公司兴趣不大（Lang and Lundholm，1996）。因此，上市公司会不断提高自身信息披露的质量以吸引财务分析师，并通过其向投资者传递甄别自身的“信号”（于忠泊等，2011），这也提高了被监督的可行性。根据上述分析，现提出如下假设：

H4-1：其他条件不变的情况下，财务分析人员的跟踪对 R&D 效率有促进作用。

H4-2：其他条件不变的情况下，财务分析人员的跟踪对技术独立董事与 R&D 效率间存在正向调节作用。

H4-3：其他条件不变的情况下，财务分析人员的跟踪对技术非独立董事与 R&D 效率间存在正向调节作用。

（二）市场化水平对技术董事与 R&D 效率的影响

现代经济环境中，市场发展水平对企业研发活动的作用不可忽视。特别是我国正处于经济新常态的特殊阶段，市场发展水平直接关系到政府对经济的干预程度，即市场发展水平越高，政府干预程度越低。事实上，政府干预经常会产生一些负面效应，如资源配置不合理。因此，市场化水平的提高优化了研发资源配置。现阶段通常用市场化指数来衡量市场发展水平，因此本章也选用市场化指数作为市场化水平的衡量指标。

第一，随着市场化水平的提高，要素市场的发育程度也随之提高，不仅会促进资本的转移（方军雄，2006），使创新资源（即 R&D 人力和 R&D 资本）集中到高质量的研发项目，同时也推动了技术的推广，对提高 R&D 效率具有积极作用。较高的市场化程度意味着价格信号在该市场上更加真实，及时反映供求现状，引导 R&D 资源在行业间的调整，提升创新资源配置效率。同时，市场化水平较高则更加有利于新产品传递信息的有效性（陈仲常、余翔，2007），提高 R&D 资源的产出效率。

第二，非国有经济的发展增强了同一行业中企业竞争力度与数量，而使产品市场垄断水平有所降低，同时也激励企业不断提高创新资源的管理，以此对创新产出带来积极影响。此外，非国有经济发展带来的市场竞争也会硬化原公有制企业的预算约束，促使企业逐渐将利润最大化作为经营目标，进而提高 R&D 效率；或者对 R&D 资源行业间的重新配置来改善资源配置效率（方军雄，2007）。

第三，市场化水平的提高也意味着改善现有的制度环境，这为企业的创新提供了优越的环境，主要表现在随着国有企业产权改革的逐渐深入，不断剥离、减轻国有企业的政策性负担，不仅硬化了国有企业的预算约束，同时放松了政府管制。研究表明，集权在一个预算软约束框架下，对 R&D 效率的提高起到了阻碍作用（Baumol，2002），而清晰的产权制度的界定则对 R&D 效率的提高具有显著影响。

综上所述，较高的市场化水平对研发效率的提高具有积极影响。与此同时，市场化水平的提高优化了资源配置，提高了行业内的竞争氛围，改善了制度环境，使产权制度进一步清晰化。而这一系列高市场化水平的积极影响为技术董事（包括技术独立董事与技术非独立董事）发挥作用提供了良好的外部条件，而行业的高竞争性也显示了技术董事必须发挥作用的紧迫性。根据以上分析，现提出如下假设：

H5-1：其他条件不变的情况下，市场化水平对 R&D 效率具有促进作用。

H5-2：其他条件不变的情况下，市场化水平对技术独立董事与 R&D 效率间存在正向调节作用。

H5-3：其他条件不变的情况下，市场化水平对技术非独立董事与 R&D 效率间存在正向调节作用。

（三）机构投资者对技术董事与 R&D 效率的影响

关于机构投资者的角色定位，学术界有三种主要观点：短期投资者假设、长期投资者假设，以及能动投资者假设。企业的研发活动不仅能够为企业带来长期的投资回报，也会提升企业的未来竞争力，是一种长期价值投资。但是由于存在研发投入与产出时间上的不一致性、研发活动存在收益的不确定性以及存在研发可能失败的风险，为了迎合部分投资者的需要、维持自己在经理人市场的优势，经营层会引发一系列短视行为。例如，在企业盈余水平较低时，经理层会通过削减研发支出甚至终止研发活动来弥补盈余差额；当自身任期快要结束时，更不会选择发展带来长远收益的项目，甚至会使研发项目停滞。因此，机构投资者是短期投资者还是能动投资者或者是长期投资者，对研发效率的影响以及对技术董事与研发效率之间的作用是不同的。

一是基于短期投资者假设，认为机构投资者主要注重短期收益，当股价波动而获取收益时会抛售股份。机构投资者对短期利益的追逐无形之中会影响到经理人的行为。在这种情况下，经理层将会更加注重公司的短期绩效，担心会因为短期盈余的不尽如人意而引发机构投资者大规模地抛售，最终造成股价下跌以及对公司价值的低估。同时，随着外部资本市场的逐步完善，机构投资者大宗股份的转让会使经理人面临被接管的风险，这样就会给经理人带来失业以及人力资本贬值等不利影响，从而激励企业的经理层以追求短期盈余为目标。然而研发活动本身周期较长，结果具有不确定性，很难在短时间内带来收益，经理层基于自身利益出发自然会忽视对企业的长期价值投资。此外，如果研发活动失败，对经理人的声誉以及企业的绩效都会产生负面作用。因此，机构投资者的选择也会影响经理人对研发活动的态度，如经理人为了降低自身职业风险，会选择减少相关研发的投入，以保证企业的短期利益。

二是基于长期投资者假设，认为机构投资者更看重长期回报。与个人投资者相比，机构投资者本身具有专业优势以及更为专业的投资经验与技巧，可以通过市场组合来分散风险。同时，机构投资者还具有个人投资者不具备的信息优势，可以对企业的发展作出更全面、更准确的判断。因此，机构投资者并不会因为短期的股价波动而放弃持股，反而由于对长远利益的考虑，会对创新活动的企业更为支持，因而也不会引发经理人对研发活动的抗拒。特别是大规模持股和具有丰富投资经验的机构投资者，如果将自己看作公司的“所有者”，认为自身有促使企业长期价值最大化的信托义务，并且希望企业的发展能够给自身带来长期稳定的回报，就会对企业经理层的“短视行为”进行监管，确保他们不是仅仅为了满足短期盈余目标，而是能够选择使公司长期价值最大化的投资活动。

三是基于能动投资者假设，在现实情况中机构投资者的持股比例较高，并且其具有的信息优势也使机构投资者作出的投资判断更为准确，因而收益具有规模效应。另外，对机构投资者来说，改变为降低风险而分散化的投资组合较为困难，而利用自身优势优化现有持股收益则较为容易。综上分析，机构投资者为了获得长远收益，有动力也有能力促进经理人对研发活动的积极作用。

与个人投资者相比，机构投资者具有以下优势。首先，机构投资者更加注重公司的长期价值，只有投资者追求长期价值才会更加关注公司的发展前景，从而促进技术创新。因此，注重长期发展的机构投资者支持研发活动，为技术董事（包括技术独立董事与技术非独立董事）顺利开展工作起到支持作用。其次，机构投资者资金雄厚，具有规模效应。相较个人投资者来说，机构投资者有更加专业的团队、顾问，从而对行业、公司基本状况把握更加准确，因而更侧重中长期投资。汤业国（2013）实证发现，机构投资者对技术创新的投入产出均具有显著正向影响。因此，机构投资者也为研发活动带来强大的资金支持，为技术董事（包括技术独立董事与技术非独立董事）支持的研发活动提供必要条件。最为重要的一点是，机构投资者可以作为有话语权的股东，通过给上市公司提出建议、干预企业的短视行为、影响公司政策制定等来参与公司治理，促使企业提高盈利能力与长期价值。这可以为技术董事工作的开展（包括技术独立董事与技术非独立董事）提供必要的支持。随着我国资本市场的逐步完善，机构投资者规模逐渐扩大，所发挥的积极作用也有利于公司的长期发展。根据以上分析，现提出如下假设：

H6-1：其他条件不变的情况下，机构投资者持股对R&D效率具有促进作用。

H6-2：其他条件不变的情况下，机构投资者持股对技术独立董事与R&D 效率间存在正向调节作用。

H6-3：其他条件不变的情况下，机构投资者持股对技术非独立董事与R&D 效率间存在正向调节作用。

## 第三节　研究设计

### 一、样本数据与变量选取

（一）样本和数据

为了确保研究的一致性，本章的实证研究是以第三章的样本数据为基础进行的，因调节变量中存在少量的缺失值，为避免上述影响，本章在第三章第一节的样本基础之上剔除缺失值，最终得到 2620 个样本。本章主要数据来源于 Wind 数据库、国泰安数据库（CSMAR）、中国知识产权网和万方数据库。其中，技术独立董事、技术非独立董事数据来自 CSMAR 中董事简历的手工收集，并对数据进行了抽样核对，以保证数据的可靠性。专利数据来源于万方数据库与中国知识产权网。本章所使用的统计分析工具为 Stata 13.0。

（二）变量选取

1. 被解释变量

本章选择 R&D 产出效率作为被解释变量。R&D 效率评价方法主要有 DEA 法和 SFA 法。肖仁桥（2012）认为，SFA 法需要对生产函数具体形式进行确定，还要设定分布假设，一旦以上两方面有误，结果就会出现偏差。然而 DEA 法基于全要素生产率理论，考虑经济主体各种投入要素对技术 R&D 效率的影响，利用投入产出数据构造出生产可能集的前沿面，可以清晰地说明投入和产出的组合，更具有综合性和稳定性。因此，本章 R&D 效率（RDEF）采用数据包络分析方法来评价。本章认为在研发创新过程中，知识的吸收、整合以及研发资金的投入、研发人员的到位都需要一定的时间支持，这势必会影响企业的创新速度，致使 R&D 效率反映在数据上有一定的时滞性。为了避免研发产出的时滞性影响实证结果，模型中 DEA 计算中投入量为当年的 R&D 费用，产出量则为滞后的专利产出。DEA 计算与前文一致。

2. 解释变量

本章选择技术董事作为研究的解释变量。考虑到技术董事中技术独立董事（TECDR）与技术非独立董事（NTECDR）作用途径存在差别，我们将技术董事变量分为两个层面。其中，技术非独立董事主要包括技术执行董事与技术股东董事，对决策制定与执行的作用更为突出。技术独立董事是指企业中有技术背景的独立董事，对上市公司的监督作用更为突出。技术董事的判别标准与第三章一致。

3. 调节变量

首先，探讨股权结构。

第一，产权性质（CONTROL）。即国有上市公司与非国有上市公司在资源禀赋、人员管理、组织架构、面临的外界环境上都会存在较大的差异。因此，不同的产权性质会对技术董事与 R&D 效率产生调节作用。其中产权性质设置为虚拟变量，如果国有为 1，则非国有为 0。

第二，股权制衡度（CB）。本章股权制衡度以公司第二至第五大股东持股比例之和与第一大股东持股的比例之比作为替代变量，衡量其他大股东对控股股东的约束力。

其次，探讨技术董事薪酬方面分别以技术独立董事平均薪酬的自然对数（TECOMP）与技术非独立董事平均薪酬（NTECOMP）的自然对数作为衡量指标。

最后，探讨外部公司治理。

第一，财务分析人员跟踪（IFCOVERAGE）。设置其为虚拟变量，如果公司存在财务分析师跟踪则为 1，否则为 0。

第二，市场化指数（MARKET）。樊纲、王小鲁、朱恒鹏编制的《中国市场化指数：各地区市场化相对进程 2011 年报告》中的市场化进程指标被广泛用于衡量中国各地区的制度环境。指数越大，说明该地区的制度环境越好，政府干预越少。而该数据只截至 2009 年，考虑到不同年度制度环境具有相对稳定性，本书将 2010 年的指数等于 2009 年的指数加上 2007 年、2008 年、2009 年这三年相对于前一年指数增加值的平均数，依此类推。

第三，机构投资者持股比例（INO）。以机构投资者持股比例之和为替代变量。

4. 控制变量

影响技术创新效率的因素有很多，技术董事只是其中的一部分。为了得到更加准确的实证结果，我们在实证分析时对其他影响技术董事与技术创新效率之间关系的因素进行控制。因此，在已有文献的基础之上，本章选取了公司规模（SIZE）、盈利能力（ROA）、偿债能力（LEV）、现金持有水平（CASH）、成长性（GOA）、股权集中度（HFD_5）作为控制变量，并且为了控制不同年度的外部环境，本章对年份也进行了控制。

（1）公司规模。

熊彼特的创新理论中，认为研发支出会受到公司规模的影响，已有研究对公司规模与研发效率二者之间的分析的主要观点如下：一种观点认为规模较大的企业，具有资源禀赋以及成本分摊的优势，有利于研发效率的提高。Chen 和 Chien（2004）认为，研发效率的提升是具有规模效应的。而相反的观点则认为，扩大公司规模带来的不仅仅是规模效应，内耗成本也会随之增加，管理控制能力反而随之降低。因此，公司规模与研发效率之间是负相关的作用。然而还有学者提出第三种观点，规模较大或者规模较小的企业研发效率都较高，但是规模中等的企业研发效率相对偏低，即研发效率与规模之间是“U 形”的关系。由于小企业研发的高精尖人员较少，资金投入有限，并且管理经验较为缺乏，因而失败的概率较大。然而大企业不仅具有资金人员投入优势，并且能吸引优秀的研发与管理人才，可以更好地控制研发风险，提高研发效率。因此，本章倾向于第一种观点。本章采用公司资产总额对数作为公司规模的替代变量。

（2）盈利能力。

资产收益率是净利润与资产总额的比值，该指标结合损益表与资产负债表的内容，体现了企业获取利润的能力。企业的盈利能力是企业存在发展的必要条件，也是研发活动的前提条件。因为研发活动需要一定的研发投入作为保证，企业盈利能力越强，开展研发活动的客观条件就越容易满足。同时，较好的盈利能力可以为企业带来较好的发展前景：一方面可以吸引高精尖人才的加入，另一方面也可以吸引相关的资金注入。这两方面都可以为研发活动创造良好的条件。据此假设，企业盈利能力与上市公司研发效率呈正相关关系。本章采用资产收益率来衡量企业的盈利能力。

（3）偿债能力。

在我国现实背景下，高资产负债率的公司往往会增加违背债务契约的概率，并且在获取银行等金融机构的贷款时会受到诸多限制。研发活动的高投入以及产出的不确定性，则会降低企业管理层作出开展研发活动决策的可能性。因此，我们认为企业负债水平与上市公司研发效率之间呈显著的负相关关系，并采用负债总额与平均资产总额之间的比例作为企业的负债水平。

（4）现金持有水平 。

韩忠雪（2014）在探究技术高管对企业技术创新效率的影响时，控制了现金持有水平。研发活动需要大量经费，如果现金持有水平较高则更利于研发活动的开展。据此假设，企业现金持有水平与 R&D 效率呈正相关关系。本章选择使用期末现金及现金等价物余额/总资产来衡量现金持有水平。

（5）成长性。

已有研究认为高成长性将鼓励企业从事创新活动，以此增加企业的核心竞争力和自身竞争优势，最终获取利润。据此，本章认为企业成长性与 R&D 效率呈正相关关系。虽然多数学者选择托宾 Q 值作为衡量企业成长性的替代变量，但考虑到我国的现实情况，由于较难准确地估计上市公司的市场价值，因此本章选择总资产增长率来度量企业成长性。

（6）股权集中度。

基于委托—代理理论，Jensen 和 Meckling 认为股权结构是解决经营者代理行为的重要制度安排。当股权高度分散时，Francis 和 Smith（1995）发现中小股东监督成本超过监督收益，“搭便车”成为他们的最优选择。Shleifer 和 Vishny（1998）发现股权集中度较高时，由此产生的激励效应可以缓解董事与股东之间的代理冲突，降低代理成本。因此，股权集中度较高能够使企业更有动机、有能力对企业研发活动实施有效监督。大股东可以通过与技术董事有效沟通了解本企业的研发活动，降低信息不对称。更重要的是，大股东可为研发活动提供财务支持。Lee 和 O’Neill（2003）实证发现，大股东可以为长期技术创新提供稳定持续的支持，考虑到技术创新带来的可持续性长期回报，即使面临接管危险时也不会轻易出卖股权。因此，大股东为技术董事作用发挥提供了条件。凡事都具有两面性，相关研究表明了世界范围内的股权集中趋势，而我国尤其明显，因此容易导致大股东对小股东利益侵占的问题。特别是在当股东持股比例明显较高时，其有足够的动机与能力攫取控制权私有收益，即大股东通过控制上市公司的资源分配，制定有利于自身利益的相关政策。因此，在集中的股权结构下，大股东可能仅为一己私利侵占研发费用等，因而阻碍研发活动的开展。因此，本章认为，较高的股权集中度对 R&D 效率具有消极影响。

表 6-1　研究变量定义

| 变量类型 | 变量 | 变量代码 | 变量含义 |
|---|---|---|---|
| 被解释变量 | R&D 效率 | *RDEF* | 根据 DEA 测算出的研发投入产出效率，其中产出为滞后一年专利数 |
| 解释变量 | 技术独立董事 | *TECDR* | 虚拟变量，如果公司设置了技术独立董事则为 1，否则为 0 |
| | 技术非独立董事 | *NTECDR* | 虚拟变量，如果公司设置了技术非独立董事则为 1，否则为 0 |
| 调节变量 | 产权性质 | *CONTROL* | 国有控股公司取值为 1，其他为 0 |
| | 股权制衡度 | *CB* | 公司第二至第五大股东持股比例之和与第一大股东持股比例的比值 |
| | 技术独立董事薪酬 | *TECOMP* | 技术独立董事平均薪酬的自然对数 |
| | 技术非独立董事薪酬 | *NTECOMP* | 技术非独立董事平均薪酬的自然对数 |
| | 财务分析人员跟踪 | *IFCOVERAGE* | 虚拟变量，如果公司存在财务分析师跟踪则为 1，否则为 0 |
| | 市场化指数 | *MARKET* | 因樊纲等（2011）的数据截至 2009 年，2010 年的指数等于 2009 年的指数加上 2007—2009 年这三年相对于前一年指数增加值的平均数，依此类推 |
| | 机构投资者持股比例 | *INO* | 机构投资者持股比例之和 |
| 控制变量 | 成长性 | *GOA* | 总资产增长率 |
| | 盈利能力 | *ROA* | 净利润与总资产的比例 |

续表

| 变量类型 | 变量 | 变量代码 | 变量含义 |
|---|---|---|---|
| 控制变量 | 偿债能力 | *LEV* | 资产负债率 |
| | 股权集中度 | *HFD_5* | 前五名股东持股比例平方和 |
| | 现金持有水平 | *CASH* | 期末现金及现金等价物余额 / 总资产 |
| | 公司规模 | *SIZE* | 公司资产总额对数 |

## 二、模型设计

本章根据上述各变量与 R&D 效率之间的关系建立多元线性回归模型，$\beta_0$ 为截距项，$\beta_1$~$\beta_{10}$ 是待估系数，$\delta$ 为随机误差项。

用模型（6–1）检验产权性质对技术独立董事与 R&D 效率的调节作用。

$$RDEF=\beta_0+\beta_1 TECDR+\beta_2 CONTROL+\beta_3 TECDR\times CONTROL+\beta_4 GOA+\beta_5 ROA+\beta_6 LEV+\beta_7 HFD\_5+\beta_8 CASH+\beta_9 SIZE+\beta_{10} Year_{1\_7}+\delta \quad (6\text{–}1)$$

用模型（6–2）检验产权性质对技术非独立董事与 R&D 效率的调节作用。

$$RDEF=\beta_0+\beta_1 NTECDR+\beta_2 CONTROL+\beta_3 NTECDR\times CONTROL+\beta_4 GOA+\beta_5 ROA+\beta_6 LEV+\beta_7 HFD\_5+\beta_8 CASH+\beta_9 SIZE+\beta_{10} Year_{1\_7}+\delta \quad (6\text{–}2)$$

用模型（6–3）检验股权制衡对技术独立董事与 R&D 效率的调节作用。

$$RDEF=\beta_0+\beta_1 TECDR+\beta_2 \mathrm{CB}+\beta_3 TECDR\times CB+\beta_4 GOA+\beta_5 ROA+\beta_6 LEV+\beta_7 CASH+\beta_8 SIZE+\beta_9 Year_{1\_7}+\delta \quad (6\text{–}3)$$

用模型（6–4）检验股权制衡对技术非独立董事与 R&D 效率的调节作用。

$$RDEF=\beta_0+\beta_1 NTECDR+\beta_2 CB+\beta_3 NTECDR\times CB+\beta_4 GOA+\beta_5 ROA+\beta_6 LEV+\beta_7 CASH+\beta_8 SIZE+\beta_9 Year_{1\_7}+\delta \quad (6\text{–}4)$$

用模型（6–5）检验技术独立董事薪酬对技术独立董事与 R&D 效率的调节作用。

$$RDEF=\beta_0+\beta_1 TECDR+\beta_2 TECOMP+\beta_3 GOA+\beta_4 ROA+\beta_5 LEV+\beta_6 HFD\_5+\beta_7 CASH+\beta_8 SIZE+\beta_9 Year_{1\_7}+\delta \quad (6\text{–}5)$$

用模型（6–6）检验技术非独立董事薪酬对技术非独立董事与 R&D 效率的调节作用。

$$RDEF=\beta_0+\beta_1 NTECDR+\beta_2 TECOMP+\beta_3 GOA+\beta_4 ROA+\beta_5 LEV+\beta_6 HFD\_5+\beta_7 CASH+\beta_8 SIZE+\beta_9 Year_{1\_7}+\delta \quad (6\text{–}6)$$

用模型（6–7）检验财务分析人员对技术独立董事与 R&D 效率的调节作用。

$$RDEF=\beta_0+\beta_1 TECDR+\beta_2 IFCOVERAGE+\beta_3 TECDR\times IFCOVERAGE+\beta_4 GOA+\beta_7 CASH+\beta_8 SIZE+\beta_9 Year_{1\_7}+\delta \quad (6\text{–}7)$$

用模型（6–8）检验财务分析人员对技术非独立董事与 R&D 效率的调节作用。

$$RDEF=\beta_0+\beta_1 NTECDR+\beta_2 IFCOVERAGE+\beta_3 NTECDR\times IFCOVERAGE+\beta_4 GOA+\beta_5 ROA+\beta_6 LEV+\beta_7 HFD\_5+\beta_8 CASH+\beta_9 SIZE+\beta_{10} Year_{1\_7}+\delta \quad (6\text{–}8)$$

用模型（6–9）检验市场化指数对技术独立董事与 R&D 效率的调节作用。

$$RDEF=\beta_0+\beta_1 TECDR+\beta_2 MARKET+\beta_3 TECDR\times MARKET+\beta_4 GOA+\beta_5 ROA+\beta_6 LEV+\beta_7 HFD\_5+\beta_8 CASH+\beta_9 SIZE+\beta_{10} Year_{1\_7}+\delta \quad (6\text{–}9)$$

用模型（6–10）检验市场化指数对技术非独立董事与 R&D 效率的调节作用。

$$RDEF=\beta_0+\beta_1 NTECDR+\beta_2 MARKET+\beta_3 NTECDR\times MARKET+\beta_4 GOA+\beta_5 ROA+\beta_6 LEV+\beta_7 HFD\_5+\beta_8 CASH+\beta_9 SIZE+\beta_{10} Year_{1\_7}+\delta \quad (6\text{–}10)$$

用模型（6–11）检验机构投资者对技术独立董事与 R&D 效率的调节作用。

$$RDEF=\beta_0+\beta_1 TECDR+\beta_2 INO+\beta_3 TECDR\times INO+\beta_4 GOA+\beta_5 ROA+\beta_6 LEV+\beta_7 HFD\_5+\beta_8 CASH+\beta_9 SIZE+\beta_{10} Year_{1\_7}+\delta \quad (6\text{–}11)$$

用模型（6–12）检验机构投资者对技术非独立董事与 R&D 效率的调节作用。

$$RDEF=\beta_0+\beta_1 NTECDR+\beta_2 INO+\beta_3 NTECDR\times INO+\beta_4 GOA+\beta_5 ROA+\beta_6 LEV+\beta_7 HFD\_5+\beta_8 CASH+\beta_9 SIZE+\beta_{10} Year_{1\_7}+\delta \quad (6\text{–}12)$$

# 第四节 实证分析

## 一、描述性统计

表 6–2 是对研究的主要变量进行描述性统计的结果。

表 6–2 研究变量描述性结果

| 变量名称 | 样本量 | 最小值 | 最大值 | 平均值 | 中位数 | 标准差 |
|---|---|---|---|---|---|---|
| *RDEF* | 2620 | 0 | 0.843 | 0.283 | 0.286 | 0.245 |
| *TECDR* | 2620 | 0 | 1 | 0.595 | 1 | 0.491 |
| *NTECDR* | 2620 | 0 | 1 | 0.685 | 1 | 0.465 |
| *CONTROL* | 2620 | 0 | 1 | 0.343 | 0 | 0.475 |
| *FIRST* | 2620 | 8.773 | 73.873 | 37.762 | 37.145 | 14.684 |
| *CB* | 2620 | 0.022 | 2.594 | 0.681 | 0.531 | 0.566 |
| *TECOMP* | 1560 | 0 | 150000 | 52419.76 | 50000 | 27113.75 |
| *NTECOMP* | 1795 | 0 | 1450600 | 310123.5 | 253500 | 270296.3 |
| *IFCOVERAGE* | 2620 | 0 | 1 | 0.964 | 1 | 0.187 |
| *MARKET* | 2620 | 5.211 | 14.495 | 10.079 | 10.27 | 2.256 |
| *INO* | 2620 | 0.002 | 0.859 | 0.333 | 0.303 | 0.24 |
| *GOA* | 2620 | –0.189 | 2.561 | 0.302 | 0.141 | 0.483 |
| *ROA* | 2620 | –0.088 | 0.209 | 0.053 | 0.48 | 0.047 |
| *LEV* | 2620 | 0.035 | 0.826 | 0.381 | 0.373 | 0.195 |
| *HFD_5* | 2620 | 0.017 | 0.548 | 0.185 | 0.164 | 0.116 |
| *CASH* | 2620 | 0.023 | 0.711 | 0.225 | 0.178 | 0.159 |
| *SIZE* | 2620 | 19.812 | 25.008 | 21.564 | 21.403 | 1.025 |

从表 6–2 中可以看出：

（1）我国上市公司 R&D 效率平均值仅为 0.283，最大值为 0.843，最小值仅为 0，并且中位数 0.286 要大于平均值 0.283，一定程度上表明 R&D 效率较低的情况较为普遍。国际经验型研究结论认为，研发强度达到 0.2 时，企业可以勉强生存，只有大于 0.5 时，企业才有竞争力（潘承烈，2006）。可见我国上市公司 R&D 效率低于世界平均水平，研发能力亟待提高。同时，R&D 效率的标准差为 0.245，表明 R&D 效率水平差距很大，这也从侧面反映出我们对 R&D 效率研究的必要性。

（2）样本公司中设置技术独立董事比例的平均值为 0.595，小于设置技术非独立董事的 0.685。这与胡元木（2012）得到的结论相近，但是技术独立董事比例相对有所提高。一方面是由于随着时间的推移，注重创新的上市公司逐渐提高技术董事的设置比例；另一方面是因为两者技术董事的判别标准并不完全一致，本章将曾经担任技术岗位的主要负责人以及重要行业协会的负责人也纳入技术董事的范畴。

（3）从产权性质可以看出，样本公司中有 0.343 的企业属于国有企业。股权制衡度均值为 0.681，最小值为 0.022，表明股权制衡度较低，这也从侧面反映出股权集中度较高，与之前的分析一致。

（4）技术独立董事津贴的均值为 50000 元，与胡元木（2012）的研究结果相符；而技术非独立董事平均薪酬达到 253500 元。这也反映出技术独立董事与技术非独立董事薪酬来源不一致，并且技术非独立董事薪酬要远远高于技术独立董事。

（5）财务分析师跟踪情况。有 0.964 的样本被跟踪，说明新常态经济下财务分析师对研发活动的认可。市场化指数平均值为 10.079，标准差仅为 2.256，说明重视研发的上市公司大多分布在市场化程度较高的地区。机构投资者持股比例的平均值为 0.333，最大值高达 0.859，表明我国机构投资者作为重要的外部治理力量，对上市公司产生重要影响，也体现出对机构投资者研究的必要性。

技术独立董事与技术非独立董事设置的样本分布如表 6–3 所示，2007—2013 年，设置技术非独立董事的公司依次稳步递增；设置技术独立董事的公司在 2007—2011 年稳步递增，2012 年与 2013 年保持一种均衡状态。值得注意的是，2009—2011 年，设置技术独立董事的公司的增长速度要大于设置技术非独立董事的公司的增长速度。这也充分体现出上市公司认识到了技术独立董事的作用发挥。另外，我们还发现，设置技术非独立董事的公司数量仍旧小于设置技术独立董事的公司数量。

表 6–3　设置技术独立董事、技术非独立董事样本分布

| 年份 | 设置技术独立董事公司 | 百分比（%） | 设置技术非独立董事公司 | 百分比（%） |
|---|---|---|---|---|
| 2007 | 114 | 7.31 | 138 | 7.69 |
| 2008 | 138 | 8.85 | 170 | 9.47 |
| 2009 | 171 | 10.96 | 186 | 10.36 |
| 2010 | 272 | 17.44 | 299 | 16.66 |
| 2011 | 295 | 18.91 | 329 | 18.33 |
| 2012 | 286 | 18.33 | 330 | 18.38 |
| 2013 | 284 | 18.21 | 343 | 19.11 |
| 合计 | 1560 | 100 | 1795 | 100 |

## 二、Pearson 相关性检验

为防止变量之间多重共线性的问题，本章对 R&D 效率、技术独立董事与技术非独立董事以及调节变量、控制变量进行 Pearson 相关性检验，如表 6–4 所示。对存在多重共线性的问题进行适当调整，使模型更加合理可靠。

通常两个变量之间的相关系数超过 0.8，意味着这两个解释变量之间高度相关，存在较为严重的多重共线性。从表 6–4 中可以看出：TECDR 与 TECOMP 相关系数为 0.779，且通过 1% 的显著性检验；NTECDR 与 NTECOMP 相关系数为 0.552，且通过 1% 的显著性检验。这是因为只有设置技术独立（非独立）董事的公司，才会有技术独立（非独立）董事薪酬的平均数。因此，在研究技术独立（非独立）董事薪酬对 R&D 效率的调

表 6-4　变量间的相关系数检验

| 变量 | *RDEF* | *TECDR* | *NTECDR* | *CONTROL* | *CB* | *TECOMP* | *NTECOMP* | *IFCOVERAGE* | *MARKET* | *INO* | *GOA* | *ROA* | *LEV* | *HFD_5* | *CASH* | *SIZE* |
|---|---|---|---|---|---|---|---|---|---|---|---|---|---|---|---|---|
| *RDEF* | 1.000 | | | | | | | | | | | | | | | |
| *TECDR* | $0.046^{**}$ | 1.000 | | | | | | | | | | | | | | |
| *NTECDR* | $0.062^{***}$ | $0.260^{***}$ | 1.000 | | | | | | | | | | | | | |
| *CONTROL* | −0.014 | −0.030 | $0.061^{***}$ | 1.000 | | | | | | | | | | | | |
| *CB* | 0.022 | $0.069^{***}$ | $0.101^{***}$ | $-0.312^{***}$ | 1.000 | | | | | | | | | | | |
| *TECOMP* | $0.070^{***}$ | $0.779^{***}$ | $0.207^{***}$ | −0.011 | 0.029 | 1.000 | | | | | | | | | | |
| *NTECOMP* | $0.094^{***}$ | $0.153^{***}$ | $0.552^{***}$ | $-0.036^{*}$ | $0.146^{***}$ | $0.193^{***}$ | 1.000 | | | | | | | | | |
| *IFCOVERAGE* | $0.106^{***}$ | $0.069^{***}$ | $0.053^{***}$ | $-0.040^{**}$ | 0.017 | $0.077^{***}$ | $0.086^{***}$ | 1.000 | | | | | | | | |
| *MARKET* | $0.081^{***}$ | −0.019 | $-0.084^{***}$ | $-0.326^{***}$ | $0.051^{***}$ | −0.012 | $0.068^{***}$ | 0.000 | 1.000 | | | | | | | |
| *INO* | $0.060^{***}$ | −0.029 | $-0.052^{***}$ | $0.243^{***}$ | $-0.114^{***}$ | 0.018 | $0.071^{***}$ | $0.092^{***}$ | −0.021 | 1.000 | | | | | | |
| *GOA* | $0.043^{**}$ | $0.069^{***}$ | $0.070^{***}$ | $-0.176^{***}$ | $0.093^{***}$ | 0.027 | $0.060^{***}$ | $0.079^{***}$ | −0.001 | $-0.137^{***}$ | 1.000 | | | | | |
| *ROA* | $0.050^{**}$ | −0.001 | −0.009 | $-0.125^{***}$ | $0.126^{***}$ | 0.001 | $0.139^{***}$ | $0.136^{***}$ | $0.036^{*}$ | $0.198^{***}$ | $0.178^{***}$ | 1.000 | | | | |
| *LEV* | −0.011 | $-0.056^{***}$ | 0.028 | $0.343^{***}$ | $-0.225^{***}$ | 0.014 | −0.029 | $-0.047^{**}$ | $-0.161^{***}$ | $0.139^{***}$ | $-0.231^{***}$ | $-0.382^{***}$ | 1.000 | | | |
| *HFD_5* | 0.017 | 0.018 | 0.001 | $0.157^{***}$ | $-0.513^{***}$ | $0.049^{**}$ | −0.004 | $0.060^{***}$ | −0.016 | $0.130^{***}$ | $0.065^{***}$ | $0.099^{***}$ | 0.000 | 1.000 | | |
| *CASH* | $0.054^{***}$ | $0.039^{**}$ | 0.013 | $-0.163^{***}$ | $0.119^{***}$ | 0.009 | $0.058^{***}$ | $0.053^{***}$ | $0.051^{***}$ | $-0.119^{***}$ | $0.470^{***}$ | $0.314^{***}$ | $-0.583^{***}$ | $0.096^{***}$ | 1.000 | |
| *SIZE* | $0.117^{***}$ | $-0.055^{***}$ | 0.015 | $0.359^{***}$ | $-0.209^{***}$ | $0.110^{***}$ | $0.170^{***}$ | $0.131^{***}$ | $-0.115^{***}$ | $0.279^{***}$ | $-0.089^{***}$ | $-0.063^{***}$ | $0.473^{***}$ | $0.218^{***}$ | $-0.251^{***}$ | 1.000 |

注：***、**、* 分别表示在 1%、5%、10% 的水平上显著。

节作用时，本章将原始数据按照设置技术独立董事与设置技术非独立董事的公司进行分组。通过检验技术独立（非独立）董事薪酬对 R&D 效率是否有直接作用，来验证薪酬对技术独立（非独立）董事与 R&D 效率之间的调节作用。其余解释变量之间并没有多重共线性问题，可以直接进行回归分析。为避免多重共线性问题，我们会在进行回归之后测算 VIF 值。

## 三、假设检验的回归结果分析

本章根据提出假设的两个方面，即内部治理与外部治理来分别探究治理因素是否具有调节作用。根据股权结构、技术董事薪酬（包括技术独立董事薪酬与技术非独立董事薪酬）及外部治理因素三个方面分别列示分析回归结果（见表 6–5、表 6–6 和表 6–7）。

表 6–5　股权结构模型回归结果

| 变量 | 模型 1 | 模型 2 | 模型 3 | 模型 4 |
|---|---|---|---|---|
| *TECDR* | 0.024**<br>（2.52） | | 0.023**<br>（2.36） | |
| *NTECDR* | | 0.034***<br>（3.3） | | 0.028***<br>（2.69） |
| *CONTROL* | –0.018<br>（–1.61） | –0.022*<br>（3.37） | | |
| *TECDR*CONTROL* | 0.033<br>（1.64） | | | |
| *NTECDR*CONTROL* | | 0.034*<br>（1.69） | | |
| *CB* | | | 0.014*<br>（1.69） | 0.015*<br>（1.74） |
| *TECDR*CB* | | | –0.019<br>（–1.03） | |
| *NTECDR* CB* | | | | –0.035*<br>（–1.71） |

续表

| 变量 | 模型 1 | 模型 2 | 模型 3 | 模型 4 |
|---|---|---|---|---|
| *GOA* | 0.095<br>(0.8) | 0.008<br>(0.66) | 0.011<br>(0.97) | 0.01<br>(0.89) |
| *ROA* | 0.177<br>(1.55) | 0.168<br>(1.48) | 0.175<br>(1.54) | 0.179<br>(1.57) |
| *LEV* | −0.016<br>(−0.44) | −0.022<br>(−0.61) | −0.013<br>(−0.37) | −0.022<br>(−0.6) |
| *HFD_5* | −0.524<br>(−1.23) | −0.048<br>(−1.12) | | |
| *CASH* | 0.077*<br>(1.87) | 0.077*<br>(1.75) | 0.07*<br>(1.7) | 0.067<br>(1.63) |
| *SIZE* | 0.038***<br>(6.34) | 0.037***<br>(6.31) | 0.033***<br>(6.06) | 0.034***<br>(6.01) |
| *_CONS* | −0.544***<br>(−4.59) | −0.545***<br>(−4.61) | −0.492***<br>(−4.3) | −0.489***<br>(−4.29) |
| 年度 | 控制 | 控制 | 控制 | 控制 |
| *F* 值 | 6.79 | 7.07 | 7 | 7.34 |
| 调整 $R^2$ | 0.032 | 0.034 | 0.031 | 0.033 |
| 样本总数 | 2620 | | | |

注：***、**、* 分别表示在 1%、5%、10% 的水平上显著。为避免共线性，交乘项都经过中心化处理。

通过表 6–5 可以看出：首先，将模型 1 与模型 2 对比分析，产权性质对 R&D 效率具有直接抑制作用，并在非独立董事的模型中表现得更加明显。然而产权性质对技术董事与 R&D 效率的正向调节作用也在模型 2 中通过显著性检验，也就意味着产权性质对技术非独立董事的影响更大，这与前面的分析一致。作为国有企业的代理人，出于对自身政绩的考虑，董事以及经理层不会积极主动地选择风险性较大的研发活动。然而，一旦选择开展研发活动，技术非独立董事基于对自身声誉以及晋升的考虑，则会积极主动地提升研发能力，提高 R&D 效率。由于技术独立董事的作用发挥主要倾向于监督作用，产权性质对其作用发挥并不明显。

其次，通过对比模型 3 与模型 4，我们可以得出股权制衡度对 R&D 效率具有直接的积极促进作用。与此同时，随着股权制衡度的提高，会对技术董事与 R&D 效率之间起到抑制作用。这也从一个侧面反映出当股权制衡度较小时，第一大股东持股的绝对优势。如果此时第二至第五大股东支持研发活动，研发活动一旦失败，则第一大股东损失较大，而第二至第五大股东只会损失一小部分；研发活动一旦成功，则第二至第五大股东就会从研发的可观收益中牟利。因此，随着第二至第五大股东的持股比例逐渐增强，其规避风险的意识也逐渐增强，即股权制衡度对技术董事与 R&D 效率之间存在负向的调节作用。

表 6–6　技术董事薪酬模型回归结果

| 变量 | 模型 5 | 模型 6 |
|---|---|---|
| *TECOMP* | $1.14x/0^{-7}$<br>（0.49） | |
| *NTECOMP* | | $2.71x/0^{-8}$<br>（1.19） |
| *GOA* | 0.005<br>（0.39） | 0.013<br>（0.94） |
| *ROA* | 0.225<br>（1.57） | 0.114<br>（0.82） |
| *LEV* | –0.016<br>（–0.35） | –0.050<br>（–1.16） |
| *HFD_5* | –0.079<br>（–1.52） | –0.084*<br>（–1.69） |
| *CASH* | –0.007<br>（–0.66） | 0.073<br>（1.49） |
| *SIZE* | 0.039**<br>（5.09） | 0.036***<br>（5.26） |
| *_CONS* | –0.532***<br>（–3.55） | –0.491***<br>（–3.52） |
| 年度 | 控制 | 控制 |
| *F* 值 | 4.28 | 5.66 |
| 调整 $R^2$ | 0.035 | 0.033 |
| 样本总数 | 1560 | 1795 |

注：*** 、** 、* 分别表示在 1%、5%、10% 的水平上显著。

通过对模型的调整，在技术独立董事与技术非独立董事津贴的回归模型中，VIF 的最大值仅为 2.67，VIF 的平均值仅为 1.95。这说明模型并不存在多重共线性，因此模型是可靠的。需要注意的是，我们设置技术独立董事和技术非独立董事的样本总数分别为 1560 与 1795（见表 6–3）。可以看出，无论是技术独立董事还是技术非独立董事的薪酬，都没有通过显著性检验，这说明在现实中存在技术董事薪酬并没有完全发挥激励作用的现象。值得注意的是，模型中如果去掉 SIZE，则 TECOMP 与 NTECOMP 都会通过显著性检验。这不能说明当前技术董事的激励是合适的，但在一定程度上，可以从侧面反映出规模对 R&D 效率的影响是比较大的。因为规模较大的公司更有实力投入研发活动，而规模较小的公司因为自身实力与抗风险能力都较弱，往往不会主动进行研发活动。

表 6–7　外部治理因素模型回归结果

| 变量 | 模型 7 | 模型 8 | 模型 9 | 模型 10 | 模型 11 | 模型 12 |
|---|---|---|---|---|---|---|
| *TECDR* | $0.020^{**}$<br>（2.32） | | $0.026^{***}$<br>（2.66） | | $0.025^{**}$<br>（2.54） | |
| *NTECDR* | | $0.029^{***}$<br>（2.89） | | $0.036^{***}$<br>（3.56） | | $0.032^{**}$<br>（3.14） |
| *IFCOVERAGE* | $0.091^{***}$<br>（3.28） | $0.076^{***}$<br>（2.8） | | | | |
| *TECDR * IFCOVERAGE* | 0.035<br>（0.68） | | | | | |
| *NTECDR* IFCOVERAGE* | | −0.083<br>（−1.62） | | | | |
| *MARKET* | | | $0.026^{***}$<br>（2.66） | $0.011^{***}$<br>（4.68） | | |
| *TECDR* MARKET* | | | 0.0005<br>（0.14） | | | |
| *NTECDR * MARKET* | | | | −0.006<br>（−1.26） | | |
| *INO* | | | | | 0.028<br>（1.3） | 0.032<br>（1.44） |

续表

| 变量 | 模型 7 | 模型 8 | 模型 9 | 模型 10 | 模型 11 | 模型 12 |
|---|---|---|---|---|---|---|
| *TECDR*INO* | | | | | 0.032<br>(0.8) | |
| *NTECDR* INO* | | | | | | 0.028<br>(0.65) |
| *GOA* | 0.01<br>(0.9) | 0.01<br>(0.82) | 0.01<br>(0.93) | 0.01<br>(0.86) | 0.014<br>(1.21) | 0.014<br>(1.15) |
| *ROA* | 0.15<br>(1.32) | 0.132<br>(1.16) | 0.173<br>(1.58) | 0.165<br>(1.46) | 0.15<br>(1.28) | 0.142<br>(1.2) |
| *LEV* | −0.018<br>(−0.49) | −0.032<br>(−0.88) | −0.018<br>(−0.49) | −0.024<br>(−0.66) | −0.025<br>(−0.71) | −0.033<br>(−0.91) |
| *HFD_5* | −0.061<br>(−1.44) | −0.061<br>(−1.44) | −0.062<br>(−1.46) | −0.064<br>(−1.5) | −0.063<br>(−1.48) | −0.061<br>(−1.43) |
| *CASH* | 0.074*<br>(1.81) | 0.07*<br>(1.7) | 0.074*<br>(1.79) | 0.069*<br>(1.68) | 0.075*<br>(1.81) | 0.07*<br>(1.7) |
| *SIZE* | 0.032***<br>(5.66) | 0.033***<br>(5.71) | 0.038***<br>(6.67) | 0.038***<br>(6.61) | 0.034***<br>(5.83) | 0.033***<br>(5.71) |
| 年度 | 控制 | 控制 | 控制 | 控制 | 控制 | 控制 |
| *F* 值 | 7.17 | 7.54 | 7.74 | 8.2 | 6.58 | 6.81 |
| 调整 $R^2$ | 0.034 | 0.036 | 0.037 | 0.04 | 0.031 | 0.032 |
| 样本总数 | 2620 | | | | | |

注：***、** 、* 分别表示在 1%、5%、10% 的水平上显著。为避免共线性，交乘项都经过中心化处理。

通过表 6-7，首先将模型 7 与模型 8 进行对比，财务分析师对 R&D 效率具有直接推动作用，两个模型都通过显著性检验。这也就意味着财务分析师跟踪对企业研发活动有很大的正向影响，与我们前面的分析一致。值得注意的是，虽然没有通过显著性检验，但我们可以发现财务分析跟踪对技术非独立董事与 R&D 效率之间起到反向影响。这说明作为管理层的技术执行董事以及代表大股东意见的技术股东董事，在面对财务分析师的跟踪时，有压力使财务指标更加美观，于是会更加追求短期效果，因而对研发活动的支持力度会较弱。然而技术独立董事与财务分析师从监督的角度发挥类似的作用，因此，财务分析师对技术独立董事与 R&D 效率的调节作用是正向的。

其次，对照模型 9 与模型 10 可以发现，市场发育程度对 R&D 效率的直接作用呈正相关。虽然没有通过显著性检验，但是系数的符号说明市场发育程度越高，越会对 R&D 效率产生正向影响。在描述性统计中，我们发现市场化指数平均数为 10.079，说明重视研发的上市公司大多都处于市场化程度发育较高的环境中。需要注意的是，市场化指数对技术非独立董事与 R&D 效率之间的作用虽然没有通过显著性检验，但是符号却为负。这反映出在市场化发育程度较高的地区，技术非独立董事还有许多其他的机会可以选择，并且市场发育程度高意味着竞争程度也高。所以，技术非独立董事或许出于风险规避意识，而减少研发活动。

最后，通过对模型 11 与模型 12 的对比，我们可以得出机构投资者对 R&D 效率的直接作用以及对技术董事与 R&D 效率之间的调节作用，即使没有通过显著性检验也都是正向的。这说明随着我国资本市场的逐步发展，机构投资者作为公司治理重要的外部力量，发挥着积极作用。

## 本章小结

通过实证分析检验，我们发现股权结构中的产权性质对技术董事与 R&D 效率具有正向调节作用，股权制衡度对技术董事与 R&D 效率具有反向调节作用。然而薪酬以及外部治理的调节作用并不显著。这与我们之前的分析一致，企业的创新活动更受到企业内部环境的影响，但是并不意味着企业外部环境对 R&D 效率没有作用，财务分析人员的跟踪、市场化指数与 R&D 效率都呈显著正相关。以上研究结果为优化公司治理结构，提升技术董事作用发挥具有指导意义。针对研究结论，得出以下启示。

（一）优化股权结构

股权适当集中。Shlerifer 和 Vishny（1986）通过实证研究表明股权集中是必要的，可以有效监督管理者行为，降低代理成本。但我国企业多存在股权集中的情况，许多企业国有股一股独大为市场监控带来难题。股权过度集中使大股东为追求现实利益，而规避风险与收益同在的研发活动，不利于 R&D 效率的提高。而适当的股权集中，可以使大股东为了追求控制权利益而将眼光放得长远，通过对研发资金与人力的投入推动企业良好地创新发展。而这类实质性的发展会给股东带来良好的收益，给技术董事带来良好的赞誉与成就感，同时引起大股东、管理层对技术董事作用发挥的重视。这些积极因素又会促使新一轮研发活动的开展进入良性循环。值得注意的是，股权适当集中也为技术董事的逆向选择与道德风险行为起到一定的抑制作用。同时，正确看待国有企业的研发活动，产权性质对技术董事与 R&D 效率的正向调节作用，说明国有企业在一定程度上可以促进研发活动的开展。而如何优化股权结构才能使技术董事发挥更大作用，进一步提高 R&D 效率，是值得后续研究的。

（二）建立技术董事薪酬激励制度

技术董事应该如何激励，权责如何对等是值得深思的。根据技术非独立董事、技术独立董事的不同特征与需求，设立相对应的薪酬激励制度。技术独立董事薪酬主要由年度聘用金与会议津贴组成。在薪酬能保持技术独立董事独立性的前提下，将报酬所得与企业绩效相联系，采取固定报酬与相应奖励相结合的方式激励。对于技术执行董事，则需要在高管身份的薪酬之外单独为其设计一份报酬，可以设计获得荣誉或职业发展的机会、获得股权等具有不同针对性的激励方案。真正激发技术执行董事与技术独立董事的协同作用，营造有利于发挥技术董事作用的氛围。

（三）重视外部治理环境

随着我国资本市场的逐步发展，外部治理主体作用发挥逐步增强，如何使内部治理和外部治理相结合从而为研发活动创造更好的环境，是我们值得思考的问题。在现阶段条件下，我们需要重视外部治理环境的优化，提高市场化发育程度，充分发挥财务分析人员与机构投资者的作用。

本章考察了内部治理和外部治理因素对技术独立董事、技术非独立董事与 R&D 效率之间的调节作用，这些环境影响因素中有对 R&D 效率起到明显促进的调节因素，也有对 R&D 效率产生明显抑制效应的因素。本章试图优化内外部公司治理环境，为提升技术董事的作用发挥，进一步提高 R&D 效率提供参考。之前有关章节通过多种路径探讨了技术董事对 R&D 效率的影响，技术独立董事与技术非独立董事对 R&D 效率是否存在交互作用。但不容否认的是，技术董事的作用发挥会受到企业环境的影响，本章侧重探讨技术董事作用发挥的状态依存性。而以上探讨的最终目的都是为了实现企业价值的最大化。那么，技术董事对企业价值是否具有显著的提升作用？ R&D 效率对技术董事与企业价值间又发挥何等重要作用？对上述问题，将会在下一章展开研究。

# 第七章 技术董事与企业价值关系研究

根据前几章的研究内容和结论可以得出，技术董事可以通过咨询与监督两条路径来提升企业的 R&D 效率。那么技术董事能否通过影响 R&D 效率，最终提升企业价值呢？为回答这一问题，本章将进一步研究技术独立董事、技术非独立董事与企业价值之间的关系。

本章首先在第一部分承接前面的研究，分析了技术独立董事、技术非独立董事在企业中发挥的作用，为下一步提出对应假设做铺垫，然后对技术董事、技术独立董事、技术非独立董事与企业价值之间是否存在一定的相关关系以及技术董事影响企业价值的机制进行了理论分析，并提出相关假设，即技术董事能够通过提升企业的 R&D 效率，最终提高企业价值。也就是说，研发效率是技术董事对企业价值产生影响的中介变量。第二部分介绍了本章样本的选取与数据的来源，并对实证模型进行了解释，分析了模型中被解释变量、解释变量、中介变量及控制变量的选取依据。第三部分分析了实证结果，首先对主要变量的全样本数据进行了描述性统计，表明了样本数据平稳，符合课题研究要求；其次对各变量进行了 Pearson 相关性检验，对各变量间的相关关系进行初步的分析；最后通过多元回归分析对模型进行检验。本章的六个假设成立，但有关技术独立董事与企业价值之间关系的三个假设并未得到验证。第四部分根据实证结果得出：技术董事能够增加企业的价值，R&D 效率能够在技术董事增加企业价值的过程中发挥中介效用；技术非独立董事能够提升企业的价值，R&D 效率能够在技术非独立董事提升企业价值的过程中发挥中介效用；但经过实证发现，技术独立董事并不能够显著提升企业的价值。最后，针对我国企业中设置技术董事（包括技术独立董事与技术非独立董事）的现状提出了相关的政策建议。本章研究框架见图 7-1。

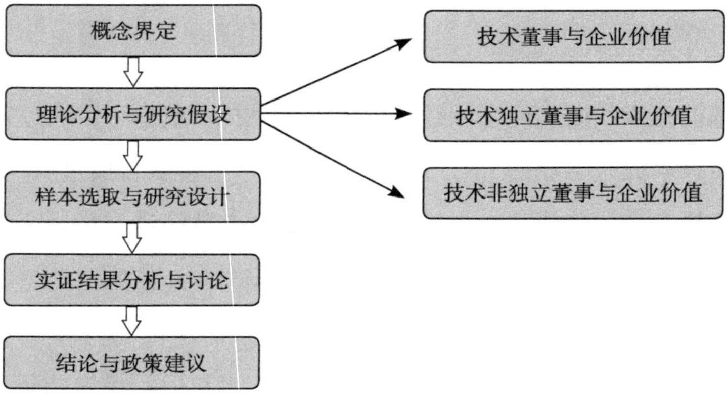


图 7-1　本章研究框架

## 第一节　企业价值概念的理论界定

一般认为，企业价值是指企业未来现金流量的折现价值，这种价值是用贴现率计算得出的，一般选择加权平均资本成本率作为计算企业价值的贴现率。企业价值从某种程度上能够体现企业的盈利能力和发展能力，它既可以反映企业真实的市场价值，也可以体现股东对公司的未来期望。

市场价值、账面价值、重置价值、清算价值是企业价值的多种表现形式。企业的市场价值主要是指在公平有效的市场中，交易双方都认可的企业价格，即当公司股票打算在强有效的资本市场中卖出或者买入时，买卖双方的成交价格，也可以说是企业的市场价值。企业账面价值是会计上的表达，是利用会计上的权责发生制原则确认企业的价值，具体体现在企业的资产负债表上，用各项资产的净值来反映，它可以从资产负债表中获得，资产负债表反映的是企业某一特定时点的价值状况。但是，企业的账面价值这一指标可利用性比较低，因为资产的净值可以人为操控。另外，同一企业不同时期或者不同企业对资产价值的衡量口径也是不一致的，这都使账面价值无法真实地反映企业的真实价值。企业的重置价值就是在当前的情况下，重新创立一个和这个企业一模一样的或类似的企业所需付出的代价或成本，一般来说是在新建企业所需成本的基础上，减去在使用期间的各种损耗之后所体现的价值。企业的清算价值是指假设企业面临破产清算时，各项资产在破产清算日可以收回的价格。

企业价值是企业盈利、生产以及成长方面能力的集中体现，它集合了公司内部的各种资产及资源。企业价值是企业的一项重要指标，对企业未来的发展至关重要。影响企业价值的因素有很多，其中，企业风险、发展能力和公司的存续时间均可影响企业价值的高低。

## 第二节　理论分析与研究假设

代理理论认为，公司经营权和所有权分离会使管理层掌握公司的实际控制权，对公司中的各种信息和资源进行控制，而股东作为企业的所有者，只能从企业发布的财务报告中获取相关信息，两权分离使得公司管理层与股东产生了信息不对称，这就给管理层为追求私有收益损害股东利益创造了条件，严重的还会诋毁公司价值。因此，必须完善公司治理结构来抑制或阻止这种行为的发生。Fama 和 Jensen（1983）提出了设立公司董事会，试图通过董事会结构来规避这种行为。此后，对于董事会的研究也逐渐成为学术界探讨的焦点。

国外学者对于技术董事的研究始自20世纪80年代对首席技术官的研究。Adler 和 Ferdows（1990）指出，技术董事不仅仅是一名具有职位的技术经理人员，而且是兼具战略方面与技术管理方面职责的首席技术官（Chief Technology Officer）。首席技术官的这种越位，可以激励企业的技术人员取得更好的成绩。Larson（1996）、Gwynne（1996）等在此后的研究中也得出了类似的结论。

随着企业研发创新的需要，很多公司专门设置了首席技术官，一些学者也把首席技术官视为技术董事（Hartley，2011）。董事会作为公司治理的核心，技术董事作为董事会成员，包含着技术独立董事和技术非独立董事。技术独立董事是指拥有丰富的理论知识、专业技术及先进的技术决策能力，能够对管理层起到监督作用的独立董事。技术非独立董事是在一定程度上可以影响或决定企业经营活动或业务，不仅技术知识丰富，还拥有实际技术操作能力的非独立董事。

## 一、技术董事提升企业价值的路径研究

董事积极、认真地参与制定上市公司的各项经营决策可以使企业的许多经营战略更具可行性。技术董事作为董事中拥有技术背景的专业人员，不仅拥有董事的各项职能，还因为其独特的技术专业背景能够对上市公司

的经营管理发挥技术影响。很多技术董事现在或者曾经是其他企业的高级技术顾问、经理，自身经历带来的广阔视野能够提供新的研究角度。因此，技术董事能够为企业提供许多专业的咨询和建议，可以避免企业在经营管理各项专业活动中出现差错，特别是能够为上市公司重新构建可行的研发计划提出建议。

资源依赖理论认为，技术董事可以利用自身的技术背景为公司带来大量所需的技术资源，更好地促进管理层和公司的经营管理工作，提高公司价值。公司董事会董事（包括技术董事）是能够为企业注入大量资源的人。董事一方面可以将个人的外部资源关系引入企业集体内部，另一方面还可以为公司在生产经营以及管理活动过程中的相关事项提供建议和意见。技术董事正是凭借自身拥有的技术优势、专业知识及创新能力，不仅可以为企业带来大量的外部关系资源，还能够利用相关的技术背景给企业的相关决策提出科学合理的要求建议，进而促进公司良性发展，提高企业价值。

技术董事的“技术背景”要求，使得技术董事大多是来自高校、协会等研究机构的相关技术学科的学者，以及企业的一些技术总监。这些专家型的技术董事一般拥有丰富的阅历和非凡的技术能力。一方面，当企业的控股股东和管理层因为个人利益问题无法达成一致意见时，技术董事能够为双方的调解进行斡旋，从而使公司的各项活动顺利进行，提升上市公司的经营效率与价值。另一方面，如果企业遇到了技术层面上的困难，这些技术董事可以利用自身的专业优势，高效正确地帮助企业解决这些问题。此外，技术董事的咨询作用也会转化成公司的技术创新行为，提高 R&D 效率。

由此，提出以下假设：

H1：其他条件不变的情况下，设置技术董事的公司，企业价值较高。

H2：其他条件不变的情况下，设置技术董事的公司，R&D 效率较高。

H3：R&D 效率能够在技术董事提升企业价值的过程中发挥中介效应，

即技术董事能够通过提升企业的 R&D 效率，进而提升企业的价值。

## | 二、技术独立董事提升企业价值的路径研究 |

很多学者研究发现，上市公司出现内部人控制问题的频率较多。部分上市公司为了更加高效地监督公司管理层的经营行为，会通过引入独立董事来制衡控股大股东，中国证监会也明确要求董事会中必须设置独立董事，这在一定层面上可以减少企业内部人控制问题。一些学者认为，技术董事中的独立董事可以借助自身的专业技能以及丰富的理论储备，在公司的董事会治理中体现其“独立 + 技术”的特点，为公司提供更多技术专业层面的建议，促使公司进行更多的技术创新工作，从而提升企业的价值。

资源依赖理论认为，外部环境对董事会的影响也是至关重要的。由此，董事会就可以试图通过优化外部环境来减少企业由于外部因素的不可预测性所带来的负面影响，从而降低企业的绩效。

一方面，企业通过设立独立董事，不仅引入了企业外部独立成员，增强了对企业的监督，而且可以为企业带来更多的资源。另一方面，技术独立董事又可以利用自身的专业知识、技术能力、职业背景等为企业提供各种有用的建议，进而帮助管理层应对公司出现的各种问题，提高公司价值。所以，外部环境和技术独立董事之间的相互作用是比较明显的，优化外部环境更加有利于技术独立董事作用的发挥。

Williamson（1984）认为，董事会对企业价值也起着至关重要的影响。董事会可以作为公司与外部环境之间的“阀门”，他们能够从公司外部获取各种资源来保证企业经营战略和计划的有序进行。Norburn（1986）研究认为，独立董事监督作用的发挥效力也受到其背景的影响。国内外许多学者发现，有技术背景的董事可以为企业注入新鲜空气，通过自身的专业技术能力和技术经验来提高公司技术创新决策的质量，进而帮助企业管理层及时发现良好的创新机会，提升企业价值。企业的内部董事可以受到技术董事的积极影响，在平时的工作中学习到许多与技术有关的知识和能力，不管是内部董事还是外部董事，都可以提高企业整体的技术创新水平，对公司价值的提高起到正面的促进作用。

在我国，技术独立董事中不乏一些科研机构中的专家和学者，这些“专家型”董事不仅可以为企业提供有效的决策建议，还可以提升企业绩效。多数技术独立董事不仅关注物质方面的津贴报酬，还尤为关注自身应对风险的能力以及获得的长远效用。因此，技术独立董事在对上市公司董事会的相关行为和决议执行监督职能时就会更为独立、客观。一方面，可以规避技术独立董事的个人风险；另一方面，技术独立董事以其丰富的理论知识与经验帮助公司做出最优选择，从事更多的技术创新活动，提升企业的 R&D 效率，从而为企业的长远发展以及提高企业价值做出贡献。

由此，我们提出以下假设：

H4：其他条件不变的情况下，设置技术独立董事的公司，企业价值较高。

H5：其他条件不变的情况下，设置技术独立董事的公司，企业 R&D 效率较高。

H6：R&D 效率能够在技术独立董事提升企业价值的过程中发挥中介效应，即技术独立董事能够通过提升企业的R&D效率进而提升企业的价值。

## 三、技术非独立董事提升企业价值的路径研究

技术非独立董事不同于其他非独立董事，他们拥有特殊的专业技术能力，看待问题以及解决问题时也有比较独特的角度。相比其他董事，技术非独立董事能够帮助公司或者管理层制定更有利于企业发展的经营战略，

从而提高企业价值。

段盛夏（2007）在研究中把技术董事定义为具有丰富的专业知识和高强的技术创新能力的专家董事。胡玉明和文芳（2010）把高管特征作为研究对象，实证结果表明，技术高管可以明显地提升公司的研发创新能力，高学历的人员也加剧了这一趋势。刘渐和与王德应（2010）把我国中小民营上市公司作为研究对象，对具有技术背景的董事长和技术创新动力之间的关系进行实证研究，研究认为，如果企业董事长是技术专业型人才，企业管理层从事的自主创新研究行为就会更多，进而企业的未来发展前景会更好。

根据资源依赖理论的观点，因为单个组织无法满足自给自足的生活条件，组织想要维持生存，就必须与外部环境进行资源互换。外部环境中的资源对组织的生存是否重要，资源数量以及替代资源是否能够满足组织的需求，这些都会导致组织对外部环境的依赖程度的变化。组织在自身资源不充分且很难获取相关替代资源时，对于拥有其亟须资源的组织，依赖程度会相对较大。组织需要从其他的组织中换取所需要的资源，两个组织之间通过对资源的互换形成了依赖。彼此依赖的组织中由于资源数量的不一致，不平等的权利就会随之出现。为了平衡双方的依赖程度，为自己争取更多的权利，组织会通过向公司高级决策机构派驻自己的代表等方式来平衡双方的关系，从而技术非独立董事就可以被视为这种技术代表。

技术非独立董事中的内部董事多为股东董事（股东非执行董事）和执行董事，这些技术非独立董事在平时的工作中建立了优良的外部关系网，通过自己的人格魅力以及社会资本为企业引入了更多的优良资源，同时发挥自身的专业技能为公司提供更多专业层面的建议；技术非独立董事中的一部分连锁董事，由不同公司中的首席执行官在对方公司中担任非独立董事，这部分技术非独立董事在公司的经营和决策等方面拥有较多的实务经验；技术非独立董事中的连锁董事大多在不同公司中同时兼任技术非独立董事的角色。此类具有多重董事身份的技术非独立董事具备丰富的理论及实务经验，能够为上市公司的经营管理提供更高层次的支持。作为公司内熟知技术的非独立董事，技术非独立董事的薪酬与公司的业绩密切相关。技术非独立董事能够为公司提供更多技术专业方面的咨询建议，从而提高公司 R&D 效率，进一步提高公司的价值，促进企业的发展。

综上所述，提出以下假设：

H7：其他条件不变的情况下，设置技术非独立董事的公司，企业价值较高。

H8：其他条件不变的情况下，设置技术非独立董事的公司，R&D 效率较高。

H9：R&D 效率能够在技术非独立董事提升企业价值的过程中发挥中介效应，即技术非独立董事能够通过提升企业的 R&D 效率进而提升企业的价值。

## 第三节　样本选取与研究设计

### 一、样本选取与数据来源

为了更好地分析技术董事与企业价值之间的关系，并保持研究的一致性，本章样本公司与第三章第一节选取一致，但根据本章的研究重点又加入了新的研究变量——企业价值，共得到样本 2855 个。本部分实证分析所用到的数据，如企业价值（VALUE）、公司规模（SIZE）、资产负债率（LEV）、总资产周转率（TAT）、股权集中度（HFD_5）等均下载自（CSMAR）国泰安数据库。上市公司的技术董事、技术独立董事、技术非独立董事的判断依据与第三章一致。

## 二、变量定义

### （一）被解释变量

企业价值（VALUE），对这个指标的衡量可以从多个角度进行，一般是从非财务指标以及财务指标两个角度来考虑。由于我国资本市场尚不完善，目前还无法利用非财务指标衡量企业价值，同时考虑到财务指标能够与公司的财务目标相联系，国内外学者也大多使用财务指标衡量公司价值，因此本章也利用财务指标衡量公司价值。

总资产收益率（ROA）、经济附加值（EVA）、托宾 Q 值、每股收益等财务指标都被学者普遍使用。经济附加值是税后净营业利润与资本成本的差额。但由于计算经济附加值数据的工作量非常烦琐，同时股权成本数据不一定能够如实反映企业实际状况，对我国来说，很多学者在研究时很少把经济附加值作为企业价值的衡量指标。部分学者会选择托宾 Q 值（企业市场价值 / 总资产重置成本）作为企业价值的量化指标，但是由于资产的重置成本数据很难精确计量，因此托宾 Q 值并不适合作为我国公司企业价值的衡量指标。总资产收益率是公司净利润额除以资产总额的平均数，它的高低直观地反映了企业的发展潜力和未来竞争力，这个指标也是我国学者在研究中衡量公司价值时使用最多的指标。本章选取总资产收益率作为企业价值的量化指标。

### （二）解释变量

1. 技术董事（TECH）

这一变量为虚拟变量。本书从公司治理的角度引入技术董事这一虚拟变量，通过逐一阅读董事会成员简历等相关资料，来判断其是否属于技术董事。其中，技术董事的判断主要依据以下原则：一是董事是否具有工程师、研究等序列的职称；二是董事是否从事过与生产、研发和技术研究等有关的工作；三是董事是否具有理工科学历。如果满足上述情况之一，则认为董事会中设置了技术董事，否则就没有设置技术董事，设置则为1；没有为0。

2. 技术独立董事（TECDR）

这一变量也为虚拟变量，性质与技术董事一样。当上市公司董事会中设置技术独立董事变量时，这一变量的值为1；反之，当董事会中没有设置技术独立董事变量时，这一变量的值为0。

3. 技术非独立董事（NTECDR）

这一变量同样也为虚拟变量。当上市公司董事会中设置技术非独立董事变量时，这一变量的值取1；反之，当上市公司中没有设置技术非独立董事变量时，这一变量的值取0。

（三）中介变量

对国内外研究成果总结可知，学者们大多采用开发的新产品数、专利数等指标作为技术创新能力的量化指标，但上述指标仅为创新产出指标，在研发投入不一致的情况下，单独对比研发的产出并没有实质意义。要想更好地衡量企业的创新能力，就必须综合考虑研发投入与产出之间的关系，即R&D效率。R&D效率（RDEF）的内涵与计算方法与第四章一致。

（四）控制变量

1. 公司规模（SIZE）

一般情况下，公司规模会影响企业的技术创新能力。规模越大，进行技术创新的能力越强，效率也越高。因此，为了避免公司规模对实证结果产生影响，应对公司规模进行控制。本章中，用企业的年末总资产来替代公司规模，同时对其取自然对数。

2. 资产负债率（LEV）

MM理论认为，公司的资本结构也会影响企业价值，进行债务融资在一定程度上能够提高公司的收益。一方面，债务融资要求公司在一定的时期内对借款进行本金和利息的偿付，这很可能减少企业的自由现金流量，高管层无法利用充足的资金进行在职消费；另一方面，如果公司破产清算，高管层的利益就会遭受到严重损害，这会促使他们努力工作，降低公司的资产负债率，尽可能地减少企业破产的概率。综上所述，资本结构可以对公司价值产生影响。本章把资产负债率作为其中一个控制变量，进行实证回归分析。

3. 总资产周转率（TAT）

总资产周转率是衡量公司资产运营效率和质量的一项重要指标，它不仅关联到企业的获利能力，还直接影响企业的股利分配政策。因此，本章在实证分析中对总资产周转率进行控制。

4. 股权集中度（HFD_5）

股权集中度可以反映股东对企业的控制能力，并对企业中的利益集团的价值分配活动产生影响。企业的股权集中度越高，股东就越可能对公司活动进行干预，进而直接影响企业的价值。本章在实证分析中对前五大股东的持股比例进行控制。模型变量说明见表 7-1。

表 7-1　模型变量说明

| 变量类型 | 变量名称 | 符号 | 变量定义与计算方式 |
|---|---|---|---|
| 被解释变量（*Y*） | 企业价值 | *VALUE* | VALUE = 净利润 / 平均资产总额 |
| 解释变量（*X*） | 技术董事 | *TECH* | 上市公司中存在技术董事时，TECH 变量的值取 1；反之取 0 |
| | 技术独立董事 | *TECDR* | 上市公司中存在技术独立董事时，TECDR 变量的值取 1；反之取 0 |
| | 技术非独立董事 | *NTECDR* | 上市公司中存在技术非独立董事时，NTECDR 变量的值取 1；反之取 0 |
| 中介变量（*M*） | R&D 效率 | *RDEF* | 根据 DEA 测算出的研发投入 / 产出效率 |
| 控制变量 | 公司规模 | *SIZE* | SIZE=LN（公司资产） |
| | 资产负债率 | *LEV* | LEV= 负债 / 资产 |
| | 总资产周转率 | *TAT* | TAT= 营业收入净额 / 平均资产总额 |

续表

| 变量类型 | 变量名称 | 符号 | 变量定义与计算方式 |
|---|---|---|---|
| 控制变量 | 股权集中度 | *HFD_5* | HFD_5= 前五名股东持股比例平方和 |
| | 年度虚拟变量 | *YEAR* | 回归时对不同年份进行控制 |

# 第四节　研究方法与模型建立

## 一、研究方法

在第四章中结合研究内容，分析了技术董事对研发效率的中介效应。本章首先对中介效应路径进行分析。Baron 和 Kenny（1986）通过研究，提出以下中介效应检验方程（其中 $Y$ 为被解释变量，$X$ 为解释变量，$M$ 为中介变量）：

$$Y = cX+e_1 \tag{7-1}$$

$$M = aX+e_2 \tag{7-2}$$

$$Y = c'X+bM+e_3 \tag{7-3}$$

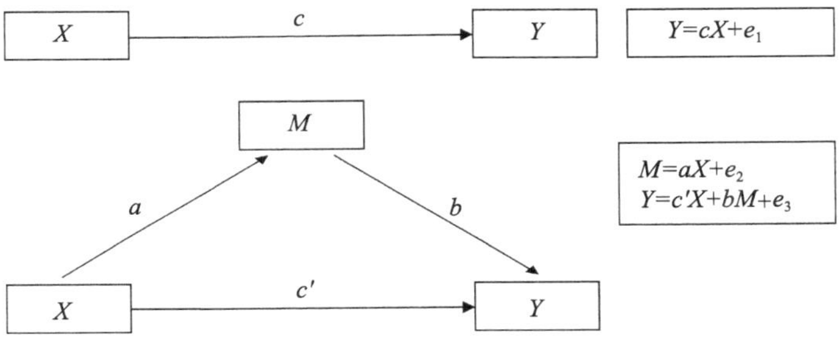


图 7–2　中介效应检验流程

温忠麟等（2004）根据上述中介效应检验方程，进一步提出中介效应检验步骤：

第一步，检验方程（7–1）的系数 $c$，若该系数显著，可以初步认为这是一种中介效应，继续进行第二步的检验；否则说明 $X$（$Y$）无影响，应结束中介效应检验。

第二步，检验方程（7-2）的系数 $a$，如果 $a$ 显著，说明 $X$（$M$）的影响是显著的，转到第三步继续进行检验；如果 $a$ 不显著，说明 $X$（$M$）无影响，应结束中介效应检验。

第三步，检验方程（7-3）的系数 $b$，如果 $b$ 显著，说明在控制 $X$ 的影响之后，$M$（$Y$）的影响仍存在，即 $X$（$M$、$Y$）的中介效应成立；否则说明 $M$（$Y$）的影响不存在，中介效应不成立。

## 二、模型建立

根据温忠麟等（2004）的中介效应检验步骤建立相应实证模型，对技术董事与企业价值之间的关系及影响路径进行研究，模型如下：

模型 1：

$$VALUE = \beta_0 + \beta_1 TECH + \beta_2 SIZE + \beta_3 LEV + \beta_4 TAT + \beta_5 HFD\_5 + \beta_6 YEAR + \delta$$

模型 2：

$$RDEF = \beta_0 + \beta_1 TECH + \beta_2 SIZE + \beta_3 LEV + \beta_4 TAT + \beta_5 HFD\_5 + \beta_6 YEAR + \delta$$

模型 3：

$$VALUE = \beta_0 + \beta_1 TECH + \beta_2 RDEF + \beta_3 SIZE + \beta_4 LEV + \beta_5 TAT + \beta_6 HFD\_5 + \beta_7 YEAR + \delta$$

模型 4：

$$RDEF = \beta_0 + \beta_1 TECDR + \beta_2 SIZE + \beta_3 LEV + \beta_4 TAT + \beta_5 HFD\_5 + \beta_6 YEAR + \delta$$

模型 5：

$$RDEF = \beta_0 + \beta_1 TECDR + \beta_2 SIZE + \beta_3 LEV + \beta_4 TAT + \beta_5 HFD\_5 + \beta_6 YEAR + \delta$$

模型 6：

$$VALUE = \beta_0 + \beta_1 TECDR + \beta_2 RDEF + \beta_3 SIZE + \beta_4 LEV + \beta_5 TAT + \beta_6 HFD\_5 + \beta_7 YEAR + \delta$$

模型 7：

$$VALUE = \beta_0 + \beta_1 NTECDR + \beta_2 SIZE + \beta_3 LEV + \beta_4 TAT + \beta_5 HFD\_5 + \beta_6 YEAR + \delta$$

模型 8：

$$RDEF = \beta_0 + \beta_1 NTECDR + \beta_2 SIZE + \beta_3 LEV + \beta_4 TAT + \beta_5 HFD\_5 + \beta_6 YEAR + \delta$$

模型 9：

$$VALUE = \beta_0 + \beta_1 NTECDR + \beta_2 RDEF + \beta_3 SIZE + \beta_4 LEV + \beta_5 TAT + \beta_6 HFD\_5 + \beta_7 YEAR + \delta$$

其中，$\beta_0$ 为常数项，$\beta_1 \sim \beta_7$ 为模型的回归系数，$\delta$ 为随机误差项。本章所用数据主要来自国泰安数据库、巨潮资讯网等。本研究所使用的统计软件为 Excel 2007 和 Stata 13.0。

# 第五节　实证分析

## 一、描述性统计分析

主要变量的描述性统计如表 7-2 所示。

表 7-2　主要变量的描述性统计

| 变量名称 | 最小值 | 最大值 | 平均值 | 1/4 中位数 | 中位数 | 3/4 中位数 | 标准差 |
|---|---|---|---|---|---|---|---|
| *VALUE* | -0.088 | 0.222 | 0.054 | 0.024 | 0.048 | 0.078 | 0.049 |
| *TECH* | 0 | 1 | 0.815 | 1 | 1 | 1 | 0.388 |
| *RDEF* | 0 | 0.858 | 0.284 | 0 | 0.285 | 0.477 | 0.247 |

续表

| 变量名称 | 最小值 | 最大值 | 平均值 | 1/4 中位数 | 中位数 | 3/4 中位数 | 标准差 |
|---|---|---|---|---|---|---|---|
| *TECDR* | 0 | 1 | 0.598 | 0 | 1 | 1 | 0.490 |
| *NTECDR* | 0 | 1 | 0.689 | 0 | 1 | 1 | 0.463 |
| *SIZE* | 19.695 | 25.133 | 21.568 | 20.826 | 21.406 | 22.100 | 1.067 |
| *LEV* | 0.035 | 0.828 | 0.388 | 0.231 | 0.380 | 0.792 | 0.196 |
| *TAT* | 0.206 | 2.816 | 0.806 | 0.505 | 0.687 | 2.610 | 0.461 |
| *HFD_5* | 0.014 | 0.548 | 0.185 | 0.095 | 0.164 | 0.534 | 0.116 |

由表 7–2 可以看出，企业价值的最大值为 0.222，最小值为 –0.088，说明我国上市公司的企业价值存在较大差距，有些上市公司甚至出现了负资产；从数据分布情况来看，上市公司的企业价值的平均值为 0.054，介于中位数 0.048 和 3/4 中位数 0.078 之间，且较为接近中位数 0.048，这表明本章选取的我国上市公司的企业价值数据分布均匀，不存在严重的右偏现象，得出的研究结论更具有适用性。技术董事的平均值为 0.815，说明样本公司中有超过 80% 的上市公司设置了技术董事。需要指出的是，这个指标较高是因为：首先，我们的样本选择的是披露研发费用的公司，而此类公司中董事具有技术背景的概率相对较高；其次，我们对于技术董事的定义与之前的研究相比更具有普适性。由于本章的研究对象是技术董事与企业价值的关系，在本章研究样本中存在技术董事的样本比例越大，得出的研究结论也就越具有可信性。从技术董事数据的分布情况可以看出，此样本所得到的研究结论可信度较高。R&D 效率的最小值为 0，最大值为 0.858，最小值与最大值之间的差距较大，1/4 中位数为 0，至少有 25% 的上市公司中的 R&D 效率为 0。这表明我国大部分上市公司的 R&D 效率水平并不高，甚至存在至少 1/4 的上市公司没有进行 R&D 活动。R&D 效率的平均值为 0.284，基本近似于中位数 0.285，但最小值与最大值的差距又较大。从数据分布来看，上市公司整体的 R&D 效率分布比较均匀，但有个别公司的 R&D 效率比较高，这表明我国已经有一部分上市公司意识到

R&D 效率水平对企业价值的重要性，但大多数公司仍在沿袭过去的技术水平，并没有加大各种人力、物力资本来提升企业自身的 R&D 效率。技术独立董事的平均值为 0.598，中位数为 1，这说明我国有超过 50% 的上市公司中都设置了技术独立董事。技术非独立董事的平均值为 0.689，中位数为 1，这说明我国有超过 68.9% 的上市公司中都设置了技术非独立董事。技术非独立董事的平均值要高于技术独立董事，这表明我国技术董事的构成中非独立董事的占比要高于独立董事。由于本章要对技术非独立董事与企业价值的关系进行实证检验，在本章研究样本中存在技术非独立董事的样本比例越大，得出的研究结论也就越具有可信性。从技术非独立董事数据的分布情况可以看出，此样本所得到的研究结论可信度较高。

从表 6-2 中可以得出，公司规模的最大值为 25.133，最小值为 19.695，最大值和最小值的差距为 5.438，两者都在正常范围内；公司规模的平均值为 21.568，中位数为 21.406，平均值略大于中位数。从数据分布情况可以看出，样本公司的公司规模分布比较均匀，说明我国上市公司的企业价值基本保持在一个平稳的范围内，不存在特别大的差异。资产负债率代表样本公司的债务水平高低，其最大值为 0.828，最小值为 0.035，最大值和最小值的差距较大，但其 1/4 中位数为 0.231，说明仅有较小部分的上市公司的资产负债率水平较低；资产负债率的平均值为 0.388，中位数为 0.380，平均值与中位数相差不大，平均值略大于中位数。从数据分布情况可以看出，各样本公司的资产负债率值的分布较为平整，基本不存在右偏现象，各样本公司的资产负债率差异较小。总资产周转率是考察企业资产运营效率的一项重要指标，其最大值为 2.816，最小值为 0.206，最大值和最小值的差距比较大；总资产周转率的平均值为 0.806，较为接近于中位数 0.687，而最大值 2.816 较为接近于 3/4 中位数 2.610，表明整体样本上市公司的总资产周转率分布较为集中，仅存在小部分样本公司的总资产周转率过大或者过小。股权集中度用来表示样本上市公司的前五名股东持股比例的平方和，其最大值和最小值的差距较大。在所选取的样本上市公司中，前五名股东持股比例平方和最大的可以达到 54.8%，但最少的仅有 1.4%；股权集中度的平均值为 0.185，中位数为 0.164，平均值略大于中位数，说明全部样本公司的股权集中度的分布比较均匀，右偏现象并不严重；3/4 中位数为 0.534，接近于最大值 0.548，说明只有较少公司中的股权集中度偏大，多数样本公司中股东的持股比例分布都比较集中，有利于进行实证分析。

## ｜ 二、Pearson 相关性检验 ｜

由表 7–3 可知，VALUE 和 RDEF 的皮尔逊相关系数为 0.046，二者在 5% 的水平上通过了显著性检验，这与我们的预期是一致的。这表明企业的 R&D 效率越高，就越能够对企业价值起到更好的促进作用。VALUE 和 TECH、TECDR、NTECDR 的相关性均未通过显著性检验，这与我们的预期不一致。由于相关性检验仅对被解释变量与解释变量二者进行检验，并没有考虑控制变量的因素，需在后续的回归分析中加入相关控制变量继续检验其相关关系。VALUE 和 SIZE、LEV、TAT、HFD_5 这四个控制变量均在 1% 的水平上通过了显著性检验，这与我们的预期是一致的。这表明公司规模、上市公司的资产负债率、资产周转率以及股权集中度均能对上市公司的企业价值产生影响。因此，应在对上市公司的企业价值与技术董事之间的关系进行研究时，对这些变量进行控制，从而进行实证分析。RDEF 和 TECH 的皮尔逊相关系数为 0.070，二者在 1% 的水平上通过了显著性检验，且为正相关关系，这与我们的预期是一致的，说明技术董事能够显著地提升企业的 R&D 效率。RDEF 和 TECDR 的皮尔逊相关系数为 0.053，二者在 1% 的水平上通过了显著性检验，说明上市公司的 R&D 效率和公司中是否存在技术独立董事呈正相关，这与我们的预期是一致的，说明存在技术独立董事的公司，R&D 效率会更高。RDEF 和 NTECDR 的皮尔逊相关系数为 0.053，二者在 1% 的水平上通过了显著性检验，且为正相关关系，说明上市公司中的技术非独立董事能够显著提升上市公司的 R&D 效率。RDEF 和 SIZE 的皮尔逊相关系数为 0.127，二者在 1% 的水平上通过了显著性检验，且为正相关关系，这与我们的预期是一致的，说明公司规模变量能够影响企业的 R&D 效率，上市公司的规模越大，企业就越重视研发工作，可能会投入更多的人力、物力来从事相关的技术创新活动，从而企业的 R&D 效率就越高。RDEF 和 LEV、TAT、HFD_5 的相关性不高，这与我们的预期不一致，可能是受到其他控制变量的影响。本章将在后续的回归分析中，加入控制变量之后继续深入分析。从表 7–3 中我们还可以看出，TECDR、NTECDR 与 TECH 的相关系数较高，分别为 0.580、0.708。这是因为 TECDR、NTECDR 是 TECH 的组成部分，但由于三者并不是同一模型中的变量，因此不需要对此进行特殊处理。本章用 VIF 值来检验自变量之间的多重共线性问题，发现所有变量的方差膨胀因子 VIF 值均远远小于 10，可以认为各变量之间不存在多重共线性，回归结果也是比较令人信服的。

## 三、回归结果分析

由表 7–4 可以看出，模型 1 的回归方程整体显著性检验 $F$ 值为 87.85，调整 $R^2$ 为 25.1%；技术董事和企业价值在 10% 的水平上显著正相关，相关系数为 0.004，$T$ 值为 1.72，说明技术董事的存在对提高企业价值起到促进作用，他们可以依靠自身技术优势，带动企业的创新发展。模型 1 得到了验证，假设 1 成立。依据中介效应检验步骤，继续进行模型 2 的检验。

模型 2 中技术董事与 R&D 效率显著性检验 $t$ 检验的统计量为 3.72，技术董事和 R&D 效率在 1% 的水平上显著正相关，表明技术董事有助于提升上市公司的 R&D 效率，假设 2 成立。一方面，技术董事由于拥有“技术”，还兼具董事的特点和功能，他们可以为企业提供更多有用的策略和建议，而且很多都是技术层面上的。另一方面，技术董事的咨询作用最终会体现在对企业技术的创新能力上，从而提高企业的 R&D 效率。依据中介效应检验步骤，继续进行模型 3 的检验。

模型 3 中 R&D 效率与企业价值显著性检验 $t$ 检验的统计量为 1.72，企业价值与 R&D 效率在 10% 的水平上显著，且为正相关关系，这说明 R&D 效率有助于预测企业价值；同时，技术董事与企业价值的显著性检验 $t$ 检验的统计量为 1.60，在对 R&D 效率进行控制之后，技术董事与企业价值之间的相关关系并未通过显著性检验，即在不存在 R&D 效率的影响时，技术董事提升企业价值的假设不成立，从而 R&D 效率在技术董事提升企业价值中发挥的中介效应得到了验证，假设 3 成立。这表明技术董事凭借其丰富的技术专业知识，为上市公司提供了各种有关公司经营管理方面的技术策略，进一步促进企业价值的提高。

模型 4 中技术独立董事和企业价值的回归方程并未通过显著性检验，$T$ 值为 0.89，相关系数为 0.001。但这并非否认了技术独立董事的作用，可能是由于我国上市公司对技术独立董事的作用不够重视，技术独立董事在公司中的数量普遍较少。虽然我们已经验证了技术独立董事对研发效率起到的积极作用，但将创新绩效进一步扩展到企业绩效层面，由于影响企业绩效的因素较多，且技术独立董事数量较少，其发挥的积极作用较为微弱。

通过对模型 7 的检验，我们可以发现，技术非独立董事与企业价值之间的系数为 0.003，显著性检验 $t$ 检验的统计量为 1.74，技术非独立董事和企业价值在 10% 的水平上呈现正相关关系，表明技术非独立董事有利于上市公司企业价值的提升。这是因为企业董事会中的技术非独立董事拥有优良的外部关系网络，在企业的管理和经营决策等方面有着丰富的实务经验，他们能够利用自身社会资本为公司带来更多资源，能够为上市公司的经营管理提供更高层次的支持，从而不仅提升了企业的价值，也促进了自身的发展。因此，假设 7 成立。

从模型 8 中可以看出，技术非独立董事与 R&D 效率显著性检验 $t$ 检验的统计量为 2.99，技术非独立董事和 R&D 效率在 1% 的水平上呈显著正相关，通过了显著性检验。这说明当上市公司中存在技术非独立董事时，上市公司的 R&D 效率就会提高。这表明我国上市公司中的技术非独立董事能够真正地担当起企业中 R&D 活动的管理人员的角色，凭借自身的技术、技能对企业的研发活动进行正确的指导及监督，从而能够促进企业的 R&D 活动，进而提升企业的 R&D 效率。因此，假设 8 成立。依据中介效应检验步骤，继续进行模型 9 的检验。

在模型 9 中，R&D 效率与企业价值显著性检验 $t$ 检验的统计量为 1.74，企业价值与 R&D 效率在 10% 的水平上呈显著的正相关关系，表明 R&D 效率对企业价值具有预测作用。同时，技术非独立董事与企业价值的显著性检验 $t$ 检验的统计量为 1.64，技术非独立董事与企业价值之间的相关关系并不显著。也就是说，在对 R&D 效率进行控制之后，技术非独立董事与企业价值之间的相关关系并未通过显著性检验，即当不存在 R&D 效率的影响时，技术非独立董事提升企业价值的假设不成立。因此，R&D 效率在技术非独立董事提升企业价值中发挥的中介效应得到了验证，假设 9 成立。这是由于技术非独立董事作为非独立董事，其薪酬与公司业绩有关联，无论是基于职责还是自身发展与利益的考虑，都说明技术非独立董事有提升企业价值的动机。技术非独立董事能够为企业提供更多有效的建议来提升技术创新水平，通过提升企业的 R&D 效率，最终达到提升企业价值的目标。

表 7-3 相关系数矩阵表

| 变量 | *VALUE* | *TECH* | *RDEF* | *TECDR* | *NTECDR* | *SIZE* | *LEV* | *TAT* | *HFD_5* |
|---|---|---|---|---|---|---|---|---|---|
| *VALUE* | 1 | | | | | | | | |
| *TECH* | 0.024 | 1 | | | | | | | |
| *RDEF* | 0.046** | 0.070*** | 1 | | | | | | |
| *TECDR* | 0.020 | 0.580*** | 0.053*** | 1 | | | | | |
| *NTECDR* | 0.014 | 0.708*** | 0.053*** | 0.262*** | 1 | | | | |
| *SIZE* | −0.100*** | 0.002 | 0.127*** | 0.007 | −0.054*** | 1 | | | |
| *LEV* | −0.368*** | −0.014 | −0.011 | 0.026 | −0.054*** | 0.467*** | 1 | | |
| *TAT* | 0.164*** | −0.071*** | 0.015 | −0.028 | −0.094*** | 0.191*** | 0.312*** | 1 | |
| *HFD_5* | 0.090*** | 0.014 | 0.008 | 0.001 | 0.016 | 0.207*** | 0.015 | 0.116*** | 1 |

注：***、** 分别表示在 1%、5% 的水平上显著。

表 7-4 回归结果

| 变量 | 模型 1 | 模型 2 | 模型 3 | 模型 4 | 模型 7 | 模型 8 | 模型 9 |
|---|---|---|---|---|---|---|---|
| | *VALUE* | *RDEF* | *VALUE* | *VALUE* | *VALUE* | *RDEF* | *VALUE* |
| *TECH* | 0.004*<br>（1.72） | 0.044***<br>（3.72） | 0.003<br>（1.60） | | | | |
| *RDEF* | | | 0.006*<br>（1.72） | | | | 0.006*<br>（1.74） |
| *TECDR* | | | | 0.001<br>（0.89） | | | |
| *NTECDR* | | | | | 0.003*<br>（1.74） | 0.030***<br>（2.99） | 0.003<br>（1.64） |
| *SIZE* | 0.005***<br>（5.64） | 0.039***<br>（7.58） | 0.005***<br>（5.34） | 0.005***<br>（5.69） | 0.005***<br>（5.66） | 0.039***<br>（7.62） | 0.005***<br>（5.36） |
| *LEV* | −0.129***<br>（−26.47） | −0.106***<br>（−3.76） | −0.128***<br>（−26.29） | −0.128***<br>（−26.45） | −0.129***<br>（−26.51） | −0.108***<br>（−3.84） | −0.128***<br>（−26.32） |
| *TAT* | 0.030***<br>（16.07） | 0.011<br>（1.03） | 0.029***<br>（16.04） | 0.029***<br>（16.00） | 0.029***<br>（16.05） | 0.009<br>（0.87） | 0.029***<br>（16.02） |
| *HFD_5* | 0.017**<br>（2.37） | −0.067*<br>（−1.66） | 0.017**<br>（2.43） | 0.017**<br>（2.38） | 0.017**<br>（2.40） | −0.065<br>（−1.60） | 0.017**<br>（2.45） |
| 年度 | 控制 | 控制 | 控制 | 控制 | 控制 | 控制 | 控制 |
| *F* 值 | 87.85 | 9.94 | 80.84 | 87.59 | 87.86 | 9.48 | 80.85 |
| 调整 $R^2$ | 0.251 | 0.033 | 0.251 | 0.250 | 0.251 | 0.032 | 0.251 |
| 样本总数 | 2855 | 2855 | 2855 | 2855 | 2855 | 2855 | 2855 |

注：***、**、* 分别表示在 1%、5%、10% 的水平上显著。

控制变量方面，公司规模与企业价值在1%的水平上呈显著正相关。这表明公司规模越大，该上市公司的企业价值就越大。这是由于公司规模大的上市公司更愿意进行自愿性信息披露，从某种意义上说，及时、准确、可靠地披露相关信息可以使信息需求者或者利益相关者以更加高效的方式、更低的成本对公司和管理层进行评价，从而降低代理成本。同时，规模大的上市公司能够投入更多的资源来进行技术创新活动，从而提升企业的研发效率，对企业价值的提升具有显著的影响。资产负债率和企业价值在1%的水平上呈显著负相关，这表明提高企业的债务水平会导致企业价值降低。这是由于目前我国并不存在完善的机制对债务融资行为进行一定的监管制约。如果公司出现投资不足或投资过度，这些行为非但不会提高公司的收益，还会加大企业的债务代理成本，从而显著地减少企业的价值。总资产周转率与企业价值在1%的水平上显著，且为正相关关系，这说明上市公司的资产周转率水平提高会使公司的企业价值得到提升。这是由于上市公司的总资产周转率越高，企业经营期间内全部资产从投入到产出的整体运转速度就越快，企业进行技术创新活动的效率就更高，企业价值就会越大。股权集中度与企业价值在1%的水平上显著，且为正相关关系，这说明上市公司的股权集中度水平越高，企业价值就越高。这是由于上市公司的股东对经营管理人员的监督和控制能力能够对股权的集中程度产生直观的影响。大股东的持股比例越高，就能够更为有效地对高管人员的行为进行监督控制，作出更多有利于企业发展的决策，从而减少成本，增加企业的价值。

公司规模与R&D效率在1%的水平上呈显著正相关关系，这说明上市公司的公司规模程度越大，该上市公司的R&D效率就越高。这是由于公司规模越大，其就掌握更多的人力及资源进行技术创新活动，技术创新活动越多，就能带来越多的技术产出，从而对提升企业的研发效率具有显著影响。资产负债率与R&D效率在1%的水平上呈显著负相关，这意味着提高企业的债务水平会导致公司的研发效率降低。这是因为，较高的债务水平导致企业面临偿付较大数额的本金和利息，这都使企业现金流量减少，而现金流的减少可以抑制管理层滥用公司资本行为，也会减少企业对技术创新活动的投入。然而，当技术创新投入减少时，上市公司的技术创新活动的产出也会减少，从而会对 R&D 效率具有显著的抑制影响。总资产周转率与 R&D 效率之间的显著性检验的 $p$ 值大于 0.1，两者并不具有统计学意义上的显著性。股权集中度与 R&D 效率在 10% 的水平上呈显著负相关，即企业的股权集中度水平越高，R&D 效率越低。这是由于作为企业所有者的大股东的持股比例越高，就越能够对企业中的各种研发创新活动进行干预，从而影响企业的研发投入，对企业的 R&D 效率起到抑制作用。

## 四、稳健性检验

为了验证实证结果的稳健性，本章用技术董事所占比例（TECHIRE=技术董事人数 / 董事会人数）、技术非独立董事所占比例（NDIRE= 技术非独立董事人数 / 非独立董事人数）分别替代上市公司是否设置技术董事、上市公司是否设置技术非独立董事。同时，为了避免因控制变量的不同对实证结论的影响，本章加入新的控制变量董事会人数（BOARDSIZE），并删除控制变量总资产周转率，对模型 1、模型 2、模型 3、模型 7、模型 8、模型 9 进行重新回归。实证结果如表 7–5 所示。

从表 7–5 中可以看出：

模型 1 中技术董事与企业价值在 5% 的水平上呈显著正相关关系，即技术董事有利于上市公司企业价值的提升。模型 1 得到了验证。依据中介效应检验步骤，进行模型 2 的检验。

模型 2 中技术董事和 R&D 效率在 1% 的水平上显著正相关，也就是说，技术董事有助于提升上市公司的 R&D 效率。依据中介效应检验步骤，继续进行模型 3 的检验。

模型 3 中企业价值与 R&D 效率在 10% 的水平上呈显著正相关关系，说明 R&D 效率有助于预测企业价值，R&D 效率在技术董事与企业价值之间的中介效应得到了验证。

模型 7 中技术非独立董事与企业价值在 1% 的水平上呈显著正相关关系，模型 7 得到了验证。依据中介效应检验步骤，继续进行模型 8 的检验。

模型 8 中技术非独立董事和 R&D 效率在 1% 的水平上呈显著的正相关关系。依据中介效应检验步骤，继续进行模型 9 的检验。

模型 9 中企业价值与 R&D 效率在 10% 的水平上呈显著的正相关关系，能够表明 R&D 效率对企业价值是有相关作用的，R&D 效率在技术非独立董事与企业价值之间的中介效应得到了验证。

综上所述，稳健性检验的实证结果没有变化，结论得到了验证。

表 7-5　稳健性检验结果

| 变量 | 模型 1 | 模型 2 | 模型 3 | 模型 7 | 模型 8 | 模型 9 |
|---|---|---|---|---|---|---|
| | *VALUE* | *RDEF* | *VALUE* | *VALUE* | *RDEF* | *VALUE* |
| *TECHIRE* | $0.008^{**}$<br>（2.16） | $0.087^{***}$<br>（4.13） | $0.008^{**}$<br>（2.02） | | | |
| *RDEF* | | | $0.006^{*}$<br>（1.81） | | | $0.006^{*}$<br>（1.76） |
| *NDIRE* | | | | $0.008^{***}$<br>（2.90） | $0.063^{***}$<br>（4.02） | $0.008^{***}$<br>（2.76） |
| *SIZE* | $0.006^{***}$<br>（6.44） | $0.040^{***}$<br>（7.73） | $0.005^{***}$<br>（6.12） | $0.006^{***}$<br>（6.39） | $0.039^{***}$<br>（7.65） | $0.006^{***}$<br>（6.08） |
| *LEV* | $-0.110^{***}$<br>（-22.31） | $-0.098^{***}$<br>（-3.60） | $-0.109^{***}$<br>（-22.15） | $-0.110^{***}$<br>（-22.32） | $-0.098^{***}$<br>（-3.60） | $-0.109^{***}$<br>（-22.15） |
| *HFD_5* | $0.028^{***}$<br>（3.76） | -0.067<br>（-1.65） | $0.028^{**}$<br>（3.81） | $0.027^{***}$<br>（3.76） | -0.065<br>（-1.62） | $0.028^{***}$<br>（3.81） |
| 年度 | 控制 | 控制 | 控制 | 控制 | 控制 | 控制 |
| *F* 值 | 65.47 | 11.21 | 59.87 | 65.93 | 11.12 | 60.27 |

续表

| 变量 | 模型 1 | 模型 2 | 模型 3 | 模型 7 | 模型 8 | 模型 9 |
|---|---|---|---|---|---|---|
| | *VALUE* | *RDEF* | *VALUE* | *VALUE* | *RDEF* | *VALUE* |
| 调整 $R^2$ | 0.184 | 0.035 | 0.185 | 0.185 | 0.034 | 0.186 |
| 样本总数 | 2855 | 2855 | 2855 | 2855 | 2855 | 2855 |

注：***、**、* 分别表示在 1%、5%、10% 的水平上显著。

## 本章小结

技术董事作为董事中具有技术背景的专业人员，拥有独特的专业背景和技术知识，他们可以对企业的经营管理和创新决策发挥积极的作用。这是因为技术董事在技术专业方面拥有丰富的理论与实务经验，可以提出一些有创见性的想法和观点来解决企业面临的问题，从而提高公司的经营业绩。多数技术董事曾在其他大公司中任职，拥有良好的外部关系网络，他们可以为公司提供关键的外部联络渠道，并且有利于公司完成与其他机构的有利交易，这些活动都促进了该公司与其他公司的协调。技术董事因其自身的技术特长，当企业在经营管理过程中遇到技术层面上的困难时，他们就可以利用自身的专业优势为企业和管理层提供更富有针对性的意见和建议，及时、正确地帮助公司决策层解决这些问题，避免公司遭受损失，进一步提高公司的价值。本章通过探究技术董事与企业价值之间的关系，以及技术董事如何影响企业价值进行了实证分析，得出以下结论：

第一，技术董事与企业价值之间存在显著的正相关关系，并且 R&D 效率能够在技术董事提升企业价值的过程中发挥中介效应。设置技术董事的上市公司，其企业价值要显著高于那些不设置技术董事的公司。也就是说，董事会中设置技术董事或者增加具有技术背景的董事，可以更有效地为上市公司的经营管理提供针对性的技术支持以及专业监督。技术董事通过提高企业的 R&D 效率，最终使上市公司的价值得到了显著的提高。

第二，技术独立董事和企业价值之间并不存在显著的相关关系。本章的实证研究并未发现技术独立董事与公司价值之间的相关关系，可能由于技术独立董事是独立于公司的外部人员，并非公司中的员工。从我国当前的现状来说，技术独立董事通常只在公司召开董事会议时才到公司，日常工作都不在公司中，主要是从事自身的本职工作或者在公司之外查阅公司的相关文件。技术独立董事的工作很大程度上具有“兼职”的性质，从而在一定程度上影响了其作用的发挥。

第三，技术非独立董事和企业价值之间呈现显著的正相关关系，并且 R&D 效率能够在技术非独立董事提升企业价值的过程中发挥中介效应。设置技术非独立董事的上市公司，其企业价值要显著高于那些不设置技术非独立董事的上市公司。这说明，技术非独立董事由于自身具有“技术”优势，拥有丰富的技术专业背景和能力，能够为管理层提供各种涉及公司经营管理方面的技术层面上的指导和方法，从而使技术非独立董事的咨询作用最终转化成为上市公司的技术创新行为，提升上市公司的 R&D 效率，最终提升企业价值。

针对以上结论，本章认为我国上市公司应该注重技术董事在公司治理中的作用，并且有针对性地增加公司独立董事中技术独立董事的数量。对于已经设置技术独立董事的公司，应该加强对技术独立董事的重视，提高技术独立董事的参与度。在平时的工作中应充分发挥技术独立董事的“技术 + 独立”特性，使其能够为企业的发展提供较多与技术有关的专业性建议，进一步提升企业的技术和研发创新能力，进而提升企业的价值。

# 第八章 研究结论与政策建议

## 第一节 研究结论

与先前文献大多关注 R&D 投资的影响因素与内在机理不同的是，本书从公司治理的视角研究了董事会的技术特征，即技术董事（包括技术独立董事和技术非独立董事）是否或是如何影响公司的研发投资效率。通过理论分析与大样本的实证检验，我们发现：

（1）无论是技术独立董事还是技术非独立董事，都可以显著提高公司的研发投资效率。

（2）本章继续分析了技术董事提高研发效率的具体途径。理论上，技术董事影响研发效率包括两种途径：一是根据委托—代理理论，具备专业知识的技术董事更有能力发挥监督作用；二是根据资源依赖理论，技术董事可以为董事会提供稀缺的技术资源，使研发决策更加科学化。我们发现，技术董事尤其是技术独立董事具有显著的监督作用，具体表现为：技术独立董事可以显著降低代理成本、提高盈余质量，尤其可以抑制公司通过操纵研发费用所进行的真实盈余管理，降低大股东的私有收益。而我们发现技术非独立董事在降低代理成本和大股东私有收益方面的作用一般，但同样可以提高盈余质量。进一步研究中介效应检验结果表明，技术董事提高研发效率的路径既包括监督作用，也包括咨询作用，即委托—代理理论与资源依赖理论都可以在一定程度上解释技术董事的作用。

（3）本章继续研究了技术董事的两种表现形式：技术独立董事和技术非独立董事之间的交互作用。实证结果表明，二者之间既不存在替代效用也不存在互补作用，而是互相独立地发挥作用。

（4）本章还对技术董事提高研发投资效率的“状态依存性”进行了实证检验。检验结果表明，产权性质对技术董事与 R&D 效率具有正向调节作用，股权制衡对技术董事与 R&D 效率具有反向调节作用，然而薪酬以及外部治理的调节作用并不显著。

（5）本章发现技术董事可以显著提高公司价值，并且研发投资效率在其中起到了中介作用。上述结果说明，技术董事在提高研发投资效率后会进一步提升公司价值。

## 第二节　政策建议

根据研究结论，我们提出以下政策建议，以期为相关政府部门的政策制定提供一定的借鉴价值。

第一，政府不仅要鼓励企业提高研发投入，更要关注如何增强研发投资效率。

在经济新常态的环境下，传统的粗放式、外延型增长模式已然难以持续，增加产品附加值、完成产品结构技术升级将成为决定企业生存和发展的最重要因素。而要实现上述目的，提高公司自主创新能力必不可少。近年来，我国企业的研发投入不断增长，2002 年我国企业研发投入总额约为 787 亿元，2010 年则增长到了 4015 亿元，2015 年已经超过了 1 万亿元，实现了跨越式增长。虽然其中也出现了华为这样被世界认可的国际创新型企业，但是根据 2015 年英国汤森路透集团公布的全球百强创新机构榜单，中国大陆企业仅有华为一家入围，而日本入围 39 家公司，韩国为 4 家，中国台湾为 2 家。这说明我国企业虽然在研发投入的增长速度方面已经超过日本、韩国等国家，但企业自主创新能力仍存在一定的差距。高额研发投入与薄弱的自主创新能力之间不匹配的一个重要原因，就是我国企业研发投资的效率较低。如根据《中国经济周刊（北京）》的报道，虽然中石油 2015 年的研发投资高达 21 亿美元，排名世界第一，但使用效率并不高，对其实际的创新能力，市场依然持保留态度。因此，我国相关政府部门一方面应该继续鼓励公司增加研发投入，另外也应该在研发投资效率方面给予企业适当指导，从而提高企业的自主创新能力。

第二，在董事会建设方面，不仅应该关注其独立性，还应该关注其技术性。

从 20 世纪末 21 世纪初开始，我国政府开启了公司治理改革，如健全法人治理结构、引入独立董事制度、股权分置改革等。上述改革的主要目的是加强公司治理的监督作用，以保护中小投资者的利益为主。如 2001 年公布的《关于在上市公司建立独立董事制度的指导意见》明确提出，上市公司董事会成员中应当至少包括 1/3 的独立董事，其中至少包括一名会计专业人士。然而，如何提高董事会的科学决策水平，尤其是研发投资决策方面则重视程度不足。董事会作为公司整体战略的制定者，其作用不言而喻。如果董事会由于自身技术知识储备不足，不能准确判别未来的技术发展方向，从而作出错误的研发战略，那么公司的生存和发展必然会受到极大影响。技术董事（包括技术独立董事和技术非独立董事）对于提高研发投资效率、增加公司绩效和价值都有着积极作用，所以我们建议，可以适当考虑在合适的公司推行技术董事制度，要求或鼓励上市公司设置技术董事，并给予必要的帮助。技术董事能够在公司技术方案中提出建设性的意见，提高经营效率和研发决策准确性，有助于提高研发投资效率，从而增强企业的自主创新能力，提升绩效、增加公司价值。

第三，建立完善的技术董事薪酬体系。

技术董事应该如何激励，权责如何对等是值得深思的。目前，我国技术董事与其他董事之间，尤其是技术独立董事与非技术独立董事之间的薪酬差距很小。根据课题的研究结果，较低的薪酬差距并不能激发技术董事的工作积极性，提高他们的努力程度。因此，我们建议可以适当根据技术董事的不同特征与需求，完善已有的技术董事薪酬激励机制。技术独立董事薪酬主要由年度聘用金与会议津贴组成。在薪酬能保持技术独立董事独立性的前提下，将报酬所得与企业研发绩效相联系，选用固定报酬与奖励相结合的激励方式作为备选方案之一。对于技术非独立董事，则需要在高管身份的薪酬之外单独为其设计一份报酬，如可以设计获得荣誉、职业发展机会、股权等具有不同针对性的激励方案。真正激发技术执行董事与技术独立董事的协同作用，营造有利于发挥技术董事作用的氛围。

第四，提高市场中介机构及投资者的专业水平。

理论上，市场中介机构的财务分析师在进行盈余预测、投资者在选择投资标的时，不仅应该关心公司的当期收益，也应该关注企业的自主创新能力。当上市公司管理者意识到公司投入了巨额研发资金，并配备了大量的人力去利用好该研发资金，这虽然会降低短期收益，但仍旧能够被市场专业人士所认可，公司价值并不会被折价，反而更容易赢得市场青睐，融资成本也会降低，那么其研发投资以及提高其使用效率的积极性必然会随之增强；反之，则很可能会损害其积极性。目前，我国的市场中介机构虽然发展越来越迅速，财务分析师在资本市场中所起的作用也越来越大，投资者的整体素质也越来越高，但与西方发达国家相比，仍然具有很大的差距。例如，2015 年我国股市出现了异常波动，这说明投资者尚不成熟，注重短期收益、投机行为仍然比较盛行，真正价值投资的理念并未被大多数投资者所认可。同时，在股价不合理的快速上升时期，财务分析师不仅没有起到应有的作用，反而推波助澜，发布了大量买入、增持的研究报告，鲜有中性、减持的预警。因此，提高财务分析师和投资者的专业水平对于增强企业研发投资效率具有非常重要的意义。

综上所述，提高公司研发投资效率、增强自主创新能力，第一，需要改变以往的思想，不仅要关注研发投入，更要强调研发资金的利用率；第二，应该加强董事会的技术性，保证研发战略的制定更加科学、合理，同时也应该考虑如何制定一套适合技术董事的业绩评价和薪酬激励体系；第三，市场参与者（包括投资者、中介机构等）也应该重视研发投资效率和企业的自主创新能力，注意短期收益与长期利益的均衡，避免行为短期化、投机化，从而影响公司管理者自主创新的积极性。

# 第九章 课题研究中的阶段性成果

## 第一节　如何评价企业技术创新能力

——国内外文献评述

### 一、企业技术创新能力的理论界定

#### （一）企业技术创新概念的提出

最早明确提出技术创新能力概念的学者是约瑟夫·熊彼特。1912 年，熊彼特在《经济发展理论》中指出，企业技术创新是指“企业家对生产要素所做的新的组合”。总体来说，熊彼特对于创新的作用是肯定的，他认为资本主义正是由于创新而得到了发展。资本主义赖以生存的土壤就是不断地创新。《经济发展理论》发表至今已经有 100 多年，技术创新能力无论从定义的内涵还是定义的外延，都有了很大的发展。

（二）技术创新能力的理论界定

在熊彼特提出“技术创新”的概念之后，许多国内外学者基于不同的研究需要，从不同的角度对技术创新能力的定义进行了研究。

第一类是“从能力本身来定义技术创新能力”，这种观点认为技术创新能力是组织本身所具有的，并能帮助组织创造新思维、新想法的一种能力。从这一角度对技术创新能力进行定义的主要是国外学者，比较有代表性的观点是：彭斯（Burns）等最先从能力本身定义了技术创新能力一词，将技术创新能力定义为“组织成功地采用或实施新观念、新工艺或新产品的能力”。巴顿（Barton）则从创新能力的核心层面定义了技术创新能力，认为：“企业技术创新能力的核心是掌握专业知识的人、技术能力、管理能力及企业的价值观。”

伯杰尔曼（Burgelman）等提出，“企业技术创新能力是支持企业创新战略的一系列综合特征的组合”，从创新能力构成上对技术创新能力进行了定义。另外，奥康纳（O’Connor）等从一种更为新颖的角度对技术创新能力进行了定义，认为技术创新是“资源（人力和关系）投入和中间变革资产”，该资源或资产是企业从事创新活动所必需的。

第二类是“从过程的层面来定义技术创新能力”，这种观点认为技术创新能力就是生产某种革新的、有意义的客体的过程。最早从过程层面来认识技术创新能力定义的是芒福德（Mumford）等，认为技术创新能力是生产新颖的、具有社会价值的产品的一个过程。随后技术创新能力被定义成“多个人共同协作，从而创造有价值的新产品、新服务、新想法、新程序、新过程”。

该定义的创新之处在于将参与创新的主体引入技术创新概念中，强调人的主观能动性。OECD（经济合作与发展组织）认为，“技术创新能力是一个由一系列活动组成的交互过程”。福雷斯（Fores）等则将技术创新能力阐释为“学习能力对企业经营绩效产生效果的催化剂”，这也从过程层面对企业技术创新能力进行了定义。

中文文献对技术创新能力定义的认识还处于一种探索阶段，我国学者魏江等最早在企业研究层面对技术创新能力的概念进行了探索，认为“技术创新能力是支持企业创新战略实现、由产品创新能力和工艺创新能力两者耦合并由此决定的系统整体功能”。王立新等基于技术创新能力的研究现状，将企业技术创新能力定义为“支持企业创新战略实现，体现于企业创新全过程中的一种整体能力”。

总体来说，从过程层面来认识创新能力的本质是将企业创新比喻为一个流程，认为创新是一个管理过程，需要特定的工具、规范和纪律。从这一点可以看出，技术创新能力强调的是将具体的、新颖的并且有用的想法引进到一般的组织流程和步骤中的一种能力，组织通过运用这种想法，能够使组织产生显著的进步。

第三类则是“从结果层面来认识技术创新能力”，这种观点认为技术创新能力能生产出某种革新的、有意义的客体，更侧重创新的结果产出。安德烈（Andrew）等认为，技术创新能力是指一些同以往相比具有新颖性和意义性的产出。阿米顿（Amidon）在《知识经济的创新战略——智慧的觉醒》一书中将技术创新能力定义为，“企业创造并使用好思想，好思想最终转化为市场化的产品或服务，并能够为企业带来利润的能力”。在一些学术与政策的辩论上，创新能力作为一种抽象概念，用来表示一个系统将知识转化为能够推动经济长期增长和财富创造的新发明的一种实际和潜在的能力，该定义也从结果角度阐释了技术创新能力的含义。

另外，我国学者张国良等认为技术创新能力就是“多、快、好、省”地形成商业化创新产出的潜力，与以往研究不同的是，技术创新能力被同时赋予了数量、速度、效果、效率四个维度的含义。

虽然学者们的定义角度不同，但技术创新能力的定义都与新思维、新技术有关，并且这种思维与技术都能给企业带来长期的利益产出。总的来说，公司通过技术创新能力对原始的、相关的以及有价值的新产品、过程或服务知识进行整合，使组织能够将一些思维转化为新的或先进的产品、服务或者流程，从而在激烈的市场竞争中脱颖而出，这是企业创新的关键所在。

## 二、企业技术创新能力评价指标

### （一）技术创新能力评价原则

建立企业创新能力评价指标体系时，必须以企业创新能力评价原则为指导思想，因为只有在科学合理的原则指导下才能设计出合理的评价指标体系。从国内外研究的情况来看，大部分学者以国际标准的科学性、可操作性、可比性和多目标性四个基本原则作为依据。韩景元等则在建立创新评价体系时，对上述原则进行了细化。董岗等在其他学者研究的基础上提出了构建指标体系的设想，具体包括目的性原则、科学性原则、系统性原则、定性和定量相结合原则、可比性原则、可操作性原则。此外，魏江等提出，在度量企业的技术创新能力时，必须解决两个问题：一是选择采用全面评价指标还是核心评价指标；二是参照系如何选择。他认为这两个问题的解决，可根据具体数据的掌握程度或数据的可获得性来确定。

（二）构建技术创新能力评价指标体系的不同观点

国内外有关企业创新能力评价方面的文献很多，归纳起来可以从技术创新能力评价指标的要素观、过程观和系统观三个方面对其进行评述。

1．技术创新能力评价指标的要素观

技术创新能力评价指标的要素观是指从创新实现过程中所需的支持要素（指标）的数量和质量角度来评价企业技术创新能力的观点，其基本假设是如果所评价的支持要素（指标）数量越多、质量越高，那么企业技术创新能力越强。

从国外研究来看，在评价指标的要素观中比较有代表性的观点有：技术创新能力是产品开发能力、改进生产技术能力、储备能力、生产能力和组织能力的综合体现。伯杰尔曼从一种更为宏观的角度来理解技术创新能力，并将公司创新与外部环境挂钩，他认为技术创新能力由可利用的资源、对竞争对手的理解、对环境的了解能力、公司的组织结构和文化、开拓性战略等构成。

从国内研究来看，基于对技术创新能力的支持要素，可以划分为两类：第一类是从企业内部能力（如营销能力、生产能力）入手分解创新能力的构成要素，较典型的有技术创新能力可以由 R&D 能力、生产能力、市场营销能力、管理能力等综合体现，或者技术创新能力可以分解为以创新决策为核心的创新管理能力、创新投入能力、研究开发能力、生产能力和市场营销能力。第二类则从企业外部能力来构建支持企业创新的要素。例如，顾国详等在分析国有企业技术创新能力时指出，技术创新能力包括企业的创新决策能力、R&D 能力、技术引进与消化吸收能力、市场开拓与市场竞争能力、资金筹集与调度能力、对外协作与公关能力、人才开发与继续教育能力、整个企业的组织管理能力等。

除了这些常规的影响因素，还有一些新型因素也在影响企业的技术创新能力，如企业文化、网络关系、公司内部业务单元的结构重组、CEO 与控制性股东之间的亲缘关系、外商投资以及外国企业的技术授权等都会对技术创新产生影响。

2．技术创新能力评价指标的过程观

技术创新能力评价指标的过程观是指从创新过程分析的角度评价企业技术创新能力的观点。

它假设创新是一个包括多环节并且这些环节彼此联系、互相影响的完整过程，在分析时分别评价各个环节的能力就可获知企业整体的技术创新能力。

基耶萨（Chiesa）等开发了基于过程的技术创新能力审计体系，从概念生成、产品开发、生产、技术获取、领导、资源供给以及系统和工具的供给七个过程评价了企业的技术创新能力。卡尼尔（Caniel）等在研究创新激励、创新能力和创新绩效三者的关系时，发现了整合的人力和技术方面的创新管理过程，并将创新看作是一种过程。

国外较新的研究成果是托比亚斯·穆勒（Tobias Müller）等所呈现的创新能力成熟度模型（$I^2MM$），该模型认为技术创新过程对企业价值创造的所有阶段都会产生不同程度的影响。基于这种观点，他们将 $I^2MM$ 模型的技术创新区域划分为四个过程：构思和产品开发、创新管理、需求工程及质量管理。

国内对于技术创新能力评价过程的研究较少，其中比较有代表性的有：远德玉等提出的“技术与市场机会选择—技术开发—样品制造—批量生产—市场开拓与销售”五阶段模型。杨宏进提出的“决策（资源）—实施（效率）—实现（效益）”三阶段过程模型。在总结前人研究的基础上，郑春东等发现，先前学者提出的模型割裂了企业技术创新能力所包含的各要素之间的相互关系，从而使评价过于静态化，因此他们提出了一种“市场技术需求分析—创新构思与规划—研究开发—生产—价值实现”的五阶段过程模型，五个环节之间是一种串联而非并列的关系，各个环节之间相互影响，前一个环节能力的高低，必然影响后一个环节的实现。

3．技术创新能力评价指标的系统观

技术创新能力评价指标的系统观综合了要素观和过程观的观点，在引入系统的概念的同时把环境要素考虑在内，从而形成了比较全面的评价指标体系。它假设创新是一个系统的过程，不仅本身包含着一定的流程，而且受到各流程影响因素的制约，只有在构建指标体系时尽量把系统各要素考虑在内，才能形成合理的指标体系。

国内外绝大多数学者在评价技术创新能力时都采用了这一方法，这也是目前对技术创新能力评价的一种比较成熟和全面的方法。从国外研究的情况来看，英国学者最先探讨了创新与厂商、产出、政府政策、社会公众等之间的关系，并由此构建了评价指标体系，为以后创新能力评价体系的研究奠定了基础。

在构建技术创新能力的评价体系上，学者们最为关注的问题就是用什么指标来衡量企业的创新能力，他们采用的衡量指标也各不相同。有的研究者采用比较单一的指标来衡量技术创新能力，例如，赫尔利（Hurley）等将组织采纳的新思想作为衡量组织创新能力的指标；有的研究者则将企业技术创新能力划分为几个维度来进行分解，每个维度再用一些指标来衡量，其中一个较为常用的衡量方法是凯彭（Capon）提出的五指标体系，这种方法被许多学者应用过，许多国外学者发现这种方法是较为有效的。

另外，伯杰尔曼等在《技术和创新的战略管理》一书中提出了一种技术创新能力的评价指标体系，刘鸿渊等曾选用该评价指标体系对四川一家大型企业的创新能力进行研究，认为该评价模型的指标体系能够比较客观地反映企业创新能力的真实水平，且具有系统性和简洁性等优点。

在国内检索到的文献中，采用体系指标来评价企业技术创新能力的文章占绝大多数，其核心指标包括“创新投入能力、研究开发能力、创新管理能力、制造能力、营销能力和创新产出能力”。一些典型的以系统观来评价技术创新能力的文献及主要指标如表 9–1 所示。

表 9–1　创新能力评价系统观代表文献及主要指标

| 主要指标 | 主要观点 | 文献作者 |
| --- | --- | --- |
| 创新决策能力、R&D 能力、生产能力、市场营销能力和组织能力 | 从企业技术创新的过程来探讨技术创新能力 | 魏江等 |
| 创新投入能力、创新管理能力、创新研发能力、创新产出能力 | 通过对已构建的一个技术创新评价指标体系的相关因素进行分析，实现评价指标体系中各要素在不同类型企业创新中的重要程度的比较，对这些要素进行排序，从而为各种不同类型的企业技术创新能力提供更加客观公正的评价指标体系 | 陈广宇等 |
| 外部环境、内部环境、研发能力、信息化水平、制造能力、营销能力、协同能力、经济社会效益 | 根据技术创新能力活动的一般规律和特征，考虑到企业创新活动的重要方面和关键环节，构建出技术创新能力评价指标体系 | 董岗等 |
| 企业发展战略、创新成果的扩散、企业创新的信息源和创新障碍、企业创新的投入、政府在创新中的作用、企业创新的产出 | 技术创新能力评价是一项复杂的系统工程，涉及创新能力各要素的诸多方面，可以说与企业生产经营活动的全过程都相关 | 察志敏等 |
| 企业投入能力、研究开发能力、生产能力、市场营销能力和创新管理能力 | 要全面考虑影响企业技术创新能力的特征因素，并结合我国企业的实际情况，建立一套完整、科学、全面的评价指标体系 | 王立新等 |
| 创新意识水平、创新投入能力、创新活动能力、创新产出能力、创新风险控制能力、组织管理创新能力 | 不同的创新主体针对自身发展战略的目标，所选择的评测内容的出发点不同，因而指标评测因子体系设计中选择的侧重点各异 | 孙立媛等 |

### （三）技术创新能力的评价求解方法

从企业技术创新能力的评价指标可以看出，学者对技术创新能力认识的侧重点不同，技术创新能力指标分解也不同。在将创新能力分解成具体指标之后，就需要采用不同的方法对指标进行量化，从而评价企业的技术创新能力。企业技术创新能力评价模型的求解关键在于各指标权重的确定，权重是衡量某指标相对重要程度的量值。总的来说，存在两类确定权重值的方法，第一类为群体测试统计方法，该方法邀请相关专家对指标进行主观估计，进而应用统计方法对估计的结果进行分析，将得出的每个指标权重的统计值作为最后结果；第二类为个体直观判断法，该方法由某个相关专家直接估计指标权重，并把这种估计值直接作为最后结果。本书主要探讨群体测试统计方法。从检索的文献来看，存在多种求解方法，具体如表 9–2 所示。

表 9–2　技术创新能力评价求解方法

| 方法 | 特点 | 代表文献作者 |
| --- | --- | --- |
| 线性加权和法 | 优点是该方法既考虑了人们主观上对各项指标的重视程度，又考虑了各项指标原始数据之间的相互联系及其对总体评价指标的影响，且具有较强的可行性和可操作性；缺点是计算量大 | 曲国禹等 |
| 层次分析法（AHP） | 优点是该方法能用于层次较多、指标较多的评价指标体系权系数计算，简单明了；缺点是求解方法复杂，计算量大，甚至要反复计算 | 常玉等 |
| 模糊综合评价法 | 可以构造三级以及多级模糊评价，能对不同企业的创新能力进行评价 | 姜炳麟等 |
| 多层次灰色评价法 | 精确度高，是一种直接方法，可克服模糊综合评判中有些白化值经特征化处理后信息丢失的弱点 | 唐炎钊等 |
| 综合指数法 | 可以使指标值标准化，进而可以准确地评价工作的综合水平。综合指数值越大，工作质量越好，对指标的多少没有限制 | 郑春东等 |
| 数据包络分析法 | DEA 方法直观性好、可比性强，且每一指标权重是根据决策单元的实际数据求得，而不是根据评价者的主观认定获得，可以科学地评价创新能力，而且有利于制定有效的创新策略 | 李守伟等 |
| BP 神经网络法 | 使系统误差达到任何精度要求，且有收敛性；随着参评样本的增加和时间的演进，能进行进一步的时间学习和实现动态跟踪评价，具有自学习、概括能力、自适应能力以及强大的容错性等特征 | 李文博等 |

| | | |
|---|---|---|
| 二次相对评价法 | 能够消除由于受客观基础条件优劣影响而导致的对企业创新能力评价的不客观性和不公正性，从而真正反映人的有效主观努力在加强企业创新能力中的作用 | 曲世友等 |

从表 9–2 可以看出，企业技术创新能力评价的求解方法有很多。有些方法的提出是为了解决权重求解时的主观性问题，如数据包络分析法、BP 神经网络法等；有的是为了解决指标本身可能存在的缺陷，如模糊综合评价法等。总的来说，每种方法都有其优缺点，应该根据具体情况进行选用，也可考虑几种方法联合使用，如二次相对评价法。

## 三、企业技术创新能力存在的问题总结及展望

（一）关于企业技术创新能力的含义

综上所述，国内外学者对技术创新能力含义进行界定时，无论是从能力本身还是在过程和结果层面进行界定，都丰富了创新能力的内涵，为今后研究企业技术创新能力提供了强有力的理论依据。但这些界定仍旧存在一定的不足，对技术创新能力含义界定表述不一，没有形成统一的定义。本书认为，要想正确地对技术创新能力进行定义，就要把握企业创新的本质，并贴近企业现实状况，着眼于创新全过程，这样才更有利于把握技术创新能力的精髓所在。

（二）关于企业技术创新能力的评价指标

在这个方面，学者们的共识是企业技术创新能力是一系列能力的有机结合，但无论是评价指标的要素观、过程观还是系统观，在对指标进行具体分析时，由于对创新能力本质的认识不同，并没有形成统一的指标体系。本书认为原因有二：其一，随着国内外学者对企业技术创新能力研究的深入，我们发现一些新的指标会对技术创新能力产生影响，在构建评价

指标时，除了考虑常规指标外，还可以向新型指标拓展。其二，在创建评价指标体系时，大多数学者把各基本要素放在了同一个层次来考虑，割裂了各层次基本要素之间的关系。从独立的、静止的、分散的角度来研究企业技术创新能力，其结果很难反映企业创新的实际状况。鉴于上述两个原因，本书认为，在构建评价指标体系时，要将系统理论和企业创新理论有机结合，将新型指标引入评价体系中，建立各层次指标之间的联系，并使用定性与定量相结合的方式来评价企业技术创新能力，这也是今后评价指标体系研究的一种新思维。

（三）关于企业技术创新能力的评价求解方法

虽然技术创新能力评价方法的研究众多，但本书认为仍存在一些问题。第一，不同方法评价结论的非一致性。上述不同方法都可以用于评价技术创新能力，但对同一案例选用不同方法进行评价，其结论可能存在较大差异。第二，理论方法与实际应用相脱节。随着技术创新理论研究的不断深入，评价方法也越来越复杂，而这些复杂的评价方法对实际工作者而言，掌握起来相对困难，这就使得评价方法只能为专家所用。本书认为，评价求解方法的下一步研究方向应结合各求解方法的优缺点，研究一种综合的求解方法，避免各求解方法分析结果的不一致性。此外，还可以开发一种简单实用的技术创新能力评价系统软件，以简化实际工作者的评价工作，并提高评价的有效性。

对国内外技术创新能力的定义和评价两方面的文献进行梳理，一方面，希望人们认识企业技术创新活动的本质与规律，进而总结创新活动的经验，为企业以后制定创新战略提供有意义的借鉴；另一方面，希望能够找出现有研究中存在的缺点和不足，为企业技术创新能力的进一步研究提供新的思路。

## 第二节　技术独立董事对股权代理成本影响的实证研究

——来自中国 A 股市场的经验证据

Jensen 和 Meckling 于 1976 年对公司代理成本问题进行研究以来，代理成本一直是国内外学者关注的焦点。学者们围绕如何降低代理成本以及代理成本与公司治理结构、财务决策的关系等方面进行了大量研究。近年来，上市公司高管在职消费过高、股东资金使用效率低下等现象频频发生，导致股东与经理人员之间的代理问题越来越突出，代理成本问题亟待解决。

代理成本出现的主要原因就是公司所有者和管理者之间契约不完善、信息不对称和利益分配不一致，因此使得公司经营者不会完全为了所有者努力工作，造成所有者利益受损，导致股东承担"代理成本"。迄今为止，国内外学者围绕如何降低代理成本已经展开了诸多研究。在目前所有影响代理成本的因素中，大部分学者认为董事会是连接股东和管理层的重要纽带，应当将其作为公司治理的核心。董事会的独立性和专业性对其发挥治理作用具有重要影响，对董事会治理模式的探究是控制代理成本的主要途径。然而，学者们至今几乎都是站在董事会独立性的角度以及董事会成员的财务专业知识背景角度探讨其对代理成本的影响，却很少有学者从董事的技术专业背景角度来探讨其对代理成本的影响。但是我们通过翻阅各董事简历可以看到有越来越多的高校理工科教授、工程师、技术员、医学专家、药物学专家等在公司中担任独立董事。那么对于这一类具有特殊技术背景的独立董事，他们对企业的代理成本又有怎样的影响？迄今为止还没有学者在这一方面进行研究。本书拟通过引入独立董事技术背景这一新的视角来探讨技术独立董事对代理成本的影响，并借鉴 Singh 和 Davidson（2003）的研究方法，用总资产周转率来衡量代理成本，基于 2009—2013 年 5 年的面板数据，首次实证检验技术独立董事与公司代理成本之间的关系。

## 一、文献综述

“技术董事”一词最早是由美国经济学家 Adler 和 Ferdows 提出的，他们认为可以将在公司日常生产经营中提供技术指导并承担管理责任的 CTO 称为技术董事。技术董事包括技术独立董事、技术执行董事和技术股东非执行董事。技术独立董事是企业中有技术背景的独立董事，结合技术董事和学者对独立董事的定义，将技术独立董事定义为：同时兼具技术董事和独立董事的特性，且拥有一定技术背景和专业才能，能够对企业的日常生产经营和战略决策产生影响力的独立董事。

代理成本概念最早由延森和梅克林提出，他们将代理成本定义为管理者经营时企业的价值与完全所有者经营时企业的价值之间的差异。基于延森和梅克林的定义，可以将代理成本分为三部分：①委托人的监督成本；②代理人的担保成本；③剩余损失。从融资角度分析，又可以将代理成本分为股权代理成本和债权代理成本。股权代理成本又分为两种，一种是由于企业管理层与股东利益不一致而导致管理层侵占股东利益所形成的代理成本；另一种是大股东利用自身的地位优势侵占中小股东的利益所形成的代理成本。考虑到技术独立董事在公司治理中所发挥的作用的局限性，本书主要研究技术独立董事对股东与管理层之间的代理成本的影响。

目前，国内外还没有关于技术独立董事与股权代理成本的研究，结合本书的研究目的，下面对现有股权结构和独立董事对代理成本影响的研究文献进行了综述。

（一）股权结构与代理成本

关于股权结构与代理成本关系的研究主要是从股权集中度和股权制衡度两个角度进行的。

国外学者 Grossman（1983）、Connelly（2010）发现，当公司股权过于分散时，单个股东不愿意参与公司治理，便会出现“搭便车”现象，管理层内部人控制问题严重，股东利益受损；但是随着大股东持股比例变高，其利用控制权监督管理层的动机也逐渐增强。我国学者吕景胜和邓汉（2010）、石大林（2014）通过实证研究得出了相同的结论。吕景胜和邓汉根据我国已经完成股权分置改革的实际情况，以中小板制造业上市公司 2009 年的数据为样本实证分析后发现，股权集中度高有利于降低代理成本。石大林认为，在股权分散的条件下，由于公司对管理者监督不足，不能有效约束管理者的机会主义行为，再加上存在一定的监督成本，增加了公司的代理负担。

股权制衡度方面，国外学者普遍认为公司中有多个大股东存在，可以有效减少股权代理成本，通过股权制衡可以提高公司内部监管水平，公司的代理成本也会相应减少。但是我国学者淳伟德、王璞（2009），尤华、李恩娟（2014）得出的结论却恰恰相反。淳伟德研究发现，股权制衡度越高，代理成本就越高。尤华对 2011 年创业板上市公司数据实证分析，发现股权制衡在一定程度上会提高股权代理成本，但会降低大股东与中小股东之间的代理成本。

（二）独立董事与代理成本

1. 独立董事比例

国内外关于独立董事比例对代理成本的影响主要有独立董事比例与代理成本正相关、负相关和不相关三种观点。Bhagat 和 Black（2002）认为，独立董事比例与企业绩效负相关。苏珊（Susan，2005）发现，公司由于拥有较多独立董事，会派发较多红利，将这部分红利归还所有者能够直接降低代理成本。我国学者陈运森（2012）通过衡量独立董事在整个董事网络中的位置并研究其对代理成本的影响，结果表明，独立董事越处于中心位置，其对代理成本的降低作用越明显。辛金国（2013）等发现，董事会独立性与股权代理成本之间无明显关系。

2. 独立董事薪酬

Perry（2000）发现，只要给独立董事足够的激励，他们便会努力工作，提高监督效果，降低公司代理成本。但是我国学者唐雪松（2010）却发现，独立董事从公司得到的报酬越高，独立董事说“不”的可能性越低。也就是说，过度激励反而会降低独立董事的独立性，减弱独立董事的监督作用。同样地，谢德仁（2013）以我国上市公司 2002—2010 年的数据为样本，实证研究发现，公司独立董事津贴与代理成本正相关，并且机构投资者的监督作用强化了这一正相关关系。

3. 独立董事特征

Ballot（2001）发现，独立董事的学历水平与其所在公司业绩水平正相关。Yangmin King（2007）认为，独立董事除了监督管理层和提供专业建议，还可以提供许多外部资源，其拥有的社会关系网能促进公司的发展，从而减少公司代理成本。我国学者邱兆祥（2012）研究发现，独立董事的性别、年龄、教育经历、职业背景等个人特征对公司绩效没有显著影响，但是财务或会计专家在一定程度上能够提高公司绩效。

## 二、理论分析与研究假设

根据委托—代理理论和信息不对称理论，由于我国股东与公司管理层之间存在信息不对称、责任不对等，给公司带来了严重的代理成本。技术独立董事由于具备独立性和技术专业性的双重特点，一方面拥有相对独立的身份，不受管理者和其他董事的控制，能够对管理者的行为进行独立客观的评价和监督；另一方面，技术独立董事大多都是某一技术领域担任一定职务的专家，加上他们大多担任过高级管理人员，具有技术优势和管理优势。他们能够在以下几个方面发挥作用：①对上市公司的经营战略以及相关技术方案进行专业的监督指导，并且监督效率比一般董事要高，可以防止管理层因缺乏专业知识而决策失误。②可以直接与公司管理人员沟通探讨企业运营过程中是否可以借助技术创新来提高企业的产出效率、降低运营成本等问题。③技术独立董事还可以利用他们掌握的技术以及市场方面的知识，帮助企业管理层解决技术上的难题。④根据资源支持理论，技术独立董事可以利用自己拥有的良好的外部关系为公司提供更多专业性技能、创新技术等稀缺资源，增强公司在制定战略时对环境变化的应对能力。因此，本文提出假设：

H1：其他条件不变的情况下，技术独立董事比例越高的公司，代理成本越低。

董事会发挥预期功能，一方面取决于其独立性和专业性，另一方面也与董事会成员的动机紧密联系。理性经济人假设认为，在经济活动中，经济决策的主体都是以自身利益最大化为目标。技术独立董事同样会追求自身利益最大化，因此企业采取激励措施对于技术独立董事履行其职能具有促进作用。目前，国内外普遍采用的激励手段主要有声誉激励、股权激励和现金薪酬激励三种方式。但是由于我国市场发展尚不成熟，不适合采用声誉激励和股权激励，所以绝大部分上市公司都是采取现金薪酬激励。佩里发现，董事薪酬结构与 CEO 的更换之间有一定的相关性，董事会成员在获得激励性薪酬后更可能更换业绩较差的 CEO。从人力资本角度分析，公司通过提高技术独立董事薪酬，以聘请到具有更高人力资本的技术独立董事，有利于提高公司经营业绩。技术独立董事薪酬越高，越能激励技术独立董事履行自己的职责。因此，本文提出假设：

H2：其他条件不变的情况下，技术独立董事薪酬越高的公司，代理成本越低。

## 三、研究设计

### （一）变量选择与模型设计

1.被解释变量

对于股东与管理层之间的代理成本，目前国内外还没有统一的衡量标准。本部分借鉴辛格（Singh）和戴维森（Davidson）的方法，以总资产周转率来度量代理成本。总资产周转率反映了管理者运用股东资产为企业创造收入的能力和动力，因此能更好地反映股东与管理层之间代理成本的高低。为了便于衡量比较，本章用上市公司营业收入净额与总资产期末余额之间的比值来表示总资产周转率。总资产周转率越高，代表经营者使用资产的效率越高，表示代理成本越低；反之越高。

2.解释变量

本部分首先通过国泰安数据库获得了上市公司独立董事的个人简历，其次分析独立董事简历并根据以下原则对该董事是否具有技术背景作出了判断。只要董事简历中至少有一条符合下列标准，我们就将该董事判断为技术独立董事：①明确列示了该董事为教授级工程师、工程师及技术类相关职称董事；②有理工科学习背景或者现在正在从事理工科的教学科研工作；③技术方面的高级管理者；④具有医学和农学相关学习经历或从事相关工作者。然后计算了公司技术独立董事在独立董事中所占的比例，以此作为解释变量 1。最后，我们从总样本中筛选出设置技术独立董事的公司，并计算了该公司技术独立董事的平均薪酬，以该平均薪酬的自然对数作为解释变量 2。

3. 控制变量

为了提高实证研究结果的准确性，本章通过分析总结国内外学者的研究结果，结合本章研究的目的，在实证分析过程中对其他影响代理成本的因素进行了控制。本节选取公司规模、成长状况、盈利能力、偿债能力、长期负债比例、股权集中度、董事会规模和独立董事比例作为控制变量（见表 9–3）。结合已有研究所得结论，本节认为，公司规模（SIZE）、盈利能力（ROA）、偿债能力（LEV）、股权集中度（HFD_5）、独立董事比例（IND）与代理成本呈负相关；成长状况、长期负债比例与代理成本呈正相关；关于董事会规模对代理成本的影响，学术界对此看法不一，因此本节对于董事会规模对代理成本的作用不确定。

表 9–3 研究变量说明

| 变量类型 | | 变量代码 | 变量含义 |
|---|---|---|---|
| 被解释变量 | 总资产周转率 | *TAT* | 营业收入净额 / 总资产期末余额 |
| 解释变量 | 技术独立董事比例 | *TECDR* | 技术独立董事人数 / 独立董事人数 |
| | 技术独立董事薪酬 | *COMP* | 技术独立董事平均薪酬的自然对数 |
| 控制变量 | 公司规模 | *SIZE* | 公司资产总额对数 |
| | 成长状况 | *GOA* | 总资产增长率 |
| | 盈利能力 | *ROE* | 净资产收益率 |
| | 偿债能力 | *LEV* | 资产负债率 |
| | 股权集中度 | *HFD_5* | 前五名股东持股比例平方和 |
| | 董事会规模 | *SCALE* | 董事会人数 |
| | 独立董事比例 | *IND* | 独立董事人数 / 董事会人数 |
| | 长期负债比例 | *LTDR* | 长期负债合计 / 资产总计 |

4. 模型设计

根据上述各变量与代理成本的关系建立了两个多元线性回归模型，拟通过模型（9–1）研究技术独立董事比例对总资产周转率的影响，通过模型（9–2）来探究技术独立董事薪酬与代理成本之间的关系。

$$TAT = \alpha_0 + \alpha_1 TECDR + \alpha_2 SIZE + \alpha_3 GOA + \alpha_4 ROE + \alpha_5 LEV + \alpha_6 HFD\_5 + \alpha_7 SCALE + \alpha_8 IND + \alpha_9 LTDR + \xi_1 \quad (9\text{–}1)$$

$$TAT = \beta_0 + \beta_1 COMP + \beta_2 SIZE + \beta_3 GOA + \beta_4 ROE + \beta_5 LEV + \beta_6 HFD\_5 + \beta_7 SCALE + \beta_8 IND + \beta_9 LTDR + \xi_2 \quad (9\text{–}2)$$

其中，*TAT* 为被解释变量，也就是代理成本的衡量变量；*TECDR*、*COMP* 为解释变量；*SIZE*、*GOA*、*ROE*、*LEV*、*HFD_5*、*SCALE*、*IND*、*LTDR* 为本模型的控制变量。$\alpha_0$、$\beta_0$ 为截距项，$\alpha_0$~$\alpha_9$、$\beta_0$~$\beta_9$ 是待估系数，$\xi_1$、$\xi_2$ 为随机误差项。

### （二）样本选择

本章选取 2009—2013 年所有沪、深两市 A 股上市公司作为原始样本，并进行了以下剔除：①剔除了 ST、ST* 的上市公司；②剔除了金融业和保险业的上市公司；③剔除了指标数据缺失或无效的上市公司，最后得到 10862 个样本。在对模型 2 进行实证研究时，考虑到研究的是技术独立董事薪酬对代理成本的影响，因此本章又从上述样本中剔除了未设置技术独立董事的公司，最后得到 4618 个样本。本章所有数据均来自 CSMAR 数据库。本章使用 Excel 软件对数据进行整理后，运用 Stata 13.0 统计分析软件进行了实证分析研究。

## 四、实证结果分析

### （一）描述性统计分析

研究结果一般是企业设置的总资产周转率标准值为 0.8，从表 9–4 可以看出，我国 A 股上市公司总资产周转率平均值仅为 0.6745，标准差为 0.5632，说明我国上市公司的总资产周转率还处在一个比较低的水平，不同公司总资产周转率差距较大，企业运用资产赚取利润的能力还有待提高。在所有沪、深 A 股上市的公司中，虽然有很多公司已经设置了技术独立董事，但也尚未达到理想水平，并且技术独立董事在独立董事中所占比例的平均值仅为 0.1598，说明技术独立董事职位的重要性还未受到公司的重视。技术独立董事平均薪酬的自然对数的平均值为 10.8481，最大值为 15.4250，最小值为 7.6009（即各上市公司技术独立董事平均薪酬均值约为 51436 元，最大值为 500 万元，最小值为 2000 元），标准差为 0.5341（见表 9-4）。可见目前我国技术独立董事薪酬水平还比较低，并且不同公司技术独立董事之间薪酬差异较大。

表 9-4　研究变量描述性结果

| 变量名称 | 最小值 | 最大值 | 平均值 | 中位数 | 标准差 |
|---|---|---|---|---|---|
| *TAT* | 0 | 9.3098 | 0.6745 | 0.5472 | 0.5632 |
| *TECDR* | 0 | 1 | 0.1598 | 0 | 0.2013 |
| *COMP* | 7.6009 | 15.4250 | 10.8481 | 10.8198 | 0.5341 |
| *SIZE* | 13.0760 | 28.4820 | 21.7151 | 21.5640 | 1.3587 |
| *GOA* | −0.9171 | 10.7353 | 0.2678 | 0.1163 | 0.6189 |
| *ROE* | −8.4630 | 22.0029 | 0.0633 | 0.0567 | 0.3305 |
| *LEV* | 0 | 58.0822 | 0.4993 | 0.4456 | 1.1345 |
| *HFD_5* | 0.0004 | 0.7998 | 0.1753 | 0.1458 | 0.1263 |
| *LTDR* | 0 | 2.3743 | 0.0711 | 0.0141 | 0.1137 |
| *SCALE* | 4 | 18 | 9 | 9 | 1.7778 |
| *IND* | 0.0909 | 0.8 | 0.3333 | 0.333 | 0.0548 |

（二）Pearson 相关性检验

从表 9-5 可以看出，解释变量与控制变量之间相关系数的绝对值最大为 0.4071，大部分相关系数的绝对值都比较小，且在 0.1 以下。因为变量之间相关系数的绝对值均小于 0.8，所以认为各变量之间不存在多重共线性问题，不会影响回归分析的结果。我们又计算了各变量的方差膨胀因子 VIF，其中最大值仅为 1.62，远远低于上限值 10，进一步证明了模型中各变量不存在多重共线性问题，说明随后的回归结果分析基础是可信的。

表 9-5　相关系数矩阵表

| 变量 | *TECDR* | *SIZE* | *GOA* | *ROE* | *LEV* | *HFD_5* | *LTDR* | *SCALE* | *IND* |
|---|---|---|---|---|---|---|---|---|---|
| *TECDR* | 1 | | | | | | | | |
| *SIZE* | −0.0368*** | 1 | | | | | | | |
| *GOA* | 0.0581*** | −0.0688*** | 1 | | | | | | |
| *ROE* | 0.0109 | −0.0026 | 0.0152 | 1 | | | | | |
| *LEV* | −0.0562*** | −0.0721*** | −0.0437*** | −0.1963*** | 1 | | | | |
| *HFD_5* | 0.0286*** | 0.3178*** | 0.0291*** | 0.0121 | −0.0325*** | 1 | | | |
| *LTDR* | −0.1113*** | 0.4071*** | −0.0727*** | −0.0319*** | 0.1004*** | 0.0904*** | 1 | | |
| *SCALE* | 0.0521*** | 0.3136*** | −0.0499*** | −0.0066 | 0.0180* | 0.0364*** | 0.1517*** | 1 | |
| *IND* | −0.0013 | 0.0404*** | 0.0084 | 0.0096 | −0.0040 | 0.0790*** | 0.0075 | −0.3671*** | 1 |

注：*** 表示在 1% 的水平上显著，** 表示在 5% 的水平上显著，* 表示在 10% 的水平上显著。

（三）回归结果分析

从表 9-6 可以看出，技术独立董事比例在 1% 的显著性水平上与总资产周转率呈正相关，即与代理成本呈负相关，说明设置技术独立董事，在一定范围内提高技术独立董事比例有利于降低公司代理成本，与假设 1 相一致。技术独立董事薪酬虽然与总资产周转率呈正相关，即与公司代理成本呈负相关，但是其相关系数比较小，也就是说，提高技术独立董事薪酬并不能显著降低公司的代理成本，这与假设 2 不一致。Wind 统计数据显示，我国各独立董事薪酬差异较大，2013 年沪、深两市上市公司 6567 位独立董事的薪酬总和为 4.49 亿元，平均每人在上市公司领取 6.84 万元，薪酬最高者年薪 100.5 万元，最低的仅有 5000 元。从整体来看，有政府背景的独立董事报酬相对较高，其次是财务背景的独立董事，而技术背景的独立董事报酬相对较低，这也进一步反映了公司有关负责人还没有意识到技术独立董事在董事会中的重要性。我国技术董事平均薪酬仅约 60055 元，由于我国上市公司技术独立董事薪酬水平较低，对技术独立董事的监督水平产生影响不大，再加上我国独立董事薪酬一般由董事会制定并交股东大会审议通过，这种制度安排在一定程度上也削弱了独立董事的独立性，导致技术独立董事发挥不了其应有的监督作用，因此对于代理成本的降低作用不明显。

表 9-6　代理成本影响因素回归结果

| 变量 | 模型 1 | 模型 2 | 变量 | 模型 1 | 模型 2 |
|---|---|---|---|---|---|
| *TECDR* | 0.168*** (6.61) | | *SCALE* | 0.001 (0.17) | 0.004 (0.81) |
| *COMP* | | 0.018 (1.17) | *IND* | −0.325** (−3.34) | −0.440*** (−2.94) |
| *SIZE* | 0.055*** (11.88) | 0.042*** (5.54) | *_CONS* | −0.493*** (−4.78) | −0.427** (−2.19) |
| *GOA* | −0.096*** (−11.80) | −0.120*** (−9.13) | 行业 | 控制 | 控制 |
| *ROE* | 0.091*** (5.91) | 0.368*** (10.55) | 年度 | 控制 | 控制 |
| *LEV* | 0.028*** (6.17) | 0.266*** (14.20) | *F* 值 | 82.48 | 49.19 |
| *LTDR* | −0.725*** (−14.05) | −0.814*** (−9.44) | 调整 $R^2$ | 0.1984 | 0.2562 |
| *HFD_5* | 0.281*** (6.79) | 0.256*** (3.84) | 样本总数 | 10862 | 4618 |

注：***、**、* 分别表示在 1%、5%、10% 的水平上显著。

至于控制变量，公司规模（SIZE）、企业盈利能力（ROE）、企业偿债能力（LEV）、股权集中度（HFD_5）与股权代理成本在 1% 的水平上呈显著负相关；成长状况（GOA）、长期负债比例（LTDR）与股权代理成本在 1% 的水平上呈显著正相关，可见这六个控制变量对代理成本的影响与我们前面所作预测是一致的。至于独立董事比例（IND）和董事会规模（SCALE）对代理成本的影响，本章发现独立董事比例与代理成本正相关，与我们的预测不一致，但是与国内外部分学者所得的结论相同；董事会规模对代理成本的影响不显著，与先前部分学者研究成果存在差异，原因可能是分析所使用的衡量标准及样本数据不一致。

（四）稳健性检验

为了确保结果的可靠性，本章用是否设置技术独立董事变量（虚拟变量，如果公司设置了技术董事则为1，否则为0）替换公司中技术独立董事比例进行了稳健性检验。新模型回归结果如表9-7所示，所得结论未发生显著变化。我们还通过替换控制变量对模型进行了重新回归，结果也未发生显著变化，说明本章的实证结果比较稳健。

表 9-7　稳健性检验

| 变量 | 模型 1 | 变量 | 模型 1 |
|---|---|---|---|
| *TECIND* | 0.080***<br>（7.74） | *IND* | −0.355**<br>（−3.64） |
| *SIZE* | 0.055***<br>（11.90） | *_CONS* | −0.472***<br>（−4.58） |
| *GOA* | −0.096***<br>（−11.86） | 行业 | 控制 |
| *ROE* | 0.090***<br>（5.88） | 年度 | 控制 |
| *LEV* | 0.028***<br>（6.20） | *F* 值 | 82.09 |
| *LTDR* | −0.723***<br>（−14.02） | 调整 $R^2$ | 0.1996 |
| *HFD_5* | 0.279***<br>（6.76） | 样本总数 | 10862 |
| *SCALE* | −0.001<br>（−0.45） | | |

注：***、**、* 分别表示在 1%、5%、10% 的水平上显著。

## 五、结论和政策建议

本节从技术独立董事视角，选取全部沪、深A股上市公司2009—2013年5年的面板数据，实证分析研究了其对股东与管理者之间的代理成本的影响。结果发现，设置技术独立董事能够降低股东与管理者之间的代理成本，技术独立董事比例越高，公司代理成本越低；技术独立董事薪酬虽然与代理成本呈负相关，但是其对公司代理成本的影响并不显著。至于各控制变量与代理成本之间的关系，我们认为扩大公司规模，增强企业的盈利能力和偿债能力，适当减少公司长期负债比例，有助于降低企业的代理成本。

综合本节的实证分析结果和有关文献的意见，同时结合我国实际情况，提出以下几点建议：①我国上市公司在选聘独立董事时，应该注重聘请有技术才能的独立董事，增加其在独立董事中所占的比重，正视技术独立董事在董事会中发挥的作用。②公司应赋予技术独立董事一定的权力，使技术独立董事能够发挥自身的信息、知识和经验优势，为企业运营管理提供独立建议，并对公司管理层决策作出公正的判断。③公司应当设立相关规定，为技术独立董事否定公司错误决策和检举相关董事或高管的不当行为提供便利。④注重发挥技术独立董事和财务独立董事各自的专业优势，发挥技术独立董事和技术执行董事各自的职位优势，使他们在工作中有效配合，最大限度地发挥董事会应有的职责。⑤企业还应当注意区分三类不同的代理成本，分析各代理成本之间存在的区别与联系，从而采取相应的治理机制。⑥根据上市公司的实际运营情况，从系统化的视角来探索性地作出最优选择，降低公司代理成本，从而实现公司治理的目的，使企业利润或股东价值最大化。

# 第三节 技术独立董事能有效抑制真实盈余管理吗
## ——基于可操控 R&D 费用视角

### 一、引言

会计信息是资本市场运作的基石，随着我国资本市场的逐步完善和发展，上市公司会计信息质量也越来越受到重视，但我国盈余管理情况却普遍存在。通常来说，管理层的薪酬与上市公司的绩效息息相关，管理层在任职期间，为了提高公司业绩实现盈余目标，很可能存在操控收入和费用的机会主义行为，这样会降低上市公司的盈余信息质量；同时，大股东为了更多地实现再融资所带来的额外收益，也会下意识地提高公司的盈余数据，这都会导致公司的真实盈余被掩盖，严重损害了上市公司会计信息的真实性。因此，为了减缓或阻止管理层的机会主义行为，提高向外界、董事会和监事会披露的信息质量，本节试图验证何种公司治理结构能够更有效地抑制这种行为就显得更加重要。

董事会作为公司的决策和控制中心，也是最高的内部监督者，在公司治理中起着至关重要的作用。我国证监会于 2001 年 8 月引入了独立董事制度，明确指出独立董事应该充分发挥其监督作用。Fama（1980）教授也肯定了独立董事对管理层活动和决策所起的监督作用。之后也有学者研究发现，独立董事能够帮助董事会监督管理层、发现和识别公司盈余管理行为［Dechow 等（1996），Peasnell 等（2005）］。但部分学者发现，独立董事有时并不能真正发挥预期的监督作用。Wade（1990）和 Jensen（1993）

通过研究表明，信息不对称会影响其监督作用的发挥；王兵（2007）基于上市公司盈余管理的视角，分析了独立董事的监督职能，发现独立董事不能提高盈余质量。由此可见，独立董事与盈余管理之间的关系并未清晰，而且目前国内外学术界对独立董事和盈余质量关系的研究主要侧重对应计项目盈余管理的影响。但随着相关会计准则及法律体系的不断完善，管理层通过传统的会计手段进行盈余调整的空间被极大压缩，更多的管理层更愿意选择通过另外一种更为隐蔽的途径（真实盈余管理）[①] 实现短期盈余目标。从表面来看，公司通过研发等活动进行费用操控的行为与公司正常的投资决策难以区分，管理层在很多情况下很可能会出于避免亏损和盈余下降的动机，将利用投资活动降低 R&D 支出作为公司真实盈余管理的主要手段。R&D 活动具有如下主要特征：一是 R&D 活动的高风险性，投入与产出之间的关系存在诸多不确定因素，研发产出结果不一定与投入呈正比例关系，这就导致管理人员更愿意选择某些回报较快、耗用资金较少的投资项目，而不会选择使企业价值最大化的最佳投资决策；二是很多国家并没有对公司从事的 R&D 活动制定强制披露准则，管理层为了避免给竞争对手提供公司投资活动等重要信号，不利于公司发展，更加不愿意对外披露有关 R&D 活动的具体细节，给 R&D 活动信息的确认、计量、列报和披露带来了一定的困难。R&D 活动的这些特点造成了管理者和股东之间的信息不对称，为管理者追求私有收益操控 R&D 活动创造了便利的条件，进而加重了管理者和股东之间的代理问题。与应计项目盈余管理相比，通过操控 R&D 费用[②] 等手段进行真实盈余管理对公司未来经营业绩带来的负面

---

① Schipper K. 将盈余管理定义为：一种有目的地干预对外财务报告而获取某些私有收益的行为，并认为真实盈余管理是通过适时性的财务决策来改变报告盈余，它也属于盈余管理的范畴。

② 本书提到的研发支出、研发费用、R&D 支出和 R&D 费用都是指企业进行研究与开发活动所发生的各项费用，具体内容参见财企〔2007〕194 号第一条的规定。

影响更大，可能还会损害长期企业价值。如何有效识别和缓解这种情况，抑制管理层的机会主义行为，减少真实盈余管理的发生，是当前迫切需要解决的问题。鉴于此，部分学者从公司治理的角度出发得到了一些经验证据，发现机构投资者和薪酬委员会对R&D支出的监管作用。也有学者（如Osma）研究发现，提高董事会独立性可以降低管理层通过削减R&D支出进行盈余管理行为的概率；而如果内部董事占大多数的董事会，则会支持管理者减少R&D支出，因此Osma建议增加独立董事在董事会中的比例。虽然国外部分研究肯定了独立董事对真实盈余管理的监督效力，但国内研究关于这方面的支撑材料却非常少，而且大部分都是从独立董事的整体规模出发，很少有对独立董事的背景进一步细分。

中国证监会要求上市公司聘请的独立董事中至少包括一名财务背景的专家，期望财务独立董事能够发挥公司治理作用，提高盈余信息质量。国内外有的学者证实了财务专家型独立董事在公司治理中的积极作用，但也仅仅是从应计项目盈余管理的角度出发，并未发现财务独立董事对真实盈余管理的监督作用，同时考虑到R&D项目投资的特点以及财务独立董事本身所掌握知识的局限性，财务独立董事不一定有能力发现和约束企业利用削减研发支出进行真实盈余管理的行为。前期研究发现技术独立董事可以提高R&D产出效率。鉴于此，我们认为技术独立董事由于拥有特殊的技术知识和专业化才能，同时具有较强的科研能力，可以识别管理层利用R&D活动追求私有收益的行为。另外，可以向公司传授相关的经验和知识，帮助董事会提高R&D投资项目的决策质量。因此，从理论上我们认为，技术独立董事具有识别管理层通过减少R&D支出进行真实盈余管理的能力，但至于技术独立董事是否能够真正抑制这种行为以及在哪些情况下能更有效地发挥监督作用，正是我们需要探讨的内容。本书在前人研究的基础上，基于可操控R&D费用视角，引入技术独立董事这一变量，通过实证研究，考察技术独立董事对真实盈余管理的监督作用，即如果企业存在技术独立董事，是否可以有效减缓或阻止管理层对 R&D 费用的操控行为。

## 二、文献回顾与研究假设

### （一）真实盈余管理的文献回顾

面临着巨大压力的管理者往往采取多种方式实现特定的盈余目标，其中盈余管理就是一种较为普遍的方法。Schipper（1989）把公司的盈余管理行为分为两种类型：一是传统的应计项目盈余管理；二是影响公司活动的真实盈余管理。长久以来，管理者利用应计项目操控盈余一直是盈余管理的主流。近年来，国内外学术界将研究焦点逐渐转向真实盈余管理，但关于真实盈余管理的研究文献还是比较缺乏，大致可以分为以下几个方面。

1. 管理者进行真实盈余管理的动机

基于 R&D 活动的盈余管理背后，主要动机包括：管理者为了增加当期盈余，避免利润下降（Beatriz，2008；Roychowdhury，2006；Dechow 等，1991）；管理者为了追求与公司业绩挂钩的私有收益（Graham 等，2005；Gunny，2010）；为了达到投资者预期，吸引投资者；使利润平稳增长（Trueman and Titman，1988）。

2. 真实盈余管理的手段

应计项目盈余管理主要是操纵会计数字达到盈余增加，而真实盈余管理是操控真实的经济活动。如销售操控（Bartov，1993），加大销售折扣以增加销售，提高盈余；费用操控[①]（Bushee，1998；Cheng，2004），通过削减 R&D 支出增加盈余。之前关于真实盈余管理的研究表明，管理者为了粉饰公司业绩、提高公司盈余，通常会调整投资预算[②]。Baber 等（1991）将 20 世纪 70 年代公司发生的 R&D 费用支出作为研究对象，发现当公司作出研发决策时，通常会为了实现当期的盈余目标而削减 R&D 费用支出。该研究还发现，当公司削减 R&D 支出时，虽然可能在不同程度上会增加当期的收益和盈余，但这种行为会严重影响到公司未来的获利能力，即研发费用操控对公司起到负面作用，公司通过操控 R&D 费用进行真实盈余管理会损害未来公司的价值。德秋和斯隆（1991）将 1974—1988 年制造业公司发生的 R&D 费用作为研究对象，研究表明，如果公司本年的 R&D 费用支出与上年相比大幅减少，这种情况一般发生在 CEO 任职的最后一年，CEO 会通过潜在操纵研发费用支出进行盈余管理，提高短期盈利水平[③]。Bushee（1998）通过研究发现，管理者同样会通过削减 R&D 费用支出实现短期盈余目标，他同时验证了其与公司所有权结构的关系，结果表明，随着机构投资者股权比例的上升，可以减少或抑制管理层操控投资行为；但随着机构投资者股权比例增加超过一定水平，此类操控行为也随之增加。当公司行使股票期权时会稀释每股收益，Bens（1992）等发现，为了减少这种情况，管理层会采取削减 R&D 费用支出和资本性支出等办法。海尔曼等对日本管理层进行了调查，发现如果公司当期盈余目标不能满足

---

① 费用操控，即可操控费用或酌量性费用，通常包括 R&D 研发支出、SGA 销售和广告费等。

② 大量文献都证实了可操控费用（如 R&D）在盈余管理中的作用。因为在会计准则的要求下，可操控费用通常被列为费用化支出，而非资本化支出，管理层会通过调整 R&D 支出来实现预期的盈余目标。

③ Dechow 和 Sloan（1991）认为，控制了资本投资和公司经营业绩之后，研究结果不发生变化。

预期目标时，管理层会利用出售资产和证券投资增加本期盈余；但如果当期盈余目标超过预期目标时，管理层为了使经营业绩平稳地增长，会选择购买各种资产和有价证券来减少本期盈余。Roychowdhury（2006）认为，管理层会采取降低 R&D 费用支出以及通过价格折扣等真实活动操控方式来管理盈余，并在 Dechow（1991）的研究基础上构建了真实活动操控的评价模型。Graham 等（2005）调查了美国 401 位高级管理人员，有充分证据表明管理者经常在短期盈利的压力下操控公司真实盈余活动，当不能实现预期的盈利目标时，管理者会减少 R&D 支出。在这项调查中，80% 以上的高级管理人员都承认，为了实现特定的盈余目标，他们会选择削减 R&D 费用支出；55.3% 的高级管理人员也会为了某些利益延期实施新投资项目。Gunny（2005）在 Berger（1993）研究的基础上利用费用期望模型估计出公司正常的可操控费用水平，然后将正常的可操控费用与公司实际发生的可操控费用进行比较得出异常可操控费用，当公司管理层操控应计利润的能力受到限制时，他们很可能会选择减少实际的可操控费用支出来增加公司盈余。

3. 真实盈余管理的经济后果

Gunny（2005）和 Roychowdhury（2006）研究发现，管理者操控 R&D 支出等正常的经营活动会造成公司未来业绩下跌，经营现金流量显著下降，影响公司价值；但也有研究表明，公司偶尔进行真实盈余管理并不会对公司的经营成果带来负面影响（Xu 和 Taylor，2007）。笔者为产生差异的原因有两点：一是由于样本选择的不同，公司真实盈余管理的程度也会随着公司类型的不同显现差异，真实盈余管理水平较高的公司操控正常经营活动的程度更大，所带来的经济后果也不一样；二是识别标准不同，所采用的计量模型也不相同，导致最后结果产生很大差异。

（二）真实盈余管理的抑制因素

目前关于影响真实盈余管理以及如何抑制管理者操控 R&D 支出等机

会主义行为的研究成果还比较少。Cheng（2004）通过实证研究检验了高管薪酬委员会对管理层操控 R&D 支出的抑制作用，高管的薪酬和公司 R&D 支出呈正比例关系，高管薪酬委员会可以识别、理解并阻止管理层通过削减 R&D 支出进行的真实盈余管理行为。Roychowdhury（2006）提出了真实盈余管理期望模型，利用期望模型验证了公司存在机构投资者时，可以监督管理层的经营活动操控行为。国内关于抑制盈余操控行为的研究较少，李增福、林盛天、连玉君（2013）分别对国有控股、机构投资者与真实盈余管理的关系进行了研究，发现国有控股公司的真实盈余管理水平显著高于非国有公司；机构投资者持股比例与上市公司真实盈余管理呈负相关，机构投资者能在一定程度上抑制公司的真实盈余管理行为，但国有公司的机构投资者对真实盈余管理的抑制作用显著小于非国有公司。上述结果表明，从真实盈余管理的角度来说，国有控股不利于公司治理，机构投资者能够改善公司治理。

（三）技术独立董事与可操控 R&D 支出

公司研发活动一般都要经历一系列复杂的过程，如制订研发计划、新计划的实施、研发活动出现问题、问题再研究、新技术诞生、取得专利权、试制出新产品、产品批量生产等，但每一过程的结果都存在很大的不确定性，很多情况下研发投入和产出并非线性关系。一项成功的研发需要付出很大的成本，管理层有时为了自身的利益不愿意过多地进行研发，即使增加了 R&D 支出，管理者也会授意会计人员进行技术处理，导致财务报告不能充分披露 R&D 信息，外部投资者以及相关利益人不能充分了解公司的研发情况和经营业绩，加重了管理层和股东之间的信息不对称。一方面管理层和股东的目标不一致，另一方面由于这种不确定性和信息不对称，降低了外部投资者和相关部门的监管效率，使管理层很可能为了追求私有收益损害股东利益，于是出现了代理问题。代理理论指出，有效的公司治理机制可以减少代理问题，避免管理层为了实现自身利益，作出低效的研发决策，甚至直接削减研发支出。

管理者通过长期削减 R&D 支出进行真实盈余管理的行为会严重损害公司经营业绩，那么如何有效缓解或阻止这种情况的发生，是当前投资者和监管机构等迫切关注的问题。相关学者研究了独立董事对真实盈余管理行为（如降低研发支出）的影响，Beatriz Garcia Osma（2008）以美国上市公司为样本，通过研究发现在短期盈利目标的压力下，独立董事有能力识别管理层是否削减了 R&D 支出，并能够有效地监督和约束管理层操控研发支出的机会主义行为。但也有学者研究发现，上市公司部分独立董事由于缺乏相关的专业知识和技术能力，并没有充分发挥预期的监督作用，甚至认为独立董事是“花瓶董事”和“人情董事”，所以对独立董事监督效力的研究，并没有得出一致的结论，其与真实盈余管理之间的关系也尚未清晰。

前人大多都是基于独立董事的整体规模和比例研究与真实盈余管理之间的关系，几乎没有对独立董事的背景作进一步细分，独立董事的学历背景以及掌握的专业知识在其履行监督职能时也发挥着重要作用。董事会大部分成员没有掌握识别管理层操控研发活动削减 R&D 支出行为的专业技能，不能及时有效地判断管理者当前作出的研发决策是否是最优决策，是否有利于公司发展。与其他具有知识背景的独立董事和治理监督机制相比，技术独立董事的专业能力更强，在履行监督职能时更有能力识别管理层利用研发支出追求私有收益进行真实盈余管理的行为，所以提出假设：

H1：设置技术独立董事的公司，能有效抑制管理层操控 R&D 费用。

如果技术独立董事可以抑制公司真实盈余管理，那么我们就需要研究一下在哪些情况下能更有效地发挥技术独立董事的监督作用。

独立董事职业背景和社会经历的不同，带给董事会的技能和知识也不同，这在一定程度上影响了他们的独立性程度和监督作用的发挥。借鉴国内外的研究成果，同时考虑到我国独立董事的背景特征，根据是否具有实际企业管理经验，将技术独立董事分为两大类：一是来自企业界，在企业中从事过相关工作并具有实际管理经验，称为来自企业界的技术独立董事（实业界）；二是来自高校、科研机构和协会，或者是退休或现任的政府官员等从事研究的学者，称为来自非企业界的技术独立董事（理论界）。从系统论的角度来看，上市公司作为一个非常复杂的系统，缺少任何方面的知识都会影响公司的经营运作。同样地，对技术独立董事来说，要想更好地发挥预期的监督作用，理论上也应该具备多种知识结构和社会经验。国外已有学者研究发现，当公司聘请既来自企业界又属于非企业界的独立董事时，对公司的经营业绩是有促进作用的。基于以上分析，提出假设：

H2：聘请同时具有实业界和理论界两种背景的技术独立董事，发挥的监督作用会更强。

如果通过假设 1 证实技术独立董事对管理层的机会主义行为起到监督作用，就要充分发挥其监督效力，逻辑上就要求给予技术独立董事相应的激励。Salmon（1993）研究指出，报酬是董事会尽心工作的主要动力之一，作为理性经济人，技术独立董事基本上不愿意做毫无回报而且充满风险的工作。为了使其更好地履行监督职责，必须给予技术独立董事足够的激励，将其获得的报酬与提供的服务挂钩。国外把激励方式分为三种形式：股权激励、声誉激励及津贴激励。其中，股权激励是国外采取的主要激励方式，会影响到独立董事的监管效率。在我国特殊的市场背景下，声誉对独立董事的激励作用会受到一定程度的限制，因此，目前我国对上市公司独立董事的激励还是以津贴为主。谭劲松等发现，公司业绩和独立董事报酬呈正相关关系。由此提出假设：

H3：技术独立董事津贴越高，发挥的监督作用就会越强。

上市公司担任独立董事的人员一般具有较高的学历背景和社会地位，且以兼职的形式居多，有些知名专家、学者兼任多家公司的独立董事。由于身兼数职，时间和精力有限，其作用的发挥也会受到影响。为了更有效地发挥独立董事的监督作用，《关于在上市公司建立独立董事制度的指导意见》征求意见稿明确规定，“独立董事在每家公司的工作时间不得少于十五个工作日”；同时规定，“原则上最多在五家上市公司兼任独立董事”。因此，预期技术独立董事兼任上市公司的数量越多，从事监督工作的时间和精力越少，监督的作用就会越弱。由此提出假设：

H4：技术独立董事兼职公司数量越多，发挥的监督作用就会越弱。

由于年龄的不同，独立董事的成长环境和成长经历也有所不同，这都会影响他们在公司中的行为。Taylor（1975）认为，随着年龄的不断增长，脑力、体力和精力的不断下降，以及社会环境的快速变化，使得他们的适应能力也降低了，当面对过程复杂、结果不确定的研发决策时，他们更倾向于持风险规避的态度。当公司管理者为了实现盈余目标，削减 R&D 费用而进行研发活动操控时，年长的技术独立董事很可能难以及时识别这些操纵行为，从而降低了技术独立董事监督的有效性。相反，Hambrick 和 Mason（1984）发现，一些年轻的独立董事更具有冒险精神，更容易掌握新的做法、观念和思想。当管理者采取一些隐蔽的手段进行盈余操控时，他们能更好地利用自身掌握的专业知识，更容易判断出管理者作出的经营决策是否正确有效。因此，我们预期，平均年龄更小的技术独立董事更容易识别和抑制管理层操控研发费用的行为。由此提出假设：

H5：技术独立董事平均年龄越小，发挥的监督作用就会越强。

根据人力资本理论和现有的微观经济理论，教育可以有效促进人力资本积累。如果教育可以提高人力资本水平，那么在一定程度上，学历就可以作为人们所受教育程度的证明。有学者研究发现，董事会学历水平的高低也会影响公司的创新意识和技术创新能力。高学历的独立董事具有良好的适应能力和更强的分析能力及理性思维，能够快速适应并应对复杂的社会环境变化。同时，研发决策是一项集专业性、复杂性和综合性于一体的经营活动，在监督管理层操控 R&D 费用方面，具有高学历教育背景的技术独立董事可能更容易及时发现、识别并抑制这种盈余管理行为。由此提出假设：

H6：技术独立董事平均学历越高，发挥的监督作用就会越强。

## 三、研究设计

### （一）模型构建

为了检验上述假设，首先构建 R&D 费用估计模型，其次构建多元回归模型进行检验。

#### 1．R&D 费用估计模型

虽然管理者了解通过削减 R&D 支出进行真实盈余管理的行为会给公司带来不良经济后果，但为了追求自身的利益，他们仍然会以各种理由说服董事会，表明他们研发决策的正确性。Berger（1993）最先提出了基于避税动因的正常研发费用期望模型。Gunny（2005）发展了 Berger 的模型，提出了更为合理的正常水平研发费用期望模型。Roychowdhury（2006）发展了 Dechow（1998）的研究方法，提出了计量包括研发费用在内的总的正常可操控费用的期望模型。借鉴前人的研究成果，本节采用真实盈余管理的酌量性费用期望模型，研发费用与上期收入额存在以下线性关系，通过分年度分行业进行回归，估计出公司正常的研发费用：

$$R\&D_{it}/A_{it-1} = \alpha_0 + \alpha_1 (1/A_{it-1}) + \alpha_2 (S_{it-1}/A_{it-1}) + e_{it} \qquad (9\text{–}3)$$

其中，$R\&D_{it}$ 为研发费用；$A_{it-1}$ 为第 $i$ 家公司在第 $t$-1 年的总资产；$S_{it-1}$ 为销售额；$e$ 为残差。再根据当年研发费用的实际值减去估计的正常值，得出异常值：

$$EM\text{-}R\&D_{it} = R\&D_{it}/A_{it-1} - [\hat{a}_0 + \hat{a}_1(1/A_{it-1}) + \hat{a}_2(S_{it-1}/A_{it-1})] \quad (9\text{-}4)$$

其中，$\hat{a}_j$（$j$=0，1，2）是 $\alpha_j$ 的 OLS 估计值，当管理层通过削减研发费用虚增利润时，此指标为负。如果异常值大于零，即实际值大于正常值，本文猜想可能是由于技术独立董事的存在，公司没有 R&D 费用操控倾向；如果异常值小于零，则说明公司管理层很可能通过削减实际 R&D 支出进行真实盈余管理实现特定的盈余目标，以此导致公司呈现更低的异常 R&D 费用。

2．多元回归模型

根据前文提出的假设和相关文献，通过引入技术独立董事这一变量，构建多元回归模型：

$$EM\text{-}R\&D = \beta_0 + \beta_1 TECIND + \beta_2 SIZE + \beta_3 ROA + \beta_4 LEV + \beta_5 HLD\_5 + \beta_6 CONS + \beta_7 MGT + \beta_8 BSIZE + \beta_9 IND + \varepsilon_1 \quad (9\text{-}5)$$

$$EM\text{-}R\&D = \gamma_0 + \gamma_1 MULTI + \gamma_2 SIZE + \gamma_3 ROA + \gamma_4 LEV + \gamma_5 HLD5 + \gamma_6 CONS + \gamma_7 MGT + \gamma_8 BSIZE + \gamma_9 IND + \varepsilon_2 \quad (9\text{-}6)$$

$$EM\text{-}R\&D = \eta_0 + \eta_1 TECIND + \eta_2 TECIND \times COMP + \eta_3 COMP + \eta_4 SIZE + \eta_5 ROA + \eta_6 LEV + \eta_7 HLD\_5 + \eta_8 CONS + \eta_9 MGT + \eta_{10} BSIZE + \eta_{11} IND + \varepsilon_3 \quad (9\text{-}7)$$

$$EM\text{-}R\&D = a_0 + a_1 TECIND + a_2 TECIND \times NUM + a_3 NUM + a_4 SIZE + a_5 ROA + a_6 LEV + a_7 HLD\_5 + a_8 CONS + a_9 MGT + a_{10} BSIZE + a_{11} IND + \varepsilon_4 \quad (9\text{-}8)$$

$$EM\text{-}R\&D = b_0 + b_1 TECIND + b_2 TECIND \times AGE + b_3 AGE + b_4 SIZE + b_5 ROA + b_6 LEV + b_7 HLD\_5 + b_8 CONS + b_9 MGT + b_{10} BSIZE + b_{11} IND + \varepsilon_5 \quad (9\text{-}9)$$

$$EM\text{-}R\&D = c_0 + c_1 TECIND + c_2 TECIND \times EDU + c_3 EDU + c_4 SIZE + c_5 ROA + c_6 LEV + c_7 HLD\_5 + c_8 CONS + c_9 MGT + c_{10} BSIZE + c_{11} IND + \varepsilon_6 \quad (9\text{-}10)$$

根据假设 1，设置技术独立董事的公司，管理层通过操控研发支出进行真实盈余管理的水平显著下降，实际发生的研发费用会接近正常值甚至超过正常值，从而导致上市公司的异常研发费用增加，所以技术独立董事的系数 $\beta_1$ 应该为正。

3．相关变量定义和衡量方法

（1）被解释变量（*EM–R&D*）：即异常可操控 R&D 费用，通过上述 R&D 费用估计模型回归得出。

（2）解释变量（*TECIND*）：根据独立性高低，董事可以分为独立董事和非独立董事，而技术独立董事是在独立董事的基础上，根据其背景资料进行细分的。主要依据如下：一是独立董事简历中明确显示该独立董事为教授级工程师、工程师、研究员以及技术类相关职称；二是该独立董事毕业于理工科等技术性较强的专业（如工程、医学和生物制药等）或拥有研发和技术岗位的工作经历或学习经历；三是该独立董事为技术方面的高级管理者或在相关技术行业协会担任主要负责人。只要独立董事简历中至少有一条符合上述标准，则可以判断该名独立董事为技术独立董事。为了保证数据的可信度与准确性，防止判断上的误差，同一家公司都由两名人员进行判断，对于有争议的地方，由笔者进行最终判断。

（3）控制变量：借鉴国内外学术界关于真实盈余管理的研究成果，引入了控制变量。其中，德秋证实了公司规模与盈余管理之间的关系，规模越大的公司，其盈余管理的程度越低；Fishman 和 Bob（1999）研究发现，公司规模会影响研发投入，因此本节采用年末总资产的自然对数来控制公司规模。为了控制偿债因素对 R&D 费用的影响，使用资产负债率代表偿债能力。考虑到管理层和股东之间的代理关系，管理层的持股比例也会影响管理层和股东之间利益的一致性，进而影响公司盈余。根据李增福、连玉君等的研究成果，上市公司实际控制人的类型也会影响盈余管理的程度。具体控制变量代码和含义如表 9–8 所示。

表 9–8　变量研究设计表

| 变量类型 | 变量名称 | 变量代码 | 变量含义 |
| --- | --- | --- | --- |
| 被解释变量 | 异常可操控 R&D 费用 | *EM–R&D* | 实际值 – 正常值 |
| 主要解释变量 | 技术独立董事 | *TECIND* | 技术独立董事占独立董事的比例 |
| | 职业背景 | *MULTI* | 同时具备实业界和理论界两种背景的技术独立董事赋值为 2，具备两者之一赋值为 1 |
| | 技术独立董事薪酬 | *COMP* | 技术独立董事平均薪酬的自然对数 |
| | 兼职公司数量 | *NUM* | 技术独立董事兼职公司数量平均数 |
| | 平均年龄 | *AGE* | 技术独立董事平均年龄 |
| | 学历 | *EDU* | 技术独立董事平均学历（1= 中专及中专以下，2= 大专，3= 本科，4= 硕士研究生，5= 博士研究生及以上） |
| 控制变量 | 公司规模 | *SIZE* | 年末资产总额的自然对数 |
| | 资产收益率 | *ROA* | 净利润 /（期初次产 + 期末资产）/2 |
| | 偿债能力 | *LEV* | 资产负债率 |
| | 股权集中度 | *HLD_5* | 前五名股东持股比例之和 |
| | 控制类型 | *CONS* | 虚拟变量，若为国有则为 1，非国有则为 0 |
| | 高管持股比例 | *MGT* | 高管持股数量与总股本之比 |
| | 董事会规模 | *BSIZE* | 董事会人数 |
| | 独立董事比例 | *IND* | 独立董事人数 / 董事会人数 |

（二）样本选择及数据来源

本节选取深、沪两市包括中小板、创业板在内的所有上市公司为研究对象，以 2007—2013 年的相关数据为研究样本。其中，样本中所使用的技术独立董事相关数据均来自手工收集，通过逐一阅读年报中独立董事简历和教育背景以及在网络上收集相关信息来判断是否属于技术独立董事。观察上市公司年报可以看出，企业一般是在管理费用和现金流量表附注中的“支付的与其他经营活动有关的现金”披露研发支出，与管理费用中的研发支出相比，现金流量表中反映的是企业实际支付、真实的研发投入，所以实证研究收集数据时本采用的是财务报告附注中“支付的其他与经营活动有关的现金流量”项目中的研发支出、技术开发费、研发费用、科研试验费、科研经费、科研开发费等项目，这样就避免了管理层利用 R&D 支出信息掩盖公司真实的研发活动以及企业有良好发展潜质信号的嫌疑，这些信息也主要通过手工收集整理所得。其他财务数据均来自国泰安数据库（CSMAR）和巨潮资讯网，根据 R&D 期望模型的需要，在估计正常 R&D 费用水平时，部分数据涉及 2006 年上市公司的样本数据，如资产和收入。

上述样本经过以下处理：①剔除回归模型中所使用变量缺失的样本；②金融行业的上市公司没有披露研发费用，所以不用剔除；③控制了行业效应和年份效应，在估计正常研发费用时采用分行业分年度回归，按照中国证监会分类标准，把每一年度不足 15 个样本的行业分为一组，21 个行业分成了 7 组，最终得到 2505 个样本，具体分布如表 9-9 和表 9-10 所示。在样本筛选处理以及模型计算时，采用的统计软件有 Excel 2007、Stata 13.0。值得说明的是，为防止异常数据的干扰，在对样本进行运算的过程中采用 Winsorize 对离群值进行了标准化处理。

表 9-9 样本年份分布

| 年份 | Freq. | Percent | Cum. |
|---|---|---|---|
| 2007 | 231 | 9.22 | 9.22 |
| 2008 | 241 | 9.62 | 18.84 |
| 2009 | 281 | 11.22 | 30.06 |
| 2010 | 358 | 14.29 | 44.35 |
| 2011 | 452 | 18.04 | 62.40 |
| 2012 | 477 | 19.04 | 81.44 |
| 2013 | 465 | 18.56 | 100.00 |
| Total | 2505 | 100.00 | |

表 9-10 样本行业分布

| IND | Freq. | Tecind | Percent |
|---|---|---|---|
| A | 29 | 23 | 79.31 |
| B | 63 | 51 | 80.95 |
| C0 | 72 | 46 | 63.89 |
| C1 | 96 | 47 | 48.96 |
| C2 | 4 | 1 | 25 |
| C3 | 37 | 22 | 59.46 |
| C4 | 298 | 236 | 79.19 |
| C5 | 152 | 125 | 82.24 |
| C6 | 239 | 172 | 71.97 |
| C7 | 744 | 556 | 74.73 |
| C8 | 258 | 181 | 70.16 |
| C9 | 19 | 1 | 5.26 |
| D | 71 | 41 | 57.75 |
| E | 41 | 28 | 68.29 |
| F | 17 | 8 | 47.06 |
| G | 229 | 172 | 75.11 |
| H | 79 | 48 | 60.76 |
| J | 8 | 6 | 75 |
| K | 22 | 12 | 54.55 |
| L | 6 | 5 | 83.33 |

续表

| IND | Freq. | Tecind | Percent |
|---|---|---|---|
| M | 21 | 4 | 19.05 |
| Total | 2505 | 1785 | 71.26 |

## 四、实证结果分析

### （一）描述性统计分析

从表9–11可以看出，*EM–R&D*平均值和中位数分别为0.246和–0.031，最大值为5.827，最小值为–1.671，最大值和最小值分别为正数和负数，中位数为负数，正好符合我们的预期，基本可以说明公司具有更低的异常研发费用，我国上市公司的管理层可能普遍存在利用削减研发费用支出操控公司盈余的行为；技术独立董事占独立董事比例的中位数为0.333，说明半数公司董事会中都设置了技术独立董事，但平均值只有0.271，说明技术独立董事的作用还没有得到充分重视；技术独立董事薪酬平均值为7.332，最大值和最小值相差较大；技术独立董事兼职其他公司数量平均值也只有0.822；平均年龄为41岁左右，最大年龄为75岁，平均学历为本科；公司规模最大值和最小值分别为25.375和19.649；资产负债率的中位数为0.449，与平均值相当；高管持股比例的中位数为0，说明在股本结构中，高管持股数为零的上市公司占大多数。

表9–11　变量描述性结果

| 变量名称 | 样本量 | 中位数 | 平均值 | 标准差 | 最小值 | 最大值 |
|---|---|---|---|---|---|---|
| *EM–R&D* | 2505 | –0.031 | 0.246 | 0.979 | –1.671 | 5.827 |
| *TECIND* | 2505 | 0.333 | 0.271 | 0.216 | 0 | 0.75 |
| *MULTI* | 2505 | 1 | 0.878 | 0.662 | 0 | 2 |
| *COMP* | 2505 | 10.597 | 7.332 | 5.053 | 0 | 11.870 |
| *NUM* | 2505 | 1 | 0.822 | 0.609 | 0 | 2 |
| *AGE* | 2505 | 52 | 41.494 | 27.536 | 0 | 75 |

续表

| 变量名称 | 样本量 | 中位数 | 平均值 | 标准差 | 最小值 | 最大值 |
|---|---|---|---|---|---|---|
| *EDU* | 2505 | 3 | 2.805 | 1.921 | 0 | 5 |
| *SIZE* | 2505 | 21.673 | 21.806 | 1.181 | 19.649 | 25.375 |
| *ROA* | 2505 | 0.043 | 0.049 | 0.063 | −0.164 | 0.252 |
| *LEV* | 2505 | 0.449 | 0.451 | 0.214 | 0.056 | 0.994 |
| *HLD_5* | 2505 | 53.387 | 52.700 | 15.790 | 14.935 | 89.367 |
| *_CONS* | 2505 | 0 | 0.177 | 0.382 | 0 | 1 |
| *MGT* | 2505 | 0.000 | 0.050 | 0.125 | 0 | 0.582 |
| *BSIZE* | 2505 | 9 | 8.995 | 1.953 | 0 | 15 |
| *IND* | 2505 | 0.333 | 0.362 | 0.062 | 0 | 0.556 |

（二）假设检验的回归结果分析

表 9–12 列出了变量之间的相关性。EM–R&D 与技术独立董事呈显著正相关，相关系数为 0.069，与 SIZE、ROA、HLD_5、MGT、BSIZE 正相关；技术独立董事与 HLD_5、CONS、MGT、BSIZE 呈显著正相关，说明技术独立董事可能更加偏好股权集中度相对较高、国有控股及董事会规模较大的公司；与 SIZE、LEV 呈显著负相关。LEV 和 ROA 呈显著负相关，说明财务杠杆越高的公司，其盈利能力越差。从表 9–12 中观察到，大多数自变量之间的相关系数显著，本书以方差膨胀因子（VIF 值）来判定自变量之间是否存在多重共线性问题，所有自变量的 VIF 值均明显小于 10，说明各个自变量之间不存在多重共线性的问题。

表 9–12　变量相关性

| 变量 | *EM–R&D* | *TECIND* | *SIZE* | *ROA* | *LEV* | *HLD_5* | *CONS* | *MGT* | *BSIZE* | *IND* |
|---|---|---|---|---|---|---|---|---|---|---|
| *EM–R&D* | 1 | | | | | | | | | |
| *TECIND* | 0.069***<br>（0.001） | 1 | | | | | | | | |
| *SIZE* | 0.130***<br>（0.000） | −0.039*<br>（0.053） | 1 | | | | | | | |
| *ROA* | 0.162***<br>（0.000） | −0.002<br>（0.921） | 0.008<br>（0.694） | 1 | | | | | | |

续表

| 变量 | *EM–R&D* | *TECIND* | *SIZE* | *ROA* | *LEV* | *HLD_5* | *CONS* | *MGT* | *BSIZE* | *IND* |
|---|---|---|---|---|---|---|---|---|---|---|
| *LEV* | −0.031<br>(0.120) | $-0.056^{***}$<br>(0.005) | $0.427^{***}$<br>(0.000) | $-0.357^{***}$<br>(0.000) | 1 | | | | | |
| *HLD_5* | $0.079^{***}$<br>(0.000) | $0.075^{***}$<br>(0.000) | $0.213^{***}$<br>(0.000) | $0.202^{***}$<br>(0.000) | $-0.137^{***}$<br>(0.000) | 1 | | | | |
| *_CONS* | −0.019<br>(0.349) | $0.052^{***}$<br>(0.009) | $0.077^{***}$<br>(0.000) | $-0.090^{***}$<br>(0.000) | $0.115^{***}$<br>(0.000) | $0.089^{***}$<br>(0.000) | 1 | | | |
| *MGT* | $0.048^{**}$<br>(0.016) | $0.057^{***}$<br>(0.004) | $-0.257^{***}$<br>(0.000) | $0.134^{***}$<br>(0.000) | $-0.359^{***}$<br>(0.000) | $0.166^{***}$<br>(0.000) | $-0.181^{***}$<br>(0.000) | 1 | | |
| *BSIZE* | $0.043^{**}$<br>(0.030) | $0.038^{*}$<br>(0.055) | $0.321^{***}$<br>(0.000) | −0.025<br>(0.219) | $0.147^{***}$<br>(0.000) | $0.049^{**}$<br>(0.015) | $0.084^{***}$<br>(0.000) | $-0.128^{***}$<br>(0.000) | 1 | |
| *IND* | −0.005<br>(0.801) | −0.006<br>(0.761) | $0.067^{***}$<br>(0.000) | 0.004<br>(0.855) | $-0.047^{**}$<br>(0.019) | 0.026<br>(0.192) | $-0.106^{***}$<br>(0.000) | $0.096^{***}$<br>(0.000) | $0.060^{***}$<br>(0.003) | 1 |

注：（1）***、**、* 分别表示 1%、5%、10% 的显著性水平；

（2）括号内为 *t* 统计值。

表 9–13 中首先验证了公司设置技术独立董事对真实盈余管理中可操控 R&D 费用的监督作用。模型 3 的 $R^2$ 为 0.104，拟合优度相对较好，而且通过了显著性检验。TECIND 的回归系数在 1% 的水平上显著为正，说明技术独立董事的存在可以有效抑制管理层操控研发支出的行为，验证了假设 1。对于假设 2，本节对模型 4 进行检验，从结果中可以看出，公司聘请同时拥有两种职业背景的技术独立董事，可以使其利用自身的特点和个人优势，更好地监督管理层，识别管理层操控研发支出等盈余管理行为。模型 5 中，技术独立董事比例和薪酬回归系数均为正，但交互项并未通过显著性检验，原因可能在于我国给予技术独立董事的津贴普遍较低，从独立董事的总体薪酬来看，大部分只有 5 万元，还有的甚至没有发放津贴，这种情况下很难通过薪酬激励使技术独立董事更好地发挥预期的监督作用。模型 6 验证了技术独立董事兼职公司数量对真实盈余管理的影响，结果表明，技术独立董事兼职公司数量越多，会分散其工作精力，进而影响监督作用的发挥，符合我们的预期。模型 7 的回归结果验证了假设 5，

即相对年轻一些的技术独立董事，对研发费用操控的监督效率更高。但假设 6 并未得到实证结果的支持，技术独立董事学历水平的高低并没有显著影响监督效率，从另一方面也说明，在公司董事会设置技术独立董事时，不能一味地追求高学历，有些高学历的技术独立董事虽然科研能力更高，但在实务中不能及时发现管理层操控研发费用的行为。

表 9-13　样本回归结果

| 变量 | 模型 3 | 模型 4 | 模型 5 | 模型 6 | 模型 7 | 模型 8 |
|---|---|---|---|---|---|---|
| | *EM-R&D* | *EM-R&D* | *EM-R&D* | *EM-R&D* | *EM-R&D* | *EM-R&D* |
| *TECIND* | $0.296^{***}$ (3.43) | | 0.214 (0.68) | $0.454^{**}$ (2.05) | $1.123^{***}$ (2.68) | 0.091 (0.31) |
| *MULTI* | | $0.139^{***}$ (4.97) | | | | |
| *TECIND*COMP* | | | −0.028 (−0.84) | | | |
| *COMP* | | | $0.021^{***}$ (3.16) | | | |
| *TECIND*NUM* | | | | $-0.417^{**}$ (−2.09) | | |
| *NUM* | | | | $0.174^{***}$ (3.21) | | |
| *TECIND*AGE* | | | | | $-0.021^{***}$ (−2.91) | |
| *AGE* | | | | | $0.004^{***}$ (3.45) | |
| *TECIND*EDU* | | | | | | −0.032 (−0.37) |
| *EDU* | | | | | | $0.052^{***}$ (2.90) |
| *SIZE* | $0.139^{***}$ (5.98) | $0.138^{***}$ (5.94) | $0.135^{***}$ (5.81) | $0.136^{***}$ (5.82) | $0.136^{***}$ (5.90) | $0.135^{***}$ (5.82) |
| *ROA* | $2.277^{***}$ (5.66) | $2.230^{***}$ (5.57) | $2.264^{***}$ (5.63) | $2.281^{***}$ (5.66) | $2.271^{***}$ (5.64) | $2.291^{***}$ (5.68) |
| *LEV* | 0.103 (0.89) | 0.116 (1.01) | 0.124 (1.07) | 0.117 (1.01) | 0.113 (0.98) | 0.117 (1.00) |
| *HLD_5* | −0.001 (−0.26) | −0.001 (−0.26) | −0.001 (−0.23) | −0.001 (−0.31) | −0.001 (−0.12) | −0.001 (−0.25) |

续表

| 变量 | 模型 3 | 模型 4 | 模型 5 | 模型 6 | 模型 7 | 模型 8 |
|---|---|---|---|---|---|---|
| | *EM–R&D* | *EM–R&D* | *EM–R&D* | *EM–R&D* | *EM–R&D* | *EM–R&D* |
| *_CONS* | –0.045<br>（–0.88） | –0.050<br>（–0.99） | –0.052<br>（–1.01） | –0.052<br>（–1.02） | –0.050<br>（–0.97） | –0.047<br>（–0.93） |
| *MGT* | 0.329*<br>（1.87） | 0.323*<br>（1.84） | 0.317*<br>（1.80） | 0.316*<br>（1.80） | 0.299*<br>（1.70） | 0.307*<br>（1.74） |
| *BSIZE* | 0.009<br>（0.83） | 0.006<br>（0.57） | 0.005<br>（0.41） | 0.005<br>（0.42） | 0.005<br>（0.41） | 0.005<br>（0.42） |
| *IND* | –0.318<br>（–1.05） | –0.320<br>（–1.05） | –0.316<br>（–1.04） | –0.315<br>（–1.03） | –0.319<br>（–1.04） | –0.292<br>（–0.95） |
| *CONSTANT* | –3.231***<br>（–6.83） | –2.678***<br>（–5.94） | –3.165***<br>（–6.72） | –3.175***<br>（–6.70） | –3.210***<br>（–6.82） | –3.181***<br>（–6.72） |
| 调整 $R^2$ | 0.104 | 0.108 | 0.108 | 0.108 | 0.110 | 0.108 |
| *F* 值 | 13.72 | 14.56 | 13.24 | 13.02 | 13.24 | 12.84 |
| 样本量 | 2505 | 2505 | 2505 | 2505 | 2505 | 2505 |

注：（1）***、**、* 分别表示 1%、5%、10% 的显著性水平；

（2）括号内为 *t* 统计值；

（3）回归时控制了年份和行业效应。

（三）稳健性检验

内生性问题的处理。企业是否设置技术独立董事显然是一种自选择行为，很可能受到企业 R&D 投入以及操控 R&D 费用的动机影响，具有很强的内生性。我们虽然可以观测到处理组的企业设置技术独立董事对抑制管理层操控 R&D 费用产生的结果，但无法观测到处理组没有设置技术独立董事对 R&D 费用操控带来的影响（这种状态是一种不可被观测的反事实，Counterfactual）。因此，仅将设置技术独立董事与未设置技术独立董事的所有企业进行总体回归，两组比较的基础不同，易产生衡量偏误。为了避免之前的研究结论受到其他替代性解释的影响，我们选择倾向得分匹配法（Propensity Score Matching，PSM）处理本节存在的内生性问题。

倾向得分匹配法按照处理指示变量将样本分为两组：一是处理组（T 组），即设置技术独立董事的组；二是对照组（C 组），即没有设置技术独立董事的组。其中，倾向值匹配就是保证倾向值（设置技术独立董事的概率）相同或者相似，对设置技术独立董事的企业与没有设置技术独立董事的企业按照一定的方式配对。匹配后如果两组在异常可操控 R&D 费用上表现出显著差异，即可进一步明确设置技术独立董事与抑制管理层操控 R&D 费用之间的因果关系。首先使用 Logit 模型，利用协变量来预测企业是否设置技术独立董事的概率。根据理论分析并结合逐步回归的方法，本节协变量选择为偿债能力（LEV）、股权集中度（HLD_5）、控制类型（CONS）、董事会人数（DSH），以此为基础计算出企业的倾向得分值。其次，检验两个样本组的共同支撑假设（Common Support Assumption）。再次，采用核匹配、最近邻匹配、半径匹配的方式进行配对，并检验配对样本的平行假设（Balancing Assumption）。最后，对处理组和控制组的差异进行统计推断。

这里以核匹配为例来反映匹配效果。图 9–1 中的（a）（b）分别呈现了处理组与控制组的 PS 值在匹配前后的核密度函数。显然，如果样本不经过处理，直接对比两组之间异常可操控 R&D 费用的差异，会使统计结果存在衡量偏误。然而，当两组样本完成 PS 值匹配之后，两组样本的 PS 值的概率分布已经非常接近，匹配效果较好。同时，结合图 9–2 的 PS 值的共同取值范围，可以反映出该样本符合共同支撑（Common Support）假设。

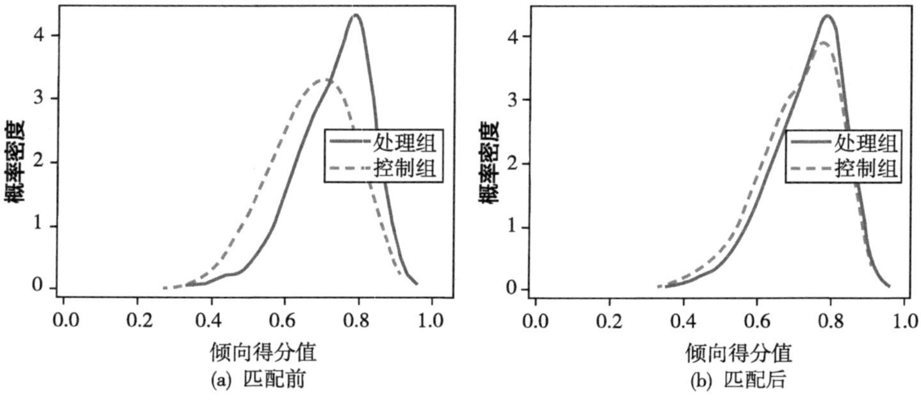


图 9–1　核匹配前后处理组和控制组 PS 值概率分布对比

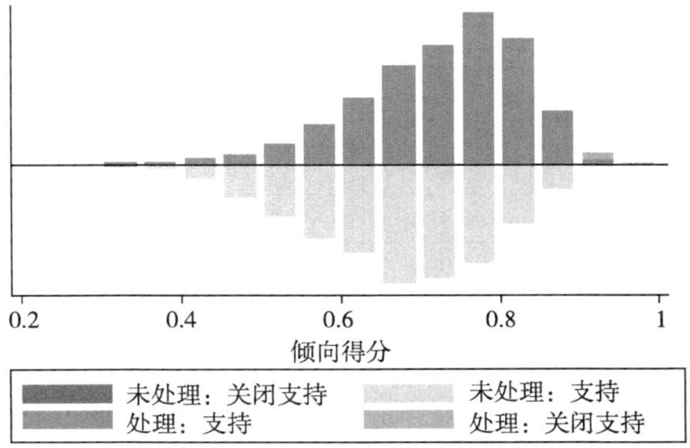


图 9-2　PS 值的共同取值范围

在估计样本总体的平均处理效应（ATT）时，以核匹配为例详细说明检验结果。针对样本总体采用核匹配方法得到的平均处理效应（ATT）如表 9-14 所示。从表 9-14 中我们可以看出，无论匹配前后，衡量管理层操控 R&D 费用的指标（EM-R&D）均在 1% 的水平上显著异于 0，表明技术独立董事设置的确可以显著抑制管理层操控 R&D 费用，这与我们之前的假设是一致的。

表 9-14　样本总体的平均处理效应（核匹配）

| 变量名称 | 样本 | 处理组 | 控制组 | ATT | 标准误 | T 值 |
|---|---|---|---|---|---|---|
| *EM-R&D* | 匹配前 | 0.310 | 0.087 | 0.223 | 0.043 | 5.200*** |
| | 匹配后 | 0.313 | 0.105 | 0.208 | 0.040 | 5.180*** |

注：（1）“匹配前”指未进行 PS 值配对前的样本，“匹配后”指进行核匹配之后的样本；（2）“处理组”和“控制组”分别表示设置技术独立董事与未设置技术独立董事的公司；（3）***、**、* 分别表示在 1%、5%、10% 的水平上显著。

根据表 9-15 可以发现，匹配后大多数变量的标准化偏差（%bias）都小于 10%，并且大多数 $t$ 检验的结果不拒绝处理组与控制组无系统差异的原假设。从图 9-3 可以直观地观察出，大多数变化的标准化偏差在匹配后缩小了。因此，我们匹配后的样本符合平行假设。

表 9–15　平衡假设检验结果分析

| 变量名称 | 处理组 | 控制组 | %bias | t | p >\| t \| |
|---|---|---|---|---|---|
| *LEV* | 0.445 | 0.440 | 2.500 | 0.740 | 0.458 |
| *HLD_5* | 53.33 | 53.03 | 1.800 | 0.560 | 0.579 |
| *_CONS* | 0.188 | 0.188 | –0.100 | –0.0200 | 0.985 |
| *dsh* | 9.108 | 8.996 | 5.800 | 1.780 | 0.076 |

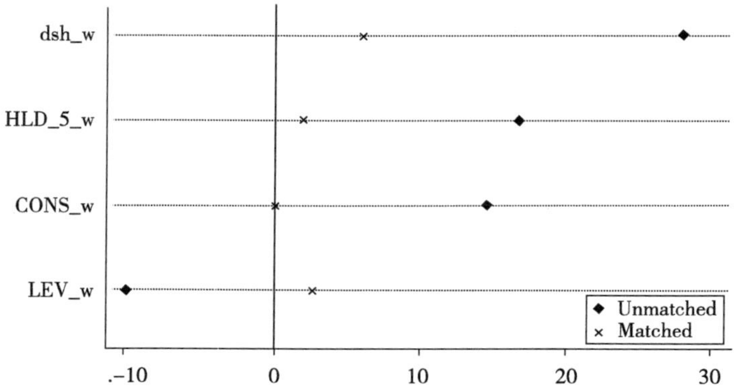


图 9–3　各变量的标准化偏差图示

在表 9–16 中，本节进一步采用最近邻匹配与半径匹配对 PSM 结果进行稳健性检验。从表 9–16 中的检验结果来看，采用最近邻匹配与半径匹配的结果与表 9–14 中采用核匹配的结果高度一致，再一次证明了本节的结论具有较强的稳健性，即设置技术独立董事与抑制异常可操控费用之间存在因果关系。

表 9–16　稳健性检验

| 变量名称 | 样本 | 处理组 | 控制组 | ATT | 标准误 | T 值 |
|---|---|---|---|---|---|---|
| 最近邻匹配 | | | | | | |
| *EM–R&D* | 匹配前 | 0.310 | 0.087 | 0.223 | 0.043 | 5.200*** |
| | 匹配后 | 0.313 | 0.129 | 0.184 | 0.044 | 4.140*** |

续表

| 变量名称 | 样本 | 处理组 | 控制组 | ATT | 标准误 | T 值 |
|---|---|---|---|---|---|---|
| 半径匹配 | | | | | | |
| *EM–R&D* | 匹配前 | 0.310 | 0.087 | 0.223 | 0.043 | 5.200*** |
| | 匹配后 | 0.312 | 0.107 | 0.205 | 0.041 | 5*** |

注：（1）“匹配前”指未进行 PS 值配对前的样本，“匹配后”指进行匹配之后的样本；

（2）“处理组”和“控制组”分别表示设置技术独立董事与未设置技术独立董事的公司；

（3）***、**、* 分别表示在 1%、5%、10% 的水平上显著。

为了验证前文所提出的假设实证结论的可靠性和准确性，此处引入虚拟变量进一步检验技术独立董事对真实盈余管理的抑制作用，如果公司设置技术独立董事则为 1，否则为 0。通过回归分析如表 9–17 所示，发现实证结果并未发生实质性改变。

表 9–17 稳健性检验回归结果之一

| 变量 | 模型 3 | 变量 | 模型 3 |
|---|---|---|---|
| | *EM–R&D* | | *EM–R&D* |
| *TECIND* | 0.203***<br>（5.52） | BSIZE | 0.005<br>（0.41） |
| *SIZE* | 0.136***<br>（5.84） | IND | –0.310<br>（–1.01） |
| *ROA* | 2.277***<br>（5.68） | CONSTANT | –3.198***<br>（–6.77） |
| *LEV* | 0.119<br>（1.03） | 调整 $R^2$ | 0.1080 |
| *HLD_5* | –0.001<br>（–0.28） | *F* 值 | 14.20 |
| *_CONS* | –0.050<br>（–0.98） | 样本量 | 2505 |
| *MGT* | 0.315*<br>（1.79） | | |

注：（1）***、**、* 分别表示 1%、5%、10% 的显著性水平；

（2）括号内为 *t* 统计值；

（3）回归时控制了年份和行业效应。

同时，为了避免因控制变量度量的不同对研究结果产生不同的影响，本节采用流动比率（CL）替代资产负债率（LEV）来表示公司偿债能力，权益报酬率（ROE）替代资产回报率（ROA）来表示公司的盈利能力，销售收入对数（lnsales）替代资产对数（SIZE）来表示公司规模的大小。对模型 3 到模型 7 进行了重新回归，实证结果如表 9-18 所示，可以看出实证结果并未发生显著变化。

表 9-18　稳健性检验回归结果之二

| 变量 | 模型 3 | 模型 4 | 模型 5 | 模型 6 | 模型 7 | 模型 8 |
|---|---|---|---|---|---|---|
| | *EM–R&D* | *EM–R&D* | *EM–R&D* | *EM–R&D* | *EM–R&D* | *EM–R&D* |
| *TECIND* | 0.296*** (3.48) | | 0.213 (0.68) | 0.438** (1.98) | 1.131*** (2.71) | 0.135 (0.46) |
| *MULTI* | | 0.144*** (5.22) | | | | |
| *TECIND *COMP* | | | −0.029 (−0.88) | | | |
| *COMP* | | | 0.022*** (3.31) | | | |
| *TECIND* NUM* | | | | −0.408** (−2.03) | | |
| *NUM* | | | | 0.176*** (3.27) | | |
| *TECIND* AGE* | | | | | −0.021*** (−2.95) | |
| *AGE* | | | | | 0.004*** (3.50) | |
| *TECIND* EDU* | | | | | | −0.045 (−0.53) |
| *EDU* | | | | | | 0.053*** (2.99) |
| *LN (SALES)* | 0.137*** (7.37) | 0.136*** (7.33) | 0.134*** (7.22) | 0.134*** (7.19) | 0.135*** (7.29) | 0.135*** (7.28) |
| *ROE* | 0.880*** (5.76) | 0.876*** (5.77) | 0.877*** (5.76) | 0.887*** (5.80) | 0.883*** (5.79) | 0.883*** (5.80) |
| *CL* | 0.001 (0.02) | −0.001 (−0.13) | −0.001 (−0.12) | −0.001 (−0.08) | −0.001 (−0.01) | −0.001 (−0.01) |

续表

| 变量 | 模型 3 | 模型 4 | 模型 5 | 模型 6 | 模型 7 | 模型 8 |
|---|---|---|---|---|---|---|
| | *EM–R&D* | *EM–R&D* | *EM–R&D* | *EM–R&D* | *EM–R&D* | *EM–R&D* |
| *HLD–5* | –0.001<br>(–0.04) | –0.001<br>(–0.06) | –0.001<br>(–0.03) | –0.001<br>(–0.09) | 0.001<br>(0.08) | –0.001<br>(–0.06) |
| *_CONS* | –0.070<br>(–1.36) | –0.075<br>(–1.45) | –0.076<br>(–1.48) | –0.076<br>(–1.49) | –0.074<br>(–1.44) | –0.072<br>(–1.40) |
| *MGT* | 0.458**<br>(2.52) | 0.425*<br>(2.49) | 0.447**<br>(2.46) | 0.446**<br>(2.45) | 0.426**<br>(2.35) | 0.437**<br>(2.39) |
| *BSIZE* | 0.005<br>(0.49) | 0.002<br>(0.22) | 0.001<br>(0.04) | 0.001<br>(0.08) | 0.001<br>(0.07) | 0.001<br>(0.06) |
| *IND* | –0.317<br>(–1.08) | –0.318<br>(–1.08) | –0.317<br>(–1.07) | –0.315<br>(–1.07) | –0.319<br>(–1.08) | –0.294<br>(–0.99) |
| *CONSTANT* | -3.094***<br>(–7.65) | -2.486***<br>(–6.62) | -3.047***<br>(–7.55) | -3.041***<br>(–7.49) | -3.083***<br>(–7.62) | -3.067***<br>(–7.59) |
| 调整 $R^2$ | 0.111 | 0.116 | 0.115 | 0.115 | 0.117 | 0.115 |
| *F* 值 | 14.56 | 15.42 | 14.14 | 13.83 | 14.01 | 13.64 |
| 样本量 | 2505 | 2505 | 2505 | 2505 | 2505 | 2505 |

注:(1)***、**、* 分别表示 1%、5%、10% 的显著性水平;

(2)括号内为 *t* 统计值;

(3)回归时控制了年份和行业效应。

## 五、研究结论及建议

近几年，我国政府为了提升企业自主创新能力，相继制定了 R&D 投入政策，用于激励上市公司的 R&D 投入。如政府补贴逐渐向创新企业倾斜、为高新技术企业提供相应的税收优惠、允许 R&D 支出加计扣除，以上这些充分体现了政府对企业创新能力的重视。虽然如此，我国上市公司管理层仍然存在利用削减研发支出进行盈余管理的行为。如何识别或者遏制这种行为，提高会计信息质量，降低公司的代理成本，保护中小投资者的利益，监督管理层以及提高管理层决策，是政府、投资者及监管机构关注的焦点。

基于公司治理的角度考虑，我国仍处于探索阶段，从我国上市公司董事会和独立董事的结构来看，每个公司都按制度要求设置了会计专业背景的独立董事，并未对公司设置技术独立董事制定强制性要求。本书的创新之处在于：一是从独立董事的教育和知识背景出发，考虑到财务独立董事作用发挥的局限性，进一步研究了技术独立董事的监督职能；二是之前的研究都是从公司治理的角度探讨其对真实盈余管理整体效果的影响，并没有单独考虑到某一方面；三是样本的选择包括了中小板和创业板在内的所有上市公司。本书基于可操控 R&D 费用的视角进行研究。借鉴已有的研究成果，以 2007—2013 年深、沪两市的中小板和创业板上市公司为研究样本，验证了技术独立董事可以有效监督管理层，抑制管理层操控 R&D 支出，规范和约束上市公司盈余管理行为，提高盈余信息质量。

2014 年 9 月 24 日，李克强总理召开会议指出，为了顺应新技术革命潮流，必须更大力度地推进企业技术改造，部署完善现行的固定资产加速折旧政策，通过减轻税负、加快企业科技研发创新，促进企业技术改造，支持中小企业创业创新。其中规定：对所有行业企业 2014 年 1 月 1 日后新购进用于研发的仪器、设备，单位价值不超过 100 万元的，允许一次性计入当期成本费用在税前扣除；超过 100 万元的，可按 60% 的比例缩短折旧年限，或采取双倍余额递减等方法加速折旧；对生物药品制造业，专用设备制造业，铁路、船舶、航空航天和其他运输设备制造业，计算机、通信和其他电子设备制造业，仪器仪表制造业，信息传输、软件和信息技术服务业等行业企业 2014 年 1 月 1 日后新购进的固定资产，允许按规定年限的 60% 缩短折旧年限，或采取双倍余额递减等加速折旧方法，促进扩大高技术产品进口。这也体现了加大 R&D 投资对提高企业自主创新能力的重要性。本书的结论正好可以从公司治理的角度，为完善我国独立董事制度，提升技术创新能力，提供重要的参考价值。我国上市公司可以考虑在独立董事中增设技术独立董事，提高技术独立董事的比例，尽量多聘请同时具备两种职业背景的技术独立董事。但研究并未发现技术独立董事薪酬、学历与真实盈余管理之间的关系。如何更好地发挥技术独立董事的监督作用，需要进一步结合我国特殊的制度背景和市场环境，形成具有中国特色的研究领域，争取为政府制定相关政策，提高盈余信息质量，提供一定的理论依据和现实的参考价值。本节的不足之处在于对不同类型的上市公司没有细分，以观察不同类型上市公司技术独立董事抑制真实盈余管理的效果是否相同。

## 第四节　技术独立董事对大股东利益侵占有抑制作用吗
——以大股东私有占款为例

### 一、引言

近年来，大股东利益侵占行为日益受到上市公司和政府以及中小投资者的关注。由于集中的股权可以克服股权分散条件下多数股东的“搭便车”行为，因此，除英国、美国等少数国家外，世界上股权相对集中的公司模式更为普遍。许多学者研究发现，世界上大部分国家和地区的上市公司中都存在大股东，在公司治理中有着不同的参与动机和能力，而最终控股股东可以通过金字塔持股、交叉持股等方式在上市公司获得一定的控制权，但其实际拥有的现金流权却小于投票权，因此两种权利分离程度的提高导致上市公司代理成本的增加，从而使得大股东产生强烈的动机以各种掩人耳目的方式转移上市公司资产。例如，利用上市公司公共资源获取小股东所无法获取的利益，通过自身控制权将上市公司的现金资源转移到大股东名下及其附属公司中，或通过巧立名目的关联交易对上市公司的利益进行侵占。

在我国，由于体制方面的特殊原因导致上市公司股权结构和内部治理机制不合理，法律对中小股东的保护还不够完善，外部审计的监督作用没有充分发挥，因此大股东利益侵占的行为格外严重。大股东不仅拥有股权上带来的控制权优势及资金优势，同时还具备在公司经营活动方面的知识优势和信息优势。控股股东利益侵占行为不仅损害了中小股东的权益，还会产生投资者对上市公司的信任危机以及证券市场的资源分配低效率问题，对上市公司和证券市场健康、有序发展产生不利影响。Johnson（2000）等的研究表明，大股东利益侵占行为是亚洲金融危机的主导因素。Bertrand等（2002）进一步指出，大股东利益侵占行为可能降低经济透明度，增加信息不对称的程度。

以往研究大股东利益侵占的文献关注的焦点主要集中于大股东利益侵占的影响因素以及私人利益获取途径，虽然文献根据影响因素提出了相关建议，但多数建议如法律的完善、政府及监管部门监督力度的加强等并不是上市公司可以采取的措施，我们需要从上市公司内部治理的角度，找到对大股东利益侵占具有抑制作用的影响因素，从而提出上市公司可以采纳的建议。

技术独立董事作为独立董事的一种类型，能在职能角度发挥独立董事在公司治理特别是对大股东利益侵占方面的监督作用，同时技术独立董事拥有专业化知识、技术背景和信息优势，可以更好地提升监督效率。目前，企业一般通过技术创新活动提高竞争力，而技术创新活动的过程极为复杂，具有较大的不确定性，在技术创新方面容易造成信息不对称，增加外部投资者和相关政府部门监管的难度，降低监管效率，这为大股东追求利益侵占而对研发活动进行操纵提供了便利条件。为了适应技术创新活动监督的特殊性，需要形成监督能力更强的公司治理机制。综上所述，技术独立董事的独立身份使其能够客观地在企业战略决策以及资源配置等方面发表独立意见并且提供监督服务，保障中小股东和其他相关者的利益。因此，本节将监督作用与技术专家角色相结合，试图研究技术独立董事对大股东利益侵占行为的监督作用。

## 二、文献综述

大股东利益侵占是 Johnson、Laporta、Lopez de Silames 和 Johnson 等（2000）提出的一个概念，原指通过地下“隧道”来转移资产，可以理解为上市公司大股东以各种合法或非法方式从上市公司转移资产和利润的行为，以及通过非往来交易的方式获取私人利益的行为，这类行为通常会侵犯中小股东的利益。大股东可以通过交易的方式进行利益侵占，包括大股东私有占款、关联交易、债务担保等；也可以不必通过资产的转移获取收益，如高额派现和其他侵占中小股东利益的财务交易。

### （一）对大股东利益侵占影响因素的研究

以往我国对大股东利益侵占影响因素的研究，主要关注股权集中度、公司规模、资产管理能力、经营情况、公司盈利状况以及其他外部因素等。例如，Maury 和 Pajuste（2005）在对股权制衡与大股东利益侵占的研究中发现，多位股东会起到股东串谋和股权制衡行为两种截然相反的作用：一方面，持有一定数量投票权的股东可能与控股股东串谋，达成控制联盟，进而共同享有对其他股东的剥夺收益；另一方面，他们相对更有动力和能力监督大股东的利益侵占行为，从而达到股权制衡的效果。Claessens

（2002）等人以及李增泉等在对股权结构与大股东利益侵占的关系研究中发现，较高的所有权比例会增加获取利益侵占的能力，即壕沟防御效应；但高到完全掌握公司控制权时则会降低利益侵占的动机，即利益协同效应，因此大股东对上市公司的侵占行为同第一大股东持股比例之间存在倒“U”形关系。在法律法规对大股东利益侵占影响的研究中，Johnson 和 Laporta 等通过对大陆法系与普通法系国家的研究，发现不同法律体系国家的法律制度对于“掏空”行为的处理有所不同。英美法系的法律明显比大陆法系的法律更能有效保护中小投资者的权益，加之英美法系国家上市公司中的股权集中度低于大陆法系的上市公司，因此，英美法系国家较大陆法系国家更不容易发生中小股东的权益被大股东侵占的情况。张兆国等（2006）发现，公司规模、盈利状况、负债融资比例及结构、第二至第五大股东持股比例等都对大股东利益侵占具有不同程度的影响。通过上述文献回顾，我们可以发现，这些影响因素依赖于相对难以改变的客观条件，缺少以人为基础的主观能动性的发挥。笔者认为可以转向从上市公司的经营者和监督者的角度来思考这一问题。对上市公司管理人员来说，他们会因发表与大股东相悖的意见而被解雇，可能出现再次进入经理市场后不被认可的风险，因而依赖管理层很难解决这一问题。

但对于达到独立性要求的独立董事而言，他们同上市公司不存在利益联系。根据《关于在上市公司建立独立董事制度的指导意见》，独立董事主要履行以下职责：一是监督与制衡大股东、董事和高管人员；二是审查上市公司的关联交易；三是监控公司的信息披露。因此有很多学者研究独立董事是否能够抑制大股东的“掏空”行为。如余明贵（2004）指出，大股东持股比例以及大股东在董事会中所占席位的比例越高，非公平关联交易越多。封思贤（2005）通过对我国上市公司的关联交易进行实证研究，发现独立董事制度能够使上市公司减少对大股东及其关联方提供的抵押和担保。但是，独立董事制度在约束关联销售方面并没有发挥一定的作用。唐清泉等（2005）分别从资金占用、关联销售、关联采购、担保等多个方面进行实证研究，发现我国以企业集团作为大股东的上市公司，其“隧道”行为更加明显，但独立董事在关联交易方面对大股东有明显的抑制作用。但目前的很多研究都未能发现独立董事比例与大股东资金占用之间有显著相关性。叶康涛、陆正飞和张志华（2007）从独立董事的内生性角度进行研究，通过控制独立董事内生性，得出大股东资金占用与独立董事变量具有显著的负相关关系的结论。

综上所述，研究独立董事对大股东利益侵占的文献仅仅从独立董事的职责层面探析监督作用，并且得出的结论也不一致。独立董事作为一个群体，其权责利是共同的，他们通过群体作用对某些问题发表意见。拥有技术知识背景的专家在独立董事这个群体中是否存在以及技术专家所占比例对大股东利益侵占行为是否有影响，是值得深入探讨的问题。

（二）技术独立董事与大股东利益侵占

目前对技术独立董事的研究主要集中于研发活动中专家作用的发挥，如Yasuyuki Suzuki和Slowinski等指出技术董事是支持企业研发的重要人物，能够起到研发团队带头人的作用。Hartley（1999）发现技术董事的设置有利于提高企业研发资源的运作效率。胡元木（2012）通过实证研究考察了技术独立董事与技术执行董事在影响R&D产出效率过程中的相互作用，结果发现，二者可以共同提高研发产出效率。但在学术界还未出现从大股东与中小股东的利益争端出发研究技术独立董事是否能够抑制大股东获取利益侵占行为的文献。

本书认为澄清大股东获取利益侵占的途径是解决这一问题的关键，研究发现，目前大股东获取利益侵占的行为主要有以下三种类型：一是高额派现。通过高额现金股利传递出上市公司健康成长、盈利能力好的信号，以吸引对现金股利偏好的投资者来获取资金投入，实现对上市公司的“掏空”。二是关联交易。大股东利用上市公司为其自身及其关联的上市公司进行借款担保或抵押来转移不正常的风险；利用关联购销，如高价为上市公司提供原材料或以较低价格收购产品，以获取巨额的利润，损害公司和中小股东的利益；大股东在没有充分理由的情况下，通过资产重组将劣质资产并入上市公司，从而影响生产经营等环节的运行质量；大股东通过将其集团公司持有的品牌、商标等无形资产高价转让给上市公司来偿还集团的巨额债务，导致上市公司资金大量流出，换回的却是价值难以估算的无形资产，并为此每年要增加上千万元的摊销成本。三是大股东对上市公司资金的占用。通过与上市公司的资金往来有偿（较低的成本）或无偿占用上市公司资金，利用上市公司往来账户，如其他应收款账户进行“藏污纳垢”，加剧上市公司运营的风险，甚至可能诱发上市公司退市或破产的风险。

大股东利益侵占的途径多样、复杂，而在这些过程中技术独立董事可以发挥监督职能，利用自身技术、专业背景和素质对涉及行业技术的事项发表意见，防止大股东获取私人利益行为给公司经营带来不利影响。在研发过程中，技术独立董事有辨别大股东利用研发投入追求私人利益行为的能力，从而抑制大股东的占款行为。在关联交易中，技术独立董事凭借其技术背景和对原材料、产品等质量价格的敏感性，防止大股东利用差价进行利益侵占。技术独立董事可以发挥对上市公司产业链的影响，监督固定资产的来源及质量，抑制大股东利用资产重组将劣质资产引入上市公司的可乘之机。技术董事的存在，可以从更专业的角度发挥监督作用，本节拟从这一角度进行研究，以填补这方面的空白。

## 三、理论分析与研究假设

### （一）技术独立董事对大股东利益侵占具有抑制作用

虽然大股东利益侵占的途径十分复杂，而技术独立董事在每种途径中或多或少都会产生一定的监督作用，但根据以往的研究可知，关联交易的供求关系和交易价格难以衡量，并且封思贤（2007）在针对几类关联交易行为之间的关系研究中发现，购销、提供担保以及资产重组的最终目的都是获取收益，同大股东对往来资金的占用行为一样，都是剥削上市公司的方式，因此它们是相互替代、此消彼长的关系。而经济往来则以资金流通为基础，当大股东能够对上市公司资金进行占用时，就不会另辟蹊径采用其他关联交易的形式来获取上市公司资源。同时，中国证监会和上市公司对有关联的大股东在关联交易中表决回避的要求，使得大股东通过关联交易获取利益的情况日益减少。而对于控股股东高额派发现金股利的“掏空”方式，唐清泉等（2010）发现独立董事制度并未对高额派现产生显著的影响，而我们认为这一结果同独立董事监督范围的局限性有关，独立董事的监督作用并不能在大股东所有获取利益侵占的过程中发挥出来。因此，技术独立董事是否在大股东私有占款方面具有抑制作用，是本节进行实证研究的主题。

虽然监管部门曾重拳治理过上市公司大股东占款行为，但时至今日，这一顽疾仍时有发生，而从目前公布的数据来看，非经营性占款正在“死灰复燃”。近年来，监管层针对个别上市公司大股东占款行为进行公开谴责、通报批评，但惩罚并不算严厉。而多数上市公司对企业技术创新的重视程度逐渐增加，研发活动需要资金的支持。梁莱歆、马如飞（2009）认为，对研发资金计划的严格执行有助于加强企业的创新水平，企业应构建合理的研发资金管理机制，使研发资金能够满足需求并得到高效的使用。

唐清泉、徐欣（2010）进一步研究发现，我国企业因为信息不对称和融资约束，研发投资得不到负债资金支持，研发活动的资金只能依赖于企业内部资金。如果大股东陷入资金紧张的状况，不惜铤而走险，就会打起上市公司资金的主意，从而导致上市公司的资金不足，那么企业技术创新活动就会受到影响。因此，大股东占用上市公司资金对研发投入会产生一定的阻碍。技术独立董事在提高技术创新活动的决策质量和研发资金的利用效率的同时，还可以对大股东占款进行有效监督来保证企业有足够的流动资金支持研发活动，同时更有能力分辨技术创新活动是否对公司有益，防止利用技术创新活动进行利益侵占现象的发生，从而提高研发效率。

依据委托—代理理论，应从完善股东与董事会之间的委托—代理关系出发对上市公司的内部治理结构进行局部调整，对董事会实施必要的改造，引入有技术背景的独立董事，将其监督作用和专家角色结合起来以发挥更大的作用，维护公司和全体股东的利益。此外，人力资本理论认为，人力资本在企业发展过程中具有相当重要的作用，在企业的经营运作和监督管理的各个方面，都需要人运用知识储备、技术能力等方面的能力。担任技术独立董事的人员，往往都是具有技术知识背景的专家、学者，技术独立董事可以利用自身丰富的管理经验和坚实的知识基础，参与到公司的管理决策当中，保护中小投资者的权益不被大股东侵占。因此提出假设：

H1：设置技术独立董事的上市公司，大股东利益侵占水平较低。

（二）技术董事的薪酬对大股东利益侵占的影响

最优薪酬理论认为，将高管薪酬与其职责履行情况挂钩是降低监管成本、缓解经理人与股东之间代理冲突的有效机制。要考察企业高管人员的职责履行情况，则首先要确定衡量其职责履行情况的标准。财务业绩由于具有较好的可观测性，且与经理人员的努力程度之间存在较高的相关性，一直被普遍用来衡量经理人员行为和努力程度。然而，过于重视财务指标带来的问题是企业重视短期盈利能力而缺乏对长期利益和风险控制的关注，因此，用财务业绩指标衡量高管人员的职责履行情况往往缺乏可靠性。随着经济全球化与信息技术的发展，诸如客户满意度、市场占有率以及生产率等非财务指标越来越成为公司价值的关键驱动因素，而忽视非财务因素将给企业带来经营、财务、政治及法律等方面的风险。作为一种非财务因素，设立技术独立董事的目标就在于保证企业经营管理合法合规、资产安全、财务报告及相关信息真实完整，提高经营效率和效果，促进企业实现发展战略。

足够的激励可以使技术独立董事积极主动地发挥其监督作用，无论这种激励来源于物质激励还是内在的使命感。用于激励和约束董事提高工作效率的方式一般包括法律保证、声誉保证和经济激励，法律保证重在约束，经济激励在于激励，声誉保证则是二者作用兼有（谭劲松等，2010）。

法玛和延森发现，独立董事为了维护其在人力资本市场上的声誉，他们会积极履行相应的职责。上市公司用声誉保证来约束和激励董事会成员，可以达到以较低报酬促使董事会成员发挥较大作用的效果，但由于我国人力资本市场不发达，在一定程度上影响了声誉保证的发挥，声誉保证很难像英美等成熟市场那样起到积极作用。上市公司对独立董事的经济激励侧重传统的固定津贴制，包括年费和出席会议费，同时还可能包括委员会成员费和委员会会议费等（谭劲松等，2010），一般津贴的多少与上市公司的业绩并不挂钩。相比声誉激励，这种以短期激励为主的独立董事固定津贴制是与我国市场环境以及上市公司现状相适应的。这种制度使技术独立董事与上市公司不存在重大的经济利益关系，而且不对任职公司的收入产生依赖性，在很大程度上保证了技术独立董事与上市公司的独立性。但技术独立董事作为理性经济人，也会追求自身经济利益的最大化，为了让技术独立董事能够认真履行预期的监督职能，上市公司必须给予技术独立董事足够的激励。适当增加技术独立董事的固定津贴，以此表明上市公司对其的激励，可以让技术独立董事更有动力去发挥对大股东利益侵占行为的监督作用，激发他们在上市公司的工作热情。因此提出假设：

H2：技术独立董事现金报酬越高，大股东利益侵占水平越低。

## 四、研究设计

### （一）样本选择

本节选取深、沪两市2007—2013年所有存在大股东占款的上市公司作为研究样本，对上市公司董事会成员的简历背景进行判断，并对资料进行手工整理，剔除了数据不全以及异常值的公司，共得到855个样本。本节在Wind数据库中获取其他应收款中的大股东欠款，在CSMAR数据库中获取其他所需数据。本节所使用的统计及数据处理软件为Stata 13.0。

### （二）变量选取

1.被解释变量

大股东对上市公司的占款主要体现在往来款中，在上市公司年报的资产负债表中，有两个应收项目，即应收账款和其他应收款。应收账款中的大股东欠款主要反映经营性资金占用，难以判断是否为大股东对资金的恶意占用。而其他应收款相对来说更像一个“杂货铺”，各种往来资金混于其中，也是大股东最可能“藏污纳垢”的账户。上市公司大股东拖欠的其他应收款，实际上是对上市公司的资金占用。不少研究由于受到获取数据的局限，直接将大股东所占的应收账款、其他应收款除以总资产标准化后的数额作为衡量利益侵占的指标，如马曙光等（2005）、黎来芳等（2008）。但以此来衡量利益侵占存在较大的缺陷，由于其他应收款并非全部都是大股东占款，以全部的其他应收款作为大股东私有占款的衡量指标会明显夸大实际私有占用的程度。因此，我们参考叶康涛、陆正飞（2007）对大股东“掏空”行为的衡量方法，采用其他应收款中的大股东欠款当年增加额，并通过除以年末总资产予以标准化后的数额这一更为精确的指标，以提高回归模型的有效性。

2. 解释变量

我们通过对上市公司年报中获得的独立董事个人简历进行筛选，遵照以下条件判断独立董事是否有技术背景：①独立董事是否具有理工科学历或是否为工程师；②独立董事是否从事过与研发、工程、技术等有关的工作。符合两项中任何一项的，我们判断其为技术独立董事，并计算出技术独立董事在独立董事中所占比例，同时对符合技术独立董事条件人员的薪酬进行统计，获得每家上市公司技术独立董事的平均薪酬，并取其自然对数。

3. 控制变量

影响大股东占款的因素有很多，为了使实证研究结果更加准确，在实证分析过程中需要对其他影响大股东占款的因素加以控制。本节选取公司规模（LNASSET）、盈利能力（ROA）、偿债能力（LEV）、独立董事比例（DIRECT）、股权制衡（HHI）和成长性（M/B）作为控制变量。

（1）公司规模。

一般来说，公司规模越大，大股东获取的收益越多，但规模较大的公司也更易受到外界的监督和关注，信息较为透明，大股东为利益侵占所付出的成本较高。唐明宗、蒋位（2002）认为，公司规模对大股东利益侵占的影响是模棱两可的。

（2）盈利能力。

一方面，大股东努力提高公司盈利水平，为自身谋取更多的额外收益；

另一方面，盈利水平较高的公司会给大股东带来高额收益，从而使得大股东不再通过利益侵占满足自己的利益需求。Coffee（2001）认为，当投资项目带给大股东的收益高于大股东获取的利益侵占时，大股东会减少对资金的占用，从而保证项目的顺利完成。

（3）负债水平。

Faccio 等研究发现，亚洲公司中的大股东易通过提高负债来积累更多资源进行侵占。Du 和 Dai（2005）通过对东亚 9 个国家的研究，发现持有相对较少股份的大股东更易通过提高负债来攫取资源。Boubaker 以法国公司为样本，得出了同样的结论。因此，上市公司的负债同大股东利益侵占存在正相关关系。

（4）独立董事比例。

通过前文独立董事与大股东私有占款的文献综述可知，这些文献得出的实证结果并不一致。但从独立董事的职责角度考虑，独立董事在一定程度上能够对大股东私有占款起到抑制作用。因此，我们选用独立董事人数占董事会人数的比例进行控制。

（5）股权制衡。

从前文文献综述可知，有大量文献就股权制衡对大股东利益侵占的影响进行了研究。股权集中度代表上市公司大股东对公司的控制能力，是衡量股权分布状态的主要量化指标。

（6）成长性。

大多数学者认为，大股东会随着企业的成长获得更多的利益。目前，多数研究使用市值账面价值比（Market-To-Book）来衡量成长性，宋剑锋（2000）通过 Edwards-Bell-Ohlson 模型并借助中国股市经验数据的支持，得出这一指标，能比较好地预示公司未来的成长性。

变量定义如表 9-19 所示。

表 9-19　研究变量定义

| 变量类型 | 变量名称 | 变量符号 | 变量定义 |
| --- | --- | --- | --- |
| 被解释变量 | 大股东占款增长数 | *OAR* | 其他应收款中的大股东欠款当年增加额，并通过除以年末总资产予以标准化 |
| 解释变量 | 技术独立董事比例 | *TECIND* | 技术独立董事人数占独立董事总人数的比例 |
| | 技术独立董事薪酬 | *COMP* | 技术独立董事平均薪酬的对数 |
| 控制变量 | 公司规模 | *LNASSET* | 公司资产总额对数 |
| | 盈利能力 | *ROA* | 净利润与总资产的比例 |
| | 负债水平 | *LEV* | 负债总额 / 资产总额 |
| | 独立董事比例 | *DIRECT* | 独立董事占董事总人数的比例 |
| | 股权制衡 | *HHI* | 前五名股东持股比例平方和 |
| | 成长性 | *M/B* | （年末股票价格 × 总股本）/［（年初总资产 + 年末总资产）/ 2］ |

（三）实证模型的建立

为考察技术独立董事与大股东利益侵占之间的关系，本节以大股东占款增长额（*OAR*）作为被解释变量，以技术独立董事比例（*TECIND*）和技术独立董事薪酬（*COMP*）作为解释变量，以公司规模（*LNASSET*）、盈利能力（*ROA*）、资产负债率（*LEV*）、独立董事比例（*DIRECT*）、股权制衡（*HHI*）以及成长性（*M/B*）作为控制变量来建立多元线性回归模型。

$$OAR = \alpha_0 + \alpha_1 TECIND + \alpha_2 LNASSET + \alpha_3 ROA + \alpha_4 LEV + \alpha_5 DIRECT + \alpha_6 HHI + \alpha_7 M/B + \xi_1 \quad (9\text{-}11)$$

$$OAR = \beta_0 + \beta_1 COMP + \beta_2 LNASSET + \beta_3 ROA + \beta_4 LEV + \beta_5 DIRECT + \beta_6 HHI + \beta_7 M/B + \xi_2 \quad (9\text{-}12)$$

## 五、实证结果分析

（一）描述性统计分析

我们通过 Stata 13.0 得出初步描述性统计结果，如表 9-20 所示。

表 9-20 描述性统计结果

| 变量 | 平均值 | 标准差 | 最小值 | 最大值 |
|---|---|---|---|---|
| *OAR* | 0.005 | 0.025 | –0.191 | 0.387 |
| *TECIND* | 0 .163 | 0.192 | 0 | 0.800 |
| *COMP* | 4.905 | 5.437 | 0 | 13.592 |
| *LNASSET* | 22.322 | 1.549 | 18.724 | 28.311 |
| *ROA* | 0.049 | 0.078 | –0.722 | 1.007 |
| *LEV* | 0.509 | 0.201 | 0.007 | 0.975 |
| *DIRECT* | 0.365 | 0.539 | 0.125 | 0.714 |
| *HHI* | 0.225 | 0.144 | 0.008 | 0.758 |
| *M/B* | 4.441 | 7.026 | 0.431 | 35.194 |

首先，上市公司中大股东通过关联交易占款增长比例平均占到总资产的 0.5%，说明样本期间大股东占款程度有所上升，占款最严重的上市公司接近总资产的 40%。可见，目前大股东严重的占款行为依旧存在。其次，技术独立董事在独立董事中所占比例平均仅达到 16%，样本中的许多企业没有设置技术独立董事或技术独立董事数量较少。可见，近年来上市公司虽然开始关注独立董事的技术背景，但并未引起足够重视。最后，各控制变量最大值和最小值的差距并不悬殊，说明样本整体分布比较均匀，基本上不存在异常值的影响。

（二）Person 相关性检验

我们对部分变量进行相关性检验，结果如表 9-21 所示。

表 9-21 相关系数矩阵表

| 变量 | *OAR* | *COPM* | *LNASSET* | *ROA* | *LEV* | *DIRECT* | *HHI* | *M/B* |
|---|---|---|---|---|---|---|---|---|
| *OAR* | 1 | | | | | | | |
| *COPM* | –0.096*** | 1 | | | | | | |
| *LNASSET* | –0.101*** | 0.054 | 1 | | | | | |
| *ROA* | –0.123*** | –0.016 | 0.059 | 1 | | | | |
| *LEV* | 0.049 | –0.057* | 0.301*** | –0.295*** | 1 | | | |

续表

| 变量 | *OAR* | *COPM* | *LNASSET* | *ROA* | *LEV* | *DIRECT* | *HHI* | *M/B* |
|---|---|---|---|---|---|---|---|---|
| *DIRECT* | –0.025 | 0.100*** | 0.080** | 0.009 | –0.315 | 1 | | |
| *HHI* | –0.068** | 0.048 | 0.512*** | 0.169*** | 0.0155 | 0.131*** | 1 | |
| *M/B* | 0.109*** | –0.030 | –0.275** | 0.031 | 0.136*** | 0.039 | –0.063* | 1 |

注：*** 、**、* 分别表示在 1%、5%、10% 的水平上显著。

从表 9–21 中可以看出，技术独立董事的薪酬与公司规模的相关系数较低，说明技术独立董事获得薪酬的高低并不受公司规模的影响。大部分相关系数的绝对值均比较小，变量之间相关系数的绝对值均小于 0.5，因此认为模型中各变量之间不存在多重共线性问题，不会影响回归分析的结果，说明随后的回归结果分析基础是可信的。

（三）回归结果分析

模型 1 和模型 2 的回归结果如表 9–22 所示。

表 9–22　回归结果

| 变量 | 模型 1：技术独立董事比例 | | 模型 2：技术独立董事薪酬 | |
|---|---|---|---|---|
| | 系数 | *t* 值 | 系数 | *t* 值 |
| *TECIND* | –0.013*** | –2.83 | | |
| *COMP* | | | –0.001*** | –2.62 |
| *LNASSET* | –0.001* | –1.68 | –0.001 | –1.53 |
| *ROA* | –0.038*** | –3.22 | –0.038 | –3.24 |
| *LEV* | 0.002 | 0.49 | 0.002 | 0.44 |
| *DIRECT* | –0.007 | –0.42 | –0.006 | –0.37 |
| *HHI* | 0.001 | 0.02 | 0.001 | 0.03 |
| *M/B* | 0.001*** | 2.45 | 0.001*** | 2.41 |
| *N* | 855 | | 855 | |
| *F* 值 | 5.32 | | 5.51 | |
| $R^2$ | 0.05 | | 0.05 | |

注：*** 、**、* 分别表示在 1%、5%、10% 的水平上显著。

模型 1 中，TECIND 与 OAR 呈现显著的负相关关系，与叶康涛、陆正飞的结论相一致，支持了假设 1，说明设置技术独立董事可以降低上市公司大股东利益侵占的程度，技术独立董事人数越多，则大股东越难以占用其他应收款。其原因或许是随着技术独立董事数目的增加，技术独立董事利用其技术知识背景对涉及技术方面的关联问题发表意见，对关联占款发表异议的概率也很有可能增加，从而制约了大股东的“掏空”行为。模型2中，COMP与OAR同样也呈现显著的负相关关系，即技术独立董事的薪酬越高，大股东的利益侵占水平越低，说明通过激励有助于发挥技术独立董事的监督作用，支持了假设2。

控制变量的回归结果表明，公司规模的系数显著为正，说明规模大的公司受外界的监督和关注相对较大，公司运作较为规范，信息不对称的问题不太严重，因此规模较大的公司大股东获取的（去掉获取的）利益侵占较少。盈利能力的系数为负，说明高额的盈利使大股东不再通过利益侵占获利，较高的盈利水平可以抑制大股东的利益侵占。资产负债率的系数为正，表明随着大股东利益侵占程度的提高，企业更有可能依赖外部融资来满足其日常运营资金需要，也有可能随着资产负债率的增加，由于大股东利益侵占对公司带来的损失主要由债权人承担，大股东更有动力去进行利益侵占，但并未通过显著性检验，说明这一作用并不明显。独立董事比例与大股东占款呈负相关关系，表明独立董事可以发挥监督作用抑制大股东占款，但这一作用并不显著。前五名大股东持股比例平方和的系数为正，表明集中的股权容易导致大股东占款，但并未通过显著性检验。企业的成长性与大股东占款呈显著的正相关关系，表明大股东会随着企业的成长获取更多的私有利益。

（四）稳健性检验

有些上市公司中已经设置了技术独立董事，还有一些上市公司并未设置，本节采用设置虚拟变量来替代技术独立董事比例，即上市公司设置技术独立董事则为1，否则为0，对模型1进行回归，发现结果未发生变化，结果如表9-23所示。同时为避免控制变量的不同对实证结论的影响，我们进行控制变量的替换。由于 ROE 同 ROA 都可以表示公司的盈利能力，因此替换后对模型 2 进行重新回归，发现结果未发生显著变化，如表 9–24 所示。稳健性检验支持了假设 1 和假设 2，因此本书的结果比较稳健。

表 9–23　模型 1 的稳健性检验

| 变量 | 模型 1：是否设置技术独立董事 | |
|---|---|---|
| | 系数 | *t* 值 |
| *TECIND* | −0.005*** | −2.62 |
| *LNASSET* | −0.001 | −1.51 |
| *ROA* | −0.038*** | −3.24 |
| *LEV* | 0.003 | 0.52 |
| *DIRECT* | −0.006 | −0.39 |
| *HHI* | 0.001 | 0.01 |
| *M/B* | 0.001** | 2.42 |
| *N* | 855 | |
| *F* 值 | 5.15 | |
| $R^2$ | 0.04 | |

注：*** 、**、* 分别表示在 1%、5%、10% 的水平上显著。

表 9–24　模型 2 的稳健性检验

| 变量 | 模型 2：技术独立董事薪酬 | |
|---|---|---|
| | 系数 | *t* 值 |
| *COMP* | −0.001** | −2.53 |
| *LNASSET* | −0.001* | −1.89 |
| *ROE* | −0.001 | −1.44 |
| *LEV* | 0.007 | 1.52 |
| *DIRECT* | −0.003 | −0.22 |
| *HHI* | 0.002 | 0.37 |
| *M/B* | 0.001** | 2.19 |
| *N* | 855 | |
| *F* 值 | 3.91 | |
| $R^2$ | 0.03 | |

注：*** 、**、* 分别表示在 1%、5%、10% 的水平上显著。

## 六、结论和政策建议

本节以大股东占用上市公司资金作为研究对象，考察了在中国证券市场上，技术独立董事的引入能否有效抑制大股东利益侵占的行为。结果显示：设置技术独立董事的上市公司，其大股东利益侵占水平较低，技术独立董事可以有效抑制大股东对上市公司的利益侵占；适当的激励有助于技术独立董事利用其技术知识发挥监督作用。

通过本节分析，上市公司单纯通过改变股权结构、进行股权制衡或仅仅依靠外部环境的制约在一定程度上可以降低大股东进行利益侵占的程度，通过独立董事的监督可以提高对大股东“掏空”行为的制约程度。为了提高独立董事的监督效率和水平，我们应开拓新视角对其专业背景进行分析。财务独立董事和法律独立董事往往是从财务信息披露和降低经营风险等方面进行监督，保证上市公司健康稳定地发展，很少从大股东获取私人利益（改为利益侵占）的途径上起到制约作用。而技术独立董事不仅可以发挥监督作用，为企业出谋划策，提高公司治理水平，抑制大股东对上市公司的“掏空”行为，还可以从行业专家角度提高企业的研发效率。

目前，技术独立董事一般都是由学者或者专家担任，缺少公司治理的实践经验，又由于往往身兼数职，也难以尽到独立董事的义务。因此，上市公司既应注重选择有技术背景的学者和实务界人士，同时还要加强对技术独立董事公司治理能力的培养，合理增加对技术独立董事的激励，在公司经营和治理方面采纳技术独立董事的意见和建议，保障其监督作用的发挥。最后，本节的结论，即技术独立董事对大股东的利益侵占行为具有抑制作用，使我们对独立董事在专业背景下对上市公司发挥的作用有了进一步的认知，这对中国证监会和上市公司在独立董事制度的完善方面具有一定的借鉴价值。

## 第五节　技术非执行董事与真实盈余管理研究

### ——基于倾向得分匹配法（PSM）的检验

### 一、引言

董事会是公司治理的核心，具有监督与咨询双重职能，而之前学者主要聚焦于独立董事的监督职能。然而，我国独立董事不仅遴选、连任与薪酬制定由管理层主导，存在“人情董事”的现象，并且大多是兼职，难以有效监督管理层。因此，一些学者认为，我国独立董事并未发挥应有的作用。与股权相对分散的英美国家不同，我国集中的股权结构决定了董事会由独立董事、非执行董事、执行董事三部分构成，其中非执行董事由大股东和其他具有重要影响的股东推举，相比独立董事更能代表股东利益，对管理层的监督动机较强且受到的掣肘较少，具有实际的独立性；同时，非执行董事对上市公司了解更深入、与管理层之间的信息不对称更低，能够更好地发挥监督作用，并且非执行董事在多数董事会中达到 1/3 以上的比例，是不容忽视的治理力量（陆正飞和胡诗阳，2015）。此外，董事的专业背景也影响治理效果，R&D 活动的专业性使得监管部门仅凭财务信息，难以区分管理层是费用操控还是正常的投资决策（胡元木等，2016）。因此，在支持创新的时代背景下，挖掘技术非执行董事的治理作用是一条潜在的可行途径。

抑制盈余管理是治理效应的重要体现，现有研究多关注于应计盈余管理，该方式虽然不影响企业的经济活动与现金流，但易被监管部门所察觉。而会计准则的完善与监管力度的逐步加强，不断压缩应计盈余管理的空间，使企业更倾向于真实盈余管理。随着研究的逐渐深入，学者认为真实盈余管理也是盈余管理的主要方式，认为其与应计盈余管理相比，隐蔽性更强且危害更大，不仅加剧了信息不对称，也严重牺牲了企业的长远利益，直接导致社会福利的净损失（李增福等，2013）。同时，研发活动风险高、专业性强、信息不对称程度高等特点，使管理者更倾向于将削减 R&D 费用作为真实盈余管理的重要手段：一方面，基于理性人假设，管理层的个人利益与企业利润息息相关，具有盈余管理动机；另一方面，管理层通过削减 R&D 费用、推迟研发活动等较为隐蔽的路径，为实现真实盈余管理提供了可能。因此，本节以可操控 R&D 费用为研究视角，探讨技术非执行董事对真实盈余管理的抑制作用。

那么，技术非执行董事能否有效抑制管理层操控 R&D 费用，对真实盈余管理产生积极影响呢？本节采用倾向得分匹配法（Propensity Score Matching，PSM）对二者之间的关系进行检验，进一步研究公司治理作为企业最重要的制度架构，对企业决策与行为后果产生显著影响。而股权结构作为重要的内部治理机制，能够影响技术非执行董事作用的发挥：一方面，我国绝大部分上市公司由国有企业改制而来，国家在上市公司中占据绝对或相对的控股地位（贾生华和陈文强，2015）；另一方面，不同于股权分散的英美国家，我国上市公司的股权集中度相对较高。对此，本节深入探讨了国有控股与股权集中度如何影响技术非执行董事的作用效果。本节的贡献主要有以下三个方面：第一，将董事会构成与董事的专业背景相结合，通过探究技术非执行董事的监督作用，更好地理解我国董事会的治理机制，为技术非执行董事发挥治理作用提供了经验证据，具有重要的理论与现实价值。第二，考虑到我国的实际情况，结合国有控股与股权集中度，探究技术非执行董事的状态依存性，为我国政府与企业完善董事会制度、提高盈余质量等提供了建议。第三，由于企业对是否设置技术非执行董事留有充分的自主权，因此存在“样本选择偏误”问题，而本节采用PSM方法对该问题进行了较好的控制。

## 二、理论分析与研究假设

无论出于吸引投资者、避免利润下降还是追求私有收益等目的，管理层都具有盈余管理的动机。席珀（1989）将其分为应计盈余管理与真实盈余管理，现实环境不断压缩应计盈余管理的空间，学者也逐渐关注通过操控真实经济活动来粉饰业绩的真实盈余管理。格雷厄姆等（2005）发现管理层为了实现当期的盈余目标而削减R&D支出。奥斯马（2008）以美国上市公司为研究样本，研究发现，在短期盈利目标的压力下，独立董事能够有效监督与约束管理层削减R&D支出的机会主义行为。以上研究为基于可操控研发费用视角来探究真实盈余管理提供了经验证据，但忽略了董事背景的专业性与研发活动的特殊性。同时，国家间的政治、法律、文化与经济发展水平不同，公司治理特点也不一样。首先，我国集中的股权结构决定了非执行董事的存在，在万众创新的时代背景下，技术非执行董事的治理作用值得进一步分析。其次，根据理论制度的观点，企业嵌入制度化的环境中，技术非执行董事治理作用的发挥也会受到环境的影响。因此，本节结合我国现实情况，在考察技术非执行董事对真实盈余管理的抑制作用后，进一步分析国有控股与股权集中度对技术非执行董事的影响机制与作用效果。

### （一）技术非执行董事对可操控研发费用的影响

结合董事背景与董事会构成，本节将具有技术背景的非执行董事定义为技术非执行董事。考虑到研发活动的特殊性与非执行董事的特征，笔者认为技术非执行董事在监督管理层操控费用中更具优势，能够有效抑制真实盈余管理。研发活动具有如下特征：其一，风险性高。研发活动的投入与产出之间存在较大的不确定性，管理层更有动机推迟研发活动、削减研发费用。其二，专业性强。只有具有专业背景的技术人才才能用有限的资金带来最高的效率。其三，信息不对称程度高。为避免给竞争对手提供自身发展的关键信号，企业不愿意披露与研发活动有关的信息，加剧了管理者与股东间的信息不对称。而在我国“一股独大”或者“几股独大”的特殊背景下，非执行董事往往由大股东或者具有重要影响的股东委派，较之于独立董事，对管理层的监督更强，实际独立性更高，信息不对称更低，能够更好地发挥监督作用。

技术非执行董事不仅具有非执行董事特征，而且具有技术背景，因此能够对研发活动发挥有效的监督作用。首先，技术非执行董事凭借专业优势，对研发活动的监督作用更具有针对性（如监督管理层是否推迟了研发投入的最佳时间、是否削减了研发费用）。其次，技术非执行董事不仅由大股东、上级单位或者具有影响力的小股东来直接委派，本身也可能是企业的主要股东之一，接触上市公司的时间更长，因此技术非执行董事对研发活动了解也更加深入，减少与管理层之间的信息不对称。最后，技术非执行董事在实际中更独立于管理层，不仅更能代表股东利益，而且提高了监督研发活动的专业性，对 R&D 费用操控的监督能力也更强。基于以上分析，我们提出假设：

H1：技术非执行董事能够有效抑制管理层操控研发费用。

（二）国有控股对技术非执行董事作用的影响

在我国现实制度背景下，国有企业与非国有企业在治理模式、企业目标与经理人任命等方面存在本质性差异（陈仕华和卢昌崇，2014）。其一，国有企业长期存在所有者缺位问题，治理法规建设滞后，导致国有企业独立董事职能弱化（谢永珍和李维安，2008）。其二，国有企业不仅需要达到国有资产保值增值的目的，还要兼顾物价稳定、就业充分等宏观目标，较非国有企业而言承担了更多的社会责任，政府也向该类研发活动提供人力与资源支持，以及相关的政策倾斜。其三，国有企业的经理层缺乏有效的激励约束机制，更易与股东产生利益冲突，考虑到自身职位的稳定性，管理层难免会有短期化倾向，例如，为迎合上级部门而牺牲上市公司利益，减少研发投入。因此，国有企业更需要技术非执行董事对管理层是否操控研发费用进行监督。同时，技术非执行董事作为国有持股主体委派到上市公司的股权代表，在角色定位时更偏向“行政官员”，有行政任务与政绩考核的压力。基于以上考虑，我们认为技术非执行董事能够利用自身优势来监督管理层操控 R&D 费用，提高资源配置效率。基于以上分析，我们提出假设：

H2：相比非国有控股企业，国有控股企业中技术非执行董事的治理作用更为显著。

（三）股权集中度对技术非执行董事作用的影响

R&D 活动具有高风险、收益跨期、信息不对称等特点，极易导致财务信息对研发活动的承载能力不足，加重代理问题。一方面，基于委托—代理理论，大股东具有限制管理层牺牲股东利益的动机与能力。Shleife 和 Vishny（1988）研究发现，当股权集中度较高时，产生的激励效应可以缓解董事与股东之间的代理冲突，降低代理成本。Hill 和 Snell（1988）研究发现，股权集中度与企业的 R&D 投入具有强正相关性。而技术非执行董事往往由大股东或者具有重要影响的股东推举或者委派，不仅可以应对 R&D 活动专业性、复杂性等特征，也有利于缓解代理问题。另一方面，Lee 和 O’Neill（2003）实证发现，较高的股权集中度对管理效率与企业绩效具有积极影响，大股东考虑到技术创新带来的可持续性长期回报，在面临接管危险时不会轻易出卖股权，这为技术创新提供了稳定持续的支持。因此，在股权集中度较高时，大股东需要技术非执行董事作为其代理人，监督管理层操控研发费用的机会主义行为。基于以上分析，我们提出假设:

H3：相比股权集中度较低的企业，在股权集中度较高的企业中技术非执行董事的治理作用更为显著。

## 三、研究方法、变量与数据

### （一）研究方法

我们可以观测到企业设置技术非执行董事对抑制管理层操控 R&D 费用产生的结果，但无法观测到企业没有设置技术非执行董事对 R&D 费用操控带来的影响（这种状态是一种不可被观测的反事实，Counterfactual）。因此，仅将设置技术非执行董事与未设置技术非执行董事的所有企业进行总体回归，易产生衡量偏误。为避免研究结论受其他替代性解释影响，我们选择倾向得分匹配法（PSM）展开研究，具体步骤如下：

步骤一：预测倾向得分值。倾向得分值是指企业设置技术非执行董事的条件概率，即：

$$P(X) = Pr[D=1 \mid X] = E[D \mid X] \quad (9\text{-}13)$$

其中，$D$ 表示企业是否设置了技术非执行董事，设置则 $D=1$，否则 $D=0$，据此将样本划分为处理组（$D=1$）与控制组（$D=0$）；$P$ 为企业设置技术非执行董事的概率，即倾向得分值；$X$ 则为影响企业设置技术非执行董事的因素。实证分析中的 $PS$ 值往往无法进行测量，因而本节采用 Logit 模型进行估计：

$$PS(X_i) = P(X_i) = Pr[D_i=1 \mid X_i] = exp(\beta X_i) / [1+exp(\beta X_i)] \quad (9\text{-}14)$$

其中，$PS(X_i)$ 为第 $i$ 家公司设置技术非执行董事的倾向得分；$exp(\beta X_i)/[1+exp(\beta X_i)]$ 表示逻辑分布的累积分布函数；$X_i$ 是由一系列可能影响企业设置技术非执行董事的公司特征变量所构成的向量，即为协变量；$\beta$ 为相应的参数向量。

步骤二：获得倾向得分估计值后，需要对处理组与控制组样本进行匹配。理论上是找到两个倾向得分完全相同的样本来计算平均处理效应，但由于 *PS* 值是一个连续变量，很难在处理组与控制组中找到两个倾向得分完全相同的样本。之前的文献多采用最近邻匹配法、半径匹配法、核匹配法解决 *PS* 值的匹配问题。具体来说，对于某个设置技术非执行董事的企业 A，最近邻匹配法是找到与 A 的 *PS* 值最接近的控制组里的某个个体进行匹配；半径匹配法是以个体 A 的 *PS* 值为中心，以某一个数值为半径，在此 *PS* 值范围内的所有控制组的个体与 A 匹配；而核匹配法较为复杂，基本原理是将没有设置技术非执行董事的企业的异常可操控 R&D 费用（因变量取值）进行加权平均，而权重根据核心方程（Kernel Function）进行取值。

步骤三：检验两个样本组的共同支撑假设（Common Support Assumption），需要保证设置技术非执行董事的企业能够通过倾向得分值找到与之匹配的未设置技术非执行董事的企业。虽然我们可以得出每个企业设置技术非执行董事的概率，但当倾向值过高或过低时，将无法找到与之匹配的企业。因此具有"极端"倾向值的企业无法提供给我们有用的信息，这使最终使用的"匹配样本"可能小于最初的样本。

步骤四：检验配对样本的平行假设（Balancing Assumption）。在匹配完成之后，我们需要比较协变量在处理组与控制组之间的样本均值有无显著差异，只有满足以上条件才能说明配对样本是平衡的。

步骤五：对处理组和控制组的差异进行统计推断。因为配对样本的倾向值近似，PSM 方法也控制了协变量对异常可操控 R&D 费用的影响。因此，我们在匹配好的样本中，只需比较处理组（$D$=1）与控制组（$D$=0）的异常可操控 R&D 费用是否存在显著差异，就可以估计出技术非执行董事对异常可操控 R&D 费用的影响。

（二）变量定义

根据本节的研究目的，并基于之前的研究，本节主要涉及以下变量：

（1）异常可操控 R&D 费用（$\text{EM-R\&D}_{it}$）。Berger（1993）最先提出了基于避税动因的正常 R&D 费用期望模型，Gunny（2010）在该模型基础上估计出企业正常的可操控费用水平，将其与企业实际发生的可操控费用进行比较，最终得出异常可操控费用。Roychowdhury（2006）则提出了计量包括 R&D 费用在内的总的正常可操控费用的期望模型。借鉴前人的研究成果，本节采用真实盈余管理中酌量性费用期望模型，认为 R&D 费用与上期收入存在以下线性关系，并通过分年度分行业进行回归估计出公司正常的 R&D 费用：

$$\text{R\&D}_{it}/A_{it-1}=\alpha_0+\alpha_1\ (1/A_{it-1})\ +\alpha_2\ (S_{it-1}/A_{it-1})+e_{it} \tag{9-15}$$

其中，$\text{R\&D}_{it}$ 是研发费用；$A_{it-1}$ 是第 $i$ 家公司在第 $t$-1 年的总资产；$S_{it-1}$ 是销售额；$e$ 为残差。再根据当年 R&D 费用的实际值减去估计的正常值得出异常值（$EM\text{-R\&D}_{it}$）：

$$EM\text{-R\&D}_{it}=\text{R\&D}_{it}/A_{it-1}-[\hat{\alpha}_0+\hat{\alpha}_1\ (1/A_{it-1})+\hat{\alpha}_2(S_{it-1}/A_{it-1})] \tag{9-16}$$

异常值大于零是由于企业设置技术非执行董事，抑制了管理层对 R&D 费用的操控，使得 R&D 费用实际值大于正常值；反之，则说明公司管理层为了实现特定的盈余目标，通过削减实际 R&D 费用进行真实盈余管理，导致企业呈现更低的 R&D 费用。

（2）技术非执行董事（TENEXE）。如果企业设置技术非执行董事，则取 1，否则取 0。首先，判断技术背景的主要标准如下：①职称：简历中明确显示具有教授级工程师、工程师、研究员以及技术类相关职称；②所学（从事）专业：毕业于与所在企业技术密切相关的专业（如工程、医学和生物制药等），拥有较丰富的研发或者技术岗位的工作与管理经历；③技术专长：曾获得相关专利、科技大奖或在相关技术行业协会担任过主要负责人。符合上述标准中任意一条即判断该董事具有技术背景。其次，根据董事会构成进一步细分：具有技术背景的独立董事为技术独立董事；具有技术背景且担任上市公司高管的董事为技术执行董事；将技术独立董事与技术执行董事剔除后，得到技术非执行董事。

根据研究目的，在之前研究的基础上，本部分主要涉及以下变量：公司规模、资产收益率、偿债能力、股权集中度、控制类型、高管年薪、董事会规模、独立董事比例。考虑到行业特征的差异性，行业中主导技术的成熟程度可能会影响企业的 R&D 活跃程度，如高新技术行业有较多的 R&D 投入，也就更有可能设置技术非执行董事。同时，研究发现 R&D 活动受不同年度的宏观因素影响。因此，本节在回归中对行业、年度因素也进行了控制。变量定义如表 9–25 所示。

表 9–25　变量定义与描述性统计

| 变量 | 说明 | 变量含义 | 均值 | |
|---|---|---|---|---|
| | | | TENEXE=1 | TENEXE =0 |
| *EM–R&D* | 异常可操控 R&D 费用 | 实际值 – 正常值 | 0.800 | –0.397 |
| *TENEXE* | 技术非执行董事 | 企业中设置技术非执行董事，取值为 1；否则为 0 | 1 | 0 |
| *SIZE* | 公司规模 | 年末资产总额的自然对数 | 21.665 | 21.715 |
| *ROA* | 资产收益率 | 净利润 /（期初资产 + 期末资产）/2 | 0.050 | 0.049 |
| *LEV* | 偿债能力 | 资产负债率 | 0.401 | 0.398 |
| *H5* | 股权集中度 | 前五名股东持股比例平方和 | 0.186 | 0.175 |
| *STATE* | 控制类型 | 虚拟变量，若国有为 1，非国有为 0 | 0.495 | 0.347 |

续表

| 变量 | 说明 | 变量含义 | 均值 | |
|---|---|---|---|---|
| | | | TENEXE=1 | TENEXE =0 |
| *EXCP* | 高管年薪 | 前三名高管年薪总额的自然对数 | 14.014 | 14.015 |
| *BSIZE* | 董事会规模 | 董事会人数 | 9.141 | 8.780 |
| *IND* | 独立董事比例 | 独立董事人数 / 董事会人数 | 0.360 | 0.374 |

（三）样本选取与来源

本节选取 2007—2014 年上市公司为研究样本，根据 CSMAR 数据库提供的高管个人资料，手工收集技术非执行董事的相关数据。R&D 费用来自 Wind 数据库，其他财务数据均来自 CSMAR 数据库。上述样本处理过程如下：①剔除金融类上市公司；②剔除研究指标以及数据不全的上市公司；③按照中国证监会行业标准分类，其中制造业细分到次类，并对每年不足 15 个样本的行业进行必要的合并与删除。为消除极端值的影响，对主要变量的极端值进行上下 1% 的缩尾（Winsorize）处理，最终得到有效样本 2857 个。

## 四、实证结果分析

（一）检验匹配效果

1. 共同支撑假设（Common Support Assumption）

为保证匹配的效果，在报告结果前需进行共同支撑假设检验。图 9-4 呈现了最近邻匹配下处理组和控制组的 *PS* 值在匹配前后的概率密度分布。可以看出，在匹配前，两组 *PS* 值的概率分布存在明显差异。而匹配后，控制组的 *PS* 值分布曲线明显向右移动，两组样本 *PS* 值的概率分布差异大幅降低，并呈现了显著的趋近趋势，表明匹配过程明显修正了两组样本 *PS* 值的分布偏差，匹配的效果较为理想，共同支撑假设得到验证。

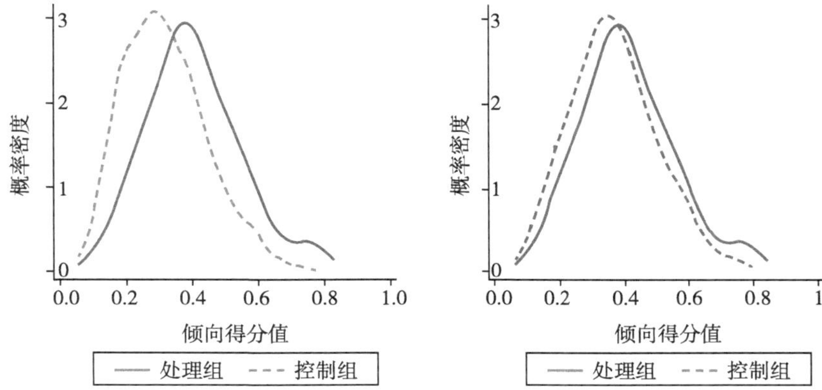


图 9-4　匹配前后处理组和控制组 *PS* 值概率分布

2. 平行假设检验（Balancing Assumption）

平行假设要求匹配后各变量在处理组和控制组间不存在显著差异，一般认为匹配后标准偏差的绝对值越小，匹配效果越好。由表 9-26 可知，匹配后标准偏差均大幅下降，绝对值都小于 5%，表明匹配效果较好。匹配后 $t$ 检验结果显示处理组与控制组的差异不显著，表明平行假设得到验证。

表 9-26　匹配变量与平行假设检验

| 匹配变量 | | 均值 | | 标准偏差（%） | 标准偏差减小幅度（%） | t-test | |
|---|---|---|---|---|---|---|---|
| | | 处理组 | 控制组 | | | $t$ | $p>\|t\|$ |
| *SIZE* | 匹配前 | 21.665 | 21.716 | –4.8 | — | –1.25 | 0.211 |
| | 匹配后 | 21.664 | 21.646 | 1.7 | 64.2 | 0.39 | 0.695 |
| *ROA* | 匹配前 | 0.050 | 0.050 | 0.2 | — | 0.04 | 0.967 |
| | 匹配后 | 0.049 | 0.049 | 1.6 | –918.8 | 0.37 | 0.715 |
| *LEV* | 匹配前 | 0.401 | 0.398 | 2 | — | 0.53 | 0.596 |
| | 匹配后 | 0.400 | 0.403 | –1.5 | 27.6 | –0.33 | 0.743 |
| *H5* | 匹配前 | 0.186 | 0.175 | 8.9 | — | 2.34 | 0.019 |
| | 匹配后 | 0.184 | 0.189 | –4.4 | 50.4 | –0.98 | 0.329 |
| *STATE* | 匹配前 | 0.495 | 0.347 | 30.2 | — | 7.95 | 0.000 |
| | 匹配后 | 0.488 | 0.476 | 2.6 | 91.5 | 0.57 | 0.567 |
| *EXCP* | 匹配前 | 14.014 | 14.015 | –0.1 | — | –0.02 | 0.985 |
| | 匹配后 | 14.011 | 13.972 | 6 | –8411.3 | 1.36 | 0.173 |

续表

| 匹配变量 | | 均值 | | 标准偏差 | 标准偏差减 | t-test | |
|---|---|---|---|---|---|---|---|
| | | 处理组 | 控制组 | （%） | 小幅度（%） | *t* | *p*>\|*t*\| |
| *BSIZE* | 匹配前 | 9.141 | 8.780 | 23.6 | — | 6.18 | 0.000 |
| | 匹配后 | 9.123 | 9.120 | 0.2 | 99.2 | 0.04 | 0.965 |
| *IND* | 匹配前 | 0.360 | 0.374 | –27.8 | — | –7.01 | 0.000 |
| | 匹配后 | 0.361 | 0.361 | –1 | 96.3 | –0.26 | 0.796 |

（二）实证结果分析

1. 技术非执行董事与真实盈余管理

在满足假设的情况下，我们综合最近邻匹配、半径匹配、核匹配三种方法，通过观察样本总体的平均处理效应（ATT）大小与显著性，检验技术非执行董事对真实盈余管理是否具有抑制作用。以表 9–27 中最近邻匹配的检验结果来分析，匹配后处理组的 *EM*–R&D 均值为 0.062，控制组的均值为 –0.546，ATT 值为 0.608，且在 1% 的水平上显著。这表明在控制企业其他主要特征后，企业设置技术非执行董事能够显著抑制真实盈余管理，这与我们之前的假设是一致的。本节进一步采用半径匹配与核匹配对 PSM 结果进行稳健性检验，从表 9–27 中的检验结果来看，采用最近邻匹配与半径匹配的结果与表 9–26 中采用核匹配的结果高度一致，再一次证明了本节的结论具有较强的稳健性，假设 1 得到了实证支持。

表 9–27　样本总体的平均处理效应

| 变量名称 | 匹配方式 | 样本 | 处理组 | 控制组 | ATT | S.E. | T–stat |
|---|---|---|---|---|---|---|---|
| *EM–R&D* | | 匹配前 | 0.080 | –0.397 | 0.477 | 0.108 | 4.41*** |
| | 最近邻匹配 | 匹配后 | 0.062 | –0.546 | 0.608 | 0.158 | 3.85*** |
| | 半径匹配 | 匹配后 | 0.054 | –0.295 | 0.349 | 0.119 | 2.92*** |
| | 核匹配 | 匹配后 | 0.062 | –0.287 | 0.349 | 0.118 | 2.95*** |

注：（1）“匹配前”指未进行 *PS* 值配对前的样本，“匹配后”指进行匹配之后的样本；（2）“处理组”和“控制组”分别表示设置技术非执行董事与未设置技术非执行董事的公司；（3）***、**、* 分别表示在 1%、5%、10% 的水平上显著。

2. 国有控股与技术非执行董事治理效果

本节进一步将总样本划分为国有企业与非国有企业两个子样本来验证假设 2，通过比较两者的平均处理效应来验证国有控股能否影响技术非执行董事的作用发挥。如表 9–28 所示，三种匹配方式下国有企业与非国有企业中对真实盈余管理的抑制作用都呈现出明显的差异。从最近邻匹配的结果分析，国有企业样本中匹配后的 ATT 值为 0.546，并在 5% 的水平上显著，而非国有企业中的 ATT 值并未通过显著性检验。同时，在半径匹配与核匹配下也得到了相似的结果，这说明国有控股对技术非执行董事与真实盈余管理的关系具有显著的正向调节作用。值得注意的是，国有企业中处理组与控制组的均值皆为负数，这也说明国有企业中的真实盈余管理的程度较高，与之前的研究一致。因此，相较于非国有企业，技术非执行董事在国有企业中对抑制真实盈余管理发挥了重要作用，假设 2 得到了验证。

表 9–28　样本总体的平均处理效应

| 变量名称 | 匹配方式 | 样本 | 处理组 | 控制组 | ATT | S.E. | T-stat |
|---|---|---|---|---|---|---|---|
| | | 国有企业 | | | | | |
| *EM–R&D* | | 匹配前 | –0.084 | –0.807 | 0.723 | 0.170 | 4.24*** |
| | 最近邻匹配 | 匹配后 | –0.085 | –0.632 | 0.546 | 0.274 | 1.99** |
| | 半径匹配 | 匹配后 | –0.243 | –0.712 | 0.469 | 0.195 | 2.40** |
| | 核匹配 | 匹配后 | –0.085 | –0.571 | 0.486 | 0.208 | 2.34** |
| | | 非国有企业 | | | | | |
| *EM–R&D* | | 匹配前 | 0.241 | –0.129 | 0.370 | 0.139 | 2.66*** |
| | 最近邻匹配 | 匹配后 | 0.241 | –0.047 | 0.288 | 0.206 | 1.40 |
| | 半径匹配 | 匹配后 | 0.248 | 0.025 | 0.223 | 0.151 | 1.47 |
| | 核匹配 | 匹配后 | 0.241 | 0.037 | 0.204 | 0.149 | 1.37 |

注：（1）“匹配前”指未进行 *PS* 值配对前的样本，“匹配后”指进行匹配之后的样本；

（2）“处理组”和“控制组”分别表示设置技术非执行董事与未设置技术非执行董事的公司；

（3）***、**、* 分别表示在 1%、5%、10% 的水平上显著。

3. 股权集中度与技术非执行董事治理效果

为进一步检验股权集中度对技术非执行董事治理效果的影响，本节以股权集中度的中位数为界点，将样本公司分为高股权集中度与低股权集中度两个子样本。如表 9-29 所示，不同样本组中技术非执行董事的治理作用呈现出明显差异。通过最近邻匹配的效果可以看出，在股权集中度较高的样本中，处理组与控制组的可操控研发费用的差异为 0.524，在 5% 的水平上通过了显著性检验。而在股权程度较低的样本组中，处理组与控制组的可操控研发费用的差异并未通过显著性检验。同时，在半径匹配与核匹配下也得到了与之类似的实证结果。这表明较高的股权集中度在一定程度上提升了技术非执行董事的治理效果，假设 3 得到了验证。值得注意的是，高股权集中度样本组中处理组与控制组的均值均为负数，这可能由以下原因导致：一方面，高股权集中度的样本中存在一部分国有企业，真实盈余管理现象突出；另一方面，虽然高股权集中度意味着较低的代理成本，但我国大股东对待研发的态度可能并不是特别支持，或者大股东受自身专业背景所限，并不能对管理层操控研发费用起到很好的监督作用。

表 9-29 样本总体的平均处理效应

| 变量名称 | 匹配方式 | 样本 | 处理组 | 控制组 | ATT | S.E. | T-stat |
|---|---|---|---|---|---|---|---|
| | | 高股权集中度 | | | | | |
| *EM-R&D* | | 匹配前 | -0.272 | -0.630 | 0.358 | 0.147 | 2.43** |
| | 最近邻匹配 | 匹配后 | -0.267 | -0.791 | 0.524 | 0.225 | 2.33** |
| | 半径匹配 | 匹配后 | -0.272 | -0.922 | 0.649 | 0.170 | 3.82*** |
| | 核匹配 | 匹配后 | -0.267 | -0.924 | 0.657 | 0.166 | 3.96*** |
| | | 低股权集中度 | | | | | |
| *EM-R&D* | | 匹配前 | 0.486 | -0.182 | 0.667 | 0.158 | 4.23*** |
| | 最近邻匹配 | 匹配后 | 0.404 | 0.561 | -0.157 | 0.222 | -0.71 |
| | 半径匹配 | 匹配后 | 0.427 | 0.429 | -0.002 | 0.173 | -0.01 |
| | 核匹配 | 匹配后 | 0.404 | 0.481 | -0.077 | 0.170 | -0.46 |

注：（1）“匹配前”指未进行 *PS* 值配对前的样本，“匹配后”指进行匹配之后的样本；

（2）“处理组”和“控制组”分别表示设置技术非执行董事与未设置技术非执行董事的公司；

（3）***、**、* 分别表示在 1%、5%、10% 的水平上显著。

## 五、研究结论与政策建议

本节以 2007—2014 年的上市公司为研究样本，在控制内生性的情况下检验了技术非执行董事对可操控研发费用的抑制作用；进一步研究发现，相比非国有背景，国有背景下的技术非执行董事对可操控研发费用的抑制效果更为明显；在股权集中度较高时，技术非执行董事对真实盈余管理的治理效果更加突出。

以上研究表明，技术非执行董事对于真实盈余管理具有显著的抑制作用。因此，在我国特殊的制度环境下，技术非执行董事是不容忽视的治理力量。而在国有企业中以及股权集中度较高的企业中，我们不仅应该重视技术非执行董事凭借专业优势发挥的智库作用，更应该重视其监督作用的发挥。本节的研究结果不仅丰富了董事会角色的相关研究，也为监管机构制定相关法规和指引提供了新的思路与依据。

# 第六节　董事技术专长、创新效率与企业绩效

随着董事会对企业战略的影响逐步增强，相关研究逐渐关注技术专家型董事（Hillman，2003），并指出企业聘请的动机在于鼓励核心研究（Adler，1990）。Roberts（2001）通过调查 209 家具有全球规模的跨国企业，发现在日企中有 90% 以上的 CTO 跻身董事会，学者认为这得益于其

首席科学家的身份（Yasuyuki Suzuki，2009）。在万众创新的时代背景下，我国学者也逐渐探索董事技术专长对企业的积极影响，但除了规定独立董事“至少包括一名会计专业人士”外，我国对董事的技术专长并无强制要求（胡元木等，2012）。统计数据显示，2007—2013 年，约有 82.2% 的样本企业聘请了具有技术专长的董事，这为本节研究提供了研究契机。

已有研究基于董事会结构、会议次数（任海云等，2011）、独立性程度（谷祺、于东智等，2001）、董事背景特征（刘渐和、王德应等，2010），探讨董事会不同属性对企业绩效的影响。随着研究的逐步深入，笔者认为这二者的直接联系可能被误导，需进一步探索其中的间接联系。较其他专长而言，董事的技术专长与创新活动的关系更为密切（李维安、牛建波、宋笑扬，2009），但有必要通过财务指标，进一步衡量其对组织绩效的影响，否则会导致认识偏差。笔者认为，技术专家型董事通过提供专业的建议与监督，降低了创新活动中的信息不对称与代理成本，提高了董事会对创新战略的甄别能力，由此提升创新效率；创新效率又代表了企业发展的内在潜能（Jensen，1993），是企业绩效增长的核心推动力；而目前少有文献将技术专家型董事、创新效率与企业绩效置于同一框架中进行考察。

因此，本节的研究目的在于克服上述不足，结合 SCP 研究范式与高阶理论，深入挖掘技术专家型董事、创新效率与企业绩效之间的理论逻辑与因果关系。本节的学术贡献主要包括：首先，将三者置于统一的研究框架下，揭示出技术专家型董事既能够提升企业绩效，又可以提高创新效率的内在机理；其次，采用逐步法来验证创新效率的中介作用，揭开技术专家型董事对企业绩效作用的“黑箱”；最后，考虑到董事会构成也是决定治理效果的重要因素，在控制内生性问题后，分别考察了技术专家型执行董事、技术专家型非执行董事与技术专家型独立董事对创新效率的影响（陆正飞、胡诗阳，2015）。综上所述，本节通过“整体—部分”两个层次来验证技术专家型董事的有效性，为进一步完善我国董事会建设，在公司治理层面落实国家创新战略提供了经验证据与理论支持。

## 一、理论分析与研究假设

高阶理论（Upper Echelons Theory）首次统筹考虑了高管的个人特质、战略决策与企业绩效三者之间的关系，认为高管团队的价值观、认知观影响企业的战略选择，最终作用于企业绩效（Hambirck and Manson，1984）。围绕该理论，学者从对企业创新能力、创新投入、R&D 效率三个方面探讨了董事技术专长对创新的积极影响。首先，基于影响企业创新能力的视角：学者往往聚焦于研究对象的技术专长，Adler 和 Ferdows 提出了技术董事的概念（哈姆布里克等认为其是集管理与战略责任于一身的 CTO，具有“技术商人”与“领导”的特质）；Medcof（2008）、Tietze（2007）等也得出了与之相似的结论；杜龙政等（2010）认为技术董事凭借“技术”这一关键要素，使产业链董事会发挥“企业家”的创新职能；汪延明与李维安（2014）认为技术董事通过发挥专家效应，提高产业链董事会的协同能力，推动企业的研发创新。其次，基于影响企业创新投入的视角：文芳（2009）认为，高管的职业技术经验对 R&D 投资强度具有显著正向影响；刘渐和（2010）研究发现，董事长具有技术专长能够增强企业的创新动力；胡元木等（2016）则发现独立董事凭借技术专长可以有效抑制管理层操控研发费用。最后，基于影响企业 R&D 效率的视角：胡元木（2012）、韩忠雪（2014）分别验证了具有技术专长的独立董事、高管对 R&D 效率的正向作用。此外，技术专长作为行业专长的一种具体表现形式，对企业绩效、信息释放皆具有积极影响（陈伟民等，2009）。

本节将具有技术专长的董事界定为技术专家型董事。而我国集中的股权结构决定董事会由以下三部分构成：执行董事，其作为企业的经理层，结合公司治理与管理两部分；非执行董事，大多由大股东、上级单位或具有影响力的中小股东直接委派；独立董事，由股东或者管理层从企业外选聘，理论上独立于大股东和管理者（见图 9-5）。因此，不同技术专家型董事的信息持有量与独立性也存在差异：技术专家型执行董事的独立性最低，但获得的内部信息最多；与技术专家型执行董事相比，技术专家型非执行董事的独立性与获得的内部信息皆次之；技术专家型独立董事的独立性虽然最高，获得的内部信息却最少（见图 9-6）。

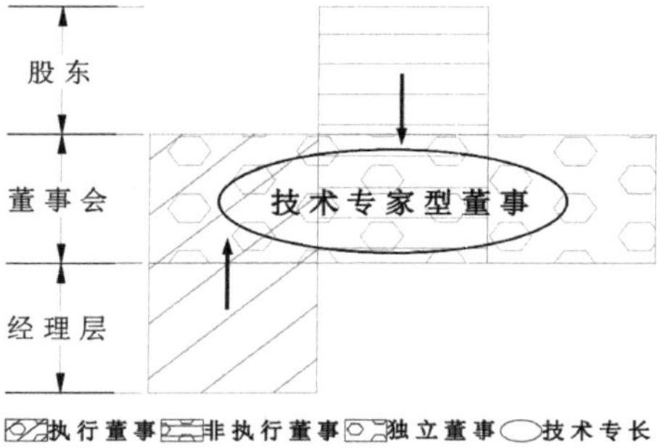


图 9-5 技术专家型董事理论界定

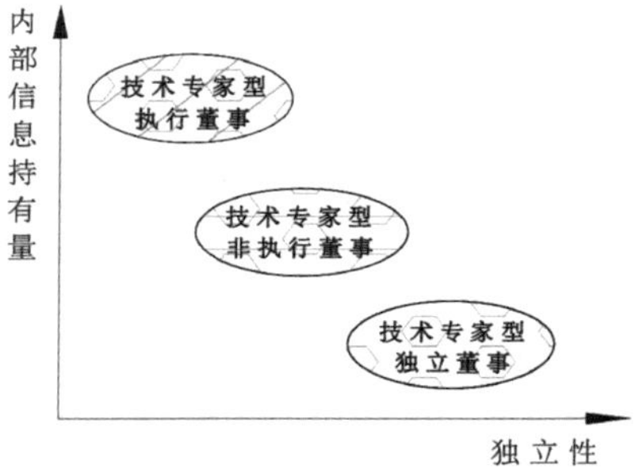


图 9-6 技术专家型董事构成与特征分析

综上所述，董事技术专长对企业创新活动的影响深远。第一，凭借与技术紧密相关的知识、经验，能够指导创新项目决策与资本整合，对创新具有重大意义（Belloc，2012）；第二，以专业知识作为桥梁，可实现与其他董事的协同效应；第三，“专家效应”与“声誉效应”能够激励其更好地发挥作用。随着董事会战略作用的逐步增强，我们理应关注技术专家型董事。据此，本节将具有技术专长的董事看作一个整体，搭建起“技术专家型董事—创新效率—企业绩效”的统一框架，探讨三者之间的作用机理；考虑到董事会不同构成的责任承担与治理效果不同（Bol Tricker，1994），本节将进一步分析不同技术专家型董事对创新效率的影响。

（一）技术专家型董事与企业绩效

本部分延续高阶理论的内在逻辑，认为技术专家型董事凭借专业知识与优势，不仅指导管理层的战略思维与决策过程，积极参与创新战略的制定、执行及监督，也通过提供相关的技术资源，最终提升企业绩效。从对战略的影响来分析：首先，技术专家型董事凭借技术专长扩大了董事会的战略选择与决策范围，有利于战略变革，并协助管理层识别市场机会、把握行业发展趋势，使企业在激烈的竞争中抢占先机（Golden 等，2001）；其次，提高企业的行业涉入程度，促使董事会采取与行业主流相匹配的战略（Haynes 和 Hillman，2010），降低了创新战略失败的概率；最后，技术专家型董事的自身经验可以提升方案的可行性，将潜在的战略选择转化为现实战略。也就是说，技术专家型董事能够提高创新战略的质量与可行性，增强决策层的风险把控能力，最终提升企业绩效。

代理理论认为，董事会主要发挥监督作用。然而，技术专家型董事不仅能够提高董事会对创新战略的监督水平，降低代理成本，还具有建议功能，具体表现为顾问效应与网络效应。从顾问效应的角度分析，董事会作为重要的“边界扳手”，帮助企业从外界获取关键资源；而技术专家型董事凭借技术专长，综合不同观点，提供专家意见（杨其静等，2008），使经理层获取精准信息。从网络效应的角度分析，技术专家型董事具有的社会资本，能够通过董事间的网络效应增强组织间协作、降低交易成本，缓解不确定性因素对企业的约束，有利于企业在我国以“关系”为基础的社会中抢占优质的创新项目。此外，设置技术专家型董事可以提高董事会在技术、知识层面的异质性，而该异质性相比人口统计特征层面的异质性，对企业创新性决策的影响更大（Barkema，2007）。综上所述，技术专家型董事不仅发挥监督作用，而且通过提供技能、经验、知识、信息等资源禀赋，积极协助管理层实施高质量的战略决策，最终对企业绩效产生积极影响。据此，我们提出研究假设：

H1：其他条件不变的情况下，设置技术专家型董事的企业，企业绩效较高。

（二）技术专家型董事与创新效率

创新效率取决于投入、产出两部分，而创新活动的特性往往使二者发生偏离。首先，创新产出不仅受项目本身难易程度与高管态度的影响，还存在技术、人员等特有风险，收益的跨期性更是加重了委托—代理问题；其次，作为企业发展的信号，创新活动往往不想被竞争对手获知，加剧了信息不对称（任海云，2010）；最后，创新活动专业性强、复杂性高，往往只有专业人才才能发挥研发资金的最大效果。笔者认为，技术专家型董事作为一种有效的治理机制，可以降低研发活动特殊性对创新效率的不利影响，提高创新效率。

一方面，针对上述研发活动中的委托—代理与信息不对称问题，技术专家型董事可以借助自身优势，识别管理层对研发费用的操控；也可通过提供专业的咨询与建议，协助经理层制定适合企业发展的研发决策，保证研发投入的持续与稳定。此外，技术专家型董事还可以依靠多年的行业内经验，帮助管理层识别、运用专业性的沉淀性冗余资源（如熟练工、闲置的机器设备），提高企业的资源利用率，优化资源配置（王亚妮、程新生，2014）。另一方面，技术专家型董事也可促进企业的创新产出，如前所述，技术专家型董事通过发挥专长，降低了战略偏离的概率与项目失败的风险，提供了资源支持与专业监督，提高了创新战略成功的可能性。总体来说，技术专家型董事通过发挥“专家效应”与“声誉效应”，能够降低研发活动特性的消极影响，提高企业的创新效率。据此，我们提出研究假设：

H2：其他条件不变的情况下，设置技术专家型董事的企业，创新效率较高。

3. 技术专家型董事、创新效率与企业绩效

技术专家型董事不仅能够直接影响企业绩效，二者之间还存在着间接联系，即技术专家型董事能够通过提高创新效率，积极作用于企业绩效。首先，技术专家型董事提高了董事会的监督能力，也为其提供了更优的决策、建议与资源，并通过抑制创新活动的消极影响来提升创新效率。其次，创新效率作为衡量企业核心竞争力的指标，代表着企业发展的竞争优势与内在潜能，是企业长期获利的重要支撑与基础。而绩效指标能够反映出企业实际的运营结果，理应与创新效率同方向变化。综上所述，本节认为技术专家型董事与企业绩效之间既有直接联系，也存在需要进一步挖掘的作用机制，即技术专家型董事能够通过提升创新效率，最终提高企业绩效。据此，我们提出研究假设：

H3：创新效率是技术专家型董事与企业绩效之间的中介变量，即技术专家型董事能够通过提升创新效率，进而提高企业绩效。

## 二、研究设计

### （一）研究样本与数据来源

2007 年我国上市公司执行新会计准则，为避免受会计准则变更影响，本部分选择 2007—2013 年连续披露研发费用的制造业与信息技术业的企业作为初始样本。其中研发费用来自 Wind 数据库，技术专家型董事的数据手工搜集于 CSMAR 数据库，专利数据来源于中国知识产权网；控制变

量中的市场化指数总得分以及行业协会对企业的帮助程度等指标均来自樊纲等编制的《中国市场化指数：各地区市场化相对进程2011年报告》；所使用的其他治理与财务数据皆来自CSMAR数据库，使用的统计分析工具为Stata 13.0（樊纲、王小鲁、朱恒鹏，2011）。

对于初始样本，我们进行了如下处理：①剔除各年度的ST、PT公司；②因截面回归要求每年度每个行业样本至少要达到10个，所以对未达到10个样本的行业进行必要的合并与删除；③剔除主要变量缺失的样本；④为控制极端值对检验结果带来的偏误，对连续变量进行Winsorize缩尾处理。根据上述标准，最终得到2640个样本。

（二）变量定义和度量

（1）技术专家型董事。本节将具有技术专长的董事界定为技术专家型董事。在之前文献的基础上，将技术专长的判定标准概括为以下四个方面，董事如满足以下任何一项，即判断其具有技术专长：①学习经历，毕业于工程、制药等技术性较强的专业；②工作经历，拥有研发或关键技术岗位任职的经历，或担任过行业技术协会的负责人；③职称评定，具有技术类相关的职称，如教授级工程师、工程师、研究员等；④拥有发明专利或者获得省级以上的发明奖励。

进一步研究，根据董事会构成细分技术专家型董事：其中独立董事为技术专家型独立董事；在上市公司担任高管职务的为技术专家型执行董事；将技术专家型独立董事与技术专家型执行董事剔除之后，得到技术专家型非执行董事。值得注意的是，仅负责董事会秘书职责的技术专家型董事，必须通过阅读该董事的简历来做进一步判断。

（2）创新效率。衡量企业研发支出的指标主要分为绝对指标与相对指标，在本研究的时间窗口中，2008年前后的全球性经济危机对企业资产、收入、价值等影响较大。为避免以上数据的波动幅度过大，影响到相对指标的准确性，本节将研发费用的自然对数作为创新投入变量，专利数的自然对数作为创新产出变量，采用 DEA 方法进行创新效率的测算。

（3）企业绩效。目前的研究中，企业绩效的考核主要使用总资产收益率（ROA），该指标能够反映公司运用全部资产获取利润的能力。

（4）控制变量。影响技术创新效率与企业绩效的因素有很多，技术专家型董事的设置只是其中一部分，为了使研究结果更加准确，本文在实证分析中，控制了其他影响效率与绩效的因素。在已有文献的基础之上，选取股权集中度（H5）、资产负债率（LEV）、投资支出（INVE）、公司规模（SIZE）、市场化指数（MARKET）作为控制变量。同时，为控制年度与行业的固定效应，在模型中加入年度（Year）、行业（Industry）等虚拟变量。本部分变量的定义和度量如表 9-30 所示。

表 9-30　研究变量定义表

| 变量类型 | 变量名称 | 变量定义与测量 |
| --- | --- | --- |
| 因变量 | *ROA* | 总资产收益率 ×100 |
| 中介变量 | *RDEF* | 创新效率，根据 DEA 测算得出，投入量为 ln（研发费用），产出量为 ln（专利数） |
| 自变量 | *TED* | 是否设置技术专家型董事，为虚拟变量；设置则为 1，否则为 0 |
| | *TEDR* | 技术专家型董事比例 = 技术专家型董事人数 / 董事会人数 |
| | *TEDE* | 是否设置技术专家型执行董事，为虚拟变量；设置则为 1，否则为 0 |
| | *TEDNE* | 是否设置技术专家型非执行董事，为虚拟变量；设置则为 1，否则为 0 |
| | *TEDI* | 是否设置技术专家型独立董事，为虚拟变量；设置则为 1，否则为 0 |
| 控制变量 | *H5* | 前五名股东持股比例平方和 |
| | *LEV* | 资产负债率 = 负债总额 / 总资产 |
| | *INVE* | 投资支出 = 购建固定资产、无形资产以及其他资产支付现金 / 总资产 |
| | *SIZE* | 公司规模，以 ln（公司资产）表示 |
| | *MARKET* | 由于樊纲等（2011）的数据截至 2009 年，本部分借鉴杨兴全（2014）的处理方法，推算 2010 年的指数等于 2009 年的指数加上 2007 年、2008 年、2009 年这三年相对于前一年指数增加值的平均数，依此类推 |

（三）实证模型构建

本部分借鉴社科研究领域运用的中介效应研究方法，根据 Baron 和 Kenny（1987）的逐步法（Casual Steps Approach）检验中介效应（Mediation Effect）。模型（9–17）~（9–19）、（9–20）~（9–22）将对上文的研究假设进行了验证（图 9–7 是对应的路径分析图）：

$$RDEF = \beta_0 + \beta_1 TED + \beta_2 Control + \varepsilon_2 \quad (9\text{–}17)$$

$$RDEF = \beta_0 + \beta_1 TED + \beta_2 Control + \varepsilon_2 \quad (9\text{–}18)$$

$$ROA = \gamma_0 + \gamma_1 TED + \gamma_2 RDEF + \gamma_3 Control + \varepsilon_3 \quad (9\text{–}19)$$

$$ROA = \alpha_0 + \alpha_1 TEDR + \alpha_2 Control + \varepsilon_1 \quad (9\text{–}20)$$

$$RDEF = \beta_0 + \beta_1 TEDR + \beta_2 Control + \varepsilon_2 \quad (9\text{–}21)$$

$$ROA = \gamma_0 + \gamma_1 TEDR + \gamma_2 RDEF + \gamma_3 Control + \varepsilon_3 \quad (9\text{–}22)$$

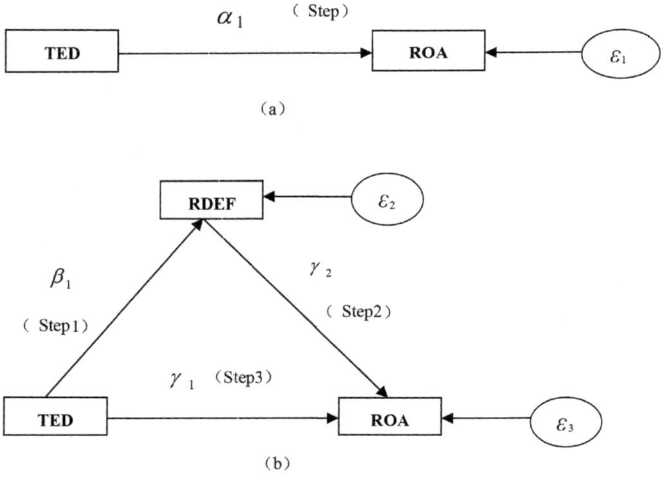


图 9–7　中介变量示意图

根据 Baron 和 Kenny 的逐步法：

第一步（Step1），检验技术专家型董事（TED）对企业绩效（ROA）的总效应。如果方程（9–17）的系数 $\beta_1$ 显著，继续第二步检验；否则，停止检验。

第二步（Step2），联合显著检验（Test of Joint Significance），依次检验方程（9–18）中的 $\beta_1$ 和方程（9–19）中的 $\beta_1$ 是否显著。$\beta_1$ 为自变量（TED）对中介变量（REDF）的效应；$\gamma_2$ 为中介变量对因变量的效应，即控制自变量的影响后，中介变量对因变量的影响。如果 $\gamma_2$、$\gamma_2$ 都显著，则中介效应显著。继续第三步检验；否则，停止检验。

第三步（Step3），检验部分中介还是完全中介。检验方程（9–19）中 $\gamma_1$ 的系数，$\gamma_1$ 代表在控制中介变量后，自变量技术专家型董事对因变量的影响。$\gamma_1$ 显著，则表示部分中介；$\gamma_1$ 不显著，则表示完全中介。

## 三、实证分析

### （一）描述性统计

通过描述性统计，初步探究了变量变化的规律。基于全样本视角，从表 9–31 的 Panel A 中我们可以得出以下结论：ROA 最大值为 22.136，最小值为 –9.711，说明企业绩效存在一定差异；ROA 中位数（4.823）小于平均值（5.375），说明超过一半企业的总资产收益率要低于样本平均水平；RDEF 最小值为 0，最大值为 0.866，虽然超过一半的企业创新效率高于平均水平 [ 中位数（0.298）> 平均值（0.288）]，但整体水平较低且差异较大。TED 平均值为 0.822，代表有 82.2% 的企业设置了技术专家型董事。在图 9–8（a）中可以直观地看出，设置技术专家型董事的企业在 2009 年之前增长幅度较大，并且在 2011 年达到顶峰，之后趋于稳定。这可能是由于 2007 年出台的会计准则，提高了研发费用的披露标准，企业对技术专家型董事逐渐重视；通过比较图 9–8（a）与（b），发现在排除年度因素影响后，设置技术专家型董事的企业数量在逐年增加，但样本的年度占比一直维持在较为稳定的水平，这也反映出我国企业对技术专家型董事的重视程度仍然不够。TEDR 最大值为 0.778，最小值为 0，中位数为 0.222，平均值为 0.276。从图 9–9 与图 9–10 中也能找到更为直观的证据：图 9–9 反映出技术专家型董事比率的 Kernel 密度分布有偏，且主要集中在 0.2 附近；图 9–10 说明技术专家型董事占董事会比例的年度均值主要集中在 0.25~0.3，反映出技术专家型董事占董事会人数的比例仍然较低。

表 9–31 的 Panel B 从两个维度进一步分析了技术专家型董事的分布情况。一是基于设置不同技术专家型董事的样本分布，有 59.1% 的企业设置了技术专家型执行董事，34.6% 的企业设置了技术专家型非执行董事，60.3% 的企业设置了技术专家型独立董事；图 9–8（a）中设置技术专家型独立董事、技术专家型执行董事与技术专家型非执行董事的企业，增长趋势大体一致，其中企业设置技术专家型独立董事与技术专家型执行董事的增长情况一致性较高，而技术专家型非执行董事处于较低的增长水平；图 9–8（b）在去除年度影响的情况下，可以看出设置技术专家型独立董事与技术专家型执行董事的企业比例一致性较强，在 0.6 的水平上下波动，设置技术专家型非执行董事的年度样本比例在 0.3~0.5，并且持续下降。二是不同技术专家型董事占董事会比例的分布情况，TEDER、TEDIR、TEDNER 的平均值分别为 0.128、0.088、0.060，反映到图 9–10 可以直观地发现，构成比例由高到低依次为技术专家型执行董事、技术专家型独立董事、技术专家型非执行董事。其中，技术专家型独立董事占董事会比例最为稳定，这很可能是由于我国独立董事政策导致的。

表 9–31　变量描述性统计

| Panel A　主要变量描述性统计分析 | | | | | | |
|---|---|---|---|---|---|---|
| 变量名称 | 观测样本 | 最小值 | 最大值 | 中位数 | 平均值 | 标准差 |
| *ROA* | 2640 | –9.711 | 22.136 | 4.823 | 5.375 | 4.888 |

续表

| Panel A 主要变量描述性统计分析 | | | | | | |
|---|---|---|---|---|---|---|
| 变量名称 | 观测样本 | 最小值 | 最大值 | 中位数 | 平均值 | 标准差 |
| *RDEF* | 2640 | 0 | 0.866 | 0.298 | 0.288 | 0.245 |
| *TED* | 2640 | 0 | 1 | 1 | 0.822 | 0.383 |
| *TEDR* | 2640 | 0 | 0.778 | 0.222 | 0.276 | 0.213 |
| *H5* | 2640 | 0.015 | 0.524 | 0.161 | 0.180 | 0.112 |
| *LEV* | 2640 | 0.034 | 0.822 | 0.372 | 0.381 | 0.193 |
| *INVE* | 2640 | 0.004 | 0.257 | 0.055 | 0.070 | 0.055 |
| *SIZE* | 2640 | 19.702 | 25.078 | 21.39 | 21.542 | 1.037 |
| *MARKET* | 2640 | 5.230 | 14.495 | 10.313 | 10.098 | 2.221 |
| **Panel B 不同技术专家型董事描述性统计分析** | | | | | | |
| 变量名称 | 观测样本 | 最小值 | 最大值 | 中位数 | 平均值 | 标准差 |
| *TEDE* | 2640 | 0 | 1 | 1 | 0.591 | 0.492 |
| *TEDNE* | 2640 | 0 | 1 | 0 | 0.346 | 0.476 |
| *TEDI* | 2640 | 0 | 1 | 1 | 0.603 | 0.489 |
| *TEDER* | 2640 | 0 | 0.556 | 0.111 | 0.128 | 0.141 |
| *TEDNER* | 2640 | 0 | 0.444 | 0 | 0.060 | 0.099 |
| *TEDIR* | 2640 | 0 | 0.333 | 0.111 | 0.088 | 0.084 |

注：其中*TEDER*、*TEDNER*、*TEDIR*分别代表技术专家型执行董事、技术专家型非执行董事、技术专家型独立董事与董事会规模之比。

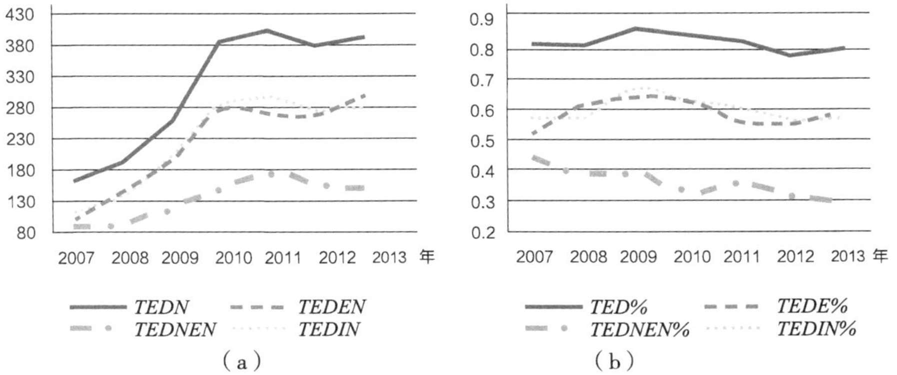


图 9-8 技术专家型董事及其不同构成的年度分布

注：其中 *TEDN*、*TEDEN*、*TEDNEN*、*TEDIN* 分别代表企业设置技术专家型董事、技术专家型执行董事、技术专家型非执行董事、技术专家型独立董事的样本数，*TED%*、*TEDE%*、*TEDNE%*、*TEDIN%* 分别代表企业设置技术专家型董事、技术专家型执行董事、技术专家型非执行董事、技术专家型独立董事的样本数占年度样本数的比例。

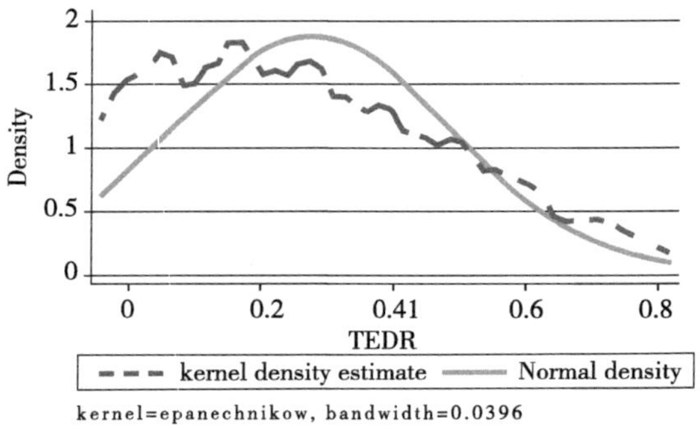


图 9-9　技术专家型董事的 Kernel 密度估计

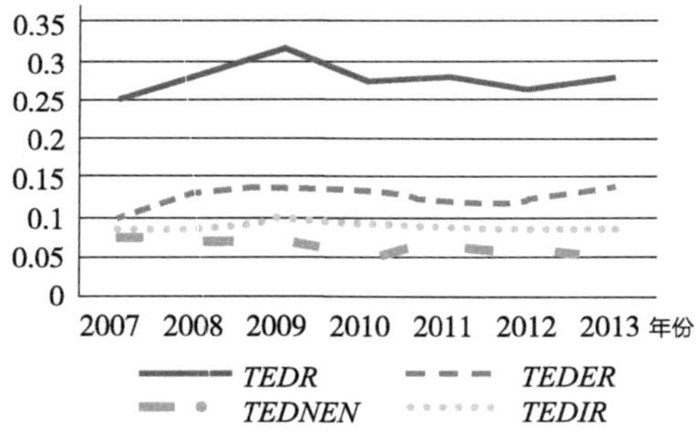


图 9-10　技术专家型董事及其不同构成的比例分析

根据表 9-32 的 Panel A，我们可以发现：首先，技术专家型董事（TEDR）与公司绩效（ROA）的相关系数在 1% 的置信区间上显著，为展开深入讨论提供了可能。其次，技术专家型董事与创新效率显著相关，创新效率与公司绩效也显著相关，说明创新效率的中介效应可能存在，为进一步探索技术专家型董事对公司绩效的间接作用奠定了基础。表 9-32 的 Panel B 中列示了技术专家型董事不同构成变量间的 Pearson 相关系数。TEDER、TEDNER、TEDIR 之间都呈显著正相关关系，一定程度上说明了两两之间具有一定的互补作用；TEDER、TEDIR、TEDNER 与 TEDR 皆为显著相关，系数分别为 0.770、0.582、0.544，这与图 9-10 反映的构成情况相一致；TEDER、TEDIR、TEDNER 与董事会规模（BOARD）也具有相关性，其中 TEDER 与董事会规模之间存在一定的负相关关系，与陆正飞的发现具有一致性。

表 9-32　变量间 Pearson 相关系数检验

**Panel A　主要变量间 Pearson 相关系数检验**

| 变量 | *ROA* | *RDEF* | *TEDR* | *H5* | *LEV* | *INVE* | *SIZE* | *MARKET* |
|---|---|---|---|---|---|---|---|---|
| *ROA* | 1 | | | | | | | |
| *RDEF* | 0.038* | 1 | | | | | | |
| *TEDR* | 0.062*** | 0.061*** | 1 | | | | | |
| *H5* | 0.093*** | 0.022 | –0.001 | 1 | | | | |
| *LEV* | –0.370*** | 0.005 | –0.029 | –0.002 | 1 | | | |
| *INVE* | 0.060*** | –0.004 | 0.019 | 0.008 | –0.041** | 1 | | |
| *SIZE* | –0.096*** | 0.174*** | –0.030 | 0.141*** | 0.471*** | –0.079*** | 1 | |
| *MARKET* | 0.044** | 0.085*** | –0.056*** | 0.009 | –0.170*** | 0.063*** | –0.102*** | 1 |

**Panel B　不同技术专家型董事间 Pearson 相关系数检验**

| 变量 | *TEDNER* | *TEDIR* | *TEDR* | *BOARD* |
|---|---|---|---|---|
| *TEDER* | 0.053*** | 0.212*** | 0.770*** | –0.776*** |
| *TEDNER* | 1 | 0.097*** | 0.544 *** | 0.052*** |
| *TEDIR* | 0.097*** | 1 | 0.582*** | –0.026 |
| *TEDR* | 0.544*** | 0.582*** | 1 | –0.037* |

注：***、**、* 分别表示在 1%、5%、10% 的水平上显著。

表 9–33 反映了以是否设置技术专家型董事为标准，对样本公司进行分类的变量统计与组间的检验结果：设置技术专家型董事的企业，企业绩效与创新效率显著高于没有设置技术专家型董事的企业，说明设置技术专家型董事对创新效率与企业绩效具有显著的正向作用，为进一步探讨技术专家型董事、创新效率与企业绩效三者之间的关系提供了初步证据；同时，设置技术专家型董事的企业，其投资支出显著高于没有设置该类董事的企业，说明技术专家型董事能够保证企业的投资支出，为其能够提高创新效率与企业绩效提供了间接证据。

表 9–33　是否设置技术专家型董事的组间检验

| 变量名称 | 无技术专家型董事（*TED*=0） | | 有技术专家型董事（*TED*=1） | | 组间检验 |
|---|---|---|---|---|---|
| | 均值 | 中值 | 均值 | 中值 | 中值 *Z* 检验 |
| *ROA* | 4.924 | 4.431 | 5.470 | 4.899 | 3.931** |
| *RDEF* | 0.267 | 0.237 | 0.293 | 0.306 | 5.233** |
| *H5* | 0.180 | 0.168 | 0.180 | 0.160 | 1.140 |
| *LEV* | 0.383 | 0.390 | 0.380 | 0.368 | 1.884 |
| *INVE* | 0.061 | 0.046 | 0.072 | 0.057 | 14.536*** |
| *SIZE* | 21.547 | 21.379 | 21.540 | 21.398 | 0.127 |
| *MARKET* | 10.270 | 10.420 | 10.061 | 10.270 | 0.968 |
| *OBS* | 471 | 471 | 2169 | 2169 | |

注：***、**、* 分别表示在 1%、5%、10% 的水平上显著。

（二）实证检验与结果分析

本部分对表 9–34 中的中介效应的回归结果分析如下：模型 1 中技术专家型董事对企业绩效的积极作用在 1% 的置信水平上显著，说明设置技术专家型董事对企业绩效具有直接影响，为进一步分析二者之间的作用机制提供了可能。模型 2 中技术专家型董事对创新效率的结果显著，并且在控制模型 3 中技术专家型董事的作用后，创新效率对企业绩效也具有显著的正向影响，以此验证创新效率中介作用的存在。同时，模型 3 中技术专家型董事的系数显著为正，说明技术专家型董事既通过创新效率作用于企业绩效，也通过其他作用机制对企业绩效产生积极影响，因而创新效率是技术专家型董事与企业绩效之间的部分中介变量。综上所述，本节通过简单而稳健的步骤，证实了创新效率的部分中介作用。继续分析模型 4、模型 5 和模型 6。通过模型 4 发现，技术专家型董事比例对企业绩效的正向影响在 1% 的置信水平上显著。重复之前的步骤，依旧能够证实创新效率在技术专家型董事与企业绩效之间发挥了部分中介作用。值得注意的是，模型 4、模型 5 和模型 6 的因变量为技术专家型董事比例，由此可以说明，在其他条件不变的情况下，提高技术专家型董事的比例能够显著提升创新效率与企业绩效。

表 9–34 中介效应回归结果

| 变量 | 模型 1<br>*ROA* | 模型 2<br>*RDEF* | 模型 3<br>*ROA* | 模型 4<br>*ROA* | 模型 5<br>*RDEF* | 模型 6<br>*ROA* |
|---|---|---|---|---|---|---|
| *TED* | 0.431*<br>（1.89） | 0.020*<br>（1.68） | 0.410**<br>（1.80） | | | |
| *TEDR* | | | | 1.138***<br>（2.73） | 0.074***<br>（3.33） | 1.006**<br>（2.55） |
| *RDEF* | | | 1.011***<br>（2.77） | | | 0.972***<br>（2.66） |
| *H5* | 3.357***<br>（4.30） | −0.053<br>（−1.27） | 3.411***<br>（4.37） | 3.323***<br>（4.27） | −0.055<br>（−1.31） | 3.383***<br>（4.34） |
| *LEV* | −10.980***<br>（−20.87） | −0.118***<br>（−4.18） | −10.862***<br>（−20.6） | −10.956***<br>（−20.83） | −0.116***<br>（−4.12） | −10.843***<br>（−20.58） |
| *INVE* | 3.722**<br>（2.30） | 0.121<br>（1.40） | 3.600**<br>（2.23） | 3.812**<br>（2.37） | 0.121<br>（1.41） | 3.695**<br>（2.30） |
| *SIZE* | 0.758***<br>（7.60） | 0.048***<br>（8.99） | 0.709***<br>（7.01） | 0.762***<br>（7.64） | 0.048***<br>（2.92） | 0.715***<br>（7.07） |
| *MARKET* | 0.102**<br>（2.45） | 0.006***<br>（2.79） | 0.095**<br>（2.30） | 0.105***<br>（2.54） | 0.006***<br>（2.92） | 0.099**<br>（2.38） |
| *Constant* | −6.565***<br>（−3.06） | −0.888***<br>（−7.73） | −5.667***<br>（−2.61） | −6.554***<br>（−3.06） | −0.891***<br>（−7.79） | −5.688**<br>（−2.62） |

续表

| 变量 | 模型 1 *ROA* | 模型 2 *RDEF* | 模型 3 *ROA* | 模型 4 *ROA* | 模型 5 *RDEF* | 模型 6 *ROA* |
|---|---|---|---|---|---|---|
| *Ind/Year* | 控制 | 控制 | 控制 | 控制 | 控制 | 控制 |
| $R^2$ | 0.202 | 0.093 | 0.205 | 0.203 | 0.096 | 0.206 |
| *N* | 2640 | 2640 | 2640 | 2640 | 2640 | 2640 |
| *F* | 41.54 | 16.84 | 39.65 | 41. 84 | 17.41 | 39.89 |

注：（1）括号内表示调整后的 *t* 值；

（2）***、**、* 分别表示在 1%、5%、10% 的水平上显著。

本节进一步将中介作用进行量化，当以是否设置技术专家型董事的虚拟变量作为解释变量时，中介效应占总效应的比例约为 5%；当以技术专家型董事比例作为解释变量时，中介效应占总效应的比例为 6.32%，此结果也显示了创新效率在技术专家型董事与企业绩效之间的传导作用。此外，在之前的描述性统计中，部分变量间的相关系数是显著的，为避免回归结果受多重共线性影响，本部分还进行了方差膨胀因子检验，发现 VIF 值均小于 5，由此说明模型中的各变量并不具有多重共线性，回归结果是稳健的。

（三）稳健性测试

为了增加研究结论的可靠性，我们对研究结果也进行了一系列的稳健性测试。

（1）在综合考虑我国资本市场的特殊情况与我国学者对国内企业绩效的研究后，在稳健性检验中选取衡量企业绩效的长期维度指标——Tobin Q，以此来验证创新效率是否在技术专家型董事与企业长期绩效之间发挥中介作用。

Tobin Q = 企业的市场价值 / 企业资产的重置成本

= （流通股市值 + 非流通股市值 + 负债账面价值）/ 期末总资产的账面价值

该指标反映了对企业资产价值两种不同估值方法间的比值，兼具理论性与实践可操作性，不仅使投资者能够更好地评价企业的价值增长情况，也能够更清晰地预测企业的发展潜力与市场价值。研究发现，当以 Tobin Q 作为衡量企业长期绩效的指标时，创新效率的中介作用依旧成立，并且中介效应占总效应的比例分别为 5.38%，与之前得出的结论一致。将文中的因变量 ROA 替换为 ROE 后，检验结果依旧稳健。文中对自变量 TED 替换为 TEDR，本身就是一种稳健性检验，结果依旧稳健，详见表 9-34。

（2）考虑地区因素。市场化指数中包含了文化、政策、制度发展等诸多难以被量化的因素，本节已将其作为控制变量加入，以期控制不同时期的经济发展水平。但不同省份可能因地域文化、政府政策不同，对企业创新活动的态度存在差异。因此，本节在稳健性检验中，控制企业所在的省份，得到的结果依旧稳健。

（3）标准差调整。考虑到同一个省份的企业可能会因为受到相同的政策影响而自相关，本节将省份作为聚类变量（Cluster Variable）重新回归，期望模型能够提供更为稳健的标准误，实证结果依旧稳健。

（4）增减控制变量。因为本节的研究对象为技术专家型董事，而在市场化指数的细分指标中，行业协会帮助程度可能会对技术专家型董事与创新效率、企业绩效之间的关系造成影响，本节将其作为控制变量加入，回归结果依旧稳健，或将市场化指数（MARKET）这一控制变量删除，结果依旧稳健。

## 四、技术专家型董事有效性的进一步检验

本节已从理论与实证两个角度验证了“技术专家型董事—创新效率—企业绩效”之间的因果关系，即技术专家型董事通过提升创新效率，显

著提高了企业绩效。为进一步验证技术专家型董事的有效性，本节将在控制内生性问题后，探讨技术专家型董事的不同构成对创新效率是否发挥作用。

（一）技术专家型董事与创新效率间的内生性问题

叶康涛等（2007）认为，聘请董事会成员存在内生性问题，因为企业是否设置技术专家型董事并非随机分布，可能会受到企业个体特征的干扰，而处理效应模型（Treatment Effect Model）可以控制企业在设置技术专家型董事时存在的“自选择偏倚”和“混淆偏倚”。因此，本节选择该模型做进一步检验，以提高研究结论的可靠性和准确性。在已有研究基础上，选择董事会规模（BOARD）、实际控制人类型（STATE）、股权集中度（H5）、资产负债率（LEV）、投资支出（INVE）、公司规模（SIZE）、市场化指数（MARKET）、年度（Ind/Year）与行业作为影响技术专家型董事设置的研究变量。其中，董事会规模用董事会成员总人数来表示，实际控制人类型根据是否为国有控股判断，当该上市公司由国有控股时，STATE 为 1，否则为 0。其他变量含义与之前的研究一致。需要说明的是，本文在对技术专家型董事不同构成与创新效率之间的关系进行检验时，技术专家型执行董事、技术专家型非执行董事以及技术专家型独立董事也均采用虚拟变量。

（二）技术专家型董事不同构成对创新效率的作用

董事会具有监督与咨询的双重职能，而内外部董事的职能各有侧重。笔者认为不同技术专家型董事虽然对创新活动的作用路径存在差异，但对创新效率都具有显著的正向作用（孙光国、郭睿，2015）。首先，在现实中，技术专家型执行董事虽难以实现自我监督，却具有更多的内部信息与工作时间。同时，其作为联系公司治理与管理两个范畴的传导中心，对研发战略与执行具有直接的管理权限。例如，Baysinger（1991）等经实证研究发现，执行董事的比例与研究开发支出呈正向关系。技术专家型执行董事可以通过制定、执行创新战略，直接推动企业的创新活动：一方面，凭借个人特质与领导魅力，发挥企业管理者的作用，促使企业形成创新氛围；另一方面，借助自身专长优势为董事会发挥监督作用提供专业信息。此外，技术专家型执行董事也更有动机提升创新效率，在人力资本市场上提高声誉的同时，也可获得可观的收益与晋升的机会。因此，有理由认为技术专家型执行董事能够积极影响创新效率。

其次，非执行董事大多是大股东或者二股东委派的全职监督人员，或者自己本身就是上市公司股东。技术专家型非执行董事作为股东受托人能够更加直接地代表股东利益，对管理层的监督动机较强，受到的掣肘更少，可以更好地发挥监督作用。加之技术专家型非执行董事对上市公司的了解更深入、与管理层之间的信息不对称程度更低，因此，认为其可以通过发挥治理作用，对创新效率产生积极影响。

最后，技术专家型独立董事作为独立的第三方，具有识别管理层操纵创新活动的自身优势，其凭借经验与专业知识提高董事会整体的监督能力，促进与其他董事的沟通交流，发挥积极的协同效应与组合效应，对创新效率产生积极影响。

根据表 9-35 的实证结果发现，$\rho$ 的系数均较为显著，说明技术专家型执行董事、技术专家型非执行董事和技术专家型独立董事的设置确实存在内生性问题。而在控制内生性问题后我们发现，技术专家型执行董事与技术专家型独立董事均在 1% 的置信水平上与创新效率呈显著正相关，技术专家型非执行董事在 10% 的置信水平上与创新效率呈显著正相关，即不同的技术专家型董事对创新效率都具有积极影响，与之前的分析一致。

表 9-35　不同技术专家型董事作用的进一步检验

| 变量 | 技术专家型执行董事 | | 技术专家型非执行董事 | | 技术专家型独立董事 | |
|---|---|---|---|---|---|---|
| | *TEDE* | *RDEF* | *TEDNE* | *RDEF* | *TEDI* | *RDEF* |
| *TEDE* | | 0.232***<br>（2.98） | | | | |
| *TEDNE* | | | | 0.129*<br>（1.89） | | |
| *TEDI* | | | | | | 0.190***<br>（3.37） |
| *BOARD* | 0.033*<br>（1.94） | | 0.092***<br>（5.03） | | 0.118***<br>（6.79） | |
| *STATE* | –0.116**<br>（–2.02） | | 0.399***<br>（5.51） | | –0.161***<br>（–2.71） | |
| *H5* | –0.177<br>（–0.76） | –0.020<br>（–0.43） | 0.450*<br>（1.88） | –0.061<br>（–1.39） | 0.396*<br>（1.69） | –0.0530<br>（–1.20） |
| *LEV* | 0.023<br>（0.14） | –0.113***<br>（–3.67） | –0.121<br>（–0.74） | –0.119***<br>（–4.08） | –0.154<br>（–0.98） | –0.103***<br>（–3.45） |
| *INVE* | 1.195**<br>（2.47） | 0.025<br>（0.25） | 1.564***<br>（3.17） | 0.084<br>（0.90） | 1.783***<br>（3.66） | 0.004<br>（0.04） |
| *SIZE* | 0.002<br>（0.05） | 0.046***<br>（7.91） | –0.146***<br>（–4.57） | 0.048***<br>（8.44） | –0.082***<br>（–2.68） | 0.050***<br>（8.62） |
| *MARKET* | –0.038***<br>（–2.98） | 0.009***<br>（3.59） | –0.019<br>（–1.46） | 0.009***<br>（3.36） | –0.014<br>（–1.06） | 0.007***<br>（3.01） |
| *Constant* | –0.428<br>（–0.66） | –0.944***<br>（–7.17） | 1.290*<br>（1.92） | –0.930***<br>（–7.11） | 0.614<br>（0.96） | –1.012***<br>（–7.59） |
| *Ind/Year* | 控制 | 控制 | 控制 | 控制 | 控制 | 控制 |
| $\rho$ | –0.512 | | –0.334 | | –0.416 | |
| Wald test of ρ = 0 $\chi^2$（1） | 7.02 | | 3.56 | | 8.41 | |
| Probability > $\chi^2$ | 0.008 | | 0.059 | | 0.004 | |
| *N* | 2601 | | | | | |

注:（1）括号内表示调整后的 *t* 值;

（2）***、**、* 分别表示在 1%、5%、10% 的水平上显著。

## 五、研究结论与启示

创新在国家发展全局中具有核心与基点地位。提高创新效率使企业获得竞争优势、提高财务绩效，夯实了宏观经济增长的微观基础，对建设创新型国家具有重要意义。公司治理作为保证创新效率的制度基础，对创新活动具有重要影响（Acemoglu 等，2008）。本书的研究结果证实了技术专家型董事的创新驱动作用：技术专家型董事对创新效率、企业绩效都存在显著的积极作用；在其他条件不变的情况下，提高技术专家型董事的比例能够增强正向影响。同时，本书也考察了技术专家型董事对企业绩效的作用机制，即创新效率的中介作用成立。最后，在控制内生性问题后，我们发现不同技术专家型董事均对创新效率有显著的正向影响。

技术专家型董事通过发挥技术专长影响创新战略，通过提高创新效率积累优势，最终提升经济效益，有助于企业形成支持创新的良性循环。因此，我们理应重视技术专家型董事的作用发挥。首先，需要加大企业对技术专家型董事的引进与培养，积极营造鼓励创新的氛围。其次，应该适当增加技术专家型董事的比例，在充分发挥其智库作用的同时，增强董事间的知识沟通与互动，形成协同效应与组合优势。最后，从我国实际出发，建议企业根据自身需要设置技术专家型非执行董事，不仅可以提供更多的专家信息，也可以为创新活动提供新的监督力量。此外，企业在行业特征、发展阶段、经理层人力资本等方面存在显著差异，对董事的背景特征与构成的需求也不尽相同，所以应当鼓励企业灵活设置不同类型的技术专家型董事。值得注意的是，我国现有专家评定的标准制定不一致，如单位、行业、省级、国家级的专家标准不同，暂时缺乏能够得到广泛认同的细化标准。随着我国智库建设的逐步完善，专家的标准将更加明确，变量的计量原则更为统一，也希望本书的研究结果能够推动智库建设标准的优化与完善。

# 参考文献 References

## 1. 英文部分（173 篇）


[1] AGHION P，BLOOM N，BLUNDELL R，et al. Competition and innovation：an Inverted–U relationship [J]. Quarterly journal of economics，2005.

[2] AGHION P，BRAUN M，FEDDERKE J. Competition and productivity growth in South Africa [J]. Economics of transition，2008.

[3] ARROW K. Economic welfare and the allocation of resources for invention [J]. The rate and direction of invention activity，1962.

[4] ACS Z J，AUDRETSCH D B. Innovation in large firms：an empirical analysis [J]. American economic review，1988，78（4）：678–690.

[5] ZHANG A M，ZHANG Y M，ZHAO R. A study of the R&D efficiency and Productivity of Chinese firms[J]. Journal of comparative economics, 2003, 31(3)：443–464.

[6] KAASA A. Effects of different dimensions of social capital on innovation：evidence from europe at the regional level [J]. Unpublished working paper，University of Tartu，Estonia，2007.

[7] ANDREWS J，SMITH D C. In search of the marketing imagination：factors affecting the creativity of marketing programs for mature products [J]. Journal of marketing research，1996(3)：174 –187.

[8] ANG J S，COLE B A，LIN J W. Agency costs and ownership structure [J].

Journal of Finance，2000，55：81–106.

［9］ATTIG N，GHOUL S E，GUEDHAMI O，ET AL. THE GOVERNANCE ROLE OF MULTIPLE large shareholders：evidence from the valuation of cash holdings［J］. Journal of management & governance，2013，5：1–33.

［10］ADLER P S，FERDOWS K. The Chief–Technology Officer［J］. California management review，1990，32（3）：55–62.

［11］BALKIN D B，GOMEZ–MEJIA L R. Is CEO Pay in High–Technology firms related to innovation?［J］. Academy of management journal，2000，43（6）：1118–1129.

［12］BARKER V，MUELLER G. CEO characteristics and Firm R&D spending［J］. Management Science，2002，48（6）：782–801.

［13］BIZJAK J M，BRICKLEY J A，COLES J L. Stock–based incentive compens–ation and investment behavior［J］. Journal of Accounting & Economics，1993，16（1–3）：349–374.

［14］BLUNDELL R，GRIFFITH R，REENEN J V. Dynamic count data models of technological innovation［J］. The economic journal，1999.

［15］BOLDRIN M，LEVINE D K. Rent–Seeking and Innovation［J］. Social science electronic publishing，2004，51（1）：127–160.

［16］BONDS S，HARHOFF D，REENEN J V. Investment，R&D and Financial Constraints in Britain and Germany［J］. LSE Research Online，http://eprints.lse.ac.uk/771/，2003.

［17］BOUND J，CUMMINS C，GRILICHES Z，et al.. Who does R&D and who patents?［J］National bureau of economic research，Inc.，1984：21–54.

［18］BROSSARD O，LAVIGNE S，SAKINC M E. Ownership structures and R&D in Europe：the good institutional investors，the bad and ugly impatient shareholders［J］. Industrial and Corporate Change，2013.

［19］BROADBERRY S，CRAFTS N. Competition and Innovation in 1950's Britain

[ J ] . Working Paper No. 57，London School of Economics，2000.

[ 20 ] BARTON D L. Core capability & core rigidities：a paradox in managing new product development [ J ] . Strategic Marketing，1992 ( 13 ) .

[ 21 ] BURGELMAN R A，Maidique M. Strategic management of technology and innovation [ J ] . Irwin Publishing，1993.

[ 22 ] BAREGHEH A，ROWLEY J，SAMBROOK S. Towards a multidisci-plinary definition of innovation [ J ] . Management Decision，2009，47 ( 8 )：1323-1339.

[ 23 ] BAYSINGER B，BUTLER H. Corporate governance and board of directors：performance effects of changes in board composition [ J ] . Journal of Law Economics & Organisation，1985.

[ 24 ] BABER W R，FAIRFIELD P M. The effect of concern about reported income on discretionary spending decisions：the case of research and development [ J ] . The accounting review，1991，66( 6 )：818-829.

[ 25 ] BERGER P G. Explicit and implicit tax effects of the R&D tax credit [ J ] . Journal of accounting research，1993，31 ( 2 )：131-171.

[ 26 ] BEASLEY M. An empirical analysis of the relation between the board of director composition and financial statement fraud [ J ] . The accounting review，1996，71 ( 4 )：443-465.

[ 27 ] BHAGAT S，BLACK B. The Non-Correlation between Board Composition and Long-Term Firm Performance [ J ] . Journal of Corporation Law，2002，27：231-273.

[ 28 ] BERTRAND M P，MULLAINATHAN M S. Ferreting out tunneling：an application to Indian Business Groups [ J ] . The Quarterly Journal of Economics，2002，117：121-148.

[ 29 ] BOUBAKER S. On the Relationship between Ownership-control Structure and Debt Financing：New Evidence from France [ J ] . Working Paper，Universite

Paris XII Val de Marne-Institut de Recherche en Gestion，2007.

[30] BALL R，SHIVAKUMAR L. How Much New Information Is There in Earnings? [J]. Journal of Accounting Research，2008，46（5）：975–1016.

[31] BAUMOL W. The free-market innovation machine：analysing the growth miracle of capitalism [J]. Journal of Economics，2002，82（1）：93–97.

[32] BARON R M，KENNY D A. The moderator-mediator variable distinction in social psychological research：conceptual, strategic, and statistical considerations [J]. Journal personality and social psychology，1986（51）：1173–1182.

[33] CLAESSENS S，FEIJEN E，LAEVEN L. Political connections and preferential access to finance：the role of campaign contributions [J]. Journal of financial economics，2008，88（3）：554–580.

[34] COMANOR W S. Market structure，product differentiation，and industrial research [J]. Quarterly journal of economics，1967，81（4）：639–657.

[35] CHEN C T，CHIEN C F，LIN M H，et al. Using DEA to evaluate R&D performance of the computers and peripherals firms in Taiwan [J]. International Journal of Business，2004（9）：347–359.

[36] YANG C H，HUANG C H，HOU T C T. Tax incentives and R&D activity：Firm-level evidence from Taiwan [J]. Research Policy，2012，41（9）：1578–1588.

[37] PETERSON C C. Computational experience with variants of the balas algorithm applied to the selection of R&D projects [J]. Management Science，1967（5）：73–76.

[38] COHEN W M，LEVIN R. Empirical studies of innovation and market structure [J]. Handbook of Industrial Organization，1989，2：1059–1107.

[39] CASAMATTA C. Financing and advising：optinal financial contracts with venture capitalists [J]. Journal of Finance，2003，58（5）：2059–2087.

[40] CAVES R E. Multinational Firms，Competion and Productivity in Host Country

Markets [ J ] . Economica, 1974, 41 ( 162 ): 176–193.

[ 41 ] CHIESA V, COUGHLAN P, VOSS C A. Development of a technical innovation audit [ J ] . Journal of Product Innovation Management, 1996, 13 ( 2 ): 105–136.

[ 42 ] DANIEL I, PRAJOGO P K. Ahmed R&D management daniel IP, pervaiz KA, relationships between innovation stimulus innovation capacity, and innovation performance [ J ] . R&D Manage, 2006, 36( 2 ): 499–515.

[ 43 ] COHEN D A, Dey A, LYS T Z. Trends in earnings management in the pre–and post–Sarbanes Oxley periods [ J ] . Working Paper, Northwestern University.

[ 44 ] CONNELLY B L, HOSKISSON R E, TIHANYI L, et al. Ownership as a Form of Corporate Governance [ J ] . Journal of Management Studies, 2010, 8: 1561–1589.

[ 45 ] CLAESSENS S, JANKOV S D, FAN J, et al. Disentangling the incentive and entrenehment effects of large shareholders[ J ]. Joumal of Financial, 2002, 57( 6 ): 2741–277l.

[ 46 ] COFFEE J C. Do Norms Matter? A Cross–Country Examination of the Private Benefits of Control [ N ] . Working Paper, 2001.

[ 47 ] CARLETON W T, NELSON J M, WEISBACH M S. The Influence of Institutions on Corporate Governance through Private Negotiations: Evidence from TIAA–CREF [ J ] . Journal of Finance General Information, 1998, 53 ( 4 ): 1335–1362.

[ 48 ] CARPENTER M, LAZONICK W, O' SULLIVAN M. The stock market and innovative capability in the New Economy: the optical networking industry [ J ] . Industrial & Corporate Change, 2003, 12 ( 5 ): 963–1034.

[ 49 ] CHANG X, DASGUPTA S, HILARY G, Analyst Coverage and Financing Decisions [ J ] . Journal of Finance, 2006, 61 ( 6 ): 3009–3048.

[ 50 ] DEMSETZ H. Information and Efficiency：AnotherViewpoint [ J ] . Journal of Lawand Economics，1969，12（1）.

[ 51 ] DEMSETZ H. Industrial Structure，Market Rivalry，and Public Policy [ J ] . Journal of Law &Economics，1969，16（1）：1–9.

[ 52 ] DOLORES ANON HIGON D A. The Impact of R&D Spillovers on UK Manufacturing TFP：A Dynamic Panel Approach [ J ] . Research Policy，2007，36（7）：964–979.

[ 53 ] DRIFFIELD N. Foreign Manufacturing，Regional Agglomeration and Technical Efficiency In UK Industries [ J ] . A Stochastic Production Frontier Approach Regional Studies，2001：39–399.

[ 54 ] DECHOW P，SKINNER D. Earnings management：Reconciling the views of accounting academics，practitioners，and regulators [ J ] . Accounting Horizons，2000，14(2)：235–250.

[ 55 ] DECHOW P，SLOAN R，SWEENEY A. Detecting earnings management [ J ] . Accounting Review 70，Working Papers，1995，80（3）：847–870.

[ 56 ] DAVIDSON W N，BOURESLI A K，SINGH M. Agency Costs，Ownership Structure，and Corporate Governance in Pre–and Post–IPO Firms [ J ] . Corporate Ownership and Control，2006，3：88–95.

[ 57 ] DJANKOV S，MURRELL P. Enterprise restructuring in transition：A quantitative survey [ J ] . Journal of Economic Literature，2002，40：739–792.

[ 58 ] DU J，DAI Y. Ultimate Corporate Ownership Structures and Capital Structures：Evidence from East Asian Economies [ J ] . Corporate Governance：An International Review，2005，13(1)：60–71.

[ 59 ] DEMSETZ H，LEHN K. The Structure of Corporate Ownership：Causes and Consequences [ J ] . Journal of Political Economy，1985，93（6）：1155–1177.

[ 60 ] DAKHLI M，DE CLERCQ D. Human Capital，Social Capital，and Innovation：A Multicountry Study [ J ] . Entre preneur ship & Regional Development，2004，

16（1）：107–128.

[ 61 ] WANG E C，HUANG W. Relative efficiency of R&D activities：a cross–country study accounting for environmental factors in the DEA approach [ J ] . Research policy，2007，36：260–273.

[ 62 ] WANG E C. R&D efficiency and economic performance：a cross–country analysis using the stochastic frontier approach [ J ] . Journal of policy modeling，2007，29：345–360.

[ 63 ] TSANG E W K，YIP P S L，TOH M H. The impact of R&D on value added for domestic and foreign firms in a newly industrialized economy [ J ] . International Business Review，2008，17（4）：423–441.

[ 64 ] ERICKSON M，WANG S W. Earnings management by acquiring firms in stock for stock mergers [ J ] . Journal of Accounting & Economics，1999，27（99）：149–176.

[ 65 ] FISHER F M. Temin Preturns to scale in research and development：What does the Schumpeterian hypothesis imply [ J ] . Journal of Political Economy，1973，81（1）：56–70.

[ 66 ] FORES B，CAMISON C. The Complementary Effect Of Internal Learning Capacity And Absorptive Capacity On Performance：The Mediating Role Of Innovation Capacity [ J ] . International Journal of Technology Management，2011（55）：56–81.

[ 67 ] FAMA E，JENSEN M C. Separation of Ownership and Control [ J ] . Journal of Low and Economics，1983，26：301–325.

[ 68 ] FAMA E. Agency Problems and the Theory of the Firm [ J ] . Journal of Political Economy，1980，88（2）：288–307.

[ 69 ] FAMA E，JENSEN M. Separation of ownership and control [ J ] . Journal of Law and Economics，1983，26：301–325.

[ 70 ] FACCIO M，LANG L H P，YOUNG L. Debt and Expropriation [ J ] . Working

Paper，Purdue University and The Chinese University of Hong Kong，2001.

[ 71 ] FREEMAN C. The Economics of Industrial Innovation [ J ] . The MIT Press，1982.

[ 72 ] BELLOC F. Corporate Governance and Innovation：A Survey [ J ] . Journal of Economic Surveys，2011（1）：1–37.

[ 73 ] FRANCIS J，SMITH A. Agency Costs and Innovation—Some Empirical Evidence [ J ] . Journal of Accounting and Economics，1995，19：383–409.

[ 74 ] FAMA E，EUGENE F，MICHAEL C. Jensen. Separation of Ownership and Control [ J ] . Journal of Law and Economics，1983，26（2）：301–325.

[ 75 ] GALBRAITH J K. American Capitalism [ J ] . Houghton Miffin Press，1952.

[ 76 ] GOODSTEIN J，GAUTAM K，BOKER W. The Effects of Board Size and Diversity on Strategic Change [ J ] . Strategic Management Journal，1994（15）：241–250.

[ 77 ] POTTERIE G. R&D and Productivity Growth：a Panel Data Analysis of 16 OECD Countries [ J ] . OECD Economic Studies，2001（33）：103–126.

[ 78 ] GUNNY K. What are the consequences of real earnings management? [ J ] . Working Paper，University of Colorado，2005.

[ 79 ] GROSSMAN S J，HART O D. An analysis of the principal–agent problem [ J ] . Econometrical，1983，51：7–45.

[ 80 ] GWYNNE P. The CTO As A Line Manager [ J ] . Research Technology Management，1996，39（2）：52–79.

[ 81 ] HAMBERG D. Size of firm，oligopoly and research：the Evidence [ J ] . Canadian Journal of Economics and Political Science，1964，30（1）：62–75.

[ 82 ] HAMBRICK D C，FUKUTOMI G D S. The Seasons of a CEO's Tenure [ J ] . Academy of Management Review，1991（4）：719–742.

[ 83 ] HAMBRICK D C，MASON P A. Upper Echelons：The Organization as a Reflection of its Top Managers [ J ] . Social Science Electronic Publishing. 1984，

9（2）：193–206.

[ 84 ] HAMBRICK D C. JACKSON E M. Outside Directors with a stake：The Linchpin in Improving Governance [ J ] . California Management Review，2000，42（4）：108–127.

[ 85 ] SCOTT H. The effectiveness of the chief tecnology officer [ J ] . Resesarch Technology Management，2011，54（3）：128–145.

[ 86 ] HERMALIN B E，WEISBACH M S. Endogenously Chosen Boards of Directors and Their Monitoring of the CEO[ J ]. The American Economic Review，1998（1）：69–102.

[ 87 ] HEALY P M，PALEPU K G. Information asymmetry，corporate disclosure，and the capital markets：A review of the empirical disclosure literature [ J ] . SSRN，Electronic Journal，2001，31（1）：405–440.

[ 88 ] HILLMAN A，CAXINELLA A，PAETZOLD R. The resource dependence role of corporate directors：Strategic adaptation of board composition in response to environmental change [ J ] . Journal of Management Studies，2000（37）：235–256.

[ 89 ] GORG H，STROBL E. The Effect of R&D Subsidies on Private R&D [ J ] . Economic，2007.

[ 90 ] HOSONO K M，MIYAGAWA T T. Corporate Governance and research and development：evidence from Japan [ J ] . Economics of Innovation and New Technology，2004，13：41–164.

[ 91 ] HOWITT P，AGHION P. A Model of Growth through Creative Destruction [ J ] . Econometrica，1992，60（2）：323–351.

[ 92 ] HUSSINGER K. Crowding out or stimulus：The Effect of public R&D Subsidies on Firm's R&D Expenditure [ J ] . Mimeo，ZEW，2003.

[ 93 ] HUSSINGER K. R&D and subsidies at the firm level：an application of parametric and semi–parametric and semi–parametric two step–selection models [ J ] . ZEW

Discussion Paper，2003：3–63.

[ 94 ] HUANG H Z，XU C G. Soft budget constraint and the optimal choices of research and development projects financing [ J ] . Journal of Comparative Economics，1998，26（1）：62–79.

[ 95 ] LEE H Y，PARK Y T. An international comparison of R&D efficiency：DEA approach [ J ] . Asian journal of technology innovation，2005，13（2）.

[ 96 ] HOSKISSON R E，HITT M A，JOHNSON R A，et al. Conflicting Voices：The Effects of Institutional Ownership Heterogeneity and Internal Governance on Corporate Innovation Strategies [ J ] . Academy of Management Journal，2002，45：697–716.

[ 97 ] HILLMAN A J，DALZIEL T. Boards of directors and firm performance：integrating agency and resource dependence perspectives [ J ] . Academy of Management Review，2003，28（3）：383–396.

[ 98 ] JENSEN M C，MECKLING W H. Theory of the Firm：Managerial Behavior，Agency Costs and Ownership Structure [ J ] . Journal of Financial Economics，1976，4：305–360.

[ 99 ] JOHNSON S R，BOONE P，BREACH A，et al. Corporate Governance In The Asian Financial Crisis [ J ] . Journal of Financial Economics ，2000，58：141–186.

[ 100 ] JOHNSON S，LAPORTA R，LOPEZ–DE–SILANES F，et al. Tunneling [J] . American Economic Review，2000，90：22–27.

[ 101 ] JOHNSON S，MCMILLAN J，WOODRUFF C. Property rights and finance [ J ] . American Economic Review，2002，92（5）：1335–1356.

[ 102 ] COOK P L，KAMIEN M I，SCHWARTZ N L. Market Structure and Innovation [ J ] . Cambridge University Press，1982.

[ 103 ] KAMIEN M I，SCHWARTZ N L. Market Structure，Elasticity of Demand and Incentive to Invent [ J ] . Journal of Law and Economics，1982（13）：241–

252.

[ 104 ] KASAHARA H，SHIMOTSU K，SUZUKI M. Does an R&D Tax Credit Affect R&D Expenditure? The Japanese Tax Credit Reform in 2003 [ J ] . Journal of the Japanese & International Economies，2013：72–97.

[ 105 ] KHWAJA A I，MIAN A. Do Lenders Favor Politically–Connected Firms? Rent Provision in and Emerging Financial Market [ J ] . Quarterly Journal of Economics，2005，120（4）：1371–1401.

[ 106 ] KLETTE J，MOEN J. R&D investment responses to R&Dsubsidies：a theoretical analysis and amicroeconometricstudy [ J ] . Mimeo，presented at TSER workpaper，2011.

[ 107 ] KOELLER C T. Innovation，Market Structure and Firm Size：A Simultaneous Equations Model [ J ] . Managerial and Decision Economics，1995，16（3）：259–269.

[ 108 ] KORTUM S，LERNER J. Assessing the contribution of venture capital to innovation [ J ] . Rand Journal of Economics，2000，31（4）：674–692.

[ 109 ] KORNELIUS K. Market structure，firm characteristics and innovative activity [ J ] . The Journal of industrial economics，1989.

[ 110 ] TSAI K H. R&D productivity and firm size：a nonlinear examination [ J ] . Technovation，2005，25：795–803.

[ 111 ] PEASNELL K V，POPE P F，YOUNG S. Detecting earnings management using cross–sectional abnormal accruals models [ J ] . Accounting & Business Research，2000，30（4）：313–326.

[ 112 ] LAUX C，LAUX V. Board Committees，CEO Compensation，and Earnings Management [ J ] . The Accounting Review，2009，84（3）.

[ 113 ] RAFAEL L，FLORENCIO L D S，SHLEIFER A. Corporate ownership around the world [ J ] . Journal of Finance，1999（54）：471–517.

[ 114 ] LARSON C F. Critical Success Factors for R&D Leaders [ J ] . Research

Technology Management, 1996, 39 (6): 19–42.

[ 115 ] LANG M, LUNDHOLM R. The Relation Between Security Returns, Firm Earnings, and Industry Earnings [ J ] . Contemporary Accounting Research, 1996, 13 (2): 607–629.

[ 116 ] LEE P M, O' NEILL H M. Ownership Structures and Innovations of US and Japanese Firms: Agency and Stewardship Perspectives [ J ] . Academy of Management Journal, 2003, 46 (2): 212–225.

[ 117 ] BENJAMIN L. Squaring a circle: strategic planning in government [ J ] . Canadian Public Administration, 1985, 28 (4): 600–605.

[ 118 ] LEVIN R C, COHEN W M, MOWERY D C. R&D Appropriability, Opportunity and Market Structure: New Evidence on Some Schumpeterian Hypotheses [ J ] . American Economic Review, Papers and Proceedings, 1985, 75 (2): 20–24.

[ 119 ] LICHTENBERG F R, SIEGEL D S. The Impact of R&D Investment on Productivity–New Evidence using linked R&D–Lrd data [ J ] . Economic Inquiry, 1991.

[ 120 ] LUECKE R, KATZ R. Managing creativity and innovation [ M ] . Boston: Harvard Business School Press, 2003.

[ 121 ] KOCHER M G, LUPTACIK M, SUTTER M. Measuring productivity of research in economics: a cross–country study using DEA [ J ] . Socio–Economic planning sciences, 2006, 40: 314–332.

[ 122 ] MUMFORD M D, GUSTAFSON S B. Creativity Syndrome: Integration, Application, and Innovation [ J ] . Psychological Bulletin, 1988 (1): 27–43.

[ 123 ] MCKNIGHT P J, WEIR C. Agency Costs, Corporate Governance Mechanisms and Ownership Structure in Large UK Publicly Quoted Companies: A Panel Data Analysis [ J ] . The Quarterly Review of Economics and Finance, 2009, 49 (2): 139 –158.

[ 124 ] NETTER M W. From state to market: A survey of empirical studies on privatization [ J ] . Journal of Economic Literature, 2001, 39: 321–389.

[ 125 ] MORCK R, SHLEIFER A, VISHNY R W. Management Ownership and Market Valuation: An Empirical Analysis [ J ] . Journal of Financial Economics, 1998, 20 ( 88 ): 293–315.

[ 126 ] FRANCO M, MILLER M H. The cost of capital, corporation finance and the theory of investment [ J ] . American Economic Review, 1958 ( 48 ): 261–297.

[ 127 ] RENJAMIN M, PAJUSTE A. Multiple large shareholders and firm value [ J ] . Joumal of Bankand Finance, 2005, 29: 1813–1834.

[ 128 ] MICHEL J G, HAMBRICK D C. Diversification Posture and Top Management Team Characteristics [ J ] . Academy of Management Journal, 1992, 35 ( 1 ): 9–37.

[ 129 ] NONAKA I' TAKEUCHI H. The Knowledge–Creating Company: How Japanese Companies Foster Creativity and Innovation for Competitive Advantage [ M ] . New York: Oxford University Press, 1995.

[ 130 ] NORBURN D. GOGOs, YOYOs and DODOS: Company Directors and Industry Performance [ J ] . Strategic Management Journal, 1986, 7 ( 2 ): 101–117.

[ 131 ] O' CONNOR A, ROOS G, VICKERS W T. Evaluating an Australian Public Policy Organization's Innovation Capacity [ J ] . European Journal of Innovation Management, 2007 ( 10 ): 532–558.

[ 132 ] O' SULLIVAN M. The innovation enterprise and corporate governance [ J ] . Cambridge Journal of Economics, 2000, 24: 393–416.

[ 133 ] PALACIOS D, GIL I, GARRIGOS F. The impact of knowledge management on innovation and entrepreneurship in the biotechnology and telecommunications industries [ J ] . Small Business Economics, 2008, 32 ( 3 ): 291–

301.

[ 134 ] PAVITT K，ROBSON M，TOWNSEND J. The size distribution of innovating firms in the UK：1945–1983 [ J ] . Journal of Industrial Economics, 1987 ( 35 )：297–316.

[ 135 ] PEARCE J，ZAHRA S. The Relative Power of CEOs and Boards of Directors：Associations with Corporate Performance [ J ] . Strategic Management Journal, 1991 ( 12 )：135–153.

[ 136 ] PENEDER M. The impact of venture capital on innovation behavior and firm growth [ J ] . Venture Capital，2007，12 ( 2 )：83–107.

[ 137 ] PERRY S E，WILLIAMS T H. Earnings management preceding management buyout offers [ J ] . Journal of Accounting & Economics，1994，18 ( 94 )：157–179.

[ 138 ] PERRY S，GRINAKER R. Earnings expectations and discretionary research and development spending [ J ] . Accounting Horizons，1994，8 ( 4 )：43–51.

[ 139 ] PFEFFER J，SALANCIK G. The External Control of Organizations：A Resource Dependence Perspective [ M ] . New York：Harper and Row，1978.

[ 140 ] PHILLIPS A. Patents，Potential Competition，and Technical Progress [ J ] . American Economic Review，1966，56 ( 2 )：301–319.

[ 141 ] PRAJIT K. Dutta Optimal management of an R&D budgt [ J ] . Journal of Economic Dynamics and Control，1997 ( 21 )：575–602.

[ 142 ] LIU Q L，HAN L H，ZHUANG W W. Research on the efficiency of R&D resource allocation based on DEA approach [ J ] . International Conference on Machine Learning & Cybernetics，2011，2：621–626.

[ 143 ] REVILLA A J，FERNÀNDEZ Z. The relation between firm size and R&D productivity in different technological regimes [ J ] . Technovation，2012，32：609–623.

[ 144 ] RICHARDSONS S. Over–investment of free cash flow [ J ] . Review of

Accounting Studies, 2006 ( 1 ): 159–189.

[ 145 ] ROBBINS S P. Organizational behavior: Concepts, controversies, applications ( 7th edition ) [ M ] . Englewood Cliffs. NJ: Prentice–Hall, 1996.

[ 146 ] ROGERS E M. Diffusion of innovation [ M ] . New York: Free Press of Glencoe, 1962.

[ 147 ] ZHANG J J, ROGBES J D. The technological innovation performance of Chinese firms: the role of industrial and academic R&D, FDI and the markets in firm patenting [ J ] . International Journal of Technology Management , 2006, 48 ( 4 ): 518–543.

[ 148 ] ROSENBERG J B. Research and Market Share: A Reappraisal of the Schumpeter Hypothesis [ J ] . Journal of Industrial Ecomomics, 1976, 25 ( 2 ): 101–112.

[ 149 ] ROYCHOWDHURY S. Earnings management through real activities manipulation [ J ] . Journal of Accounting and Economics, 2006, 42 ( 3 ): 335–370.

[ 150 ] SAPIENZA A M. R&D collaboration as a global competitive tactic — Biotechnology and the ethical pharmaceutical industry [ J ] . R&D Management, 1989, 19 ( 4 ): 285–295.

[ 151 ] SCHERER F M. Firm Size, Market Structure, Opportunity and the Output of Patented Inventions [ J ] . American Economic Review, 1965.

[ 152 ] STIGLITZ J E. Capital Market Liberalization, Economic Growth, and Instabi–lity [ J ] . World Development, 2000, 28 ( 6 ): 1075–1086.

[ 153 ] SCHWARTZ M, ROBERT J R. Contestable Markets: An Uprising in the Theory of Industry Structure: Comment [ J ] . American Economic Review, 1983, 73 ( 3 ): 488–490.

[ 154 ] SCHERER F M. Changing perspectives on the firm size problem [ J ] . In Innovation and Technological Change: An International Comparison, 1991:

24–38.

[155] SCHERER F M, ROSS D. Industrial Market Structure and Economic Performan–ce [M]. Boston: Houghton Mifflin Company, 1990.

[156] YASUYUKI S. Corrigenda [J]. International Journal of Urology, 2009, 16: 429–429.

[157] SLOWINSKI G E, GUPTA H A, GILMONT E R. Effective practices for sourcing innovation [J]. ResearchTechnology Management, 2009, 52: 27–34.

[158] SHLEIFER A, VISHNYR W. Large shareholders and Corporate control [J]. Journal of Political Economics, 1986, 16: 167–198.

[159] DAVIDSON S M. Agency Costs, Ownership Structure and Corporate Governance Mechanisms [J]. Journal Of Banking and Finance, 2003, 27: 793–781.

[160] SHLEIFER A, VISHNY R W. Large Shareholders and Corporate Control [J]. Scholarly Articles, 1986, 94 (3): 461–488.

[161] TISHLER A, MILSTEIN I. R&D wars and the effects of innovation on the success and survivability of firms in oligopoly markets [J]. International Journal of Industrial Organization, 2009, 27 (4): 519–531.

[162] Toivanen OIP, Niininen. Investment, R&D, subsidies, and credit constraints [Z], Working Papers, 2000.

[163] TROTT P. Innovation management and new product development [M]. Boston: FT Prentice Hall, 1998.

[164] WALLSTEN S J. The Effects of Government–Industry R&D Programs on Private R&D: the Case of the Small Business Innovation Research Program [J]. RAND Journal of Economics, 2000, 31 (1): 82–100.

[165] WORLEY J S. Industrial Research and the New Competition [J]. Journal of Political Economy, 1961, 2 (69): 183–186.

[166] WEST M A, FARR J L. Innovation and creativity at work: Psychological and organizational strategies [M]. Chichester: John Wiley & Sons, 1990.

[167] WOODMAN R W, SAWYER J E, GRIFFIN R W. Toward a theory of organizational creativity [J]. Academy of Management Review, 1993: 293–321.

[168] WILLIAMSON O E. Corporate Governance [J]. Yale Law Journal, 1984, 93 (7): 1197–1230.

[169] XU Z, TAYLOR G. Consequences of real earnings management to meet analyst earnings forecasts on subsequent operating performance [J]. Working paper, University of Alabama, 2007.

[170] XIE B, DAVIDSON W N, DADALT P J. Earnings Management and Corporate Governance: The Roles of the Board and the Audit Committee [J]. Social Science Electronic Publishing, 2001, 9 (2): 295–316 (22).

[171] YUNLU D G, MURPHY D D. R&D Intensity and Economic Recession Investigating the Moderating Role of CEO Characteristics [J]. Journal of Leadership & Organizational Studies, 2012, 19 (3): 284–293.

[172] ZAHRA S A, PEARCE J A. Boards of Directors and Corporate Financial Performance: A Review and Integrative Model [J]. Journal of Management, 1989, 15 (2): 291–334.

[173] BURNS T, STALKER G M. The Management of Innovation [M]. London: Tavistock Publishing, 1961.

## 2. 中文部分（197 篇）

[1] 奥沙利文. 公司治理百年——美国和德国公司治理演变 [M]. 北京：人民邮电出版社，2007.

[2] 白俊红，李婧. 政府 R&D 资助与企业技术创新——基于效率视角的实证分析 [J]. 金融研究，2011（6）：181–193.

[3] 白云霞，林秉旋，王亚平，等．所有权、负债与大股东利益侵占［J］．会计研究，2013（4）：66–72.

[4] 毕克新，高岩．我国制造业企业治理结构对技术创新影响的实证研究［J］．中国科技论坛，2007（12）：43–45.

[5] 保罗·萨缪尔森，威廉·诺德豪斯．经济学（第十六版）［M］．北京：华夏出版社，1999：65.

[6] 陈闯，刘天宇．创始经理人、管理层股权分散度与研发决策［J］．金融研究，2012（7）：385–395.

[7] 陈爽英，井润田，廖开容．社会资本、公司治理对研发投资强度影响——基于中国民营企业的实证研究［J］．科学学研究，2012（30）.

[8] 陈海声．研发投资特征及企业扩大融资来源的路径研究［J］．现代财经，2006（1）：32–37.

[9] 陈修德，梁彤缨．中国高新技术产业研发效率及其影响因素——基于面板数据 SFPF 模型的实证研究［J］．科学学研究，2010（8）：1198–1205.

[10] 陈修德，梁彤缨．动态研发效率分析框架、计量模型及其应用［J］．研究与发展管理，2012（4）：32–41.

[11] 陈隆，张宗益，杨雪松．上市企业公司治理结构对技术创新的影响［J］．科技管理研究，2005（9）：137–141.

[12] 陈仲常，余翔．企业研发投入的外部环境影响因素研究——基于产业层面的面板数据分析［J］．科研管理，2007（2）：78–84.

[13] 陈艳．股权结构与国有企业非效率投资行为治理——基于国有企业上市公司数据的实证分析［J］．经济与管理研究，2009（5）：49–54.

[14] 程华，赵祥，杨华，肖等．政府科技资助对我国大中型工业企业 R&D 产出的影响——基于省际面板数据的研究［J］．科学学与科学技术管理，2008（2）：24–27.

[15] 察志敏，杜希双，关晓静．我国工业企业技术创新能力评价与分析［J］．区域经济评论，2004（5）：31–33.

[16] 蔡地，万迪昉，罗进辉 . 产权保护、融资约束与民营企业研发投入［J］. 研究与发展管理，2012（2）：85–94.

[17] 段盛夏 . 上市公司董事会治理结构特征与公司绩效相关性研究［J］. 沈阳工业大学，2007.

[18] 董育军，黄益雄 . 内部控制、股利分配与代理问题［J］. 中国注册会计师，2013（6）：51–58.

[19] 董岗，傅铅生 . 关于企业创新能力的评价模型研究［J］. 商业研究,2004（9）：33–36.

[20] 冯根福，温军 . 中国上市公司治理与企业技术创新的关系［J］. 中国工业经济，2008（7）：91–101.

[21] 冯根福，刘军虎，徐志霖 . 中国工业部门研发效率及其影响因素实证分析［J］. 中国工业经济，2006（11）：46–51.

[22] 冯泰文，孙林岩，何哲，等 . 中国高技术制造业规模与 R&D 效率关系的实证研究［J］. 科学学与科学技术管理，2008（6）：15–19.

[23] 傅家骥 . 技术创新学［M］. 北京：清华大学出版社，1998.

[24] 封思贤 . 独立董事制度对关联交易影响的实证研究［J］. 商业经济与管理，2005（3）：54–60.

[25] 方军雄 . 市场化进程与资本配置效率的改善［J］. 经济研究，2006（5）：50–61.

[26] 樊纲，王小鲁，朱恒鹏 . 中国市场化指数：各地区市场化相对进程 2011 年报告［M］. 北京：经济科学出版社，2011.

[27] 樊钱涛，韩英华 . 研发团队中知识创新效率影响机制研究［J］. 科学学研究，2008（6）：1316–1324.

[28] 顾远，王慧，万金花 . 高管特征、激励方式与企业技术创新研究——基于沪深高技术行业上市公司的实证分析［J］. 现代商贸工业，2013（16）：22–23.

[29] 顾国详，李元旭 . 中国国有企业技术创新的能力分析［J］. 财经研究，1993

（8）：12–15.

［30］郭研，刘一博．高新技术企业研发投入与研发绩效的实证分析——来自中关村的证据［J］．经济科学，2011（2）：117–128.

［31］高艳慧，万迪昉．企业性质、资金来源与研发产出——基于我国高技术产业的实证研究［J］．科学学与科学技术管理，2011（9）：146–156.

［32］高雷，张杰．代理成本、管理层持股与审计质量［J］．财经研究，2011（1）：48–57.

［33］高雷，高田．信息披露、代理成本与公司治理［J］．财经科学，2010（12）：34–42.

［34］高明华，谭玥宁．董事会治理、产权性质与代理成本——基于中国上市公司的实证研究［J］．经济与管理研究，2014（2）：5–9.

［35］郭梦岚，李明辉．公司治理、控制权性质与审计定价［J］．管理科学，2009（6）：71–83.

［36］关士续，王大洲．有关技术创新的几个认知问题［J］．东北大学学报，2001（3）：115–118.

［37］胡元木．技术独立董事可以提高 R&D 产出效率吗？［J］．南开管理评论，2012（2）：136–142.

［38］胡德朝．公司治理与企业技术创新的关系研究［J］．技术与市场，2011（1）：316–317.

［39］胡玉明，文芳．中国上市公司高管个人特征与 R&D 投资［J］．管理评论，2010（12）：98–106.

［40］胡树华，邓恒进，杨洁．基于“四三结构”的中部区域创新体系建设研究［J］．科技进步与对策，2010（27）：47–50.

［41］黄小雷．我国上市公司公司治理与投资效率的实证研究［D］．成都：西南财经大学，2011.

［42］黄蕾．股权治理与企业技术创新的实证研究——基于不同产品市场竞争度的视角［J］．江西社会科学，2012（2）.

[43] 韩忠雪，崔建伟，王闪．技术高管提升了企业技术效率吗？[J]．科学学研究，2014（4）：559–568.

[44] 郝颖．大股东控制下的中国上市公司投资行为特征研究 [D]．重庆：重庆大学，2007.

[45] 黄渝祥，孙艳，邵颖红．股权制衡与公司治理研究 [J]．同济大学学报（自然科学版），2003（9）：1102–1116.

[46] 姜宁，黄万．政府补贴对企业 R&D 投入的影响——基于我国高技术产业的实证研究 [J]．科技政策与管理，2010（7）：28–33.

[47] 金玲娣，陈国宏．公司规模与 R&D 关系实证研究 [J]．科研管理，2001（22）：51–57.

[48] 金星．公司规模与研发投入结构的理论与实证研究 [J]．科学学研究，2011（7）：1064–1070.

[49] 柯东昌．产品市场竞争与企业 R&D 投入强度：基于中国中小板和创业板上市公司的经验数据 [J]．现代管理科学，2012（12）：106–109.

[50] 李丹蒙，夏立军．股权性质、制度环境与上市公司 R&D 强度 [J]．财经研究，2008（34）：93–104.

[51] 李华晶，张玉利．高管团队特征与企业创新关系的实证研究——以科技型中小企业为例 [J]．商业经济与管理，2006（5）：9–13.

[52] 李宇，安玉兴．多元互构下技术创新与公司规模的互动演化研究 [J]．科学学研究，2008（6）：1334–1341.

[53] 李洪伟，任娜，陶敏，等．基于三阶段 DEA 的我国高新技术产业投入产出效率分析 [J]．中国管理科学，2012（11）：126–130.

[54] 李向东，李南，白俊红，等．高技术产业研发创新效率分析 [J]．中国软科学，2011（2）：52–61.

[55] 李燕萍，许颖，吴绍棠．基于不同机构评价我国研发经费投入产出效益 [J]．科技进步与对策，2010（3）：119–123.

[56] 李国栋，薛有志．董事会战略参与效应及其影响因素研究 [J]．管理评论，

2011（3）：98-106.
[57] 李维安．公司治理学 [M]．北京：高等教育出版社，2005.
[58] 李小荣，张瑞君．股权激励影响风险承担：代理成本还是风险规避？[J]．会计研究，2014（1）：57-63.
[59] 李明，和辉．上市公司独立董事作用路径研究——基于结构方程的分析 [N]．山东财政学院学报，2013（1）：100-108.
[60] 李怡．我国创业板上市公司董事会特征对非效率投资影响的实证研究——基于自由现金流分析 [D]．成都：西南财经大学，2013.
[61] 李云鹤．企业成长、管理者代理与公司资本配置效率 [J]．系统管理学报，2014（6）：788-796.
[62] 李香梅，袁玉娟，戴志敏．控制权私有收益、公司治理与非效率投资研究 [J]．华东经济管理，2015（3）：139-143.
[63] 李婉丽，吕怀立，陈丽英．不同性质控股股东"掏空"方式选择研究 [N]．山西财经大学学报，2008（11）：53-58.
[64] 李增泉，孙铮，王志伟．"掏空"与所有权安排——来自我国上市公司大股东资金占用的经验数据 [J]．会计研究，2004（12）：3-13.
[65] 李随成，姜银浩．供应商参与新产品开发对企业自主创新能力的影响研究 [J]．南开管理评论，2009（6）：55-58.
[66] 李婧，贺小刚，茆键．创新能力与企业绩效 [J]．南开管理评论，2010（3）：50-54.
[67] 李守伟．技术创新能力的数据包络分析与实证研究 [J]．科技进步与对策，2010（1）：24-27.
[68] 李文博，郑文哲．基于神经网络的企业技术创新能力综合评价研究 [J]．科技进步与对策，2005（1）：55-57.
[69] 黎来芳，王化成，张伟华．控制权、资金占用与掏空——来自中国上市公司的经验证据 [J]．中国软科学，2008（8）：121-127.
[70] 刘胜强，刘星．股权结构对企业 R&D 投资的影响——来自制造业上市公司

2002—2008 年的经验证据［J］. 软科学，2010（24）：32-36.

［71］刘运国，刘雯 . 我国上市公司的高管任期与 R&D 支出［J］. 管理世界，2007（1）：128-136.

［72］刘虹，肖美凤，唐清泉 . R&D 补贴对企业 R&D 支出的激励与挤出效应——基于中国上市公司数据的实证分析［J］. 经济管理，2012（4）：19-28.

［73］刘渐和，王德应 . 股权结构与企业技术创新动力——基于双重代理理论的上市公司实证研究［J］. 西安财经学院学报，2010（23）：88-93.

［74］刘渐和，王德应 . 领导权结构、董事长技术背景与技术创新动力——基于中小民营上市公司的实证研究［J］. 大连理工大学学报（社会科学版），2010（4）：60-64.

［75］刘小元，蒋荃 . 创业企业董事会特征对企业研发投入影响的研究——来自创业板企业的证据［J］. 农村金融研究，2012（3）：42-48.

［76］刘和东 . 中国区域研发效率及其影响因素研究——基于随机前沿函数的实证分析［J］. 科学学研究，2011（4）：548-556.

［77］刘峰，贺建刚 . 股权结构与大股东利益输送实现方式的选择［J］. 中国会计评论，2004（4）：75-89.

［78］廖开容，陈爽英 . 制度环境对民营企业研发投入影响的实证研究［J］. 科学学研究，2011（9）：1343-1349.

［79］廖中举 . 公司规模、股权集中度与 R&D 投入——一个非线性关系的研究［J］. 未来与发展，2011（12）：94-97.

［80］梁莱歆，马如飞，田元飞 . R&D 资金筹集来源与企业技术创新——基于我国大中型工业企业的实证研究［J］. 科学学与科学技术管理，2009（7）：89-93.

［81］梁莱歆，马如飞 . R&D 资金管理与企业自主创新——基于我国信息技术类上市公司的实证分析［J］. 财经研究，2009（8）：49-59.

［82］梁彤缨，陈修德，卢春源 . 基于随机前沿方法的广东省大中型工业企业科技活动效率研究［J］. 科学学研究，2009（3）：393-398.

[83] 罗党论，唐清泉．市场环境与控股股东“掏空”行为研究［J］．会计研究，2007（4）：69–74.
[84] 罗正英，汤玲玲，常嫦．高管团队人力资本、激励机制与企业研发投入［N］．苏州大学学报（哲学社会科学版），2013（34）：123–131.
[85] 卢馨．企业人力资本、R&D 与自主创新——基于高新技术上市企业的经验证据［N］．暨南学报：哲学社会科学版，2013（1）：104–117.
[86] 龙红珍．董事会特征对代理成本的影响［J］．会计之友，2010（3）：71–73.
[87] 林川，曹国华，陈立泰．公司治理与现金股利分配倾向——来自中国上市公司的经验证据［J］．经济与管理研究，2011（2）：64–71.
[88] 牟小丽，杨孝安．投资效率文献综述［J］．中国证券期货，2012（7）.
[89] 马曙光，黄志忠，薛云奎．股权分置、资金侵占与上市公司现金股利政策［J］．会计研究，2005（9）：44–50.
[90] 聂辉华，谭松涛，王宇锋．创新、公司规模和市场竞争［J］．世界经济，2008（7）：57–66.
[91] 逄淑媛，陈德智．专利与研发经费的相关性研究——基于全球研发顶尖公司10 年面板数据的研究［J］．科学学研究，2009（10）：1500–1505.
[92] 曲国禹，刘学铭．对建立企业技术创新能力评价指标体系的探讨［J］．辽宁工业大学学报（社会科学版），1999（1）：81–84.
[93] 曲世友．二次相对评价法在企业技术创新能力中的应用［J］．中国科技论坛，2004（4）：40–43.
[94] 任海云．股权结构与企业 R&D 投入关系的实证研究［J］．中国软科学，2010（5）：126–135.
[95] 任海云．基于公司治理的 R&D 投入与企业绩效关系研究［D］．西安：西北大学，2010.
[96] 任海云．股权结构与企业 R&D 投入关系的实证研究——基于 A 股制造业上市公司的数据分析［J］．中国软科学，2010（5）：126–135.
[97] 孙杨，许承明，夏锐．研发资金投入渠道的差异对科技创新的影响分析——

基于偏最小二乘法的实证研究［J］. 金融研究，2009（9）：165–174.
［98］孙婷婷，唐五湘．专利申请量与 R&D 支出之关系的定量分析［J］. 北京机械工业学院学报，2003（4）：47–51.
［99］孙立媛，邓三鸿．企业创新能力构成要素研究与评价指标体系的构建［J］. 西南民族大学学报（人文社会科学版），2012（33）：230–235.
［100］孙维峰．高管激励与研发支出：内生性考察［J］. 经济与管理，2013（6）：38–42.
［101］沈坤荣，孙文杰．市场竞争、技术溢出与内资企业 R&D 效率——基于行业层面的实证研究［J］. 管理世界，2009（1）：38–50.
［102］石大林．股权集中度、董事会特征与公司绩效的关系研究［J］. 东北财经大学学报，2014（1）：28–33.
［103］唐宗明，蒋位．中国上市公司大股东侵害度实证分析［J］. 经济研究，2002（4）：44–50.
［104］唐雪松，周晓苏，马如静．上市公司过度投资行为及其制约机制的实证研究［J］. 会计研究，2007（7）：44–52.
［105］唐清泉，罗党论，王莉．大股东的隧道挖掘与制衡力量——来自中国市场的实证［J］. 中国会计评论，2005（6）：63–86.
［106］唐清泉．设置独立董事一定能够提升公司业绩？［J］. 经济管理，2006（1）：32–34.
［107］唐清泉，罗党论．现金股利与控股股东的利益输送行为研究——来自中国上市公司的经验证据［J］. 财贸研究，2006（1）：92–97.
［108］唐清泉，卢博科，袁莹翔．工业行业的资源投入与创新效率——基于中国大中型工业部门的研究［J］. 数量经济技术经济研究，2009（2）：3–17.
［109］唐清泉，夏芸，徐欣．我国企业高管股权激励与研发投资——基于内生性视角的研究［J］. 中国会计评论，2011（1）：21–42.
［110］唐跃军，徐飞．独立董事保护了中小股东权益吗？——基于中国上市公司投票机制的研究［J］. 经济管理，2007（7）：42–47.

[111] 唐炎钊，邹珊刚．企业技术创新能力的多层次灰色评价［J］．科技进步与对策，1999（16）：46–48.
[112] 汤业国．中国中小上市公司治理与技术创新的关联性研究［M］．北京：经济科学出版社，2013.
[113] 童盼，陆正飞．负债融资、负债来源与企业投资行为——来自中国上市公司的经验证据［J］．经济研究，2005（5）：75–84.
[114] 王任飞．企业 R&D 支出的内部影响因素研究［J］．科学学研究，2005（2）：225–231.
[115] 王燕妮．高管激励对研发投入的影响研究——基于我国制造业上市公司的实证检验［J］．科学学研究，2011（7）：1072–1078.
[116] 王燕妮，李爽．基于自由现金流的高管激励与研发投入关系研究［J］．科学学与科学技术管理，2013（4）：143–149.
[117] 王艳，孙培源，杨忠直．经理层过度投资与股权激励的契约模型研究［J］．中国管理科学，2005（1）：128–132.
[118] 王鹏飞，周建．董事会战略介入模式研究——基于董事会能力的分析［J］．外国经济与管理，2011（12）：33–41.
[119] 王化成，佟岩．控股股东与盈余质量——基于盈余反应系数的考察［J］．会计研究，2006（2）：66–74.
[120] 王怀明，史晓明．公司治理结构与超能力派现的实证研究［J］．审计与经济研究，2006（5）：82–85.
[121] 王家琪，孙玲玲．大股东占用上市公司资金的实证分析［J］．统计与决策，2005（24）：115–117.
[122] 王立新，高长春，任荣明．企业创新能力的评价体系和评价方法研究［J］．东华大学学报（自然科学版），2006（2）：34–37.
[123] 王庆元，张杰军，张赤东．我国创新型企业研发经费与发明专利申请量关系研究［J］．科学学与科学技术管理，2010（11）：5–12.
[124] 汪延明．基于技术董事协同能力的产业链治理研究［D］．天津：南开大学，

2012.
[125] 汪延明，林英泽 . 产业链治理：技术董事协同能力的影响因素 [J]. 中国流通经济，2012（4）：116–121.
[126] 吴超鹏，吴世农，程静雅，等 . 风险投资对上市公司投融资行为影响的实证研究 [J]. 经济研究，2012（1）：105–119.
[127] 吴延兵 . 市场结构、产权结构与 R&D——中国制造业的实证分析 [J]. 统计研究，2007（5）：67–75.
[128] 吴淑琨 . 基于股权结构的董事会独立性与公司绩效的实证研究 [N]. 西安交通大学学报，2004（3）：17–24.
[129] 武晓玲，杜国柱，翟明磊 . 公司治理结构对会计盈余质量的影响研究——基于沪深 A 股上市公司的实证数据 [J]. 山西财经大学学报，2010（10）：117–124.
[130] 伍利娜，陆正飞 . 企业投资行为与融资结构的关系——基于一项实验研究的发现 [J]. 管理世界，2005（4）：99–105.
[131] 魏锋，刘星 . 国有企业内部治理机制对企业技术创新的影响 [J]. 重庆大学学报（自然科学版），2004（3）：143–147.
[132] 魏江，许庆瑞 . 企业创新能力的概念、结构、度量与评价 [J]. 科学管理研究，1995（10）：15–18.
[133] 魏楚，沈满洪 . 结构调整能否改善能源效率：基于中国省级数据的研究 [J]. 世界经济，2008（11）：77–85.
[134] 文芳，胡玉明 . 中国上市公司高管个人特征与 R&D 投资 [J]. 管理评论，2009（11）：84–91.
[135] 温忠麟，张雷，侯杰泰，等 . 中介效应检验程序及其应用 [J]. 心理学报，2004（5）：614–620.
[136] 熊彼特 . 经济发展理论 [M]. 何畏，易家详，译 . 北京：商务印书馆，1990：80.
[137] 肖仁桥，钱丽，陈忠卫 . 中国高技术产业 R&D 效率及其影响因素研究 [J].

管理科学，2012（5）：85–98.

[138] 肖作平，陈德胜．公司治理结构对代理成本的影响——来自中国上市公司的经验证据［J］．财贸经济，2006（12）：29–35.

[139] 辛金国，王琳燕．董事会监督与总经理激励对绩效的影响——基于我国中小板家族企业研究［J］．技术经济与管理研究，2013（2）：74–79.

[140] 辛清泉，林斌，王彦超．政府控制、经理薪酬与资本投资［J］．经济研究，2007（8）：110–122.

[141] 徐欣，唐清泉．R&D 活动、创新专利对企业价值的影响——来自中国上市公司的研究［J］．研究与发展管理，2010（4）：20–29.

[142] 徐慧刚．自主创新与管理创新的互动效应［J］．上海管理科学，2006（1）：57–58.

[143] 解维敏，方红星．金融发展、融资约束与企业研发投入［J］．金融研究，2011（5）：371–383.

[144] 夏立军，方轶强．政府控制、治理环境与公司价值——来自中国证券市场的经验证据［J］．经济研究，2005（5）：40–51.

[145] 向锐．财务独立董事特征与会计稳健性［J］．山西财经大学学报，2014（6）：2–21.

[146] 薛立，曲世友．二次相对评价法在企业技术创新能力中的应用［J］．科技与管理，2003（4）：64–68.

[147] 薛风平，徐世欣．二次相对评价法在区域创新能力中的应用［J］．山东科技大学学报（社会科学版），2007（9）：19–22.

[148] 肖广岭．中国基础研究经费占 R&D 经费的比例多大为宜［J］．科学学研究，2005（4）：197–203.

[149] 肖广岭，何晋秋．提高我国基础研究经费比重的分析与建议［J］．中国高等教育，2005（11）：20–21.

[150] 肖广岭．我国政府资金占 R&D 经费的比重多大为宜［J］．科学学研究，2008（1）：19–24.

[151] 谢伟，胡玮，夏绍模．中国高新技术产业研发效率及其影响因素分析［J］．科学学与科学技术管理，2008（3）：144–148.

[152] 谢炜，葛中全．科研单位 R&D 支出来源、用途与其专利申请量之关系研究［J］．价值工程，2005（11）：30–32.

[153] 杨德伟．股权结构影响企业技术创新的实证研究——基于我国中小板上市公司的分析［J］．财政研究，2011（8）：56–60.

[154] 杨建君，盛锁．股权结构对企业技术创新投入影响的实证研究［J］．科学学研究，2007（4）：787–792.

[155] 杨玉凤，王火欣，曹琼．内部控制信息披露质量与代理成本相关性研究［J］．审计研究，2010（1）：82–88.

[156] 杨勇松，吴和成．基于改进 DEA 的我国各地区大中型工业企业 R&D 效率实证分析［J］．科学学与科学技术管理，2008（7）：34–38.

[157] 于开乐，王铁民．基于并购的开放式创新对企业自主创新的影响——南汽并购罗孚经验及一般启示［J］．管理世界，2008（4）：42–46.

[158] 于君博，舒志彪．公司规模与创新产出关系的实证研究［J］．科学学研究，2007（2）：373–380.

[159] 于忠泊，田高良，齐保垒．媒体关注的公司治理机制——基于盈余管理视角的考察［J］．管理世界，2011（9）：127–140.

[160] 余泳泽．我国高技术产业技术创新效率及其影响因素研究——基于价值链视角下的两阶段分析［J］．经济科学，2009（4）：62–74.

[161] 余明桂，夏新平．控股股东、代理问题与关联交易：对中国上市公司的实证研究［J］．南开管理评论，2004（6）：33–38.

[162] 俞立平．企业性质与创新效率——基于国家大中型工业企业的研究［J］．数量经济技术经济研究，2007（5）：108–115.

[163] 叶康涛，陆正飞，张志华．独立董事能否抑制大股东的掏空？［J］．经济研究，2007（4）：101–110.

[164] 远德玉，董中保，常向东．企业技术创新能力的综合评价和动态分析方法

[J]. 科学管理研究，1994（2）：21–24.
[165] 闫冰，冯根福. 基于随机前沿生产函数的中国工业 R&D 效率分析 [J]. 当代经济科学，2005（6）：14–18.
[166] 岳书敬. 中国区域研发效率差异及其影响因素——基于省级区域面板数据的经验研究 [J]. 科研管理，2008（5）：174–179.
[167] 张长征，李怀祖，赵西萍. 公司规模、经理自主权与 R&D 投入关系研究 [J]. 科学学研究，2006（3）：432–439.
[168] 张东红，殷龙，仲健心. 政府研发投入对企业研发投入的互补与替代效应研究 [J]. 科技进步与对策，2009（17）：4–9.
[169] 张杰，芦哲，郑文平. 融资约束、融资渠道与企业 R&D 投入 [J]. 世界经济，2012（10）：66–90.
[170] 张杰，周晓艳，李勇. 要素市场扭曲抑制了中国企业 R&D [J]. 经济研究，2011（8）：78–91.
[171] 张明，童伟伟. 企业产权、总经理任期与企业研发投入——来自中国制造业企业的证据 [J]. 青海社会科学，2013（1）：57–61.
[172] 张西征，刘志远，王静. 公司规模与 R&D 投入关系研究 [J]. 科学学研究，2012（2）：265–274.
[173] 张欣，宋力. 股权结构对代理成本影响的实证研究 [J]. 数量统计与管理，2007（1）：132–136.
[174] 张兆国，何威风，闫炳乾. 资本结构与代理成本——来自中国国有控股上市公司和民营上市公司的经验数据 [J]. 南开管理评论，2008（11）：39–47.
[175] 张兆国，何威风，周婕. 中国上市公司控股股东私有收益影响因素的实证分析 [J]. 中国软科学，2006（11）：81–87.
[176] 张国良，陈宏民. 关于组织创新性与创新能力的定义、度量及概念框架 [J]. 研究与发展管理，2007（2）：31–35.
[177] 张伟，高霞. 外商投资、创新能力与环境效率的结构方程分析：以山东为例 [J]. 中国软科学，2012（3）：72–77.

[178] 张海洋，史晋川 . 中国省际工业新产品技术效率研究［J］. 经济研究，2011（1）：83–86.

[179] 张化尧，万迪昉，袁安府，等 . 基于创新外溢性与不确定性的企业 R&D 行为分析［J］. 管理工程学报，2005（1）：60–64.

[180] 张琳，黄艳艳 . 基于 DEA 方法的创新型企业技术创新能力评价分析［J］. 南京工业大学学报（社会科学版），2012（11）：67–72.

[181] 章卫东，张洪辉，邹斌 . 政府干预、大股东资产注入：支持抑或掏空［J］. 会计研究，2012（8）：34–40.

[182] 赵向阳，李海 . 创业活动的国家（地区）差异：文化与国家（地区）经济发展水平的交互作用［J］. 管理世界，2012（8）：78–90.

[183] 赵付民，苏盛安，邹珊刚 . 我国政府科技投入对大中型工业企业 R&D 投入的影响分析［J］. 研究与发展管理，2006（2）：78–84.

[184] 赵立韦 . 研发投入的股权结构因素效应分析［J］. 商业时代，2012（9）：71–73.

[185] 周建，金媛媛，袁德利 . 董事会人力资本、CEO 权力对企业研发投入的影响研究——基于中国沪深两市高科技上市公司的经验证据［J］. 科学学与科学技术管理，2013（34）：170–180.

[186] 周艺艺，平新乔 . 产品市场竞争与企业研发［J］. 产业经济评论，2007（1）：20–40.

[187] 朱恒鹏 . 公司规模、市场力量与民营企业创新行为［J］. 世界经济，2006（13）：41–53.

[188] 朱平芳，朱先智 . 企业创新人力投入强度规模效应的分位点回归研究［J］. 数量经济技术经济研究，2007（24）：69–80.

[189] 郑志刚 . 投资者之间的利益冲突和公司治理机制的整合［M］. 北京：中国金融出版社，2007.

[190] 郑春东，和金生 . 一种企业技术创新能力评价的新方法［J］. 科学管理研究，2000（3）：15–18.

［191］朱承亮，师萍，岳宏志．FDI、人力资本及其结构与研发创新效率［J］．科学学与科学技术管理，2011（9）：37–42.

［192］朱平芳，徐伟民．政府的科技激励政策对大中型工业企业 R&D 投入及其专利产出的影响——上海市的实证研究［J］．经济研究，2003（6）：45–53.

［193］朱有为，徐康宁．中国高技术产业研发效率的实证研究［J］．中国工业经济，2006（11）：38–45.

［194］朱霞，朱永跃．基于小波神经网络的企业技术创新能力评价［J］.统计与决策，2012（1）：172–174.

［195］邹艳，张雪花．企业智力资本与技术创新关系的实证研究——以吸收能力为调节变量［J］．中国软科学，2009（3）：71–75.

［196］郑山水．研发效率的测算及其影响因素的实证研究——基于 1995—2009 年高技术产业数据［J］．科技管理研究，2012（15）：91–95.

［197］周立群，邓路．企业所有权性质与研发效率——基于随机前沿函数的高技术产业实证研究［J］．当代经济科学，2009（4）：70–75.